Die große Zeichenschule Figuren

Barrington Barber

Die große Zeichenschule Figuren

Aus dem Englischen übersetzt
von Nikolas Bertheau

GONDROM

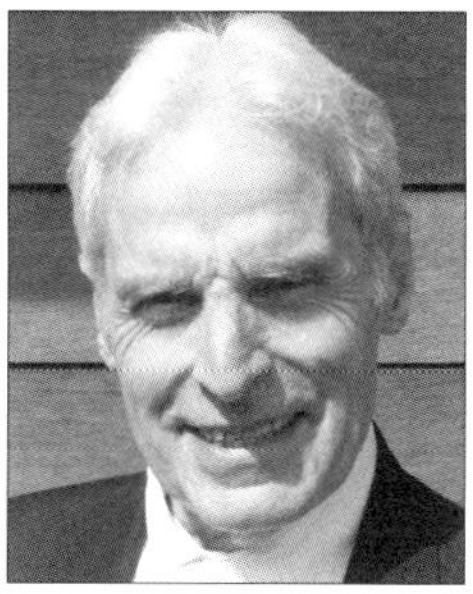

Schon als Kind begann Barrintgton Barber zu zeichnen. Nach seinem Grafikdesign-Studium arbeitete er für verschiedene Werbeagenturen, bevor er sich als freischaffender Grafiker und Illustrator selbstständig machte. Außerdem blickt er auf reichhaltige Lehrerfahrung zurück und ist Autor mehrerer erfolgreicher Zeichenschulen.

Titel der Originalausgabe: The Fundamentals of Figure Drawing

ISBN-10: 3-8112-2737-8
ISBN-13: 978-3-8112-2737-8

016

5 4 3 2 1

www.gondrom-verlag.de

Inhalt

Einführung

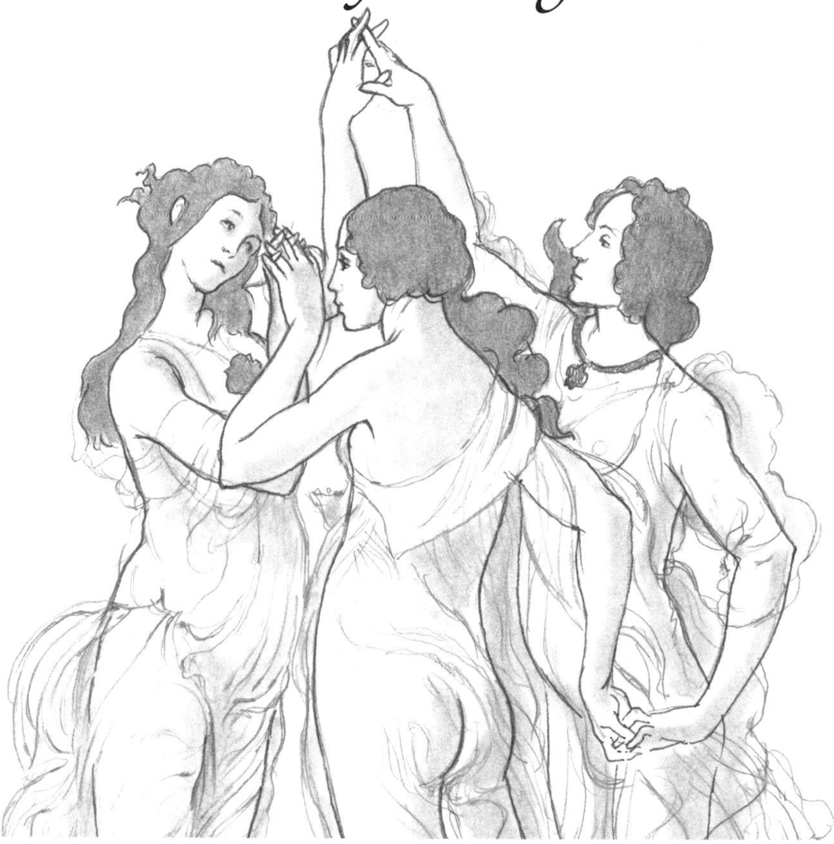

Seit Mitte des 16. Jahrhunderts genießt das Zeichnen des menschlichen Körpers unter allen Kunstformen das höchste Ansehen. Die größten Künstler ihrer Zeit haben sich diesem Thema gewidmet. In den Malerwerkstätten der Renaissance waren es häufig die Meister, die die Figuren zeichneten, woraufhin die Schüler die übrigen Teile der Komposition ergänzten. Freuen Sie sich also auf eine spannende Herausforderung – und lassen Sie sich nicht entmutigen. Meine langjährige Erfahrung als Zeichenlehrer hat mir gezeigt, dass im Prinzip jeder Mensch in der Lage ist, beliebige Motive erfolgreich zu zeichnen, wenn er nur den nötigen Ehrgeiz und etwas Fleiß mitbringt.

Dieses Buch möchte Sie mit allen erforderlichen Grundtechniken der figürlichen Darstellung vertraut machen. Zuerst wollen wir uns mit dem menschlichen Körper – Skelett, Gliedmaßen, Rumpf, Händen, Füßen und Kopf – beschäftigen. Es ist ein großer Vorteil, sich mit dem Innenleben des Körpers etwas auszukennen, zum Beispiel, wie sich die Muskeln in Schichten um die Knochen legen, um die sichtbare äußere Form mit ihren Erhöhungen und Vertiefungen besser zu verstehen.

Außerdem werden wir uns mit dem harmonischen Zusammenspiel der Glieder des bewegten Körpers beschäftigen und die unterschiedlichen Ansätze von Künstlern studieren, den menschlichen Körper möglichst detailgetreu beziehungsweise ausdrucksvoll wiederzugeben. Wir lernen, Kleidung so zu zeichnen, dass die feste Form darunter sichtbar wird. Angesichts der Vielfalt der im Lauf der Jahrhunderte entwickelten Stile und Techniken kann dieses Buch natürlich keinen Anspruch auf Vollständigkeit erheben. Möge es Ihnen dennoch gute Dienste leisten und Ihnen helfen, Ihre künstlerischen Fähigkeiten zu entwickeln und zu verfeinern.

Der Aufbau des Körpers

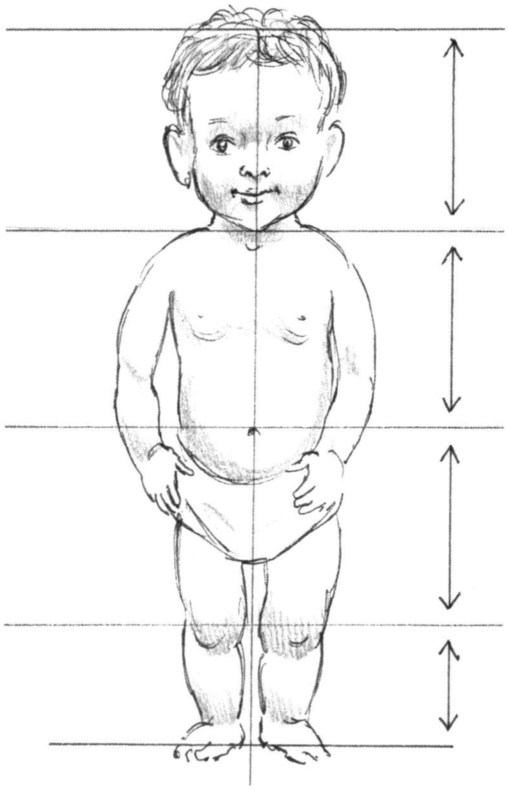

In diesem Kapitel beschäftigen wir uns mit den Grundmerkmalen des menschlichen Körpers, seiner Gestalt sowie den wesentlichen Unterschieden zwischen Mann und Frau, Kind und Erwachsenem. Eine gewissse Kenntnis dessen, was sich unter der Haut verbirgt, ist wichtig für eine überzeugende und wirkungsvolle Wiedergabe der Figur.

Das Skelett mit seinen vielen Knochen bestimmt auch dort die Proportionen des Körpers, wo wir es nicht unmittelbar wahrnehmen. Auch die Muskeln geben sich nicht immer mit der gleichen Deutlichkeit zu erkennen. Vergleichen Sie beispielsweise den deutlich erkennbaren Handgelenkknochen mit dem Oberschenkelknochen, der sich komplett unter einem Muskel versteckt, der seinerseits – besonders bei athletischen Menschen – deutliche Konturen aufweist. Mit der Zeit werden Sie lernen, auf diese Dinge ganz automatisch zu achten.

Spätestens seit der Renaissance beschäftigen sich die Künstler intensiv mit dem menschlichen Körperbau: Von ihren detaillierten und ausdrucksvollen Darstellungen können auch wir noch lernen. Nichts fördert unsere Fähigkeit mehr, einen Gegenstand darzustellen, als das gründliche Studium seiner zugrunde liegenden Form, und je mehr wir unsere Fähigkeiten trainieren, desto genauer lernen wir, auf Form und Gestalt des dargestellten Gegenstandes zu achten. Die gewonnenen Erkenntnisse fließen in das Resultat unserer Zeichenbemühungen ein und lassen den Betrachter glauben, dass wir mehr »gesehen« haben als lediglich die Körperoberfläche.

Blättern Sie über diesen eher akademischen Teil des Buches nicht hinweg. Je mehr Sie sich mit den Grundlagen beschäftigen, desto plastischer, realistischer und menschlicher werden Ihre figürlichen Wiedergaben später gelingen. Sie werden sich ebenso wenig wie ich sämtliche wissenschaftlichen Namen einprägen, aber die Beschäftigung mit ihnen ist nicht vergeblich und wird sich in Augenblicken auszahlen, in denen Sie es am wenigsten erwarten. Wenn Sie nach einem Modell zeichnen, können Sie sich anhand der Abbildungen auf den folgenden Seiten eine klarere Vorstellung von dem machen, was Sie gerade sehen und zeichnen.

DER MENSCHLICHE KÖRPER

Hier sehen wir einen Mann und eine Frau in Vorder- und Rückansicht – in derselben Größe, damit Sie die Ähnlichkeit der Proportionen im Verhältnis zur Kopfgröße erkennen. Generell ist der weibliche Körperbau etwas kleiner und zarter als der männliche; aufgrund individueller Schwankungen fällt dies jedoch auf den ersten Blick häufig nicht auf.

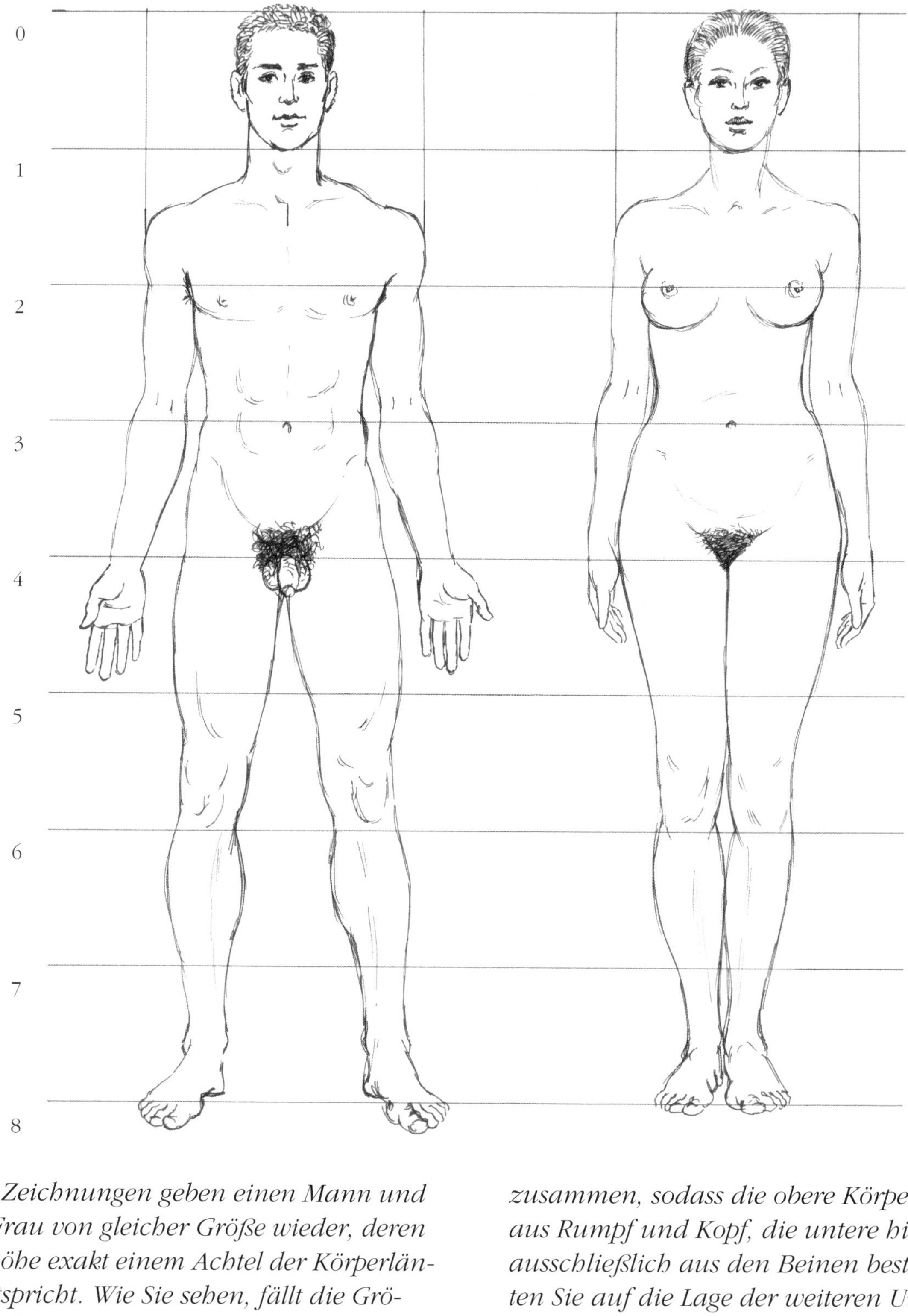

Diese Zeichnungen geben einen Mann und eine Frau von gleicher Größe wieder, deren Kopfhöhe exakt einem Achtel der Körperlänge entspricht. Wie Sie sehen, fällt die Größenhalbierende des Körpers mit dem Schritt zusammen, sodass die obere Körperhälfte aus Rumpf und Kopf, die untere hingegen ausschließlich aus den Beinen besteht. Achten Sie auf die Lage der weiteren Unterteilungen in Kopflängen.

Hier sehen wir Mann und Frau in der Rückansicht. Die Schultern des Mannes sind breiter als die der Frau, während diese die breiteren Hüften hat. Auch wenn die tatsächlichen Körpermaße eines Menschen von diesen klassischen Proportionen abweichen, bieten sie doch einen guten Anhaltspunkt für die Form des menschlichen Körpers.

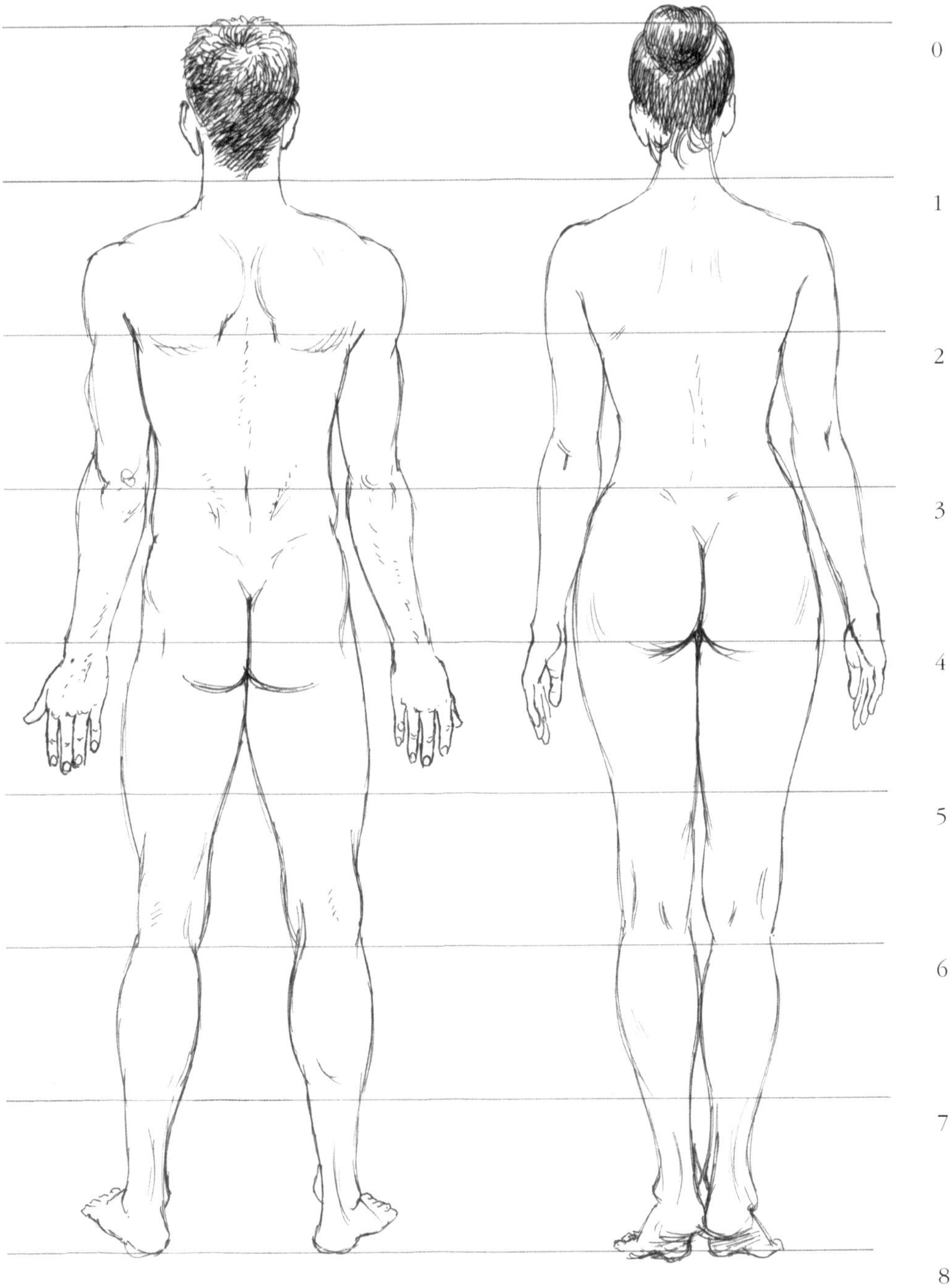

Im Verhältnis zu den Kopfmaßen ist der männliche Hals dicker als der weibliche. Die Frau hat die schlankere Taille, ihr Körper wirkt insgesamt glatter und weicher, was sich teilweise aus zusätzlichen Fettspeichern erklärt. Fast alle geschlechtlichen Unterschiede erklären sich aus der Gebärfähigkeit der Frau – beispielsweise die breiteren Hüften.

DER KINDLICHE KÖRPER

Die Körperproportionen von Kindern verändern sich ununterbrochen, und weil Kinder in ganz unterschiedlichem Tempo wachsen, muss das, was für ein Kind gilt, noch lange nicht für andere gelten. Deshalb können wir hier nur Anhaltspunkte geben, wie sich die Proportionen eines Kindes mit dem Alter verändern.

Der Kopf ist natürlich viel kleiner als bei einem Erwachsenen; erst nach rund 16 Jahren erreicht er seine volle Größe. Der Umfang der kindlichen Gliedmaßen variiert stark; meist wird das Kind mit zunehmendem Alter immer schlanker. Manche Körpertypen neigen zu Kinderspeck; sie wirken weicher und runder. Die geschlechtsspezifischen Unterschiede in Schulter- oder Hüftumfang sind bei Kindern weniger ausgeprägt, sodass sich Jungen und Mädchen bis zum Beginn der Pubertät häufig stark ähneln.

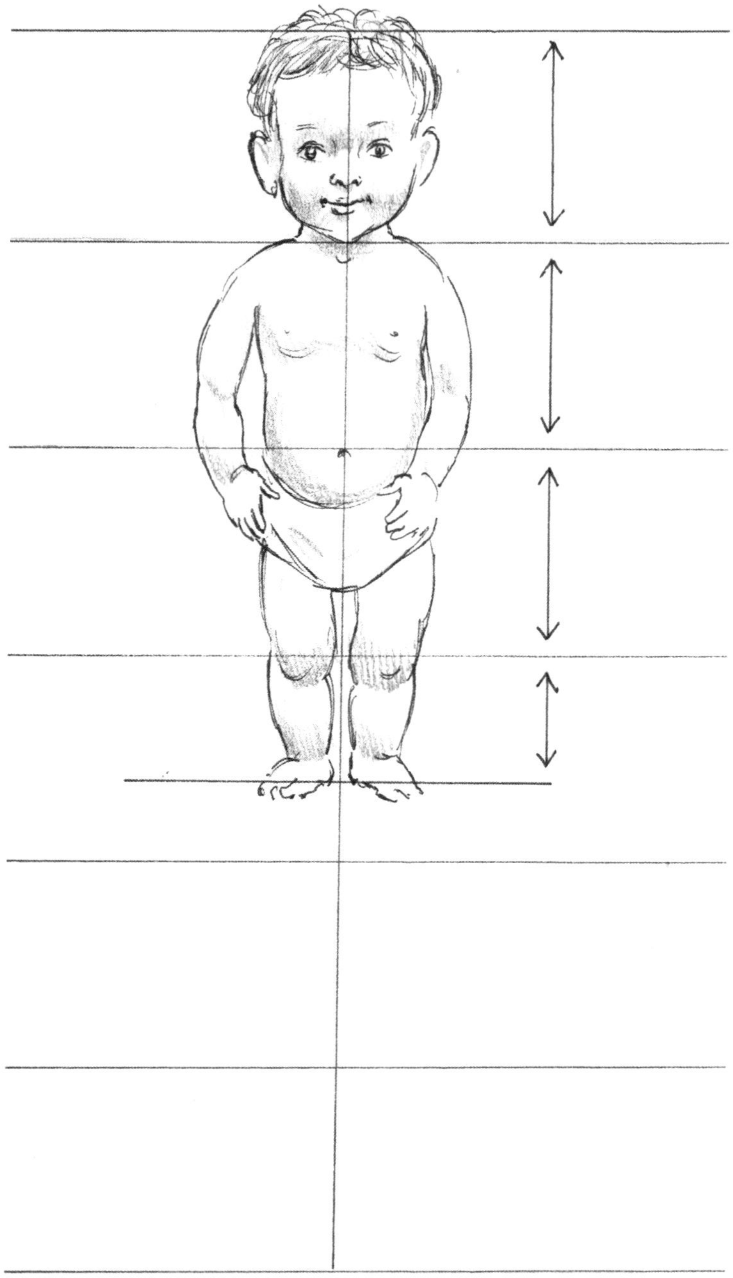

Zu Beginn des Lebens ist der Kopf im Verhältnis zu den Gesamtmaßen des Körpers sehr viel größer als in späteren Jahren. Hier sehen wir ein Kind von rund 18 Monaten mit den Proportionen eines Kindes von durchschnittlichem Wuchs. Die Gesamtgröße beträgt lediglich das Dreieinhalbfache der Kopflänge. Daraus folgt, dass Arme und Beine proportional sehr viel kürzer sind als beim Erwachsenen.

Im Alter von sechs oder sieben Jahren macht der Kopf im Schnitt nur noch ein knappes Fünftel der Gesamtlänge aus. Mit zwölf Jahren erhöht sich das Verhältnis auf 1 zu 6. Achten Sie auf die Höhenhalbierende, die anfangs über dem Nabel liegt und mit der Zeit bis zum Schritt wandert. Außerdem verringert sich der Umfang der Gliedmaßen und des Rumpfes im Vergleich zur Körperlänge.

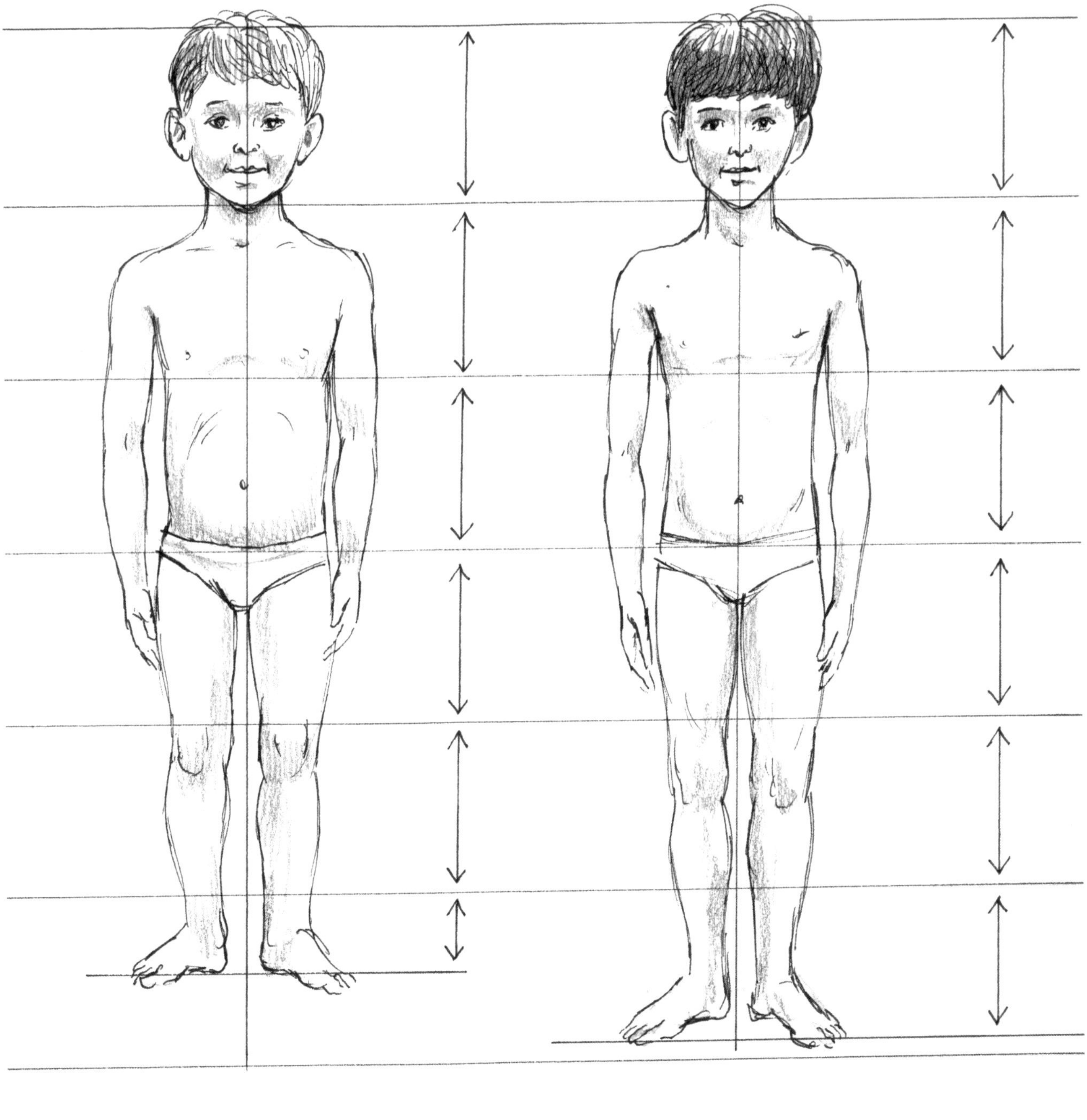

INDIVIDUELLE PROPORTIONEN

Erwachsene Körper unterscheiden sich häufig darin, wie viel Fleisch sie auf den Knochen haben. Bei gleichem Verhältnis von Kopf- und Körperlänge kann die relative Körperbreite stark variieren – nicht zuletzt wegen individueller Ernährungs- und Bewegungsmuster. Auch Muskeln können einen Körper breit erscheinen lassen, wobei freilich die Konturen andere sind als bei fettbedingter Körperfülle.

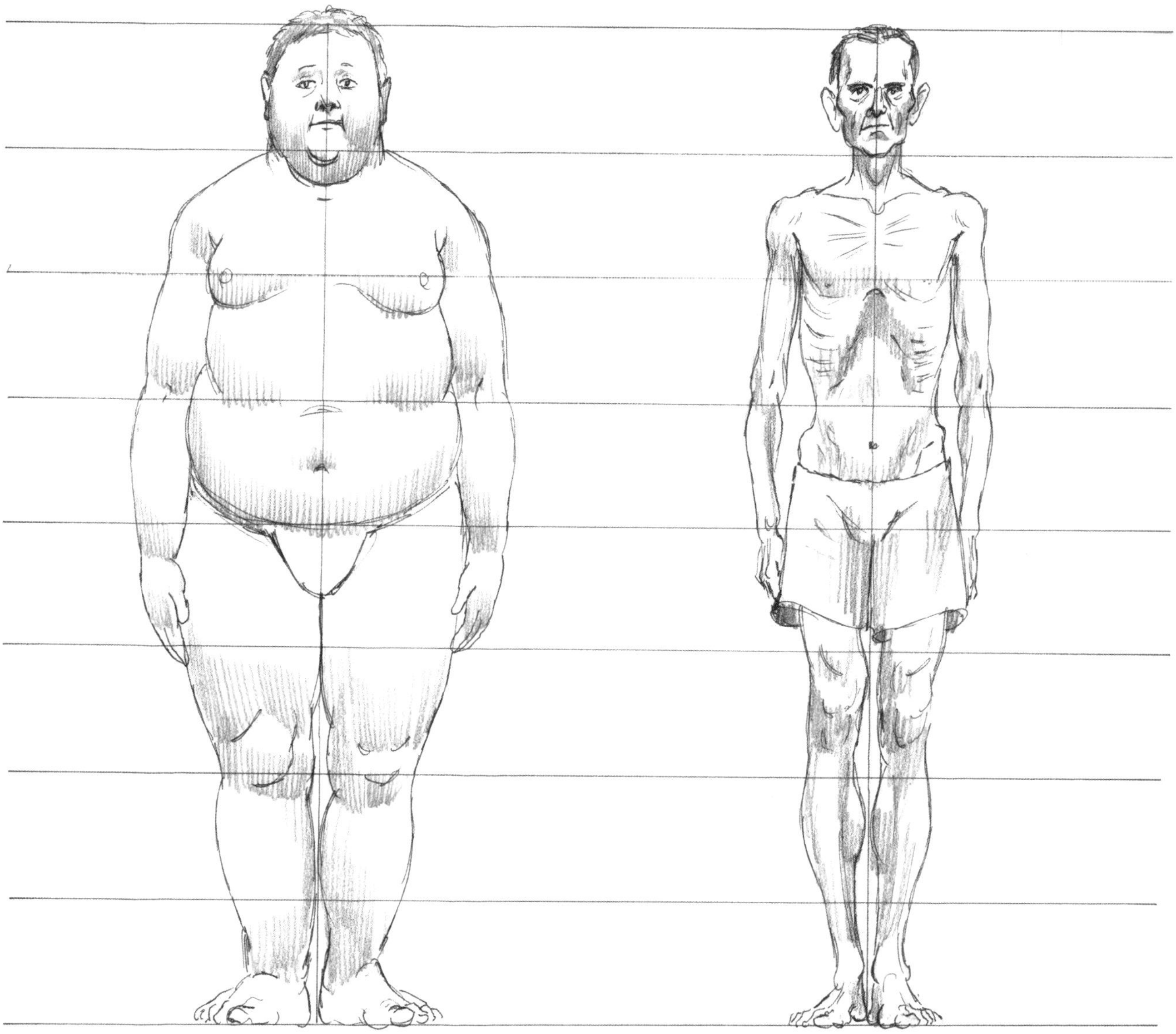

Zusätzliches Fett lagert sich vorwiegend im mittleren Bereich des Körpers an, sodass wir häufig zuerst in der Taille zunehmen. Auch Oberschenkel und Oberarme werden dicker, und Hals und Brust legen eine Schicht zu.

Starkes Untergewicht hingegen führt zu einer sehr hageren, sehnigen Erscheinungsform. Der Umfang von Rumpf und Gliedmaßen bestimmt sich im Extremfall ausschließlich aus der Form des Knochenbaus.

Ein durchtrainierter Mann hat kräftige Arme und Beine, breite Schultern und eine muskulöse Brust, aber nicht den Bauchspeck eines Stubenhockers. Die Muskeln von Sportlern sind je nach Disziplin unterschiedlich stark ausgebildet. Ein Boxer hat beispielsweise eine besonders ausgeprägte Schultermuskulatur. Da individuelle Körperformen stark variieren, orientieren wir uns in diesem Buch vorwiegend an Durchschnittsformen.

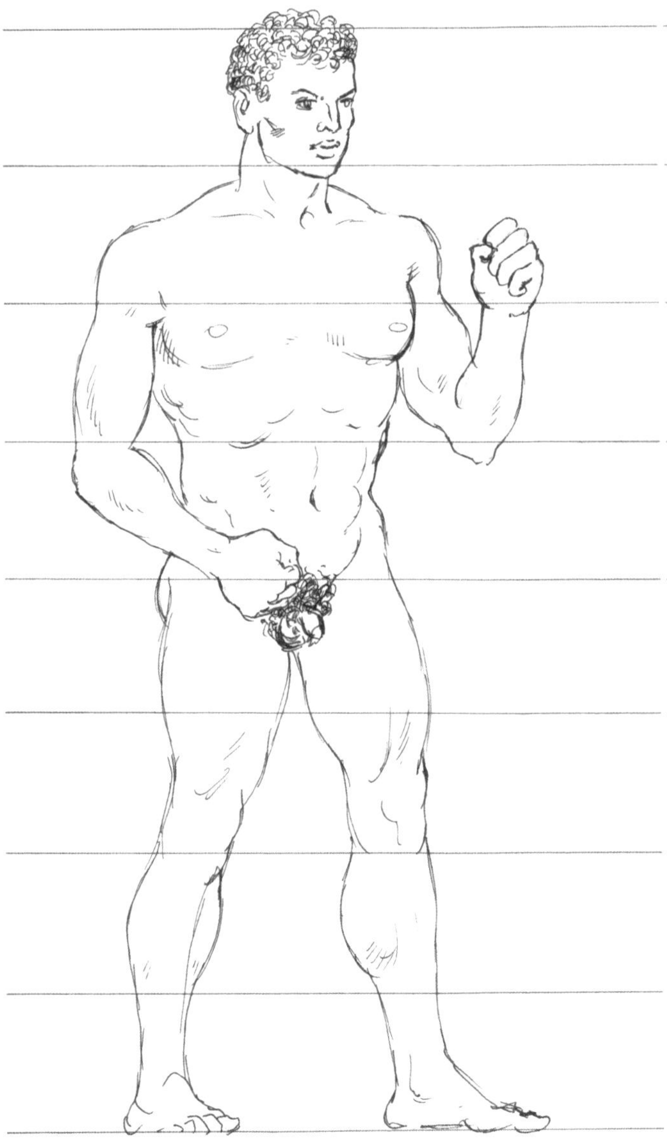

Dieser athletische Mann hat gut ausgebildete Muskeln. Beachten Sie das Verhältnis zwischen muskulöser Brust und kompakter Taille.

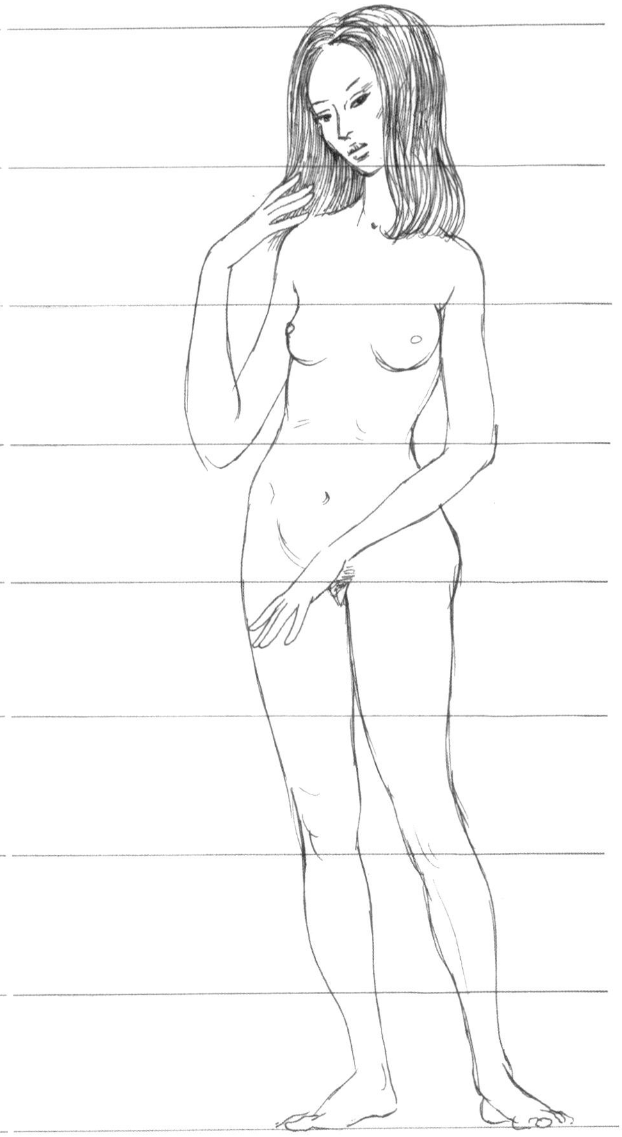

Diese Frau sieht aus wie eine Turnerin oder Tänzerin; ihre schlanke Figur verkörpert die Synthese aus Kraft und Beweglichkeit.

DAS SKELETT

Vielleicht haben Sie wenig Lust, sich unzählige Knochennamen zu merken. Aber ein gewisses Verständnis für den Aufbau des menschlichen Skeletts und die Verbindung der einzelnen Knochen miteinander ist sinnvoll, wenn Sie Menschen mit »Haut und Haaren« zeichnen wollen, die den Eindruck einer natürlichen Haltung vermitteln.

VORDERANSICHT

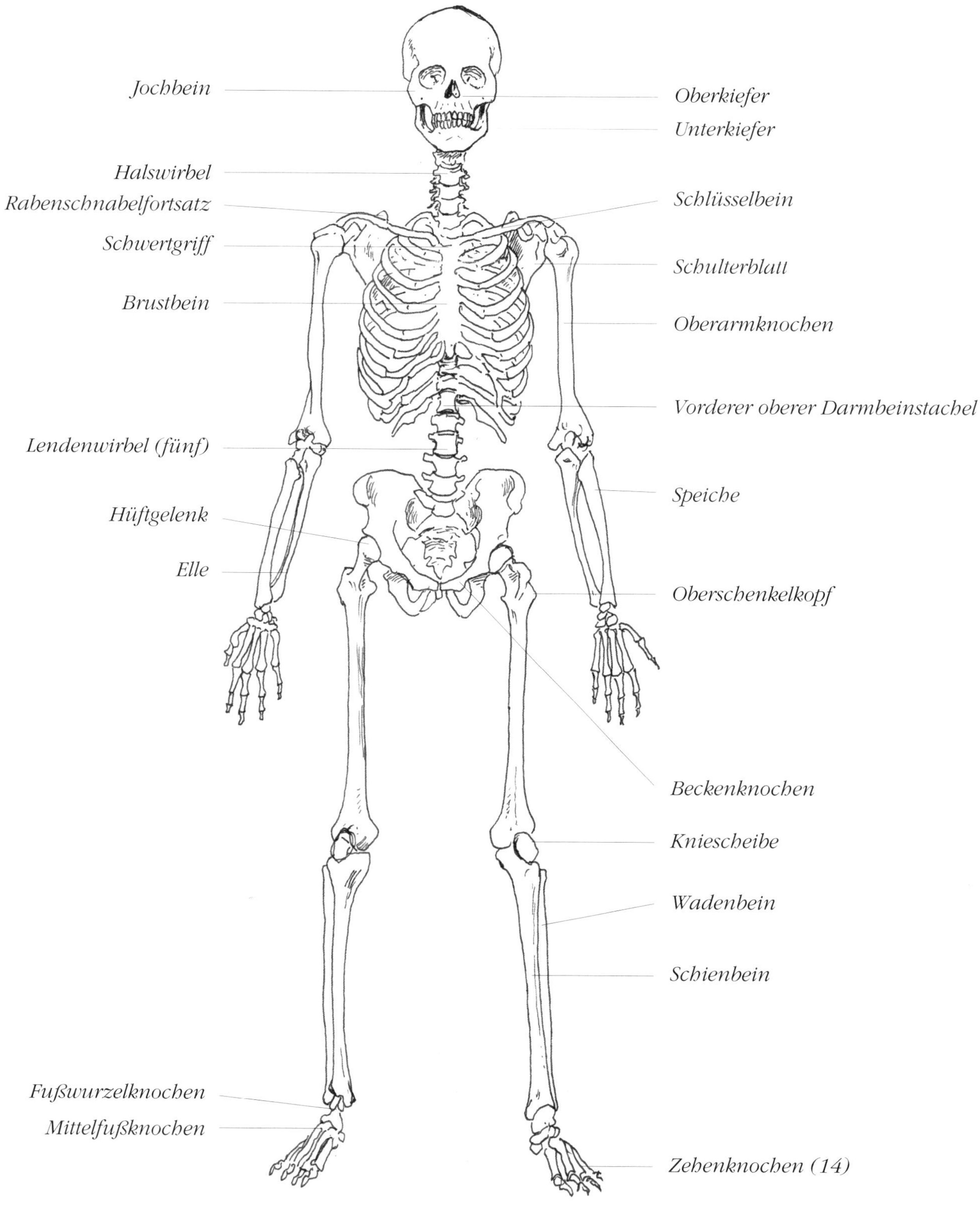

Indem wir ein Skelett möglichst detailgetreu abzeichnen, gewinnen wir bereits eine Idee von seiner Funktionsweise. Wir sollten die Stellen, an denen die Knochenstruktur unmittelbar sichtbar wird, sowie Winkel und Verlauf der unsichtbaren Knochen kennen. Die meisten Kunstschulen verwenden Skelettnachbildungen aus Plastik.

RÜCKANSICHT

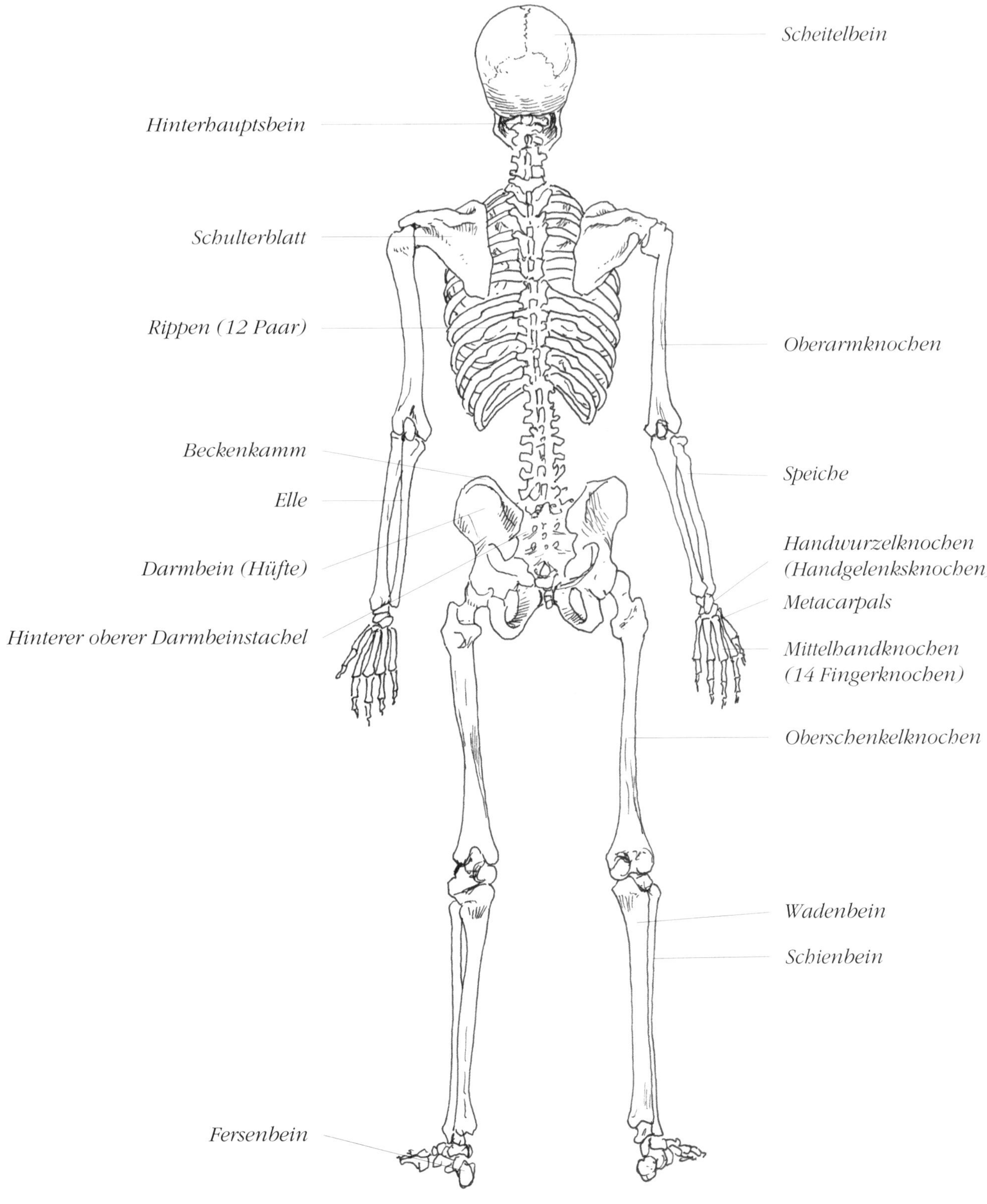

MUSKULATUR

Nachdem wir uns mit dem Skelett vertraut gemacht haben, wollen wir uns ein Bild von der sehr viel komplexeren Muskulatur machen. Viele gute Bücher können uns dabei helfen, die Lage und Funktion der einzelnen Muskeln zu studieren, um die äußere Form des menschlichen Körpers besser zu verstehen.

Als Künstler gilt unser Interesse vorrangig den dicht unter der Oberfläche gelegenen

VORDERANSICHT

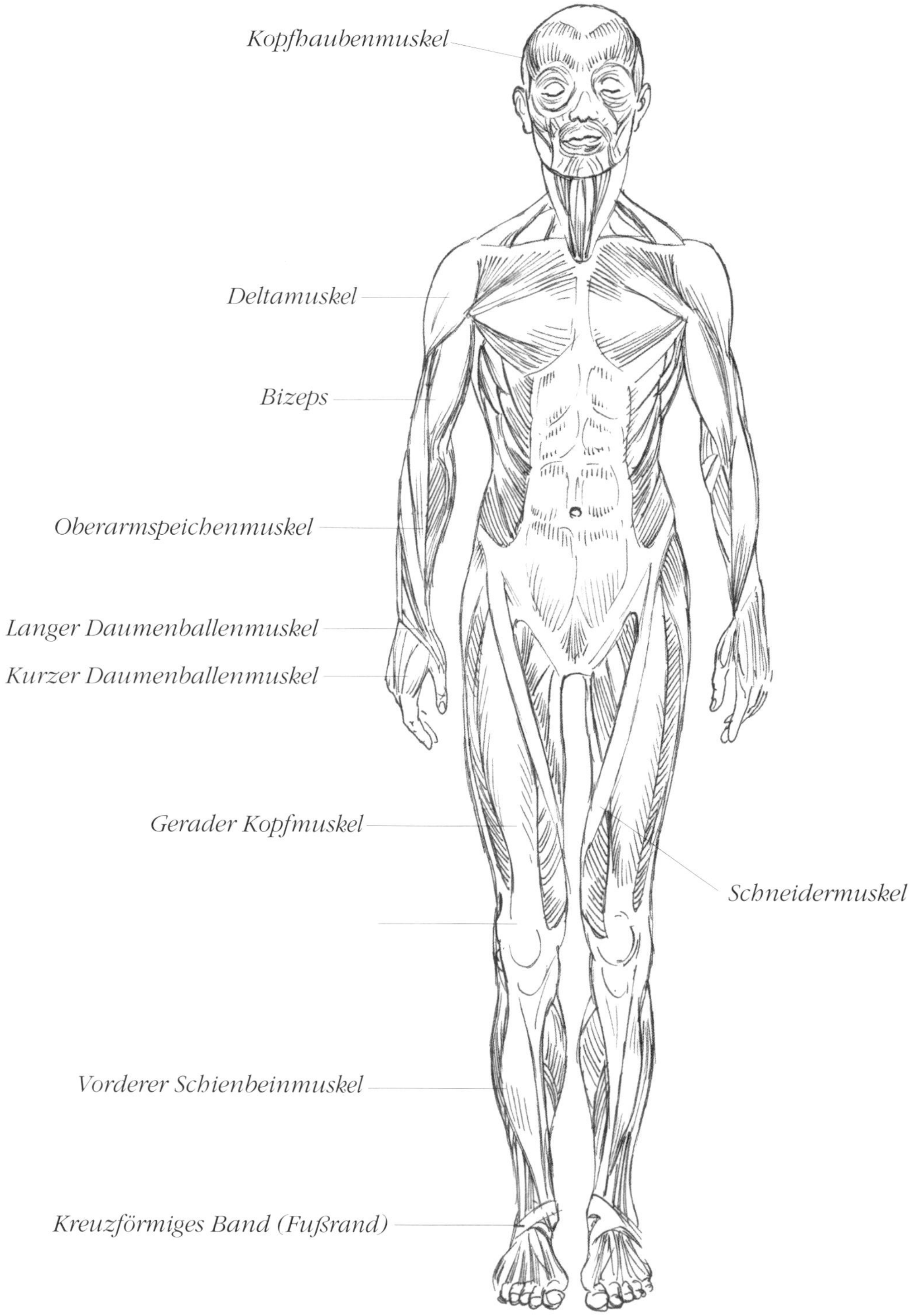

Muskeln. Es gibt zwei Hauptgruppen: die langen sehnenartigen und die weichen polsterartigen Muskeln. Ob Sie sich über die großen, sichtbaren Muskelgruppen hinaus auch mit den tieferen Muskelschichten beschäftigen wollen, hängt ganz von Ihrem Interesse ab – für die Zwecke des Zeichnens genügen die ersteren. Die Abkürzung M. in den folgenden Abbildungen steht für das lateinische Wort musculus, zu Deutsch Muskel.

SEITENANSICHT

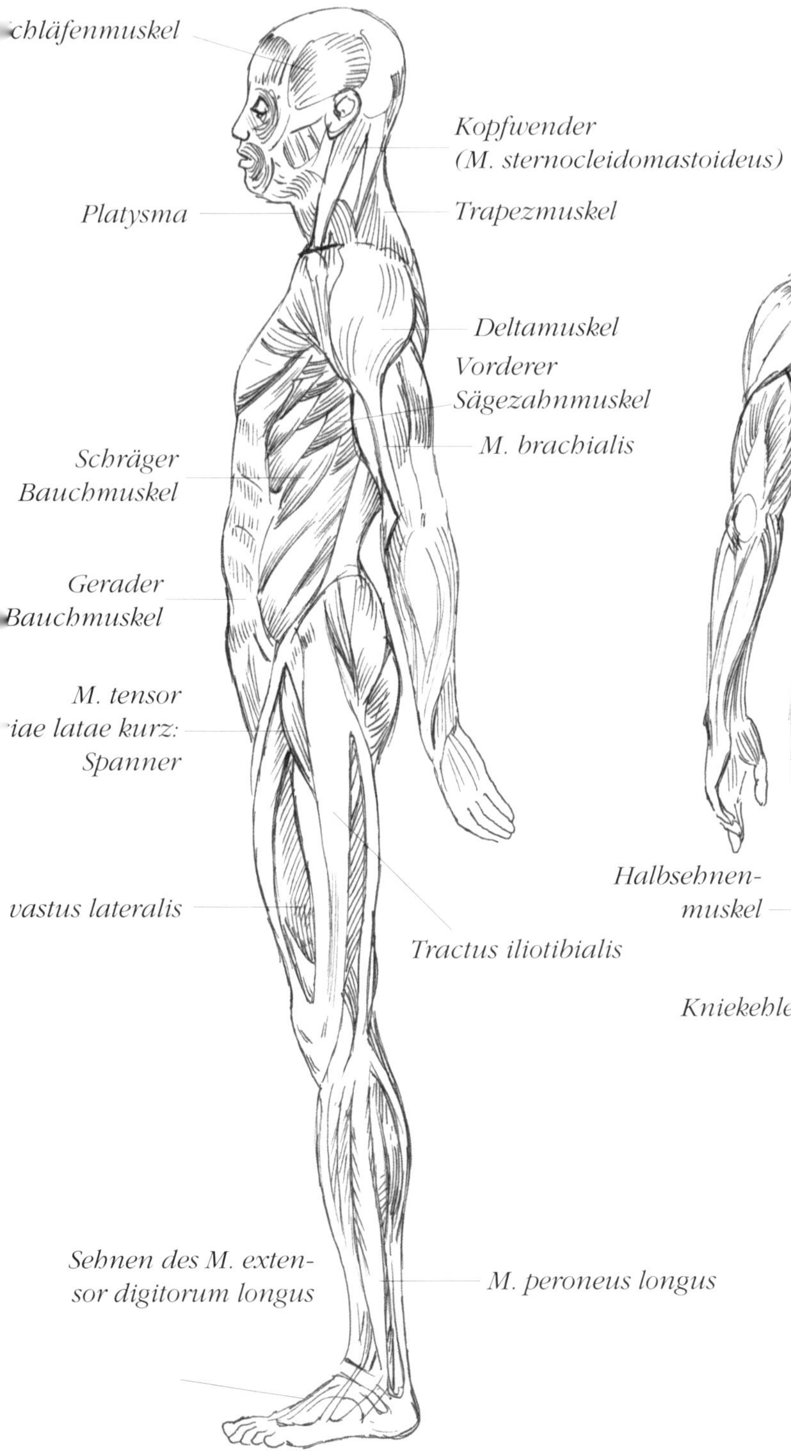

RÜCKANSICHT

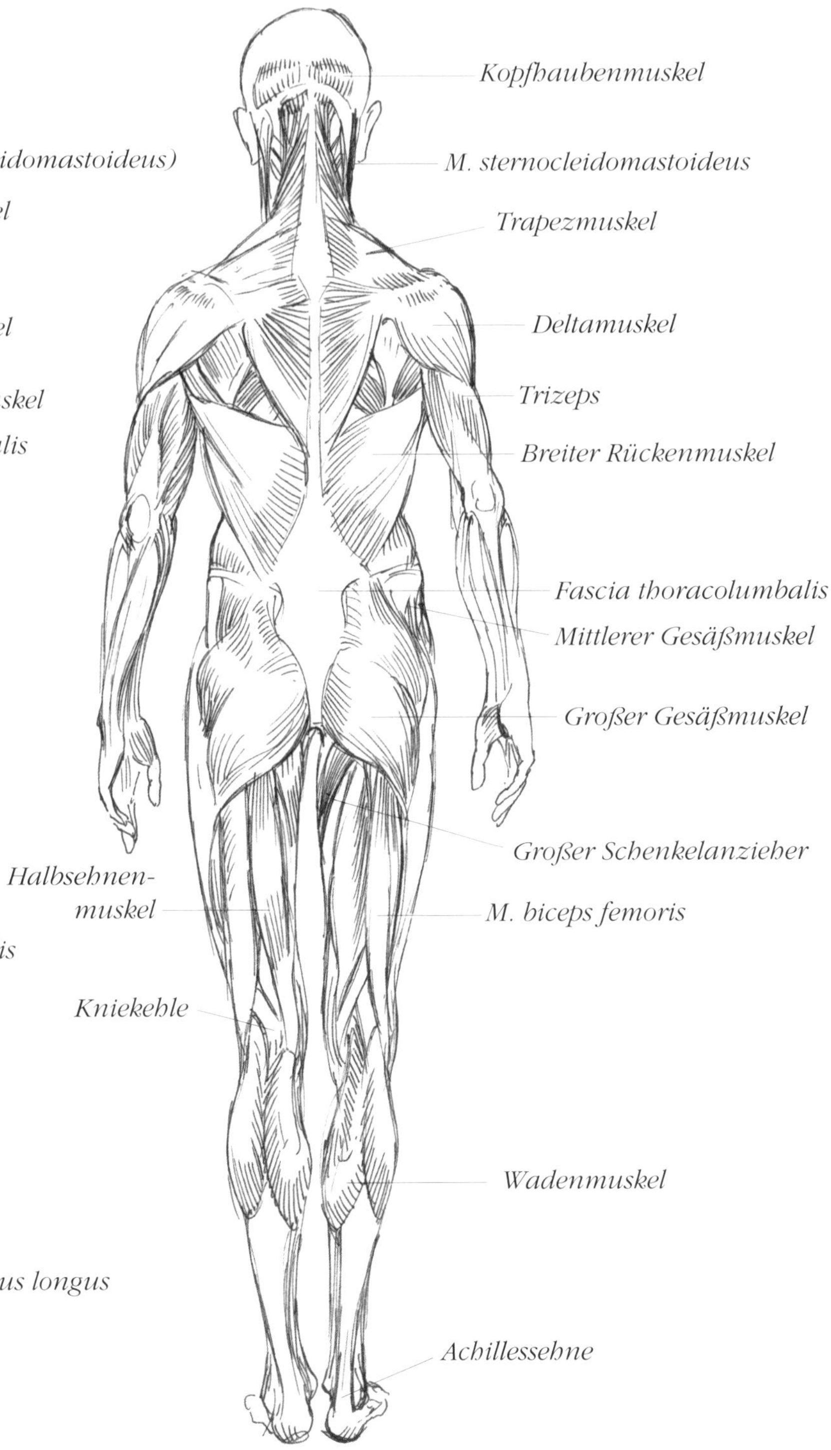

DER KOPF

Der auffälligste und eindrücklichste Teil des menschlichen Körpers ist der Kopf. Wir sehen hier die wichtigsten Proportionen des Kopfes aus der Vorder- und der Seitenansicht. Vorläufig wollen wir uns nicht mit geschlechtsspezifischen Unterschieden oder individuellen Feinheiten, sondern nur mit den allgemeinen Grundzügen eines jungen Erwachsenenkopfes beschäftigen. Es ist erstaunlich, wie wenig Einfluss die unver-

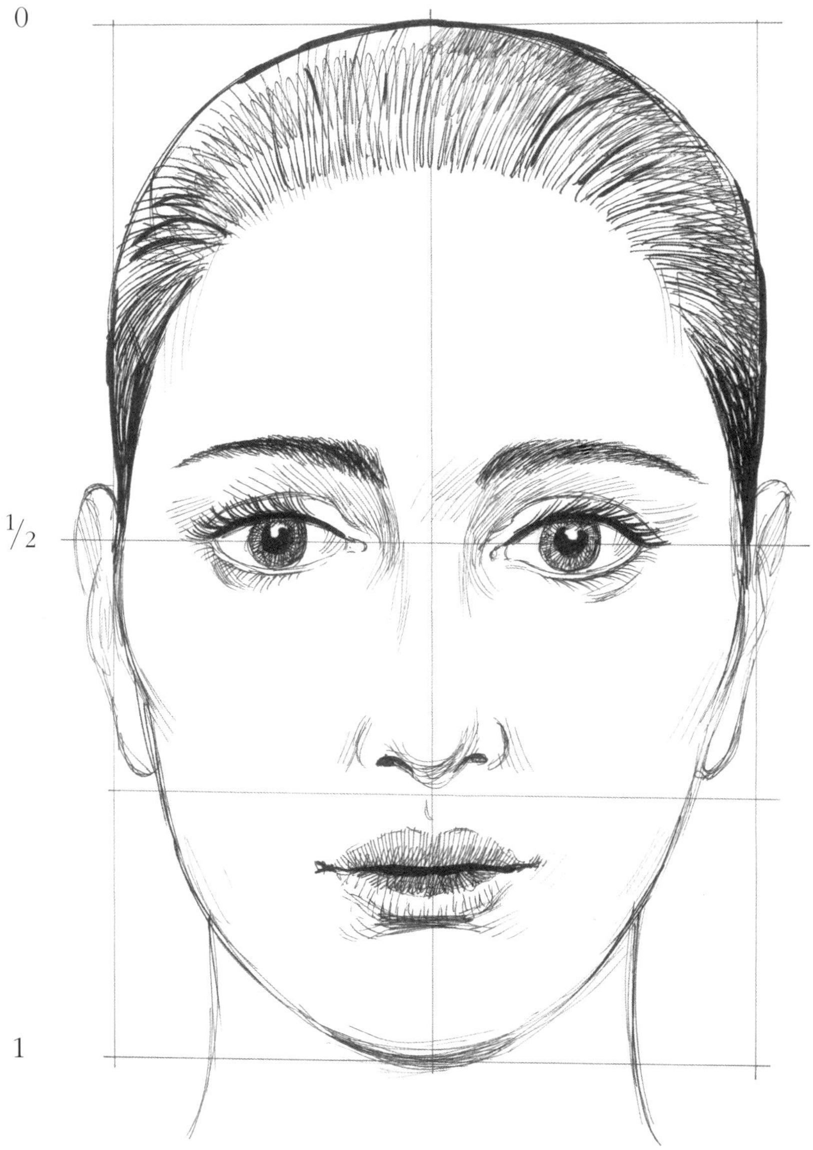

Von vorn beträgt die Breite des Gesichts rund drei Viertel seiner Länge. Die Augen liegen etwa auf der halben Höhe zwischen Scheitel und Kinn.

Der Abstand zwischen Kinn und Mund macht ein knappes Fünftel der Kopflänge aus. Der Mund – wo sich die Lippen berühren – liegt also näher zur Nase als zum Kinn.

Der unterste Punkt der Nase befindet sich nur knapp über der halben Höhe zwischen Augen und Kinn.

Der Abstand zwischen den Augen entspricht in der Regel der Breite jedes einzelnen Auges. Die Höhe des Haaransatzes vorn auf der Stirn beträgt maximal ein Fünftel der gesamten Kopflänge.

wechselbaren Besonderheiten eines Gesichts auf seine Maße und Proportionen haben.

Wichtig ist, dass wir den Kopf als Teil der Gesamtfigur zeichnen. Dabei spielt die Schädelform eine mindestens ebenso wichtige Rolle wie der Ausdruck des Gesichts. Besonders Anfänger neigen dazu, die Gesichtszüge im Verhältnis zu sehr zu betonen. Achten Sie darauf, dass die Augen nicht zu groß geraten und der Kiefer nicht zu weit vorsteht.

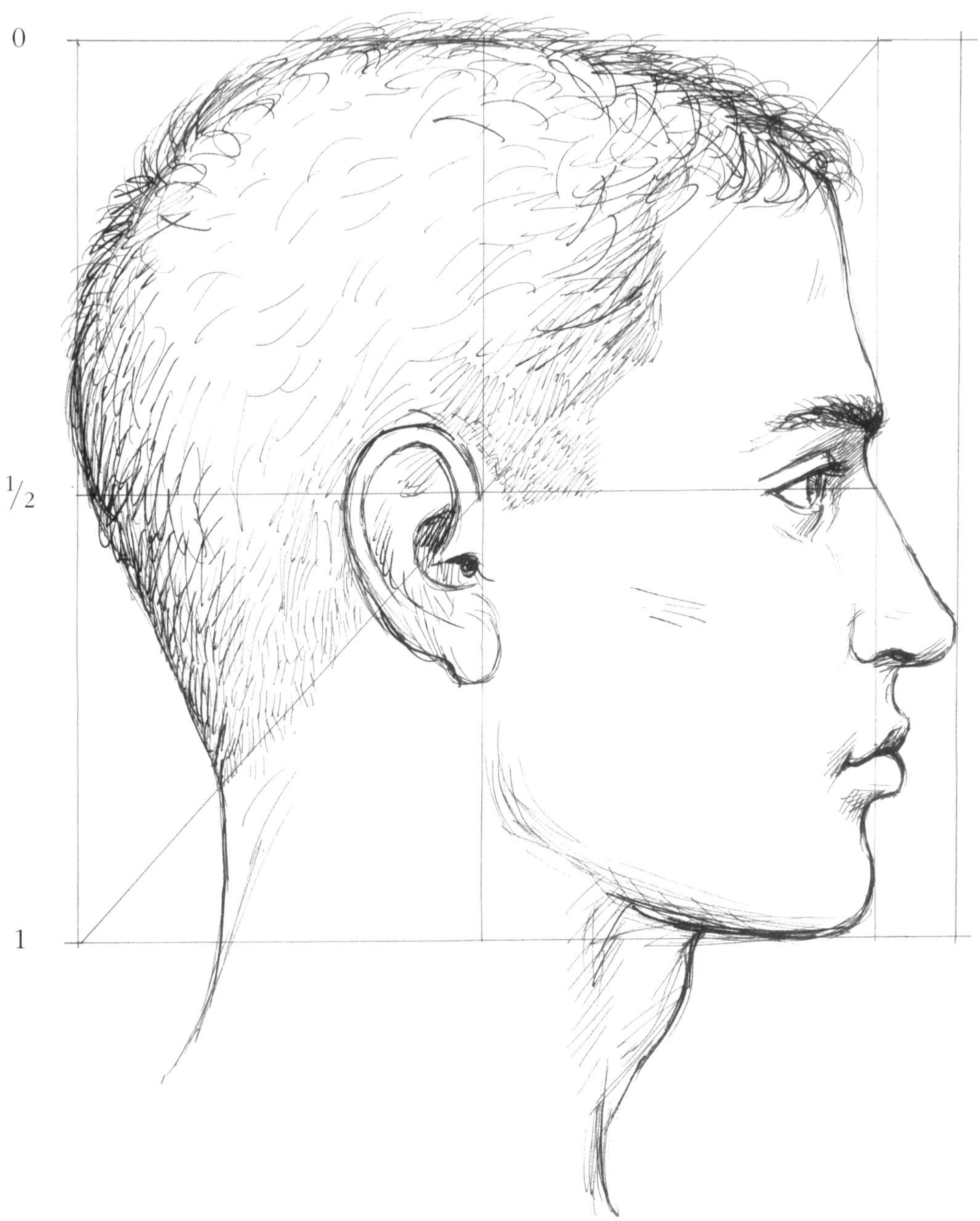

Im Profil betrachtet entspricht die Höhe des Gesichts in etwa der Breite; nur die Nase schaut aus diesem Quadrat heraus.
Solange der Betreffende noch all seine Haare hat, bedecken sie rund die Hälfte der Kopffläche oberhalb der Diagonalen durch Nacken und Stirn. Das Ohr kreuzt diese Linie, und im Bereich der oberen Stirn weicht der Haaransatz möglicherweise dahinter zurück.

KNOCHEN UND MUSKELN DES KÖPFES
Wie für den übrigen Körper gilt auch für den Kopf: Die äußere Form wird durch die Knochenstruktur und die sie bedeckenden Muskeln bestimmt. Die Knochen liegen so dicht unter der Oberfläche, dass wir ihre Form leicht erkennen können; bei hageren Menschen erkennen wir sogar die Vertiefungen im Schläfenbereich.

VORDERANSICHT (SCHÄDELKNOCHEN)

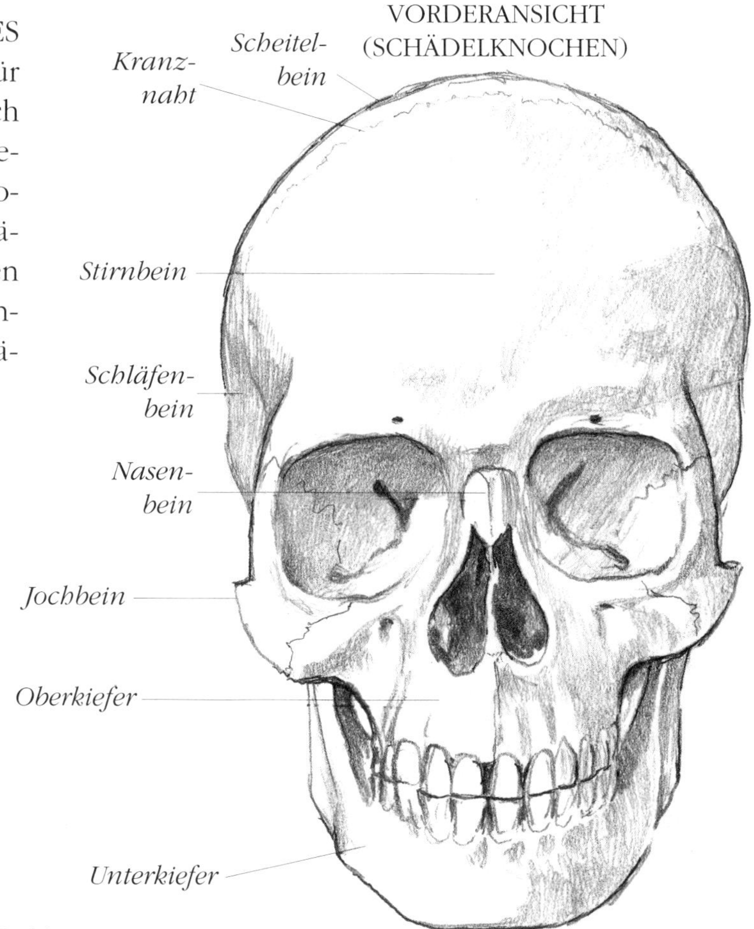

SEITENANSICHT (SCHÄDELKNOCHEN)

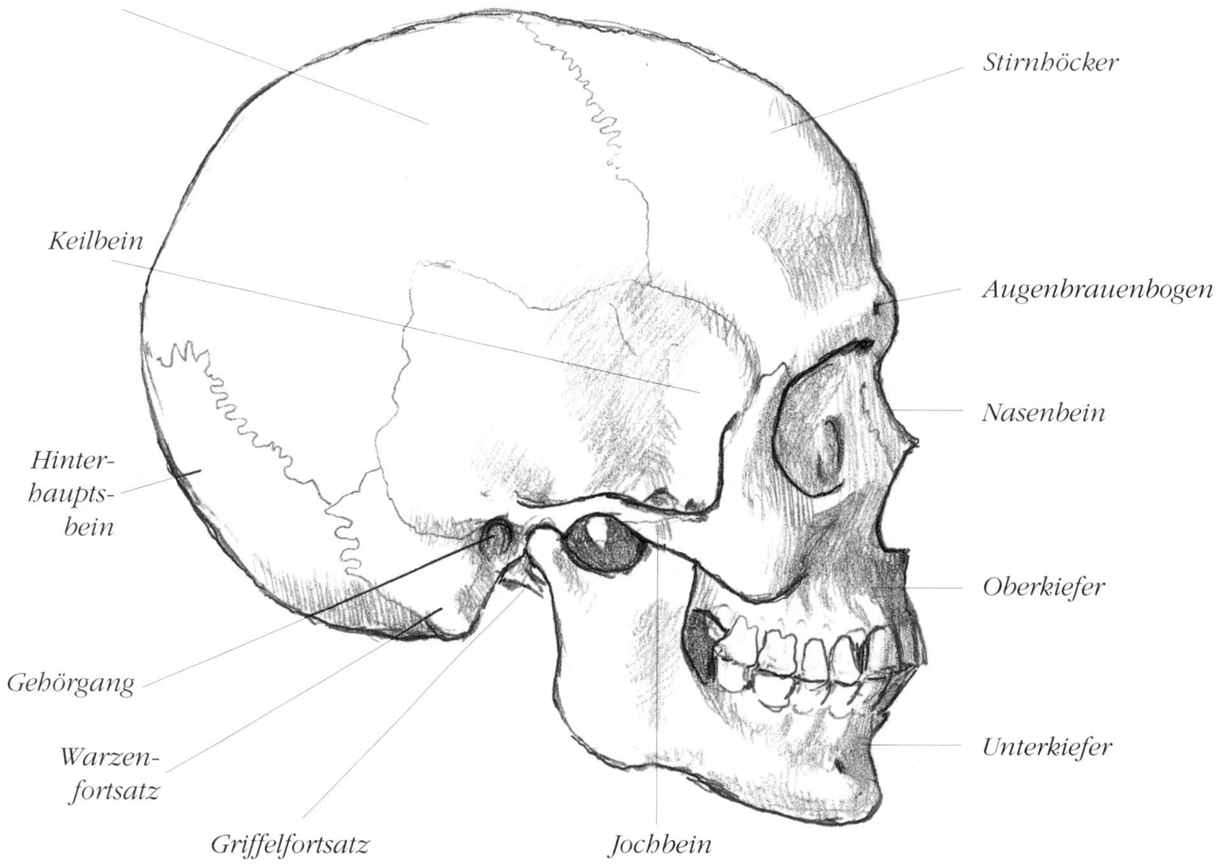

VORDERANSICHT (MUSKELN)

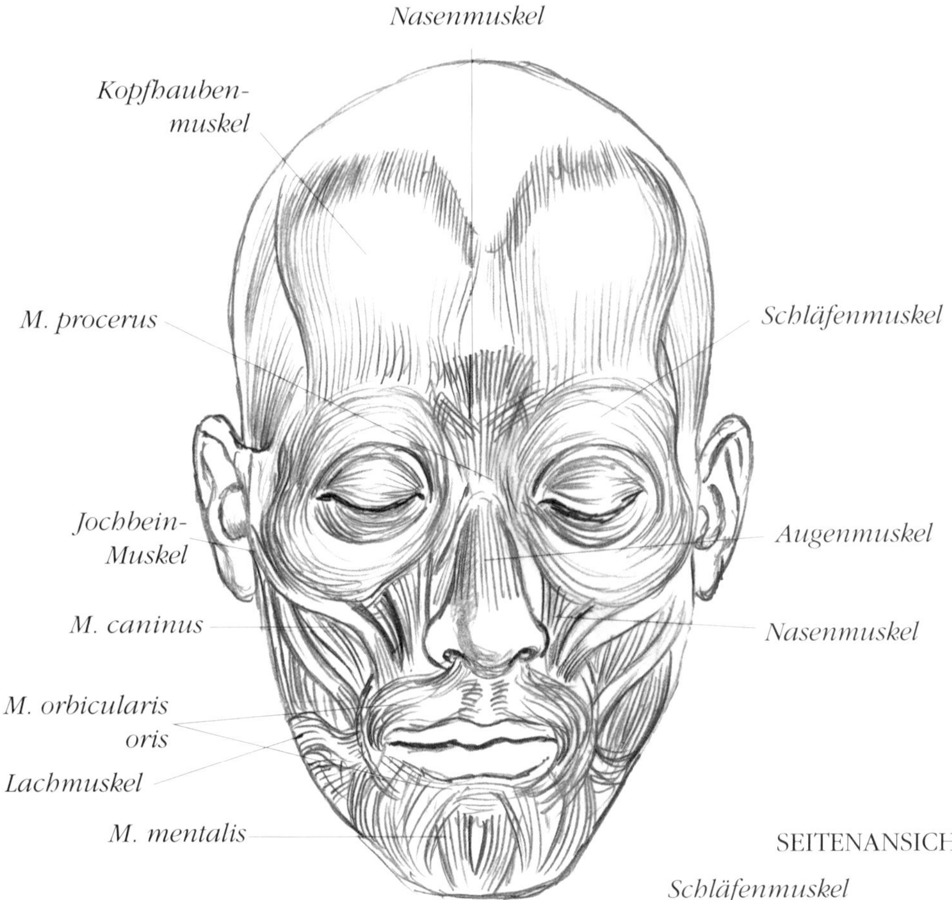

SEITENANSICHT (MUSKELN)

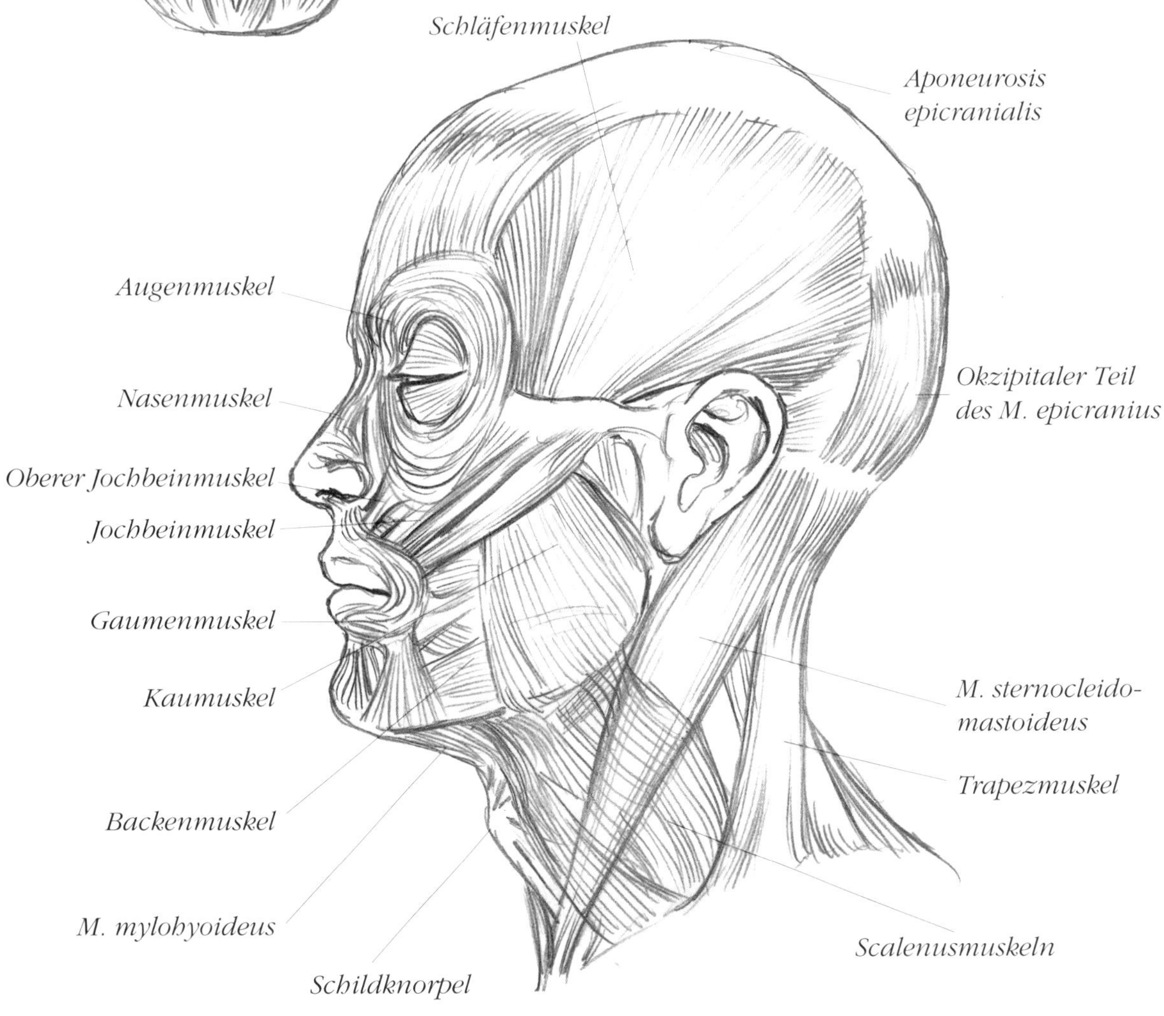

DER KOPF AUS VERSCHIEDENEN WINKELN

Hier habe ich den Kopf aus unterschiedlichen Blickwinkeln gezeichnet. Ich habe auf die meisten Details verzichtet und mich auf die Grundstruktur von Auf- und Untersicht beschränkt. Achten Sie auf die Linien der Augen und des Mundes. In der Untersicht wird der runde Bogen der Augenbrauen durch die seitliche Krümmung des Kopfes noch verstärkt. Auch bei den Wangenknochen müssen wir die Kopfform berücksichtigen.

Besonders in der Untersicht verkürzt sich die Nase mitunter zu einem kleinen vorstehenden Punkt.

Die Unterseite des Kinns besitzt ebenfalls eine charakteristische Form. Von oben betrachtet treten Kinn und Mund gegenüber der Nase in den Hintergrund. Während das Haar in der Untersicht nur am Rande sichtbar ist, nimmt es in der Aufsicht fast die gesamte Fläche des Kopfes ein.

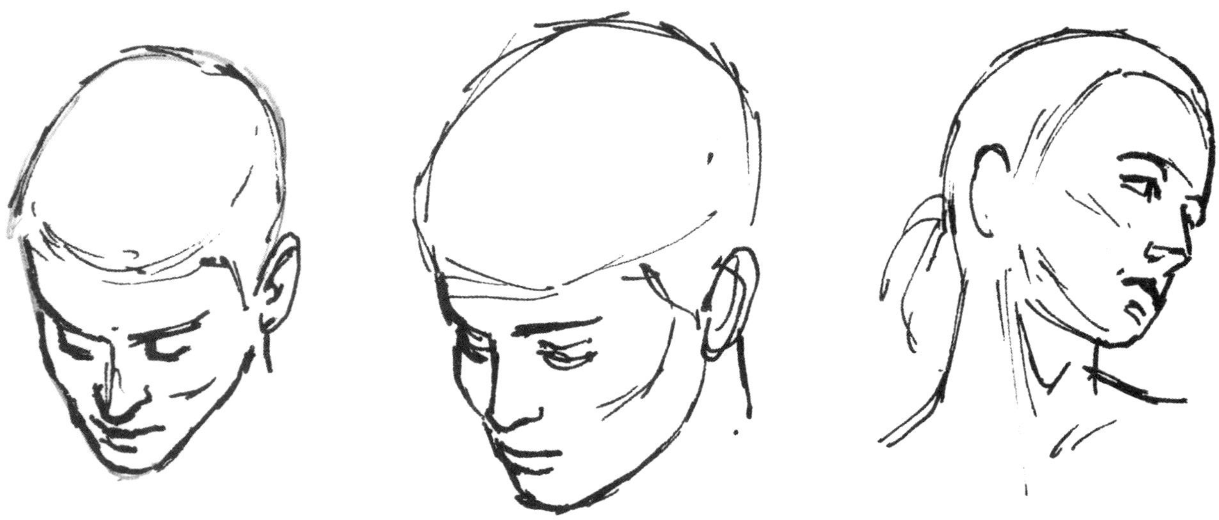

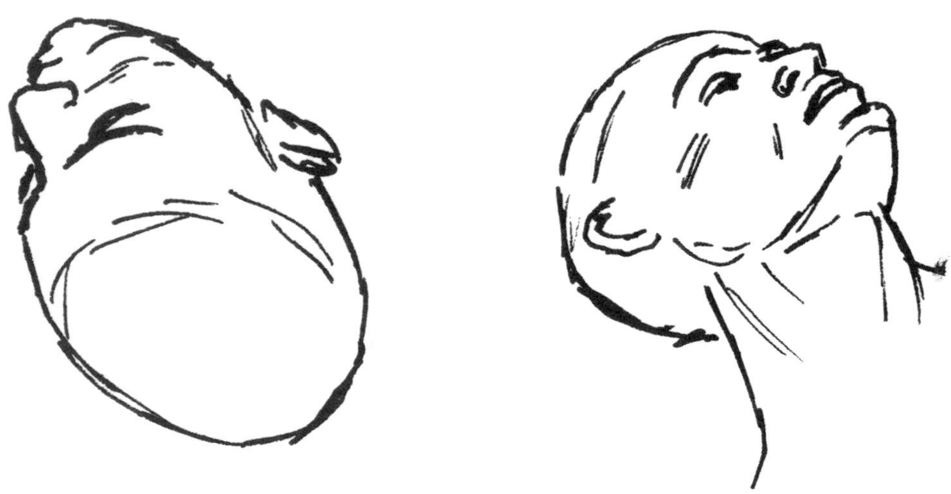

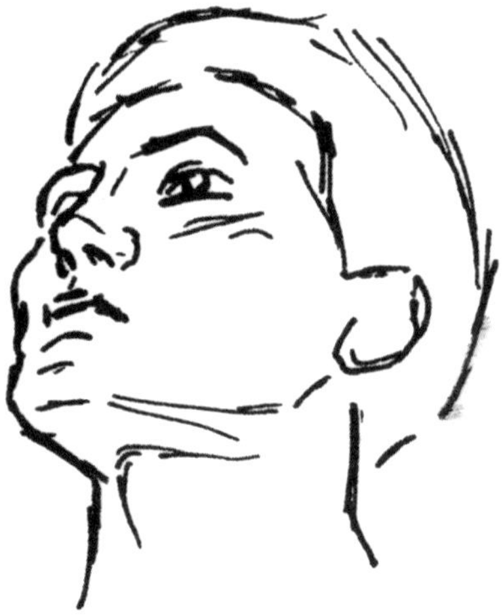

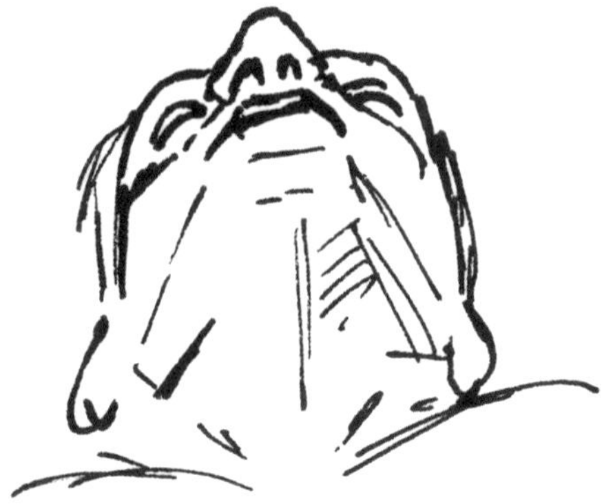

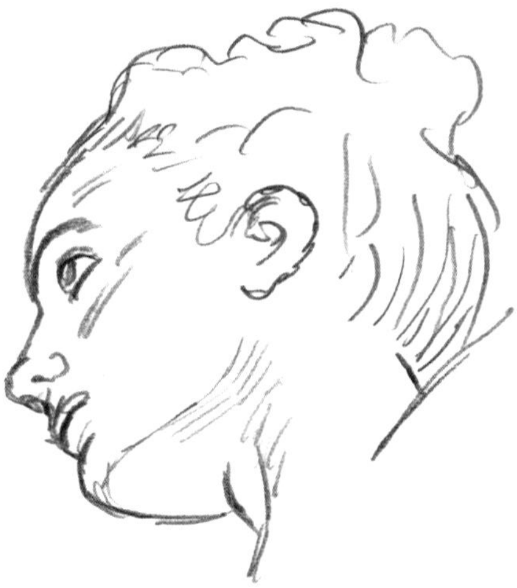

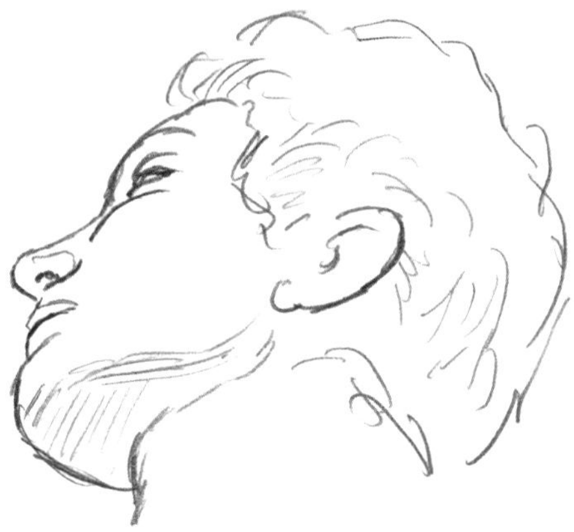

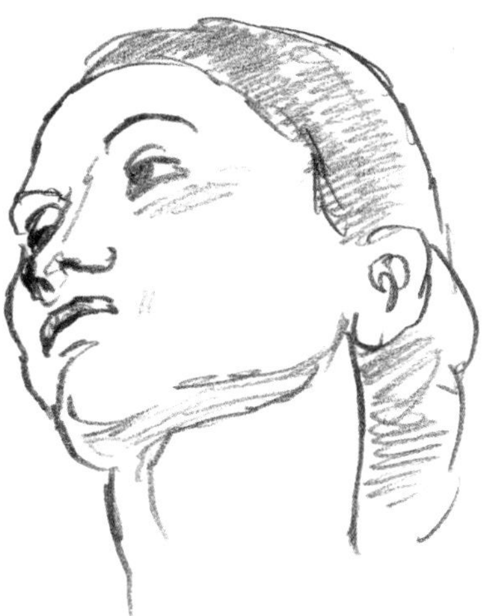

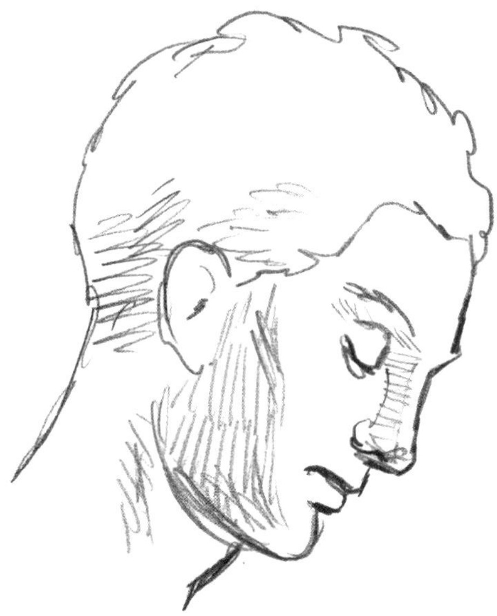

DIE MUSKELN DES RUMPFES

Um den menschlichen Rumpf überzeugend wiederzugeben, ist es besonders wichtig, eine Vorstellung von der unter der Haut verborgenen Muskelstruktur zu haben. Die folgenden Zeichnungen illustrieren die wesentlichen Muskelgruppen, deren Sichtbarkeit davon abhängt, wie durchtrainiert die dargestellte Person ist. Da es immer mehr Fitnessstudios gibt, sollte es Ihnen nicht schwer fallen, jemanden mit gut entwickelten Rumpfmuskeln zu finden, der Ihnen Modell sitzen oder stehen kann.

VORDERANSICHT

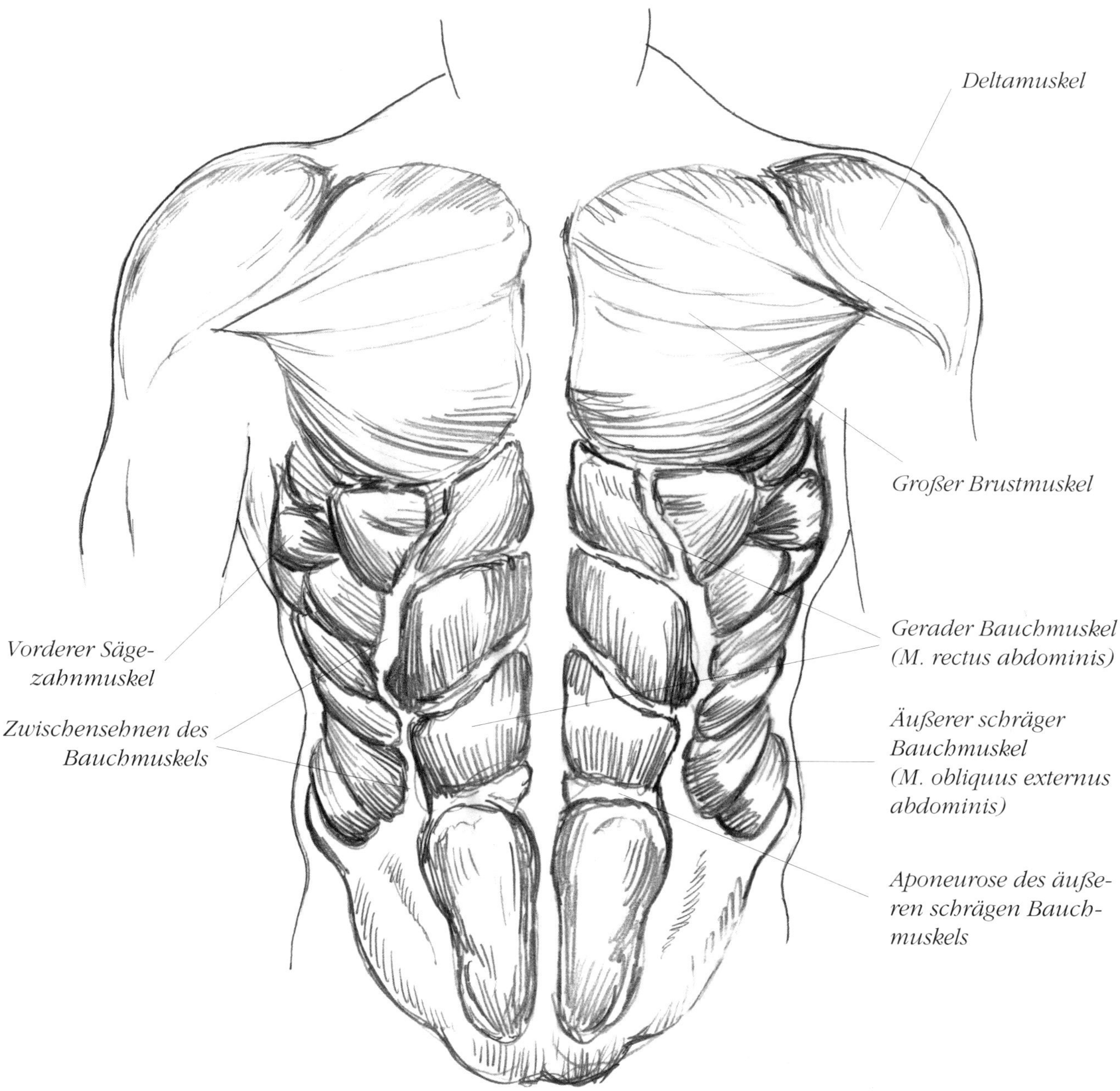

RÜCKANSICHT

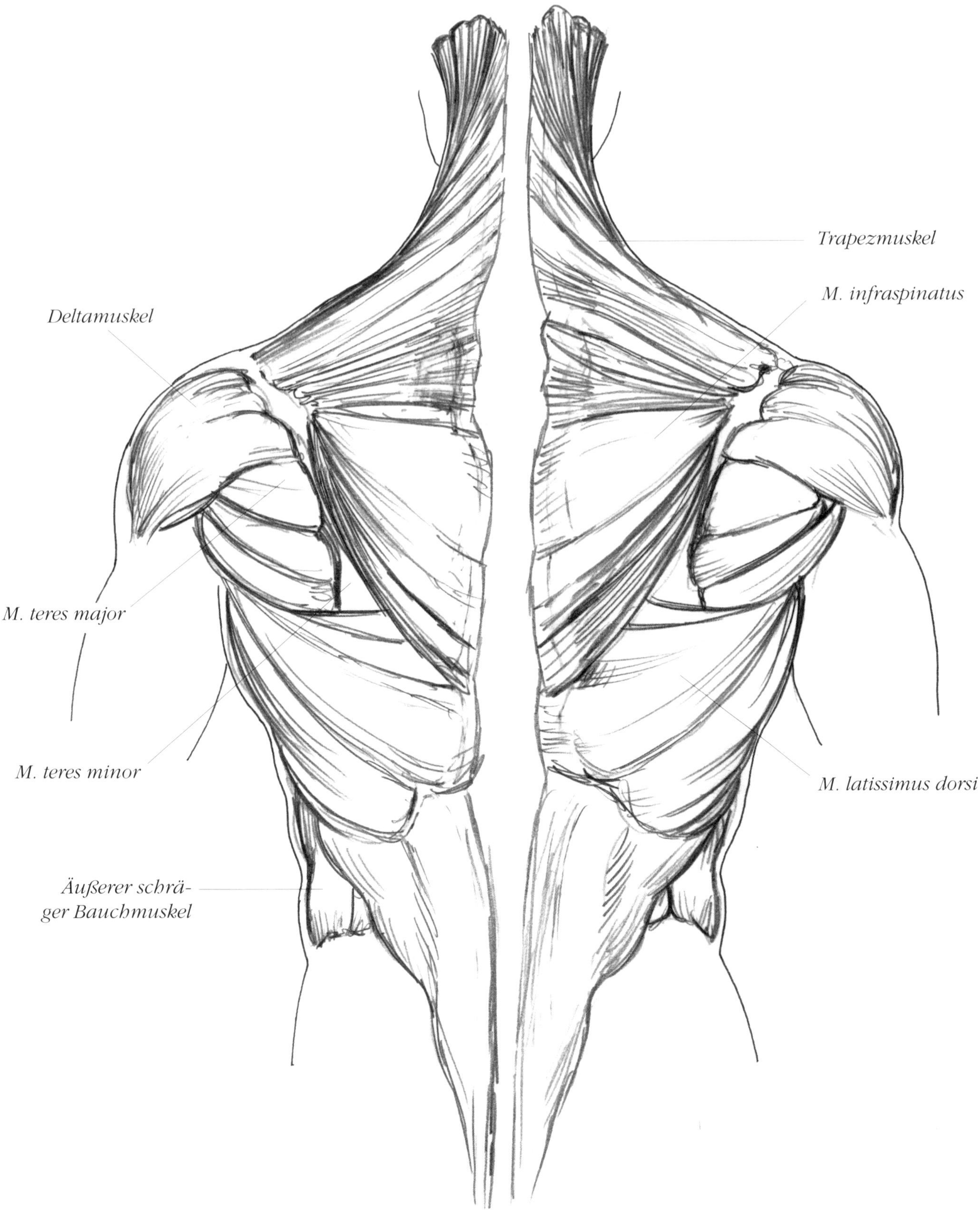

DER RUMPF

Männlicher und weiblicher Rumpf bieten dem Künstler ganz unterschiedliche Oberflächen. Weil Männer in der Regel muskulöser sind als Frauen, wird der Körper vom einfallenden Licht anders beleuchtet – mit glänzenden Erhebungen und schattigen Senken. Der Betrachter erkennt in diesem kontrastreichen Muster unmittelbar die muskulöse Struktur. Beim weiblichen Körper sind die schattigen Bereiche länger und weicher, weil die Gleichmäßigkeit der Körperoberfläche in geringerem Ausmaß durch Muskelpakete aufgebrochen wird. Natürlich werden Sie auch bei Männern nicht immer so ausgeprägte Muskeln antreffen wie auf diesen Beispielen.

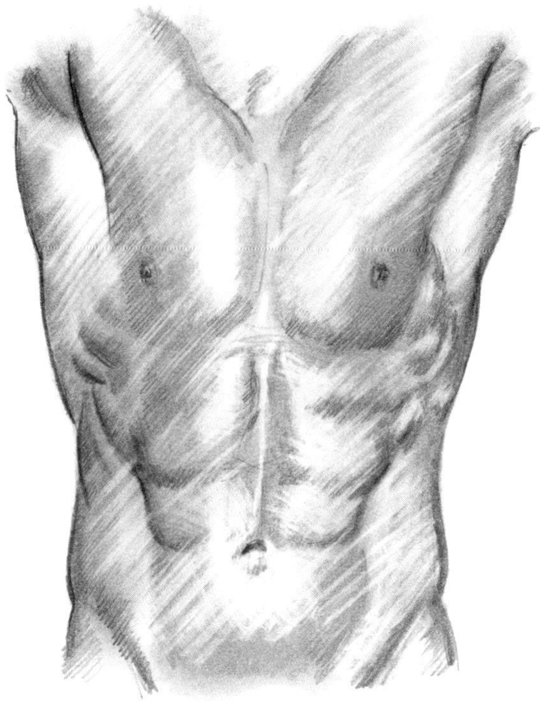

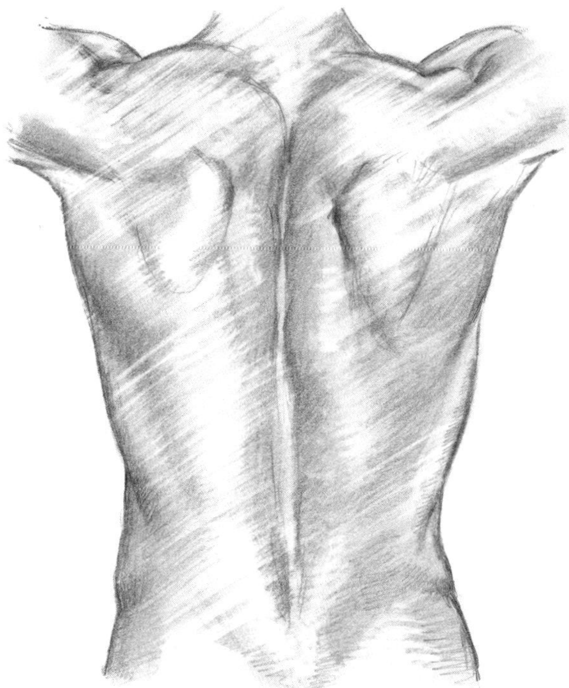

Der männliche Rumpf, den wir hier von vorn, von hinten und von der Seite sehen, verfügt über verschiedene Muskeln, die bei einem durchtrainierten Mann deutlich zu erkennen sind. Hier sehen wir ein besonders athletisches Modell. Einige Muskeln sind klar umgrenzt, während andere weich und fließend auslaufen. Berücksichtigen Sie diesen Unterschied, wenn Sie vermeiden wollen, dass Ihre Zeichnungen wie Cartoons aussehen.

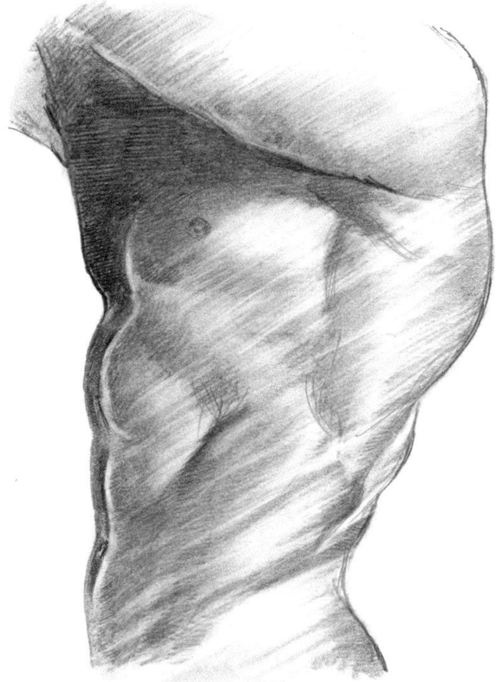

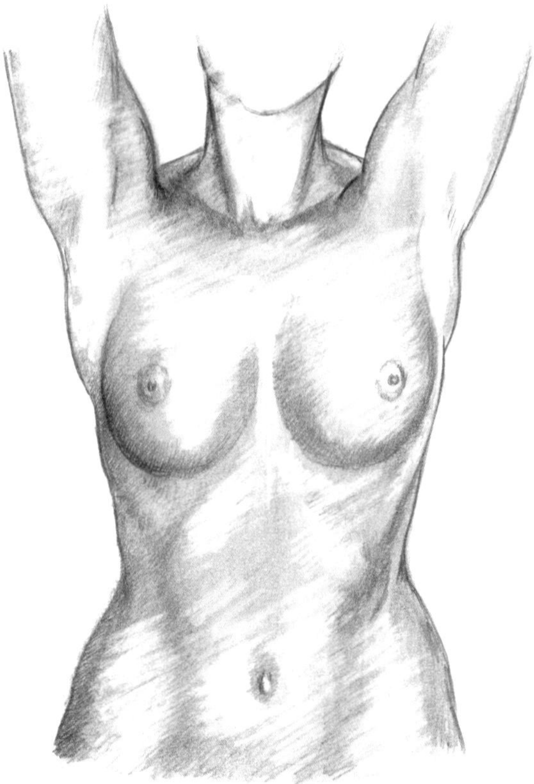

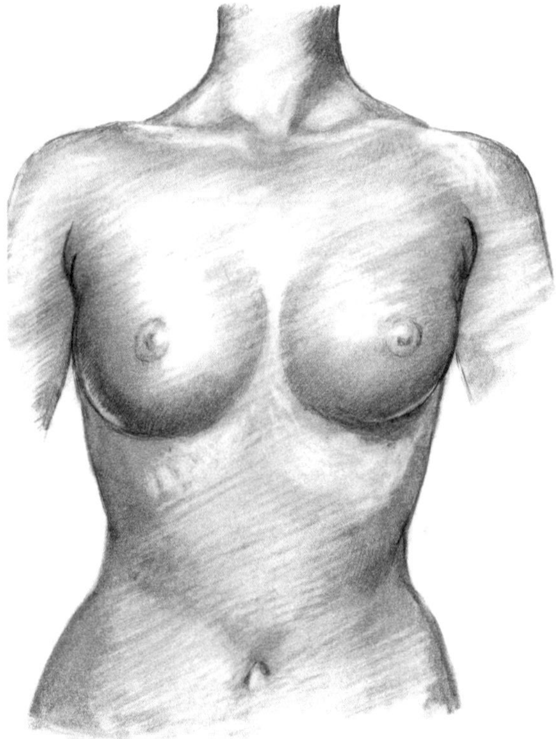

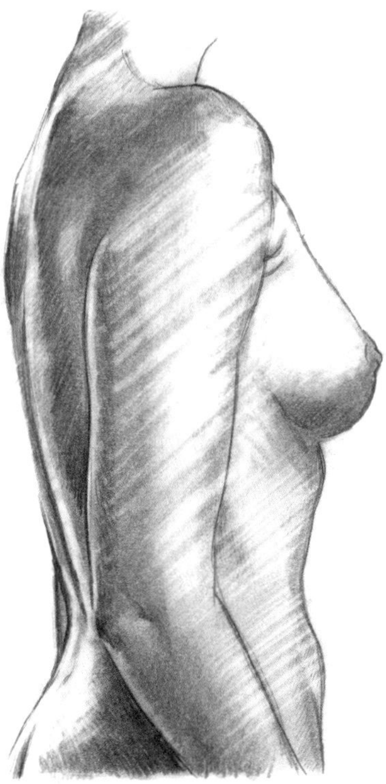

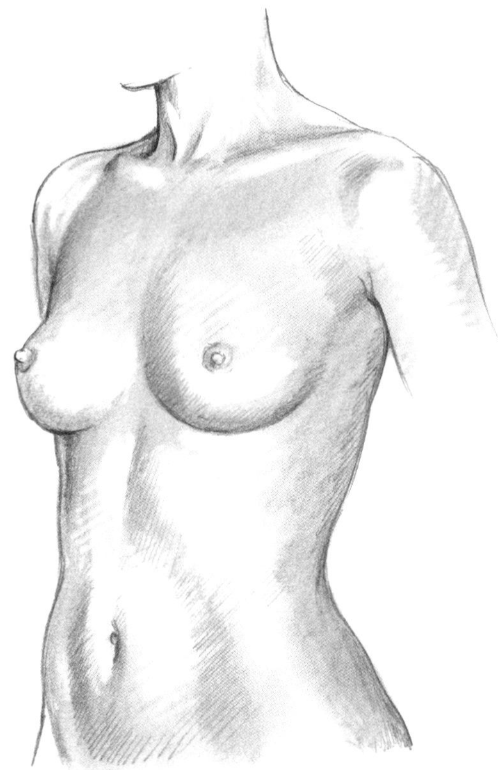

Diese Frauenfigur ist ebenfalls jung und athletisch, was natürlich nicht auf alle Frauen zutrifft. Im Allgemeinen tritt die Muskelstruktur bei Frauen weniger deutlich hervor, weil das Fettgewebe der Frau das Relief der Muskeln abschwächt. Deshalb haben Frauen in der Regel rundere und weichere Formen als Männer.

DER RUMPF: BEUGUNG UND STRECKUNG

Diese Zeichnungen zeigen, wie sich die Haltung im gebeugten oder gestreckten Körper besonders gut an der Wirbelsäule ablesen lässt. Wir beginnen mit einer Zeichnung vom Rückgrat, weil dessen Kurve die Haltung eines Menschen weitgehend bestimmt. Indem wir alle übrigen Teile um sie herum gruppieren, erreichen wir, dass der gezeichnete Körper schließlich ein harmonisches Ganzes ergibt.

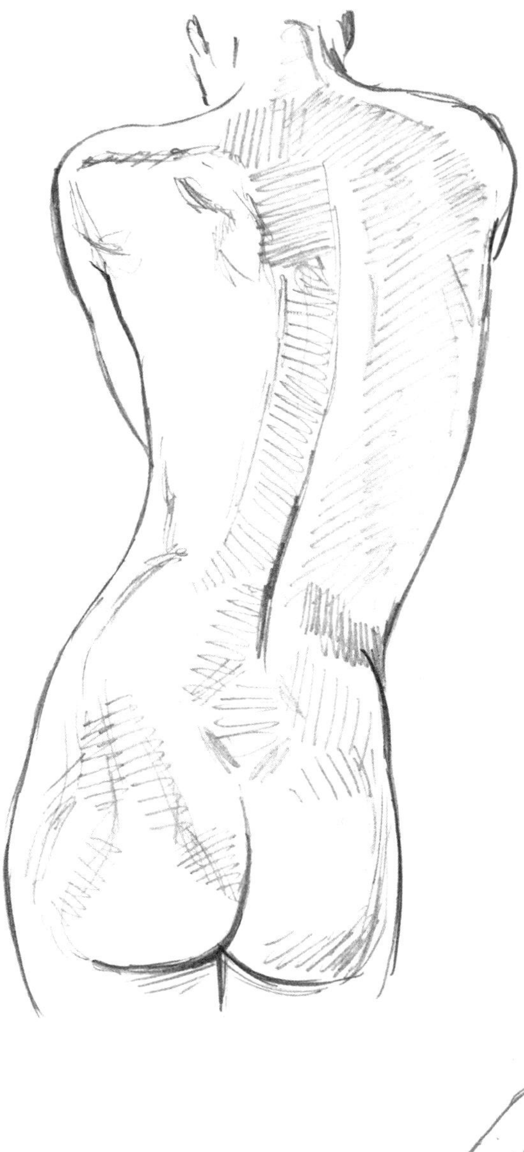

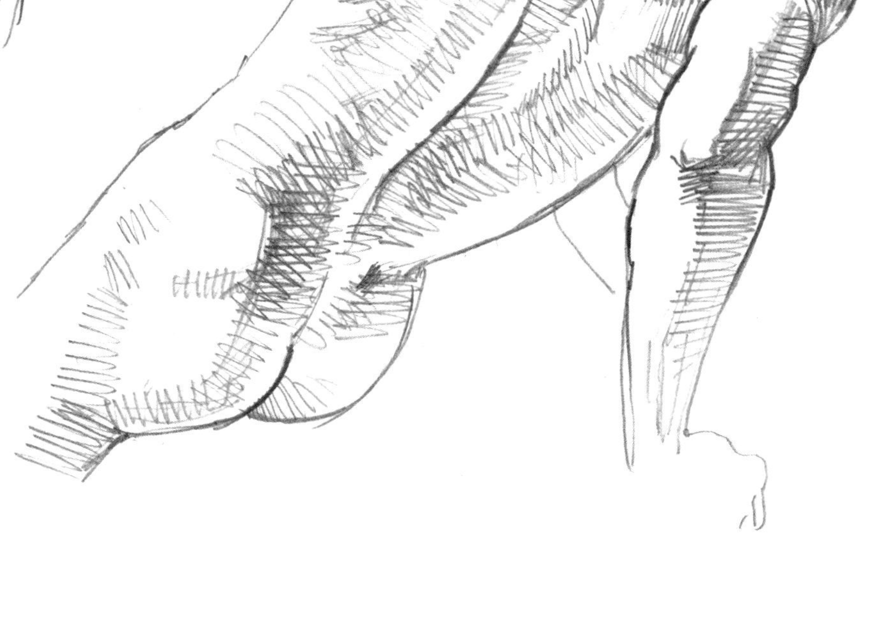

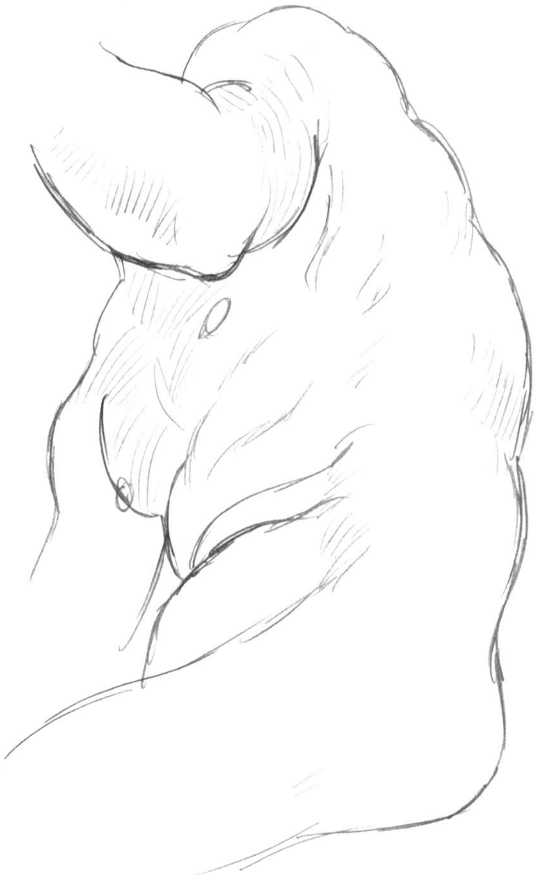

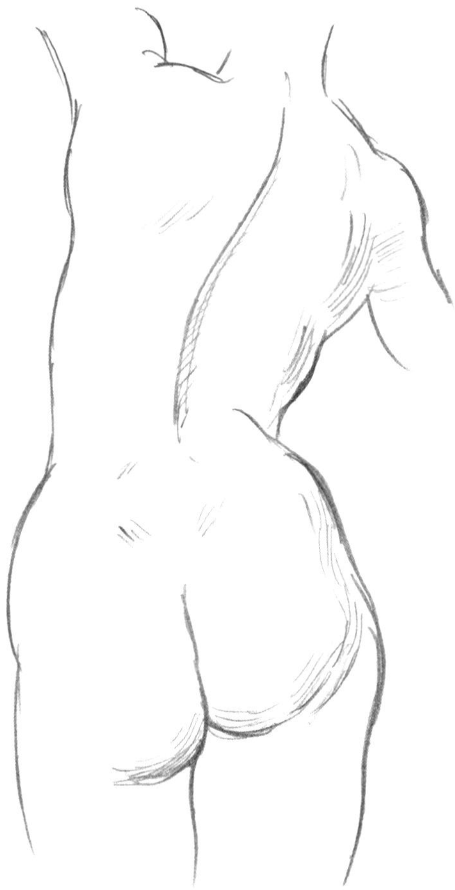

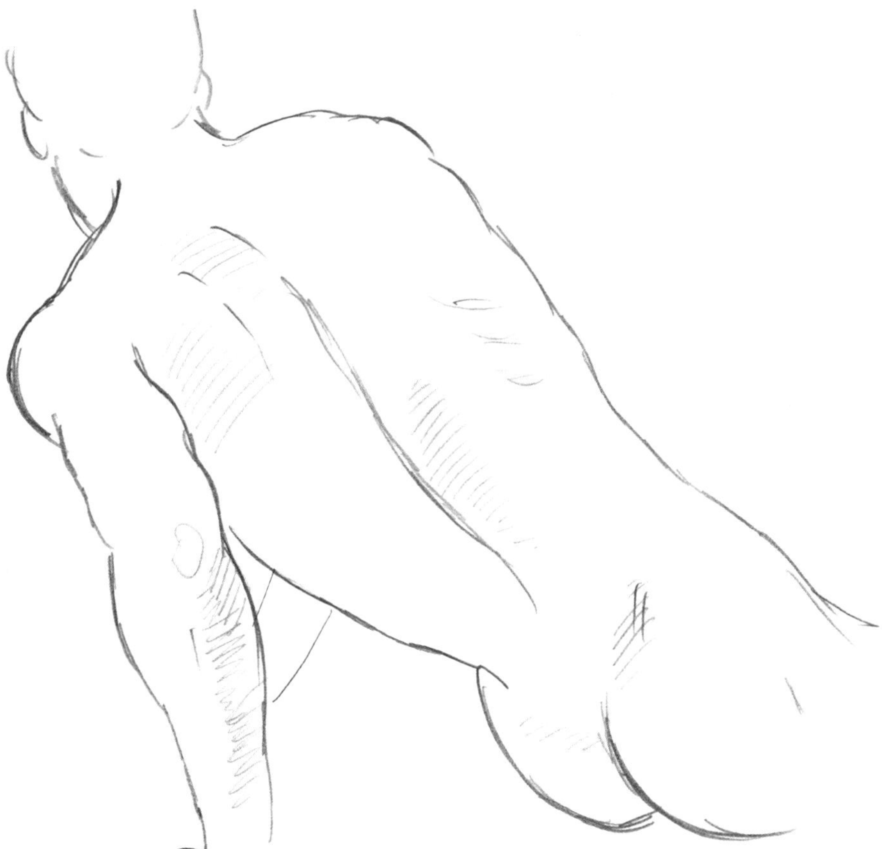

DER RUMPF AUS VERSCHIEDENEN BLICKWINKELN

Mit dem Blickwinkel verändert sich auch die Erscheinung des Rumpfes. Beachten Sie die perspektivische Verkleinerung der ferneren Körperteile: Von den Füßen aus gesehen wirken Kopf, Schultern und Brust klein. Aus der entgegengesetzten Richtung betrachtet dominieren Kopf, Schultern und Brust, während die Beine fast verschwinden.

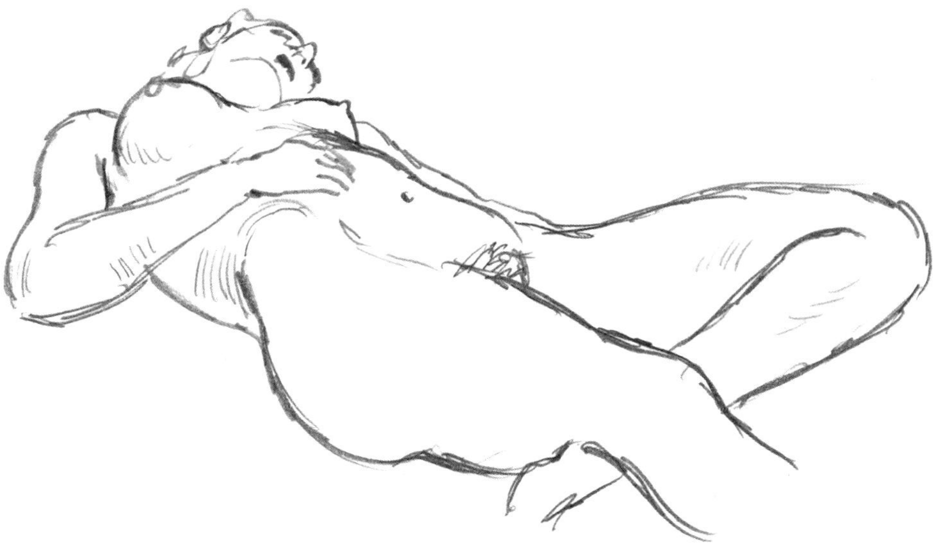

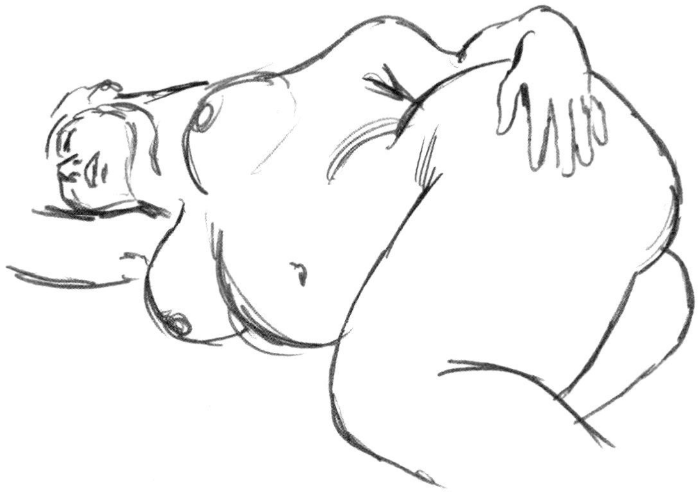

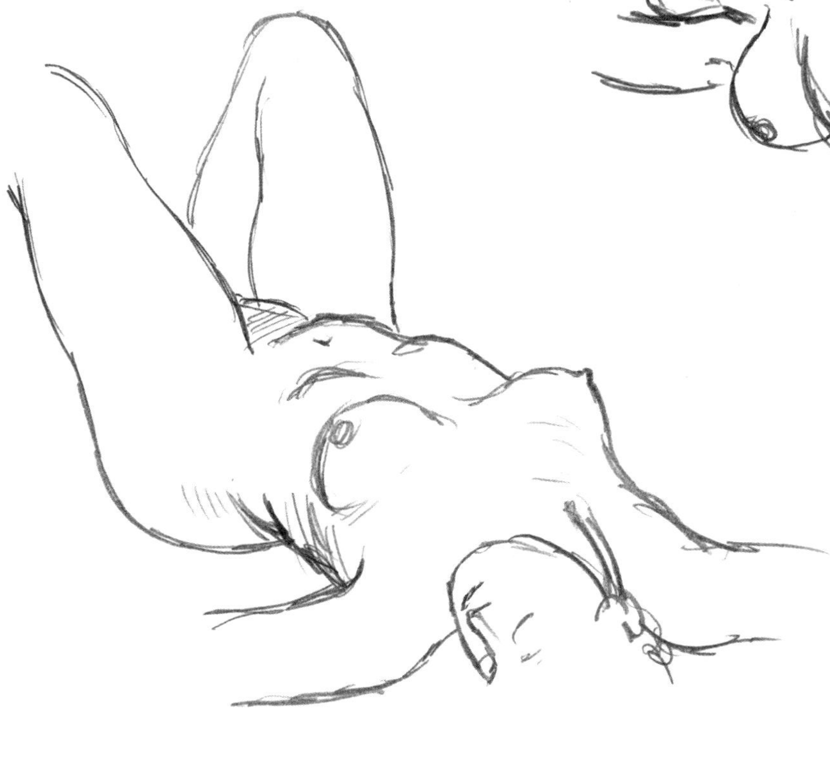

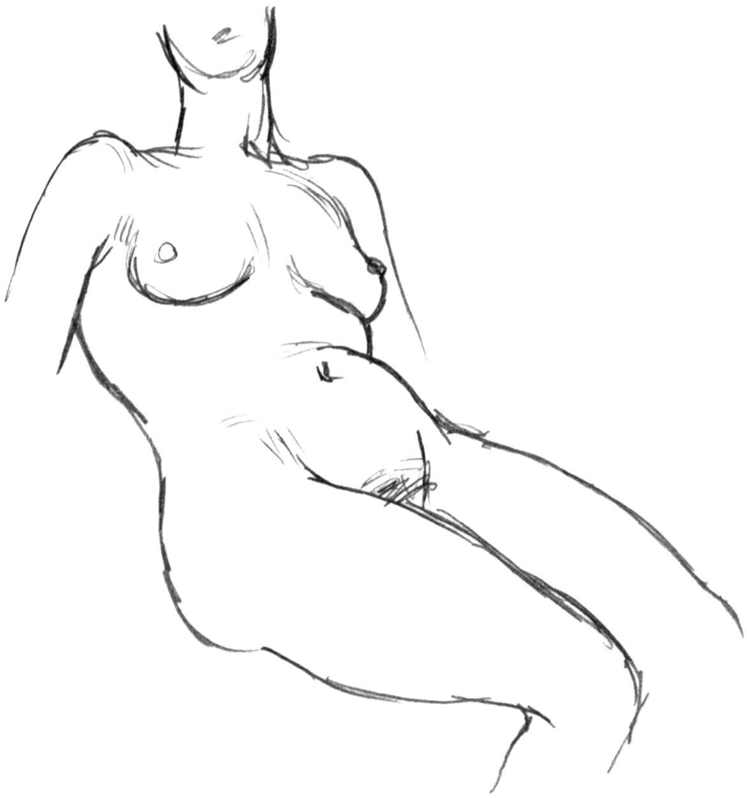

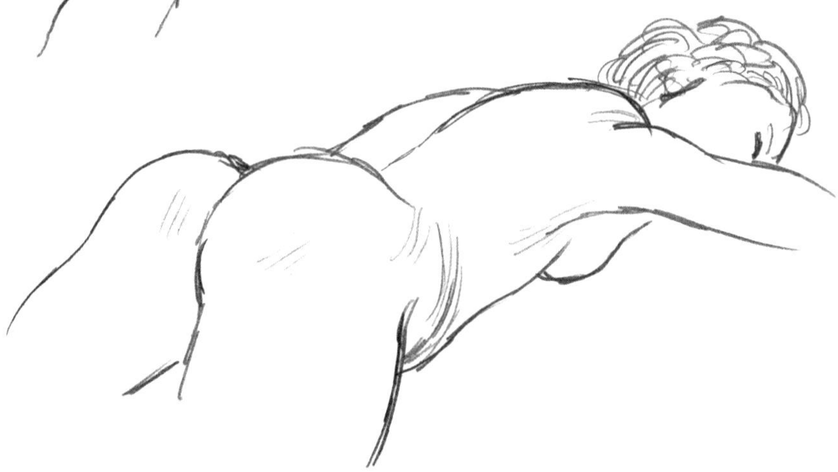

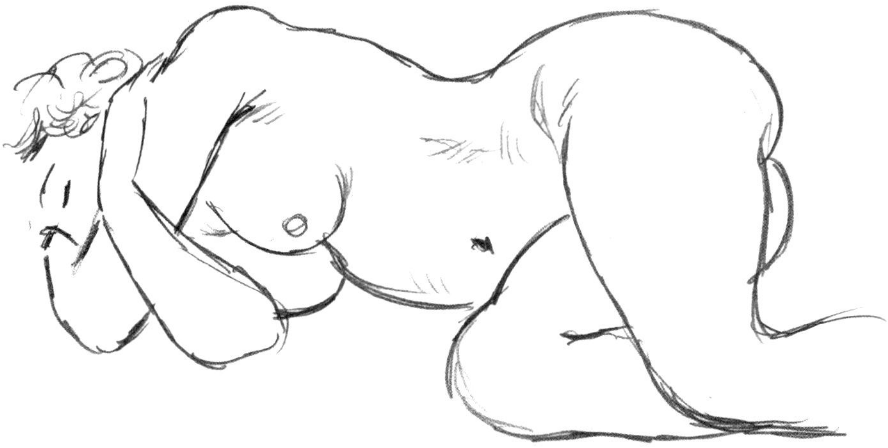

ANATOMIE DER HAND, DES ARMS UND DER SCHULTER

UNTERARM UND HAND
Knochengerüst

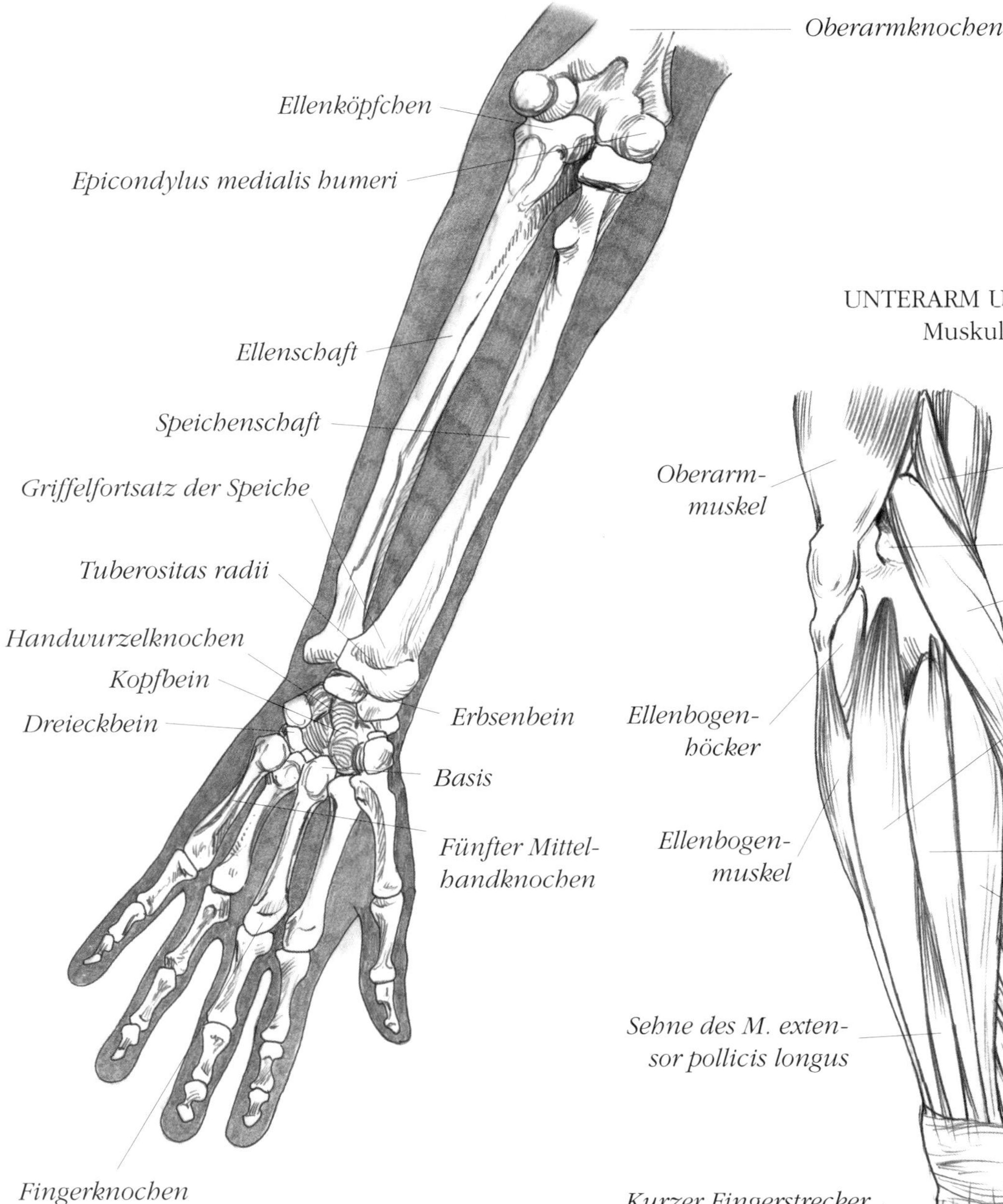

UNTERARM UND HAND
Muskulatur

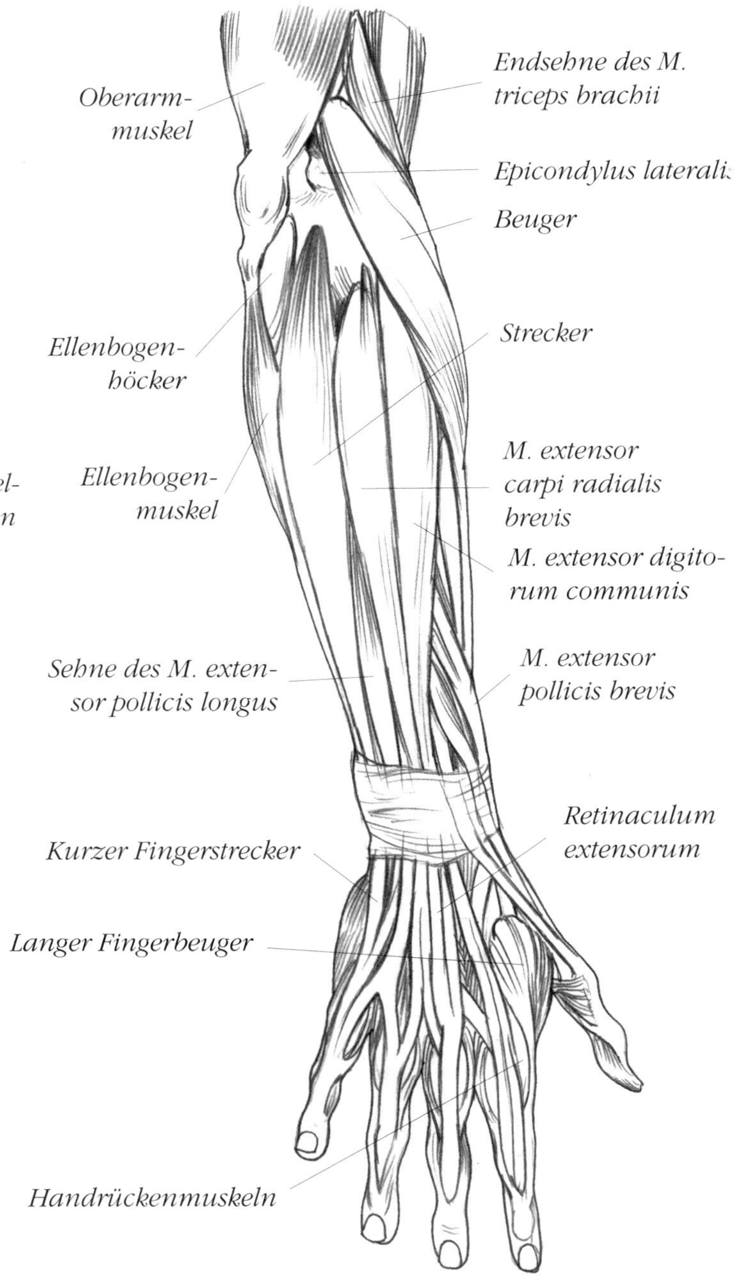

SCHULTER UND OBERARM

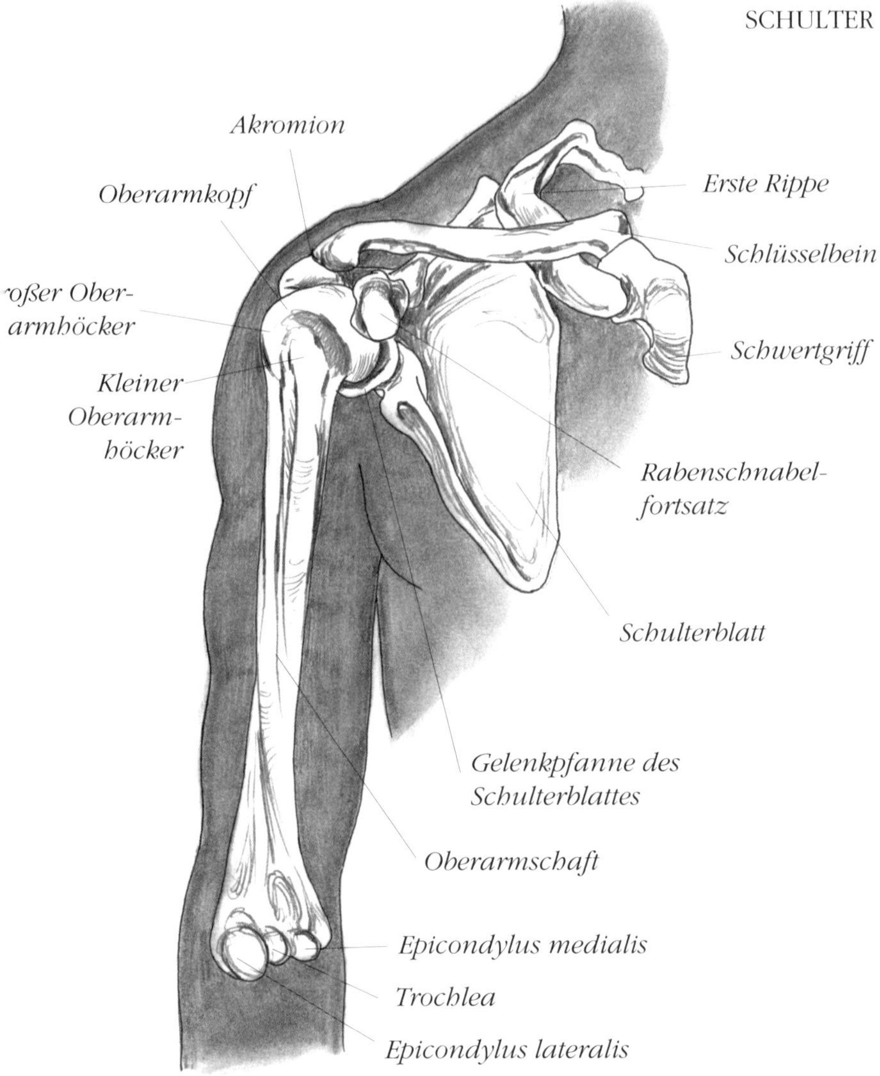

MUSKELN DER SCHULTER UND
DES OBERARMS

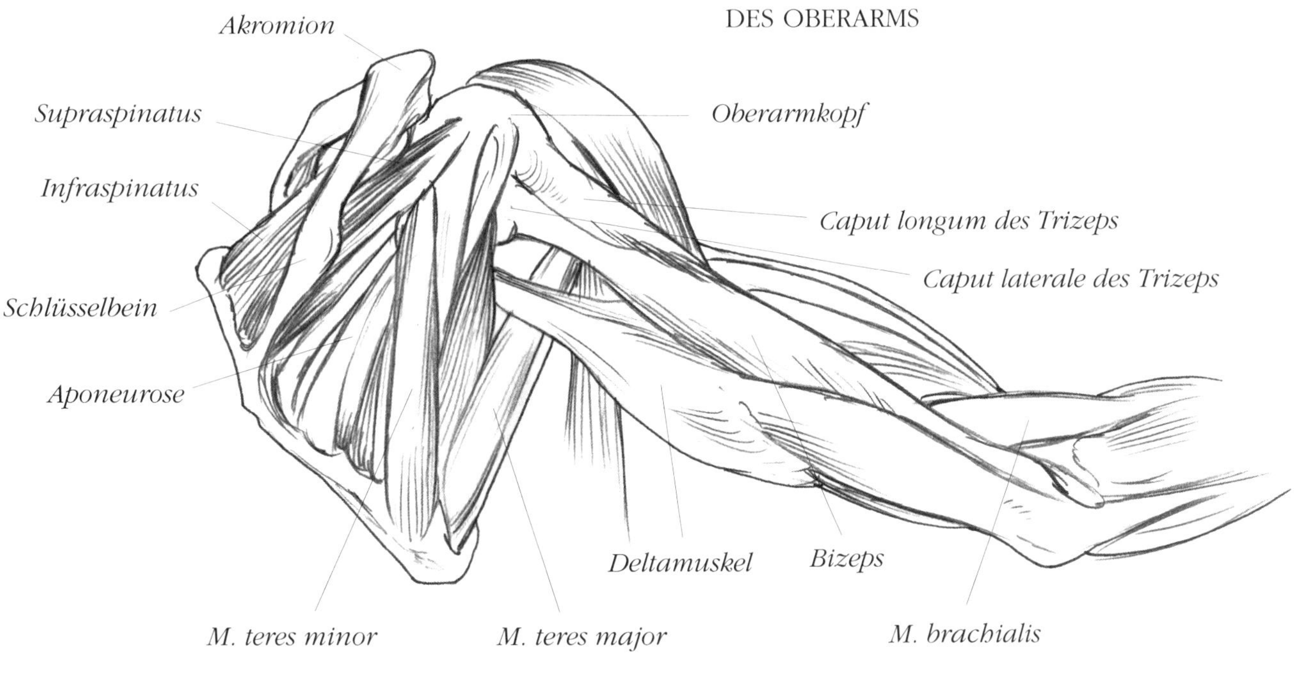

ARME UND HÄNDE

Entlang der schlanken Gliedmaßen tritt die Muskulatur viel stärker in Erscheinung als beispielsweise auf dem Rumpf; an Schulter, Ellenbogen und Handgelenk scheint unmittelbar das Skelett durch. Allgemein gilt: Je weiter wir uns vom Rumpf entfernen, desto zarter und schlanker werden Knochenbau und Muskulatur. Die einzelnen Finger sind schmaler als das Handgelenk, das wiederum einen geringeren Umfang hat als der Ellenbogen. Erstaunlich viele Zeichenschüler missachten anfangs dieses Gesetz.

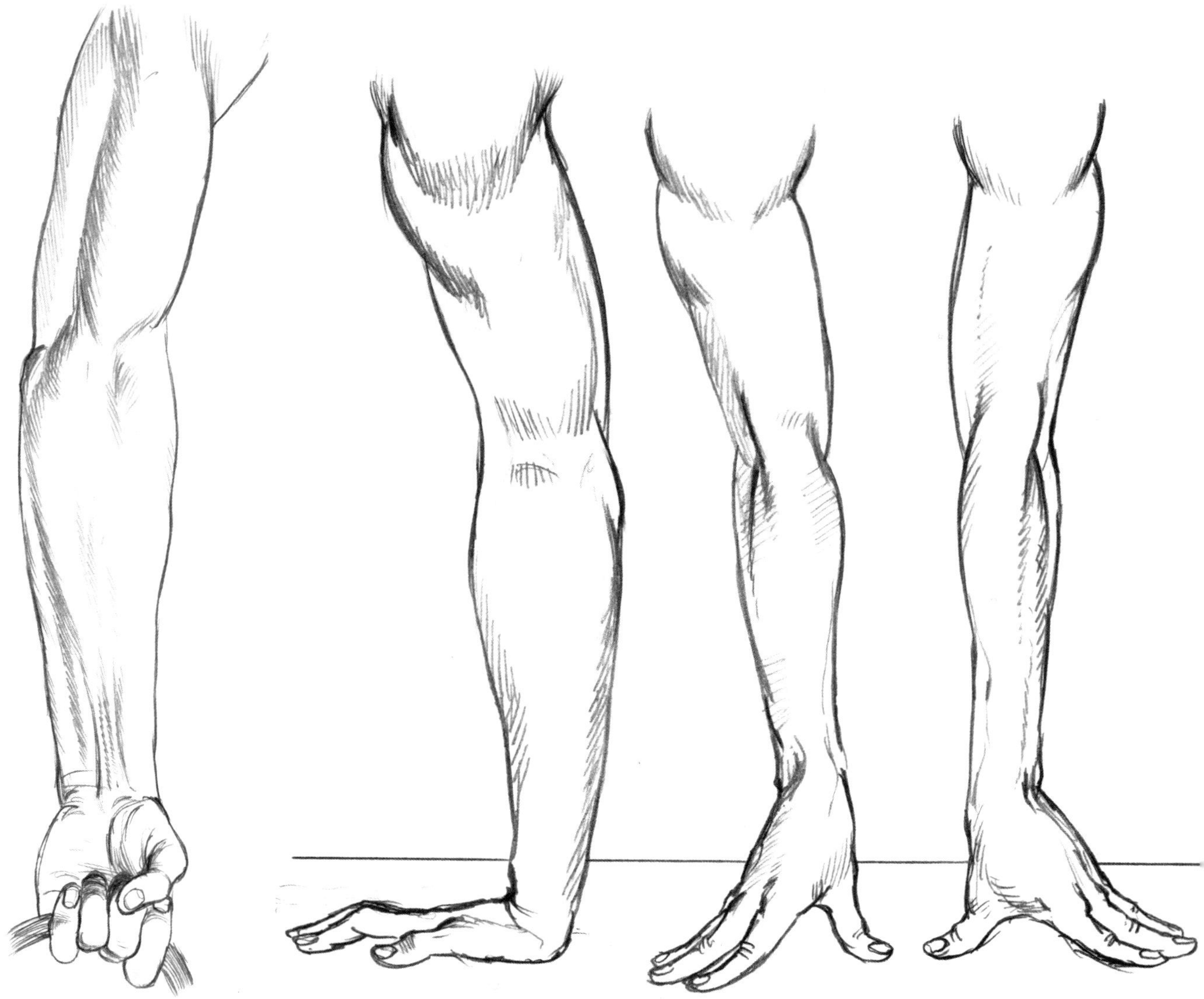

Diese Zeichnungen veranschaulichen, wie bei bestimmten Tätigkeiten und Belastungen die beanspruchten Muskeln und Sehnen deutlicher sichtbar werden. Wenn wir den Arm beugen, treten die großen Muskeln des Oberarms klarer hervor und Schultermuskeln und Schulterblätter erhalten schärfere Umrisse.

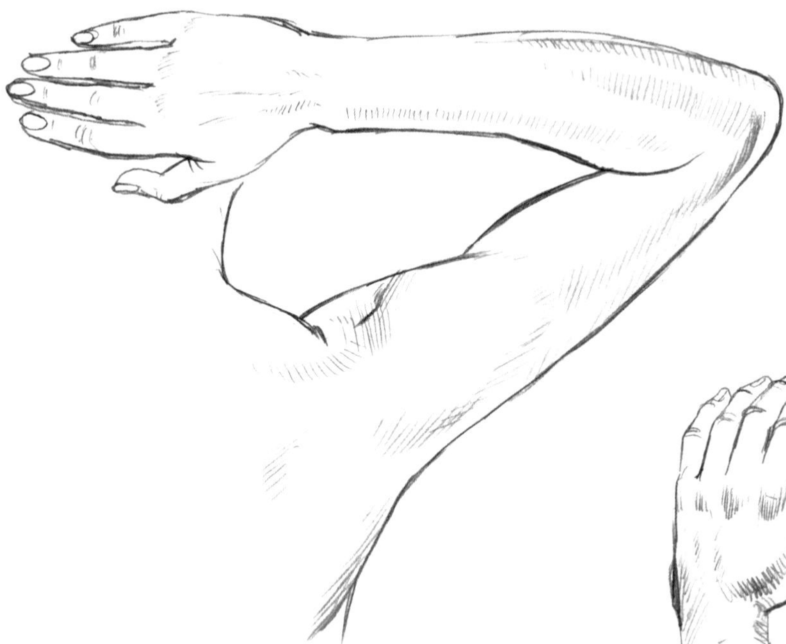

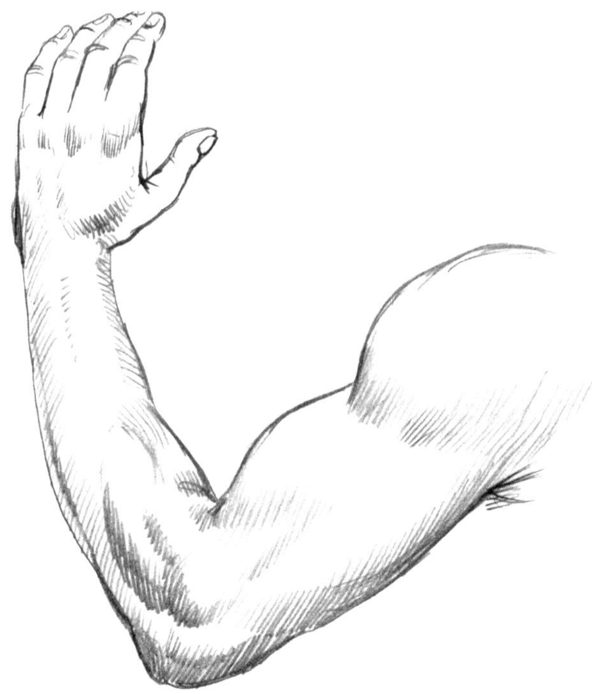

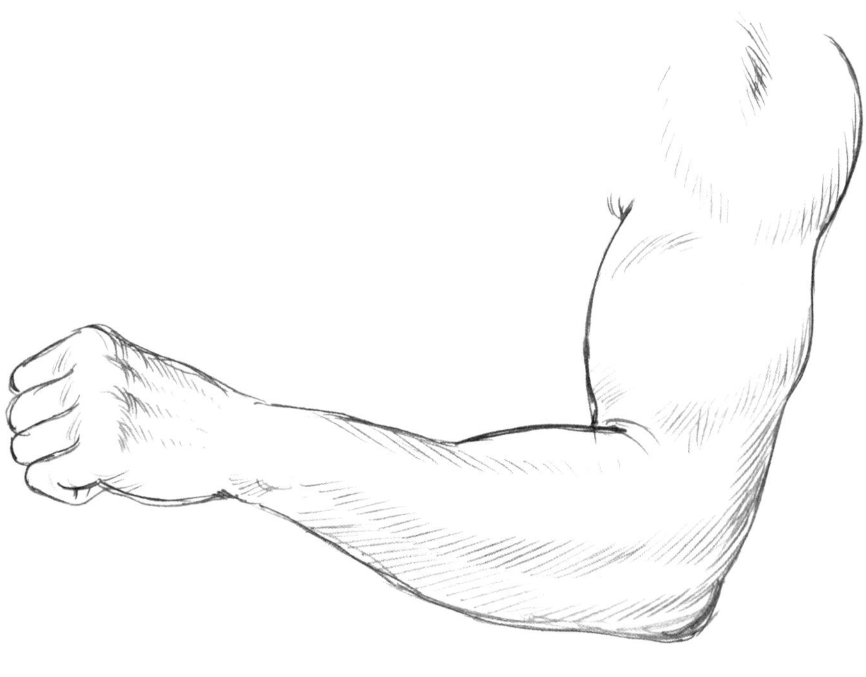

HÄNDE

Viele Menschen finden es schwer, Hände zu zeichnen. Da uns zumindest unsere eigene freie Hand stets als Modell zur Verfügung steht, sollten wir die Gelegenheit nutzen und sie aus allen erdenklichen Richtungen zeichnen. Geballte Faust und locker geöffnete Hand haben völlig unterschiedliche Formen. Je nach Blickrichtung ergeben sich zudem perspektivische Größenverschiebungen wie die folgenden Abbildungen zeigen.

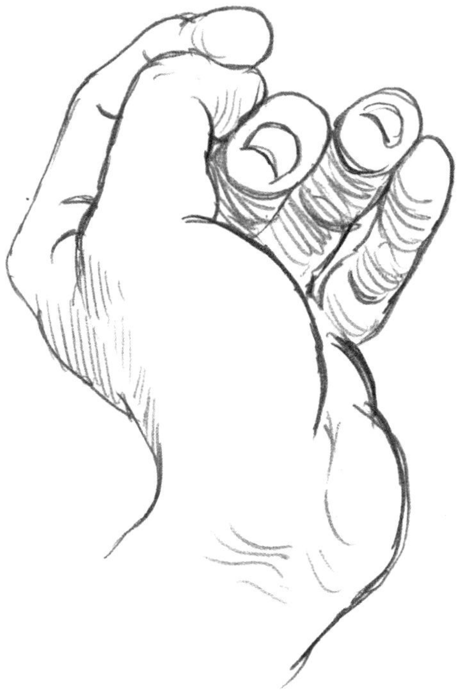

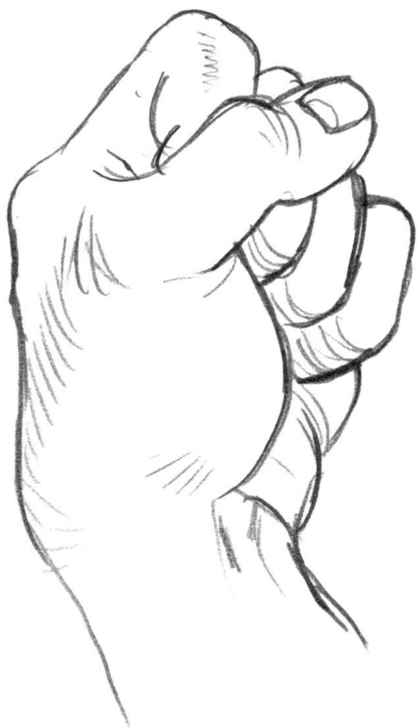

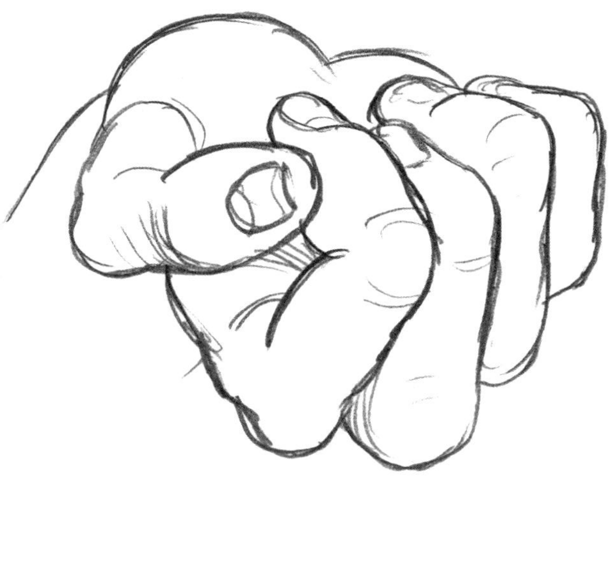

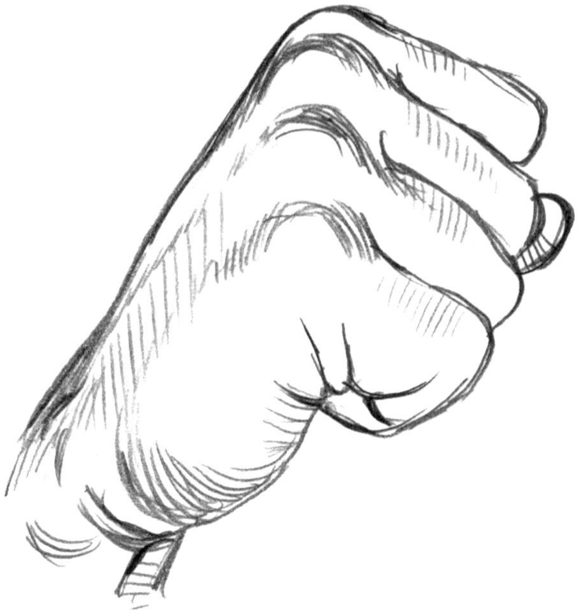

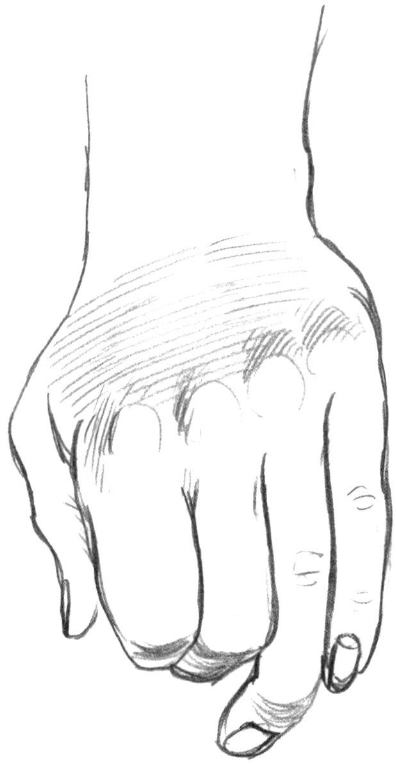

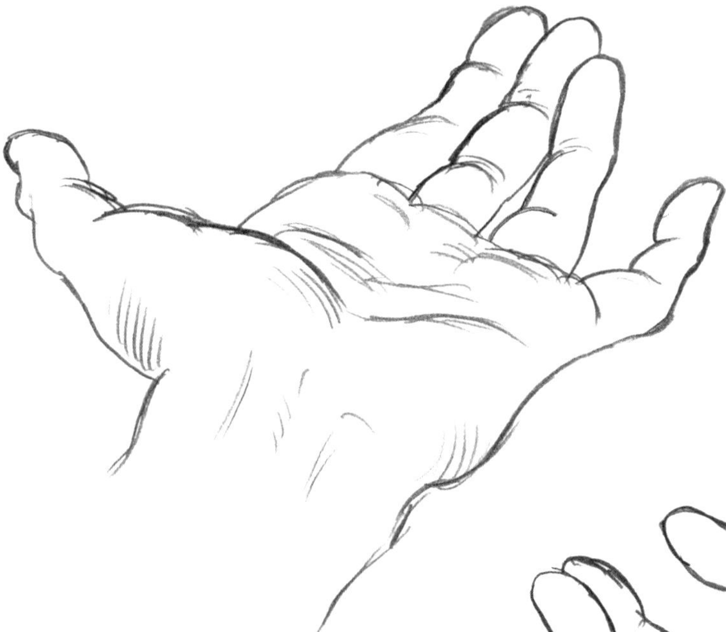

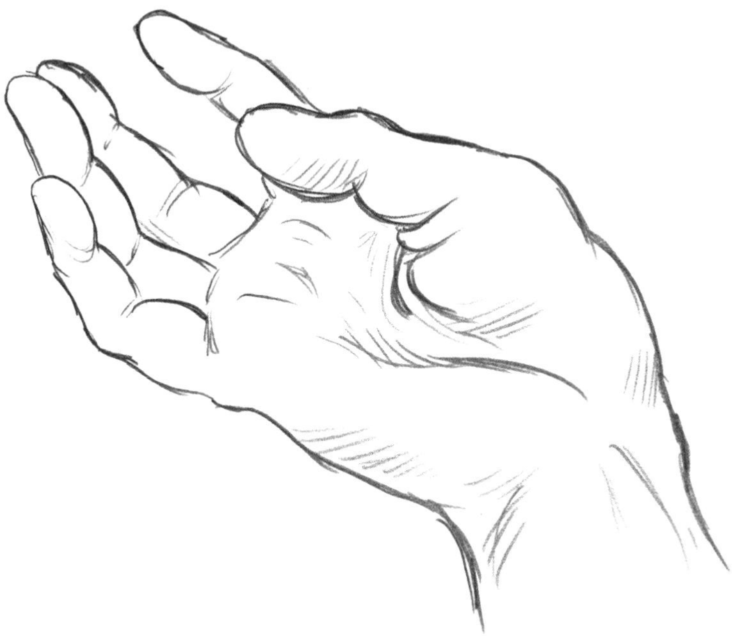

ANATOMIE DES OBERSCHENKELS

Der Oberschenkel wird ähnlich wie der Oberarm von einem einzigen kräftigen Knochen getragen. Der Oberschenkelknochen ist der wohl größte Knochen des Körpers, und seine Muskeln sind ebenfalls groß und lang. Den Hüftbereich prägt das Becken, dessen oberer Rand in der Regel oberhalb der Hüftknochen zu sehen ist. Der Schneidermuskel erstreckt sich vom oberen Beckenrand bis unterhalb des Kniegelenks.

OBERSCHENKELKNOCHEN

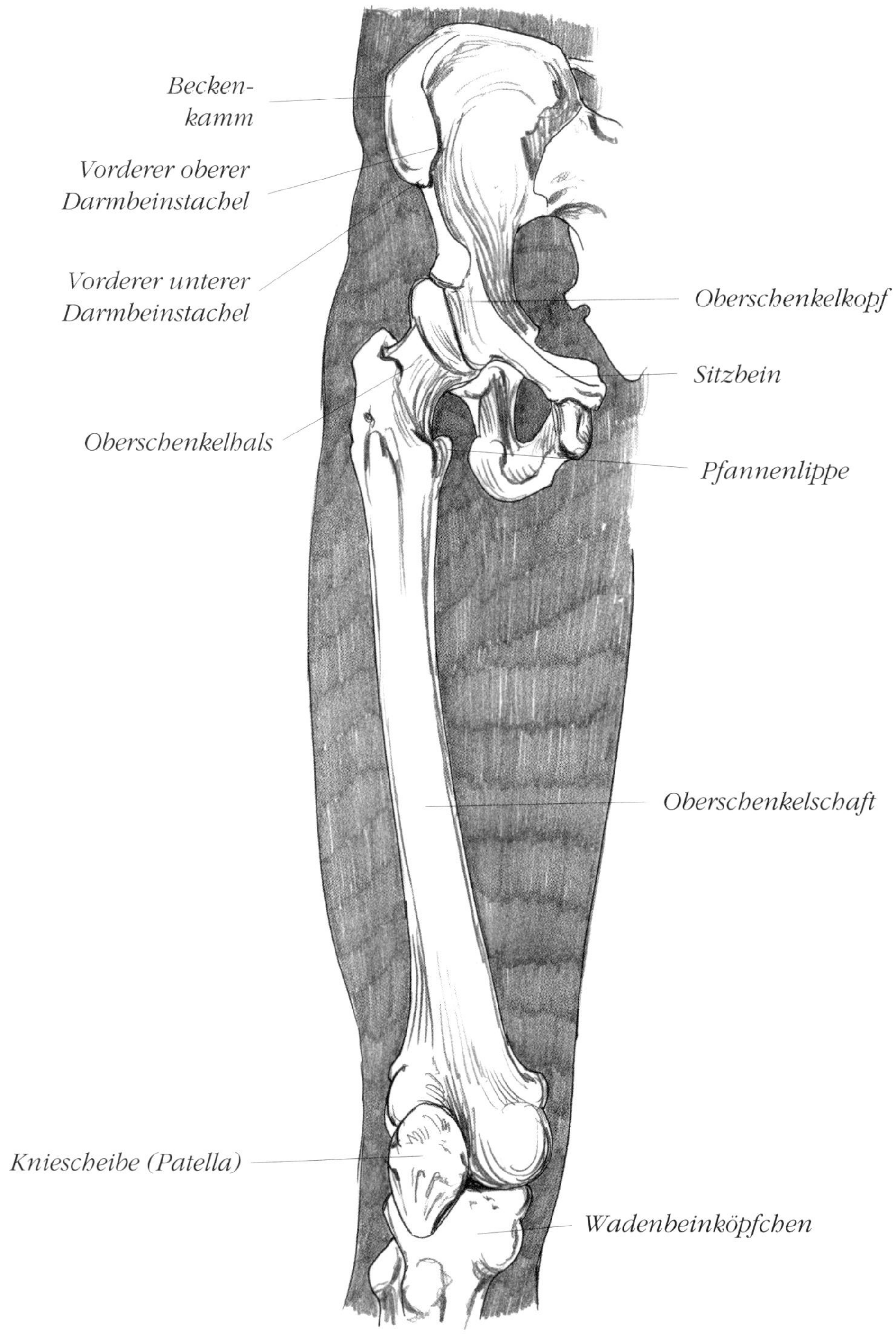

VORDERE OBERSCHENKELMUSKELN

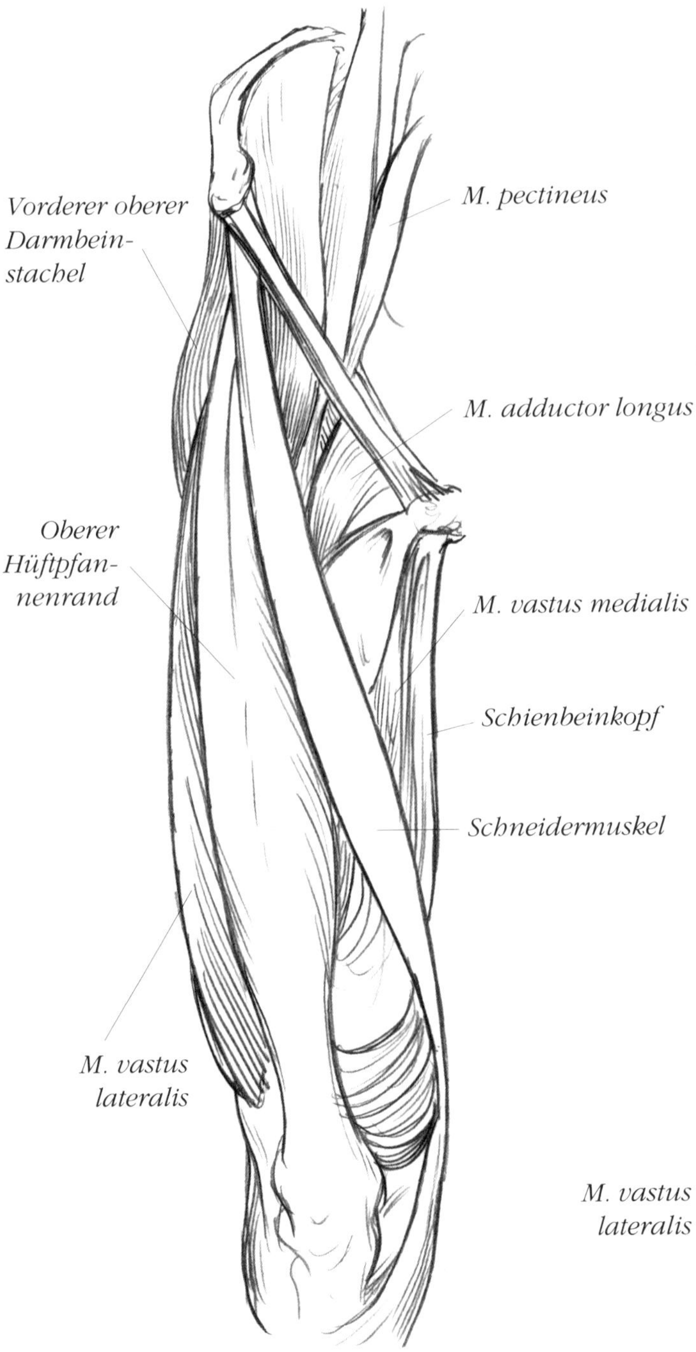

HINTERE OBERSCHENKELMUSKELN

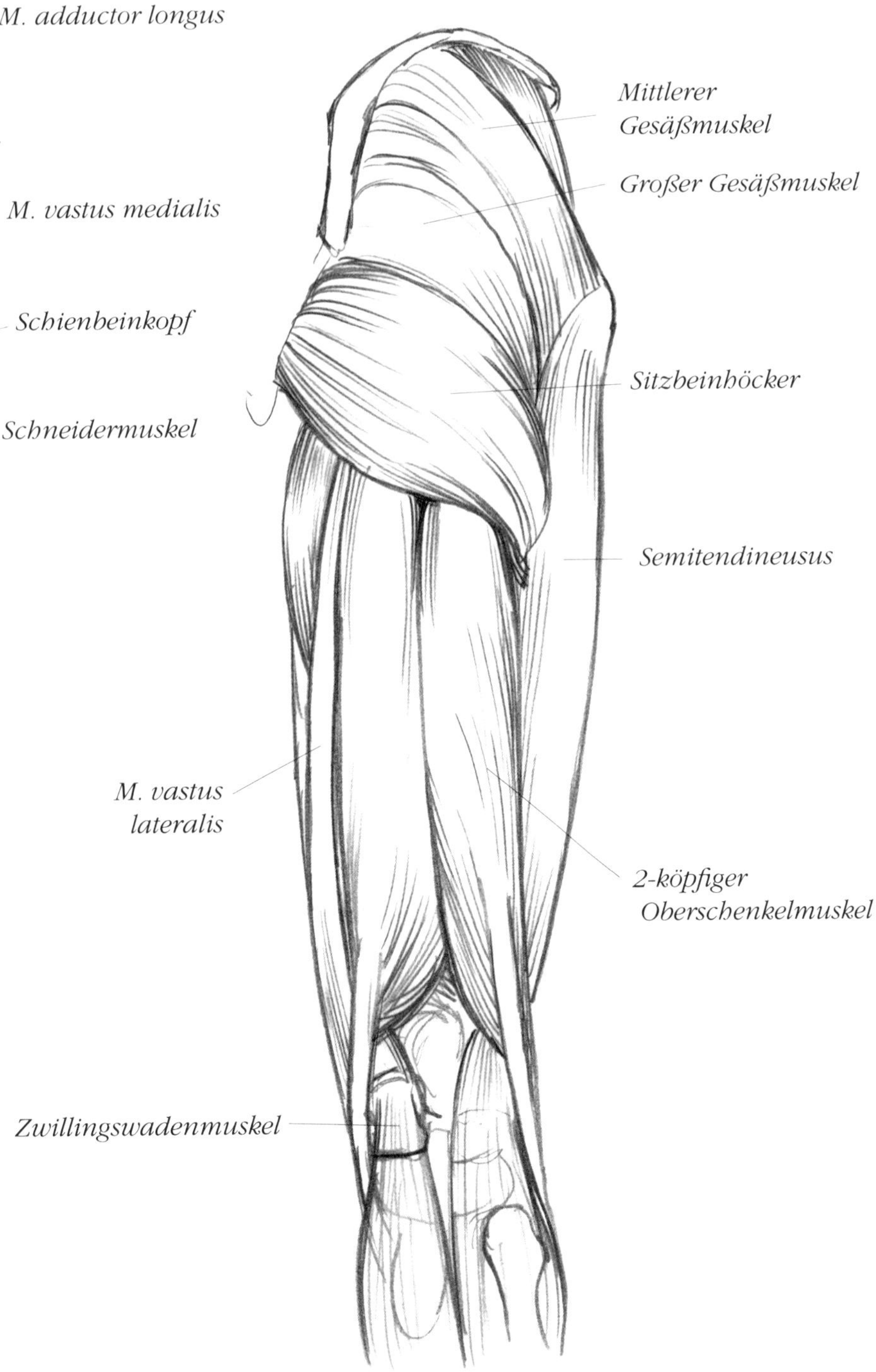

ANATOMIE DES UNTERSCHENKELS UND DES FUSSES

KNOCHEN DES UNTERSCHENKELS UND DES FUSSES

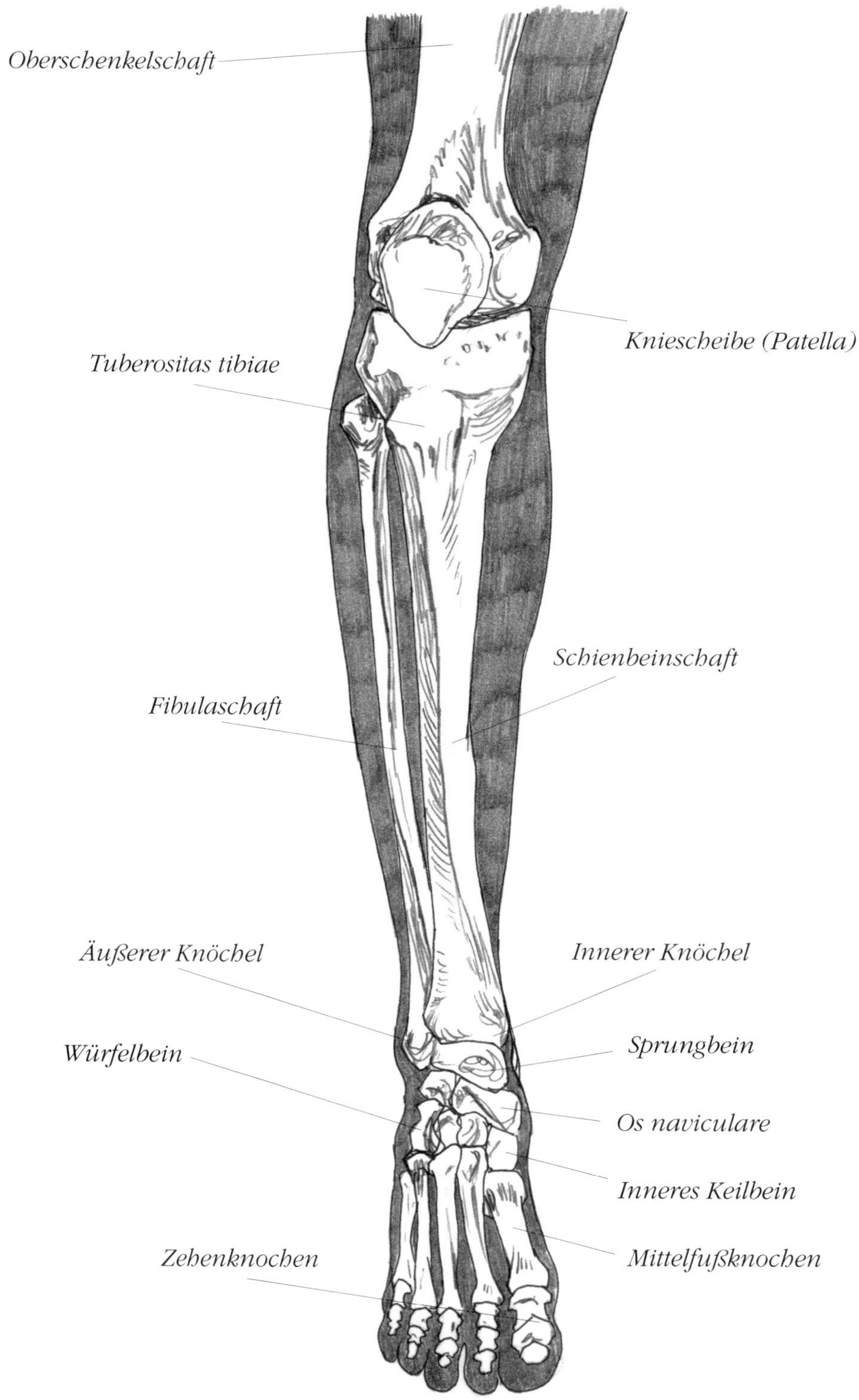

RÜCKANSICHT DER MUSKELN

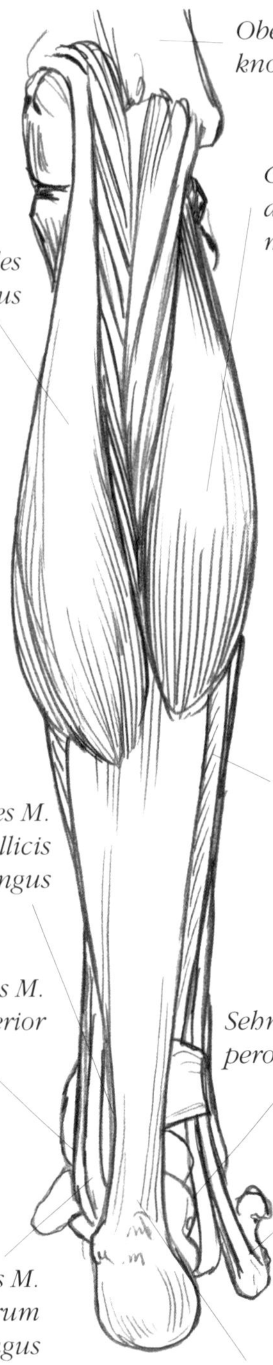

SEITENANSICHT DER MUSKELN

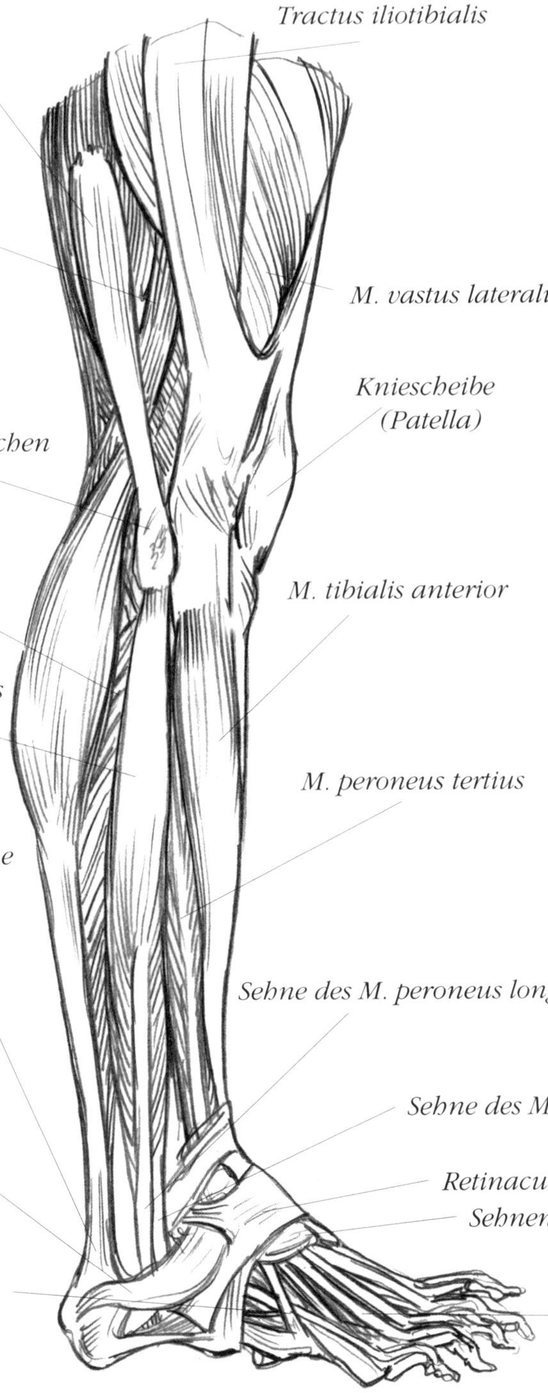

SEITENANSICHT DER BEINE

Von der Seite sind die Beinmuskeln besonders klar zu erkennen. Die Muskeln des Oberschenkels befinden sich vorwiegend auf der Beinvorderseite, die Muskeln des Unterschenkels auf der Beinrückseite. Die großen Sehnen sind vor allem auf der Rückseite des Knies und um die Knöchel zu sehen. Wird das Bein angewinkelt, verändert sich auch die Position der Kniescheibe. Auch für die Beine gilt: Je weiter wir uns vom Rumpf entfernen, desto zarter und schlanker werden Knochen und Muskeln.

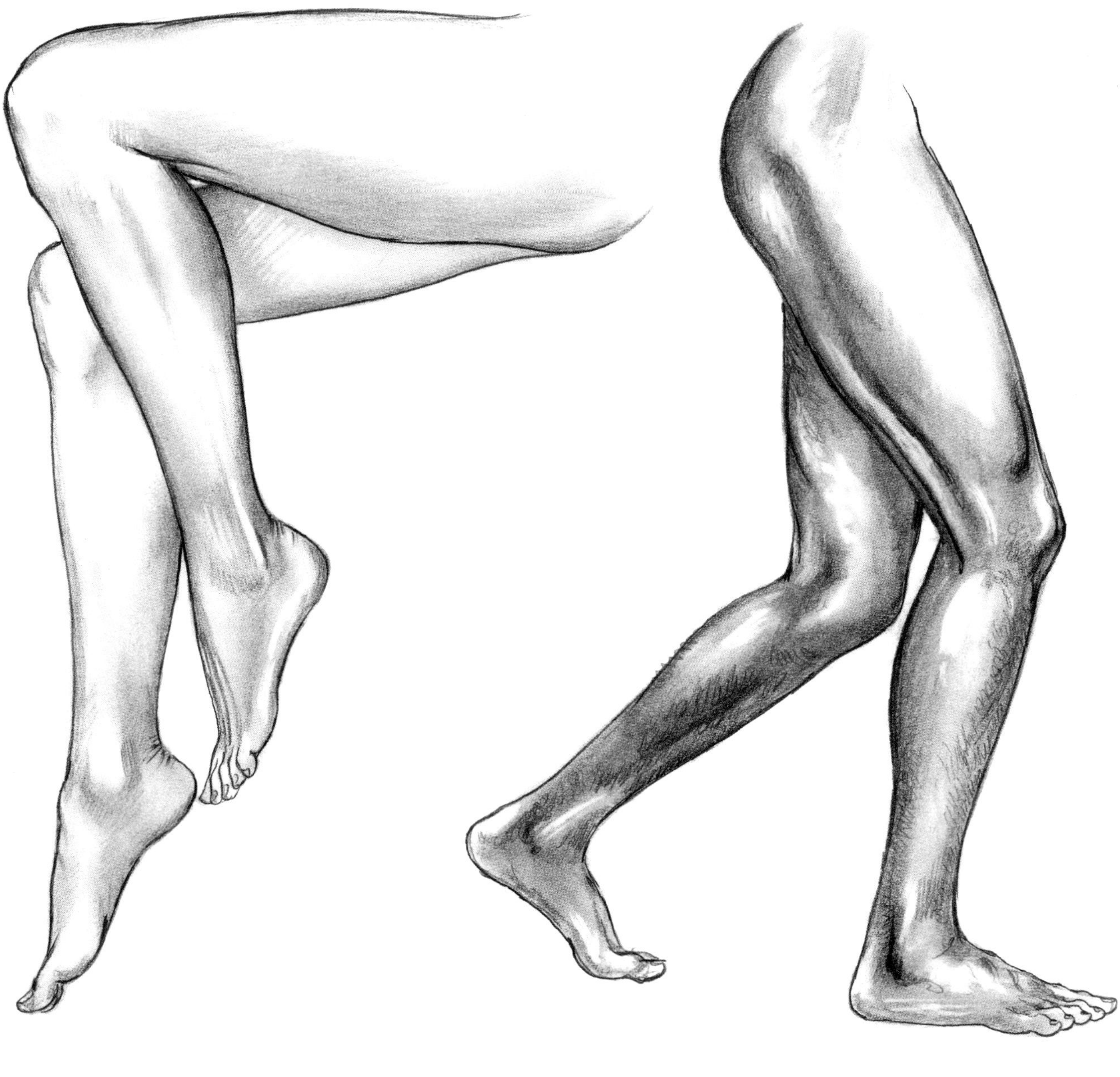

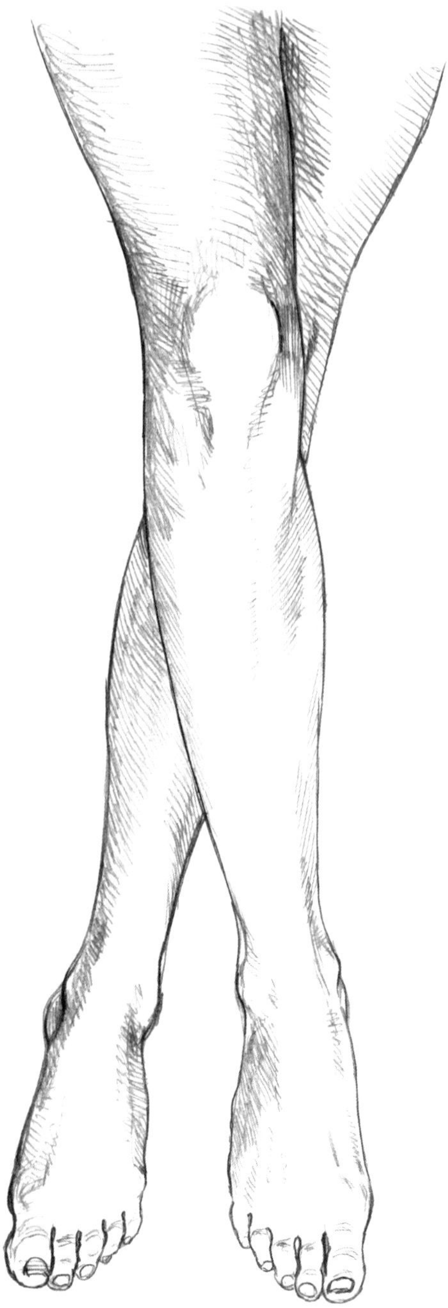

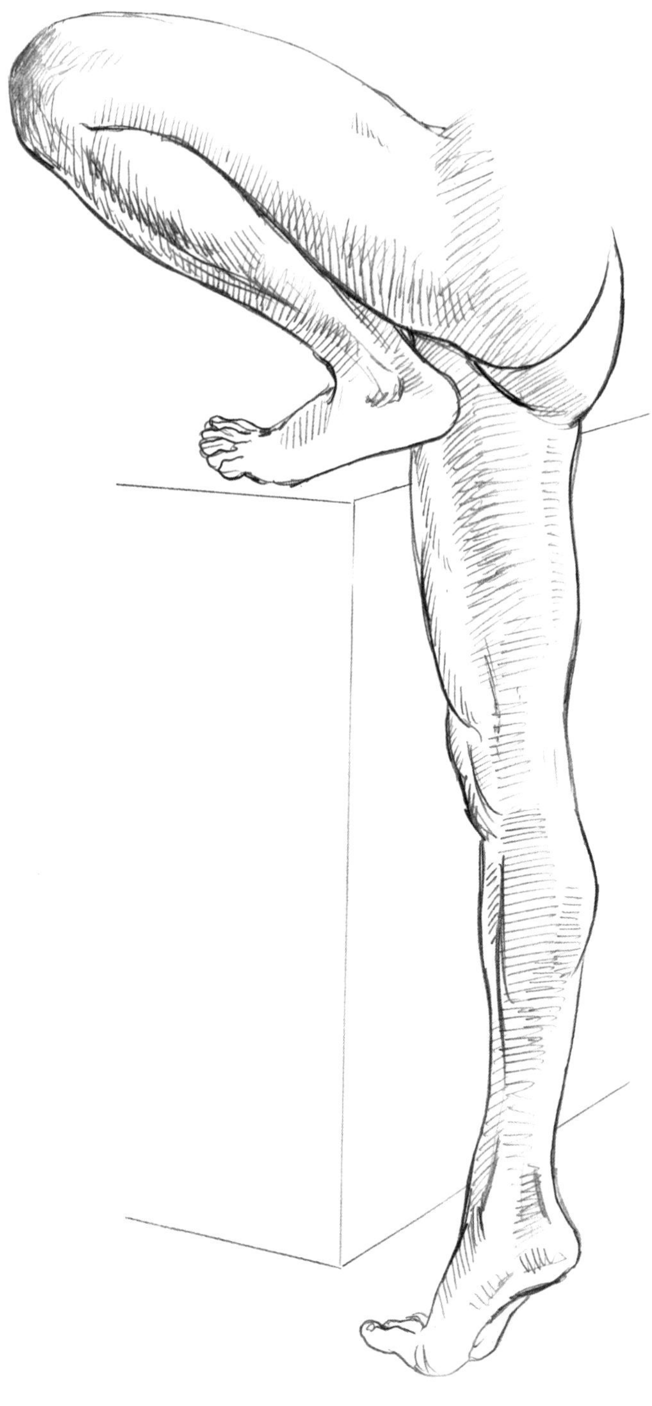

RÜCKANSICHT DER BEINE

Von hinten gesehen wirken die Beine zusammen mit der Rückseite des Kniegelenks vergleichsweise rund und weich – besonders in der weiblichen Version.

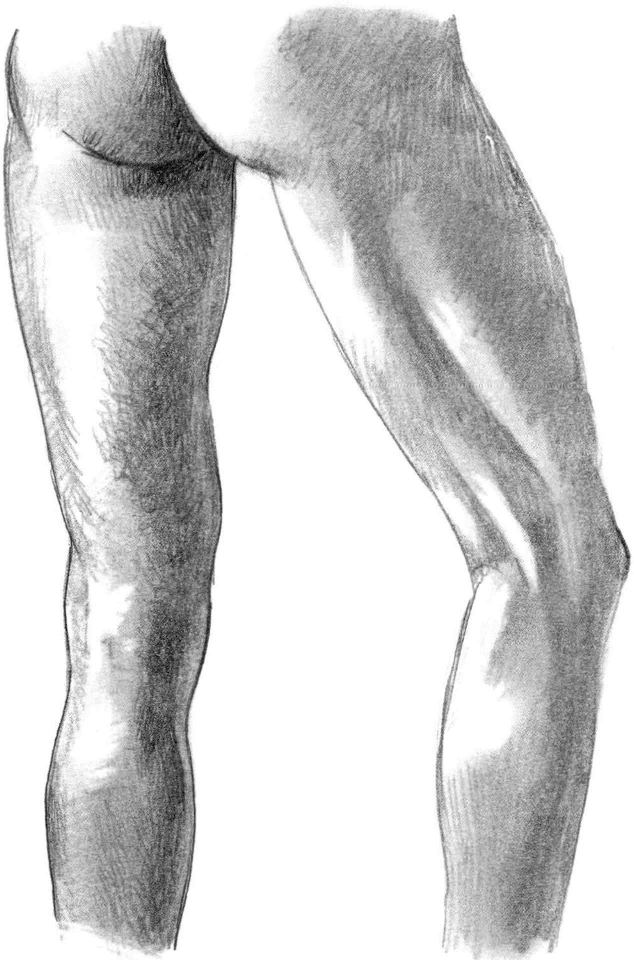

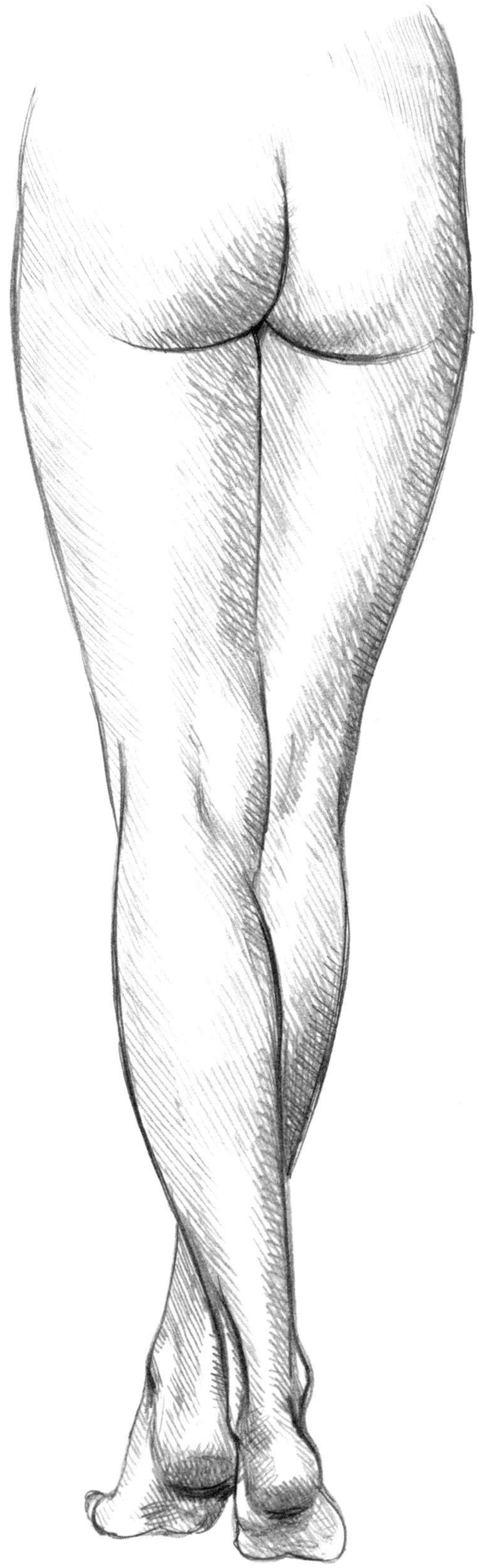

Beim angewinkelten Bein bildet das Kniegelenk eine gepolsterte knochige Fläche. Die perspektivische Verkürzung der Beine lässt die eher weich gezeichneten Muskeln in den unterschiedlichsten Formen erscheinen.

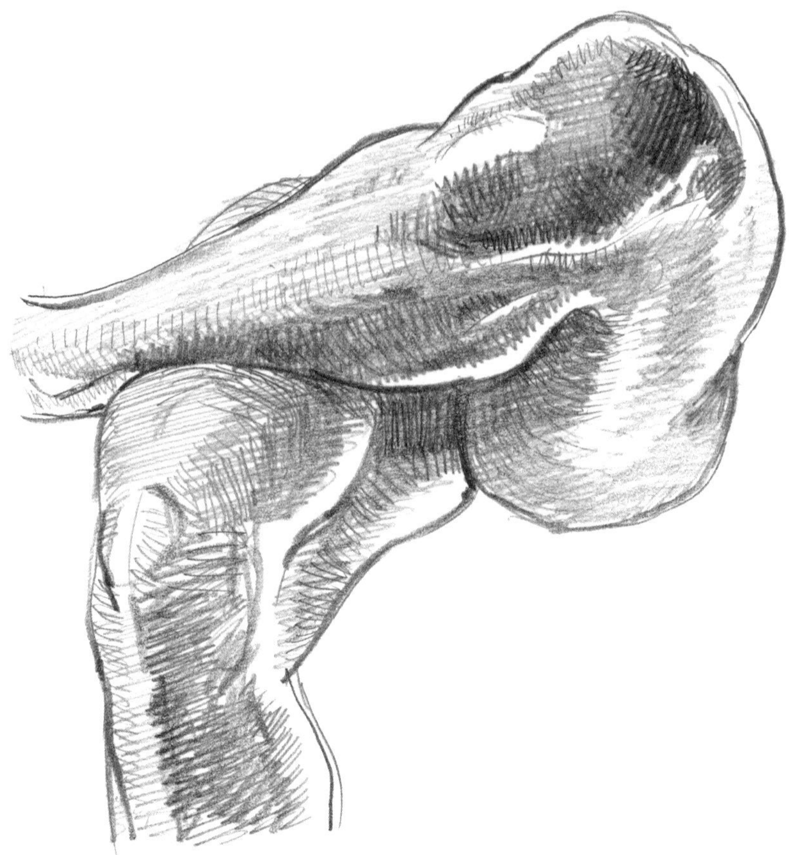

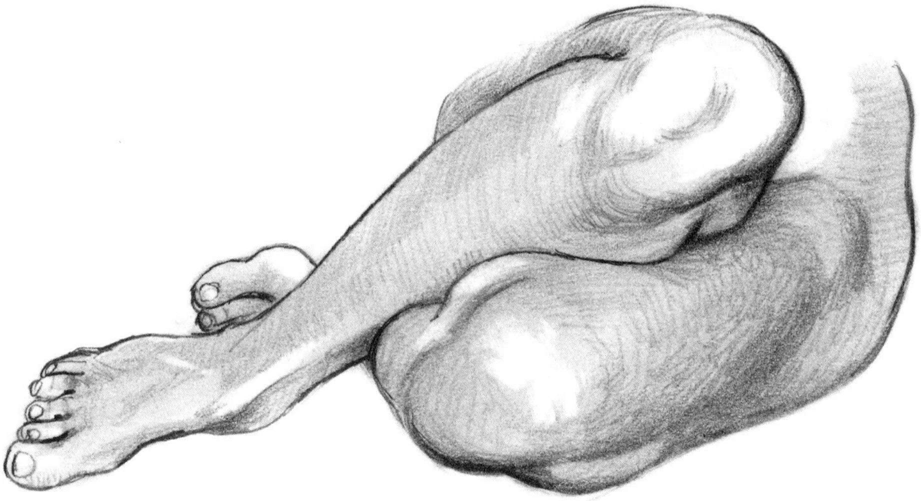

FÜSSE

Die Knochenstruktur der Füße ist sehr fein. Das zarte Fußgewölbe ist von Muskeln und Sehnen überzogen.

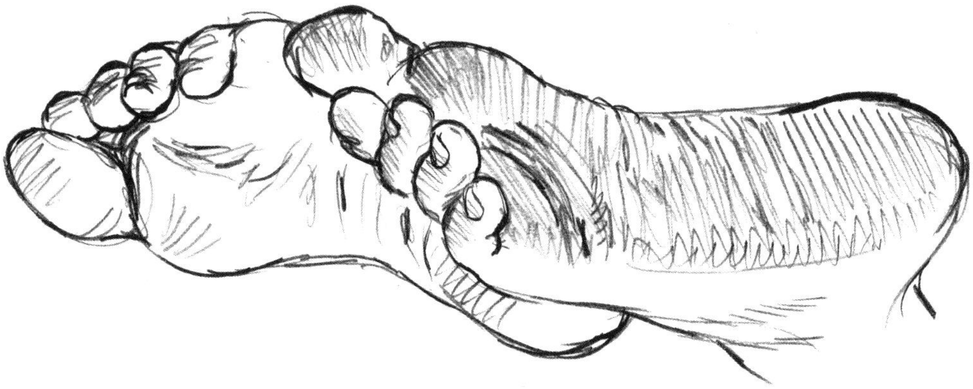

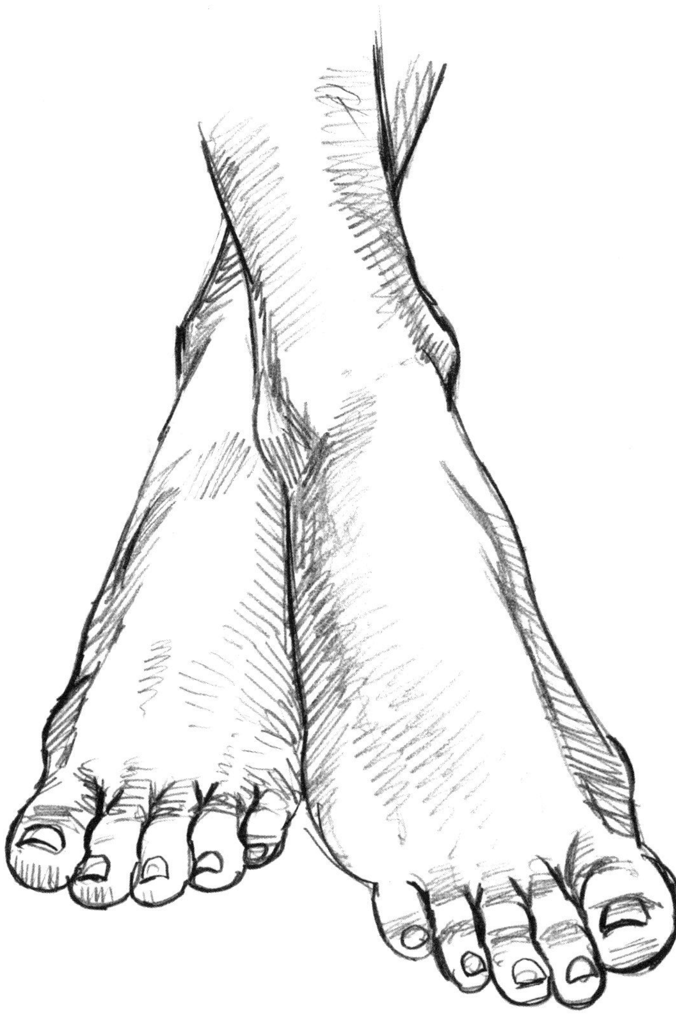

Der untere Teil des Fußes ist von Unterhautgewebe und dickerer Haut überzogen. Anders als die Finger sind die Zehen in der Regel gleichförmig ausgerichtet, wobei die kleinen Zehen fast nur als kleine runde Knollen in Erscheinung treten.

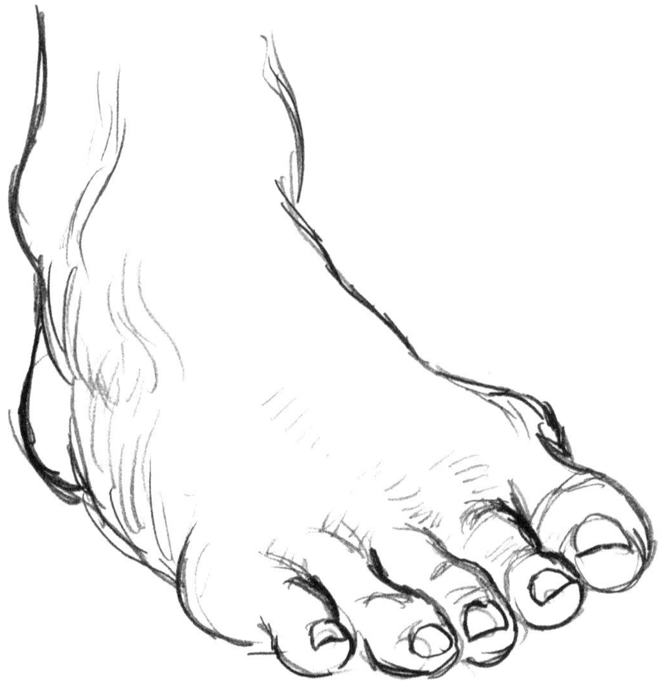

Der innere Knöchel liegt höher als der äußere, was dem schlanken Gelenk zusätzliche Eleganz verleiht. Ohne dieses Detail wirkt der Knöchel leicht klobig. Am deutlichsten zeigt sich die Erhebung des Knöchels von vorn und von hinten, aber bei der richtigen Beleuchtung ist er auch in der Seitenansicht klar zu erkennen.

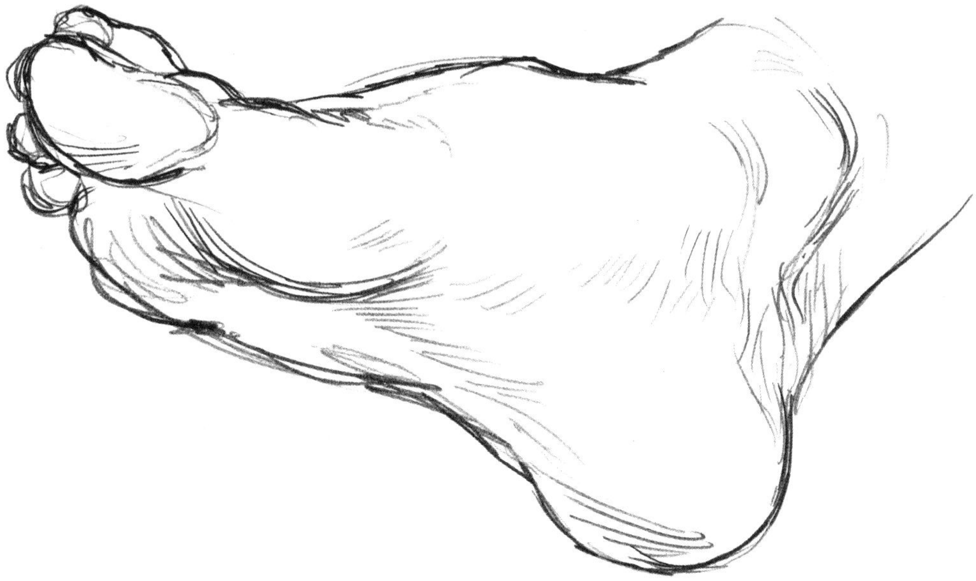

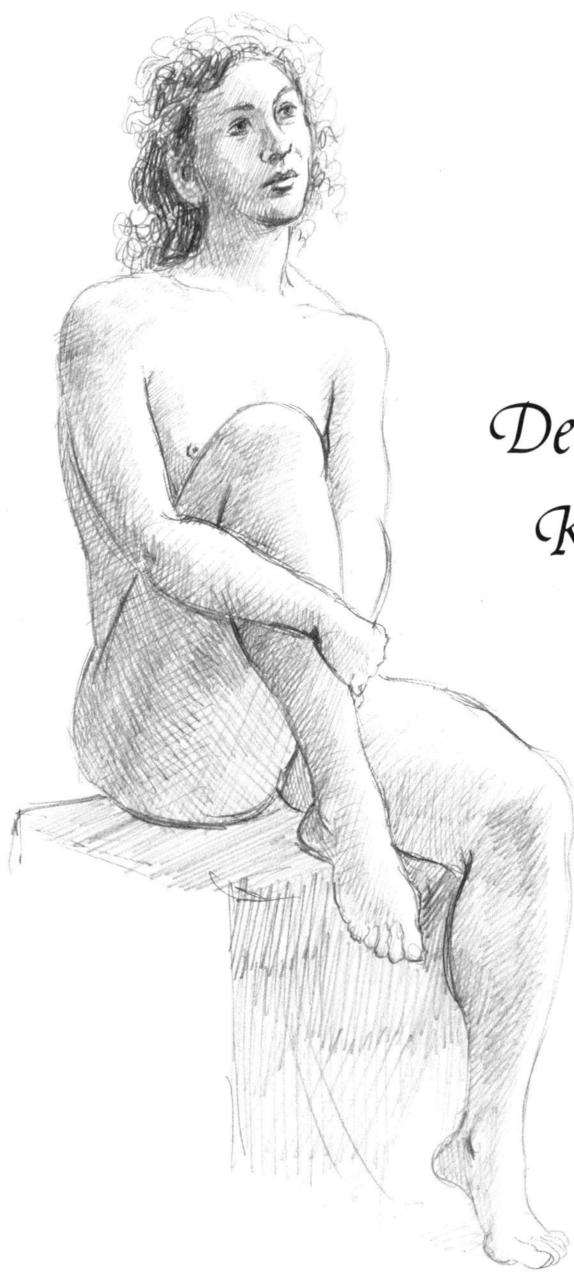

Der ganze Körper

Nachdem wir einen Blick auf das Skelett und die Muskulatur des menschlichen Körpers geworfen haben, wissen wir in etwa, wie eine durchschnittliche Figur aussieht. Als nächstes wollen wir uns mit den praktischen Fragen des Zeichnens beschäftigen.

Der menschliche Körper gehört vermutlich zu den anspruchsvollsten Motiven überhaupt. Dennoch stellt er keine unüberwindliche Hürde dar, solange wir uns ausreichend Zeit nehmen, um unsere Fähigkeiten zu trainieren und unsere Technik allmählich zu verbessern. Sobald wir das Zeichnen menschlicher Figuren einigermaßen beherrschen, werden uns alle übrigen Zeichendisziplinen vergleichsweise leicht vorkommen. Lassen Sie sich von dieser Vorrede nicht abschrecken. Mit etwas Geduld werden Sie alle Schwierigkeiten überwinden wie andere vor Ihnen auch, die ein beachtliches Zeichengeschick entwickelt haben, weil sie den Wunsch verspürten und die nötige Ausdauer bewiesen.

Für die Leser, die noch keine Erfahrung mit dem Zeichnen nach einem menschlichen Modell gesammelt haben, wollen wir die ersten Schritte ausführlich darlegen. Anschließend werden wir auf das schwierigste Problem zu sprechen kommen, das sich beim Modellzeichnen stellt: die perspektivischen Verkürzungen einzelner Gliedmaßen oder des gesamten Körpers.

Verschiedene Techniken helfen uns, menschliche Figuren besser wiederzugeben. Wir alle bringen bestimmte Vorstellungen vom menschlichen Körper mit, die uns daran hindern, genauer hinzuschauen und unser Zeichenobjekt unbefangen wahrzunehmen. Ein frischer unverstellter Blick, der es erlaubt, die Form und die Proportionen eines Körpers wirklichkeitsgetreu zu erfassen, kann in jeder Phase unseres Lernprozesses Wunder wirken. Wie jeder Künstler weiß, hängt das Zeichnen nach dem Modell in erster Linie davon ab, ob es gelingt, uns von vorgefassten Konzepten zu befreien. Achten Sie also darauf, dass Sie sich stets ein klares Auge bewahren.

ZEICHENMATERIAL

Fast jedes Medium eignet sich zum Zeichnen. Manchmal sind jedoch bestimmte Materialien hilfreicher als andere, wobei die Wahl stets von Ihren Zielsetzungen abhängt. Verwenden Sie das beste Material, das Sie sich leisten können; Qualität zahlt sich aus. Sie benötigen dafür jedoch keineswegs alle der unten angeführten Materialien. Experimentieren Sie schrittweise.

Beginnen Sie mit den vorgeschlagenen Bleistiften und probieren Sie anschließend andere Werkzeuge aus. Bedenken Sie, dass jedes Material seine Eigenarten hat und Sie sich mit ihm ein Stück weit vertraut machen müssen, bevor Sie es optimal einsetzen können. Zügeln Sie also Ihren Ehrgeiz, aber geben Sie auch nicht zu früh auf, wenn Sie sich zu einem Experiment entschlossen haben.

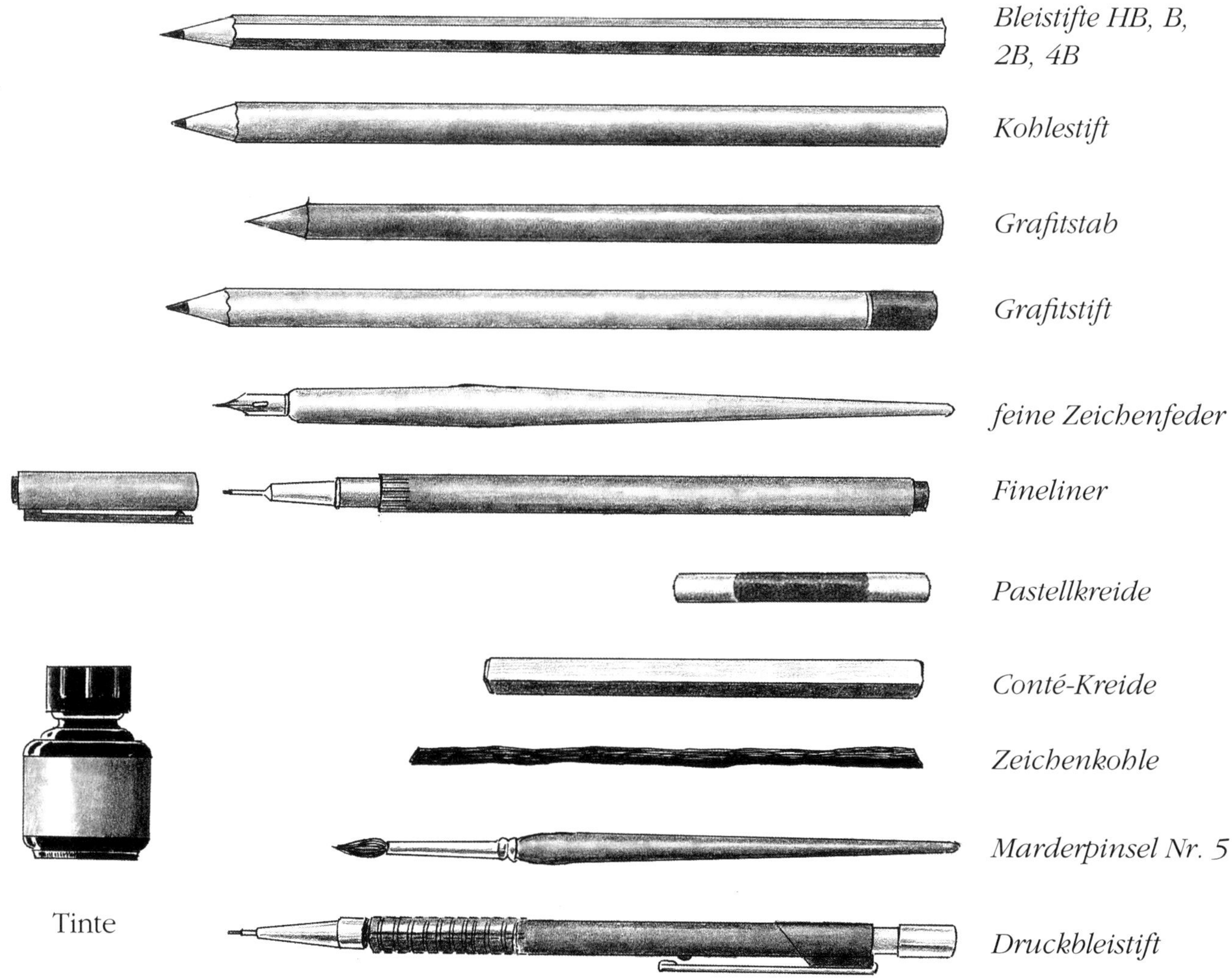

Bleistift

Der normale holzummantelte Bleistift ist das vielseitigste Werkzeug. Besonders die weichen Grade eignen sich. Meistens verwende ich B, 2B, 4B und 6B. Gelegentlich brauche ich noch weichere Grade (7B bis 9B), härtere (H) hingegen nur ganz selten. Druckbleistifte sind sehr beliebt.

Conté-Kreide

Conté-Kreide ähnelt gepresster Kohle und es gibt sie in unterschiedlichen Farben, Formen (als Stäbe oder holzummantelt nach Bleistiftart) und Härtegraden. Wie Kohle verwischt sie leicht, erzeugt aber einen kräftigeren Ausdruck und lässt sich weniger leicht entfernen.

Kohlestift

Kohlestifte erzeugen einen sehr ansprechenden und etwas ungewohnten Effekt – besonders die Sepia- und Terrakottaversionen. Schwarze Kohle ähnelt in der Wirkung der Zeichenkohle (Holzkohle), lässt sich aber nicht so leicht ausradieren.

Grafitstift

Grafitstifte sind dicker als gewöhnliche Bleistifte. Die plastikummantelten Stifte sind dicker, stabiler und haltbarer, während die holzummantelten oft besser in der Hand liegen. Grafitstifte sind aufgrund ihrer Breite vielseitig einsetzbar. Es gibt sie wie Bleistifte von hart bis sehr weich.

Federn

Federn haben je nach Verwendungszweck eine feste oder flexible Spitze. Moderne Fineliner sind einfach in der Handhabung, jedoch aufgrund ihrer festen Strichbreite nicht so vielseitig einsetzbar wie traditionelle Federn. Als Tinte eignet sich schwarze China- oder Zeichentusche. Es gibt sie in wasserechter oder wasserlöslicher Form; mit letzterer lassen sich durch Verdünnung zusätzliche Effekte erzielen. Wasserlösliche Tinten ermöglichen interessante Farbtöne.

Pastellkreide

Wenn Sie Ihr Stillleben farbig gestalten wollen, eignen sich dazu Pastell- und andere Kreiden. Vermeiden Sie allzu helle Töne. Bei diesem Material spielt die Qualität des Papiers eine wichtige Rolle. Auf zu weichem Papier haften die Kreiden nicht ausreichend. Farbiges Papier erlaubt besondere Effekte.

Zeichenkohle

In Stabform eignet sich Zeichenkohle besonders für große Zeichnungen, bei denen neben der Spitze auch die Längsseite des Stabes Verwendung findet. Wenn die Zeichnungen in gutem Zustand erhalten bleiben sollen, müssen Sie sie mit einem Fixativ sichern.

Pinsel

Mit einem Pinsel lassen sich vielfältige Schattierungen erzielen. Feine Pinsel erfordern etwas Eingewöhnungszeit. Kunsthaarpinsel der Stärken 0 bis 2 sind für Zeichnungen ausreichend. Wenn Sie großflächig kolorieren wollen, sollten Sie sich Marder- oder andere Pinsel mit guter Spitze in Stärken zwischen 6 und 10 zulegen.

Papierwischer

Ein Papierwischer besteht aus saugfähigem, zu einer Art dickem Stift gerolltem Papier. Man verwendet ihn, um Bleistift-, Pastell- und Kohlestriche zu verwischen und Schattierungen weicher zu gestalten.

Papier

Am besten eignet sich ein Karton mit nicht zu weicher Oberfläche. Tuschezeichnungen sind auch auf glatterem Papier möglich, die raue Oberfläche erhöht die Lebendigkeit der Zeichnung. Für Pinselzeichnungen benötigen Sie ein Papier, das sich in feuchtem Zustand nicht wellt, zum Beispiel Aquarellpapier.

Radierer

Der beste Allzweckradierer für Künstler ist ein Knetgummi. Es lässt sich beliebig formen und als feine Spitze oder breitflächig anwenden. Im Gegensatz zu anderen Radierern hinterlässt es auf dem Papier keine Krümelchen. Aber auch ein gewöhnlicher weicher Radierer kann nützlich sein, um kräftigere Striche zu entfernen, für die ein Knetgummi zu weich ist.

Anspitzer

Ein Cuttermesser ist flexibler als ein Allzweckanspitzer und eignet sich zudem für alle Stiftarten.

FIGUREN ZEICHNEN: VIER STUFEN

Wer das erste Mal nach einem lebenden Modell zeichnet, neigt dazu, verspannt ans Werk zu gehen. Möglicherweise sitzen wir mit anderen in einem Raum, von denen wir uns beobachtet fühlen, oder wir befürchten, dass unsere Arbeit dem Urteil des Modells selbst nicht standhalten könnte.

Stellen Sie sich zuerst statt einer vollendeten Zeichnung ein Gerüst aus einfachen geometrischen Formen vor. Sie können jederzeit aufhören – keiner zwingt Sie, ein Ziel zu erreichen, für das Sie noch nicht bereit sind. Beginnen Sie mit einer einfachen Figur wie einem auf dem Boden sitzenden Mann.

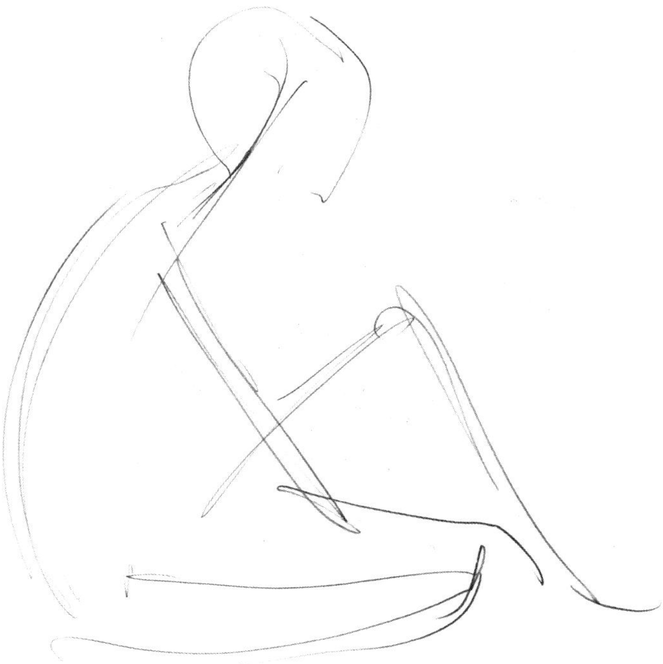

1. Visualisieren Sie zuerst die einfachste geometrische Figur, die Anordnung des Körpers und seiner Gliedmaßen versinnbildlicht. Dieses sitzendem Modell hat ein Knie angezogen und stützt den Ellenbogen auf das andere Knie. Oberkörper, Arm und Oberschenkel bilden ein Dreieck, das sich mit einem weiteren, vom angewinkelten Bein gebildeten Dreieck schneidet. Skizzieren Sie Position und Proportionen der Formen mit einfachen Strichen.

2. Verfeinern Sie jetzt Ihre Skizze, indem Sie die Umrisse von Rumpf, Gliedmaßen und Kopf mit runden Linien nachzeichnen. Ich habe die ursprünglichen Linien aus der geometrischen Vorzeichnung weggelassen, damit Sie sehen, wie viel in dieser Phase hinzukommt. Weil diese Umrisse die Form der fertigen Zeichnung vorgeben, sollten Sie ausreichend Sorgfalt darauf verwenden.

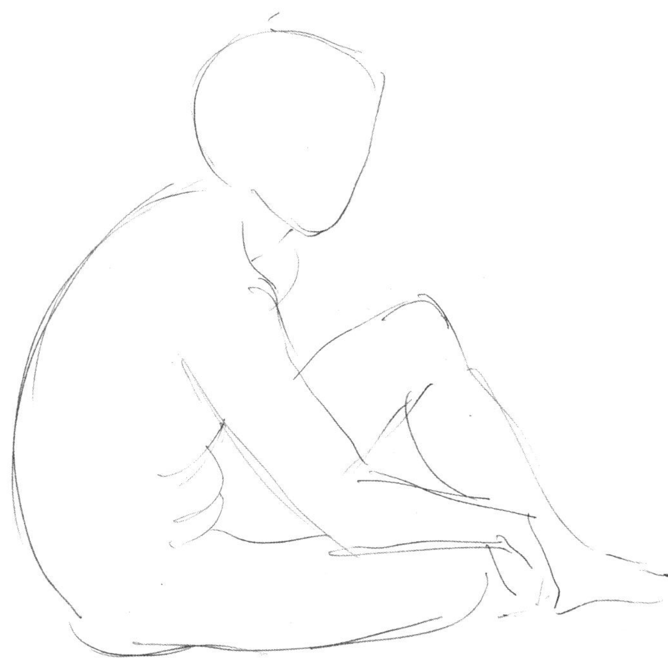

3. Im nächsten Schritt teilen Sie die Körperoberfläche mit leichten Strichen in helle und dunkle Bereiche auf. Beginnen Sie gleichzeitig damit, die Form der Muskeln und der Knochenstruktur zu skizzieren und die Umrisslinien zu verfeinern. Jetzt verfügen Sie über eine gute Arbeitsskizze, in der die groben Proportionen stimmen und die Licht- und Schattenbereiche skizziert sind.
Lassen Sie sich genügend Zeit und korrigieren Sie die Formen Ihrer Zeichnung so lange, bis sie den Formen des Modells möglichst genau entsprechen.

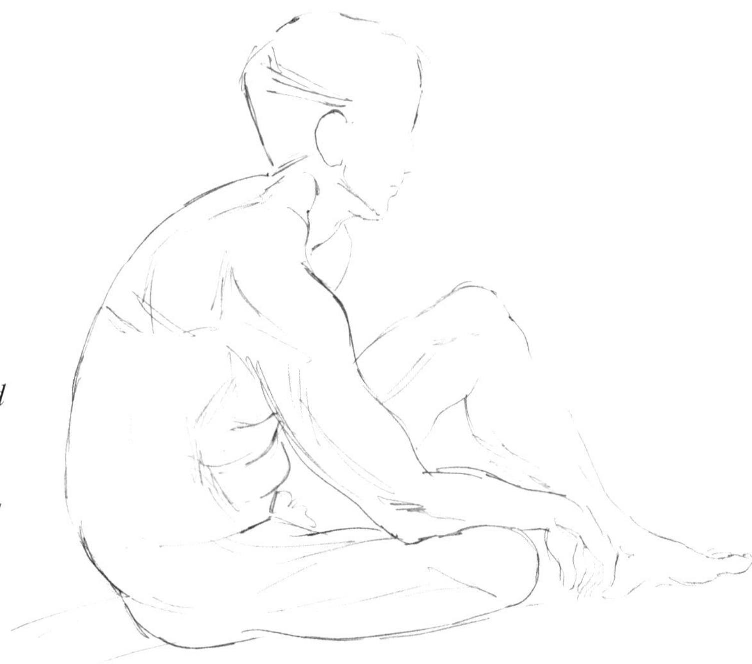

4. Zum Schluss schraffieren Sie die dunklen Bereiche der Zeichnung, um die dreidimensionale Wirkung des Körpers deutlich zu machen. Helligkeitsabstufungen innerhalb der schraffierten Bereiche sind hilfreich, um Rundungen besser herauszuarbeiten. Lassen Sie sich auch in dieser Phase Zeit für Korrekturen, bis Sie mit Ihrem Werk zufrieden sind. Vergessen Sie nicht, Ihrem Modell hin und wieder eine Pause gönnen.

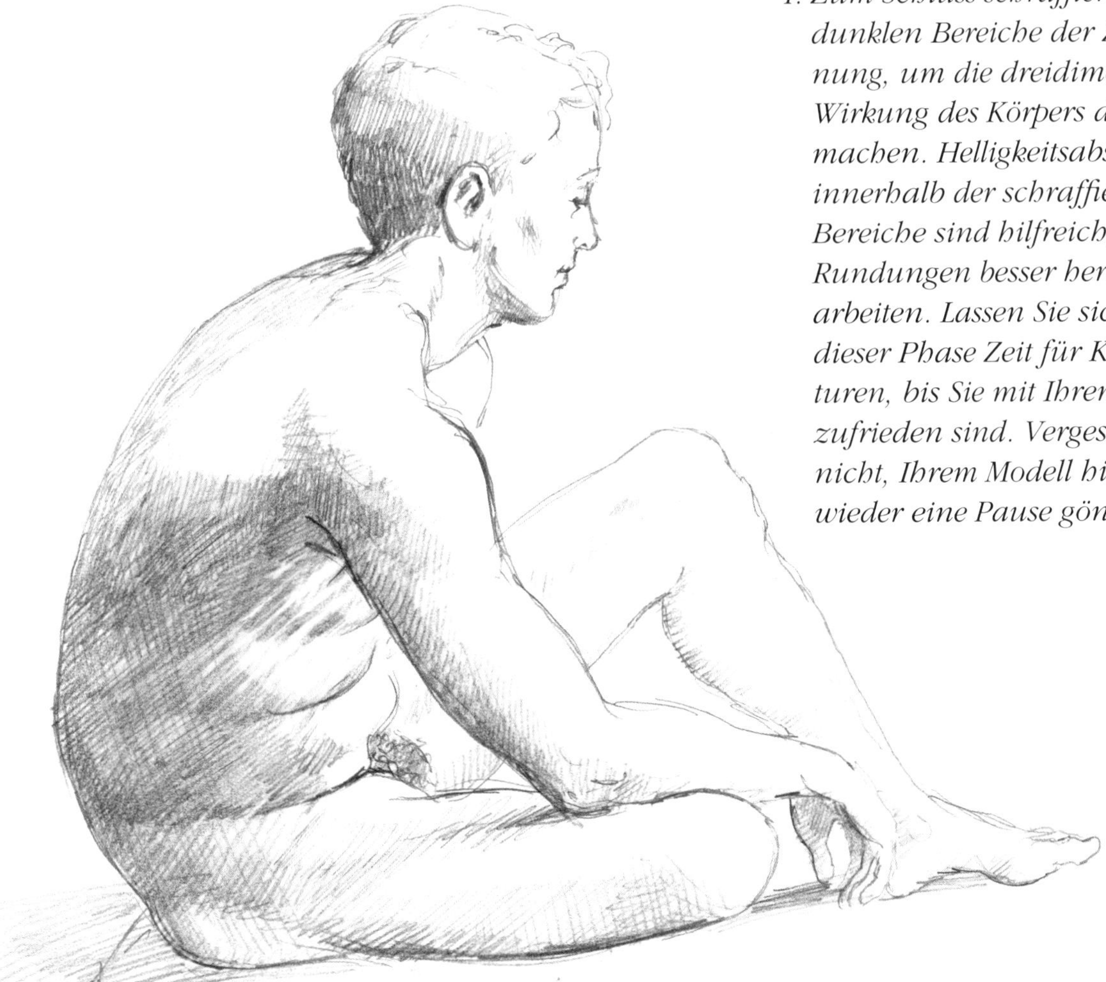

EINE SCHWIERIGERE POSE

Nach der ersten einfachen Figur wollen wir uns einer anspruchsvolleren Übung zuwenden, um unser Zeichengeschick zu trainieren und unser Selbstvertrauen zu stärken. Wir werden die schon bekannten Schritte an einem weiblichen Modell versuchen, wobei die Haltung diesmal schwieriger ist – sowohl für das Modell als auch für den Zeichner. Arbeiten Sie langsam und gewissenhaft, und gönnen Sie Ihrem Modell genügend Pausen.

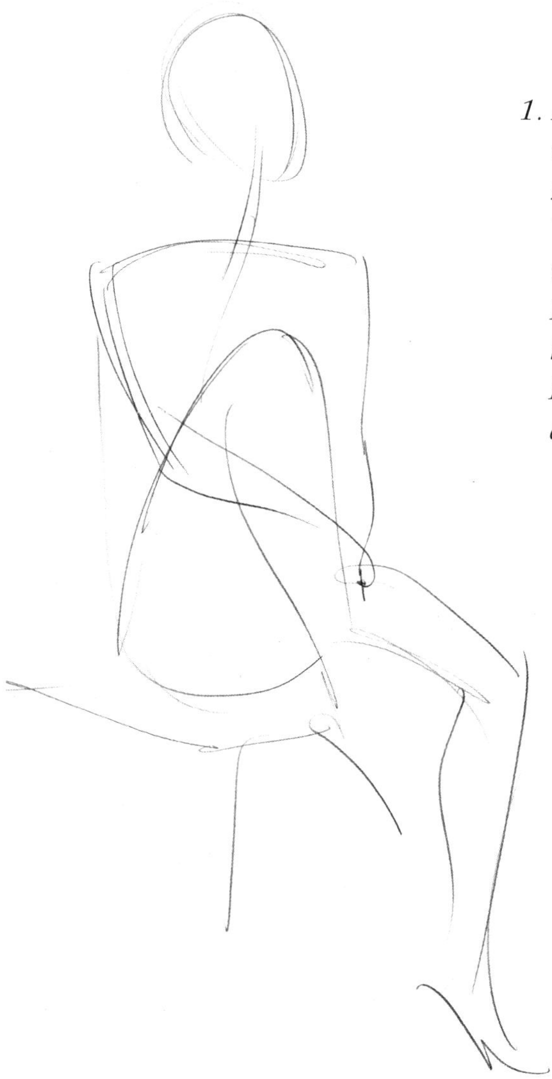

1. Die erste Phase ist dieselbe wie im vorigen Beispiel – eine rasche Skizze mit wenigen Strichen, um die Winkel zwischen den Gliedmaßen und die Lage von Kopf, Rumpf, Füßen und Händen grob festzuhalten. Den Stuhl, auf dem das Modell sitzt, sollten wir ebenfalls andeuten.

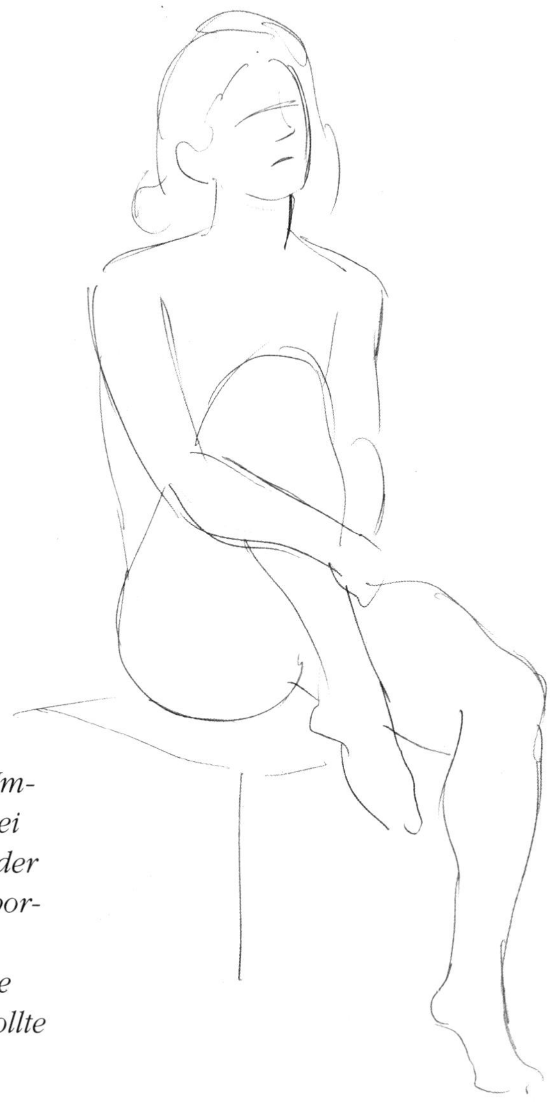

2. Jetzt zeichnen wir wieder die Umrisse der Figur und achten dabei besonders auf die Rundungen der Muskeln und die relativen Proportionen aller Teile zueinander. Diese Stufe bildet die Grundlage für alle weiteren Schritte und sollte deshalb nicht übereilt erfolgen.

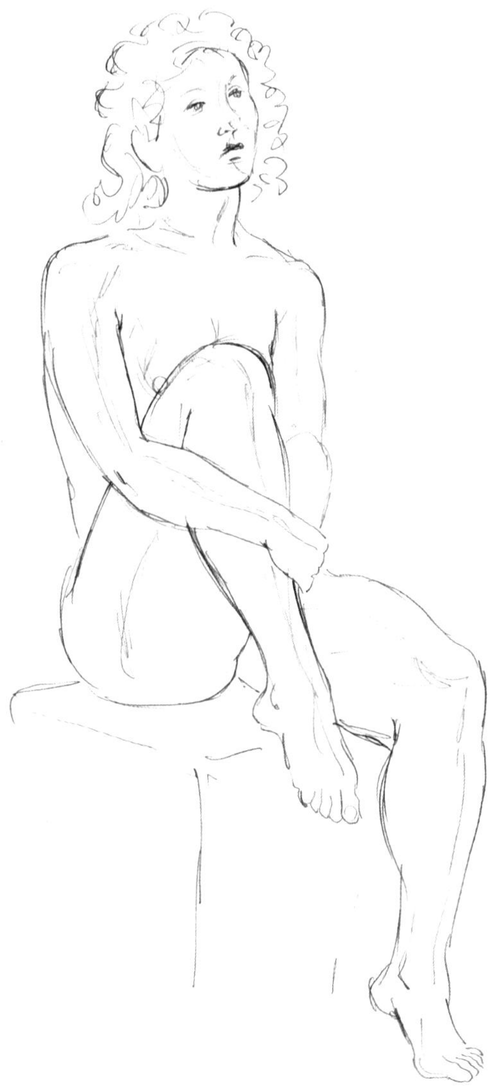

3. Wir ergänzen weitere Details und skizzieren markante Strukturen auf der Oberfläche von Kopf, Rumpf und Gliedmaßen und grenzen helle und dunkle Bereiche ab.

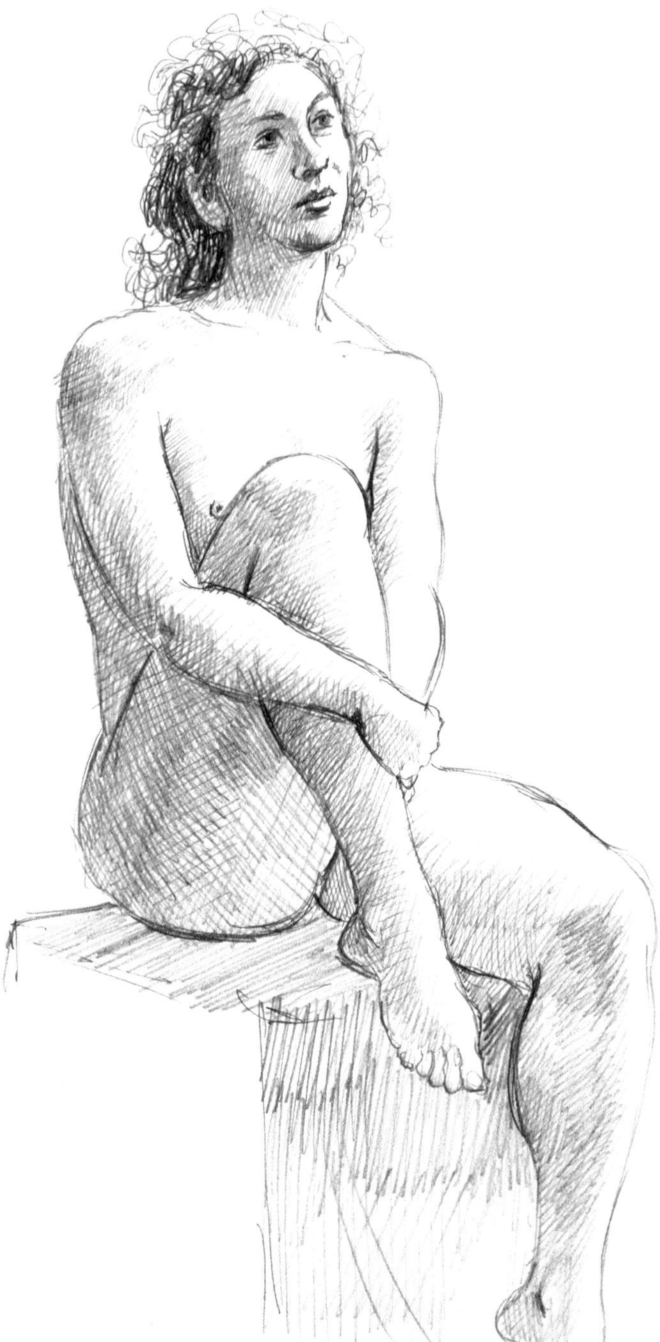

4. Nachdem wir alle Ungenauigkeiten korrigiert haben, können wir damit beginnen, die dunklen Bereiche zu schraffieren, um der Zeichnung Tiefenwirkung zu verleihen.

UNTERSCHIEDLICHE ANSÄTZE

Es gibt verschiedene Techniken, mit denen wir unsere Zeichnungen verbessern können – keine Technik ist jedoch so gut wie das geduldige Üben. Probieren Sie die vorgestellten Methoden aus und machen Sie sich mit ihnen vertraut. Auf diese Weise werden Sie beginnen, Ihren eigenen Stil und ihre eigene Arbeitsweise zu entwickeln. Möglicherweise liegt Ihnen die feine Zeichnung oder Sie bevorzugen die kräftigen, plakativen Töne.

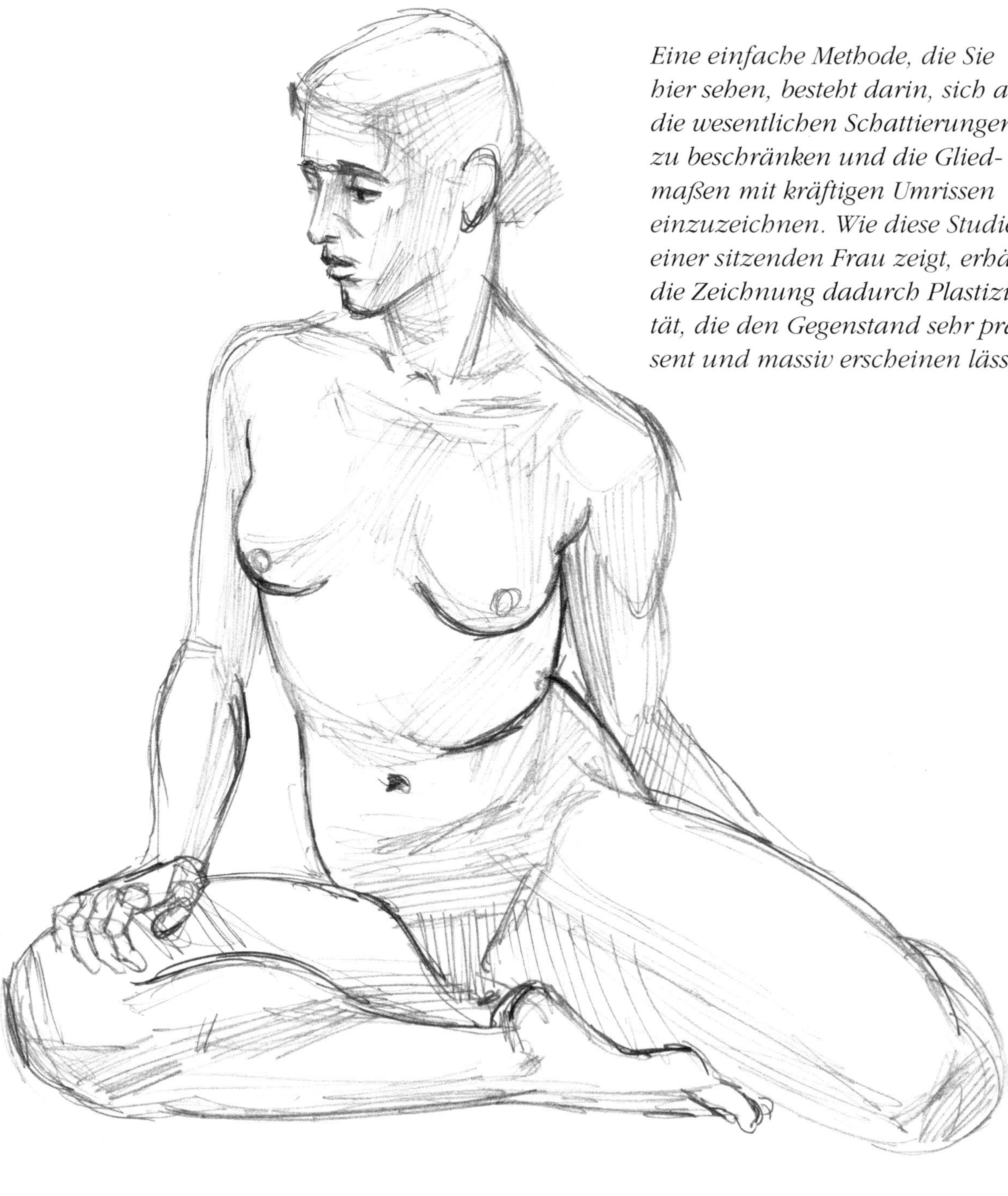

Eine einfache Methode, die Sie hier sehen, besteht darin, sich auf die wesentlichen Schattierungen zu beschränken und die Gliedmaßen mit kräftigen Umrissen einzuzeichnen. Wie diese Studie einer sitzenden Frau zeigt, erhält die Zeichnung dadurch Plastizität, die den Gegenstand sehr präsent und massiv erscheinen lässt.

Sie können das Modell auch mit wenigen Strichen aus diversen Blickwinkeln zeichnen. Beginnen Sie mit einer einfachen Skizze des Umrissses von vorn, und wiederholen Sie die Zeichnung dann aus möglichst vielen Winkeln. So schärfen Sie Ihren Blick für die gegebene Körperhaltung. Auch wenn Sie wenig Zeit auf die einzelnen Skizzen verwenden, werden Sie davon profitieren, wenn Sie sich schließlich für eine Ansicht entscheiden und Sie im Detail ausarbeiten.

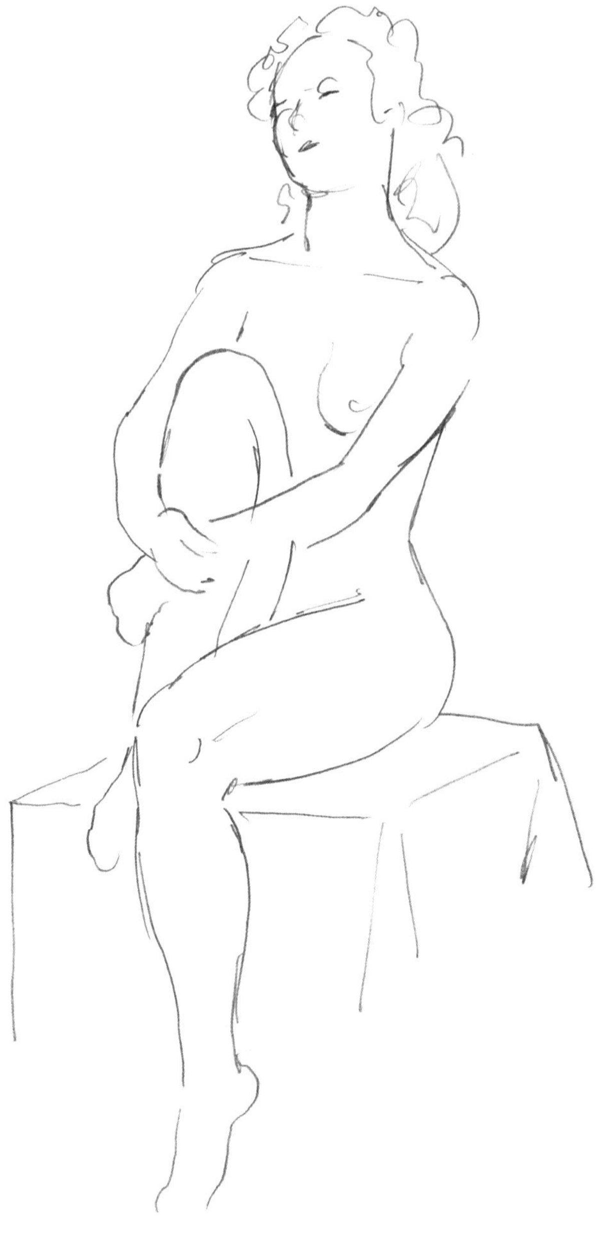

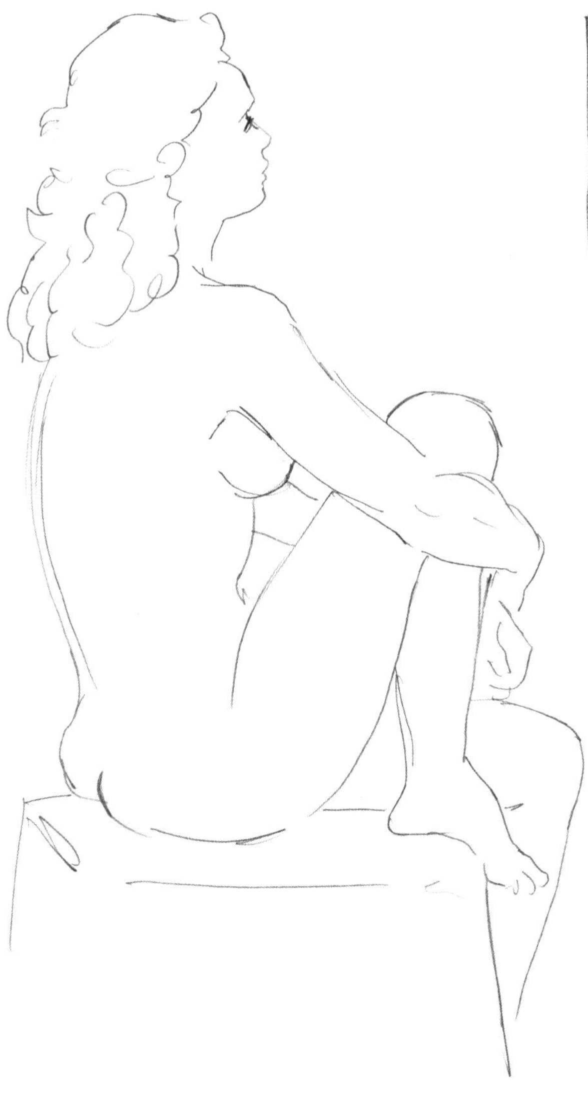

SCHNELLES ZEICHNEN

Eine andere Technik, die beim Modellzeichnen immer nützlich ist, ist das rasche Skizzieren mit wenigen fließenden Strichen, um möglichst rasch einen Eindruck von der Gesamtfigur wiederzugeben. Viele Zeichenlehrer lassen ihre Schüler anhand dieser Übung lernen, Wesentliches von Unwesentlichem zu unterscheiden. Lassen Sie Ihr Modell alle ein bis zwei Minuten die Stellung wechseln, und machen Sie ungefähr ein Dutzend solcher Skizzen hintereinander. Beschränken Sie sich dabei auf die absolut notwendigen Striche. Bei diesem Tempo bleibt Ihnen keine Zeit, Fehler zu korrigieren.

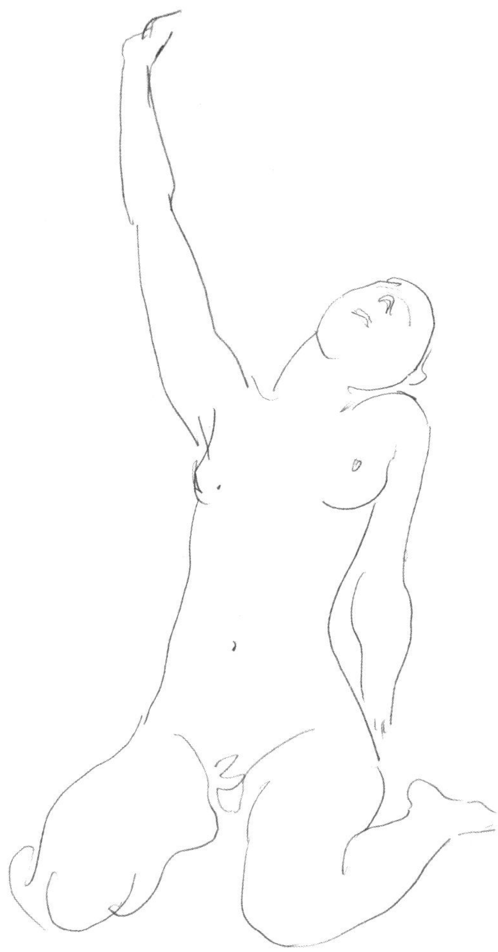

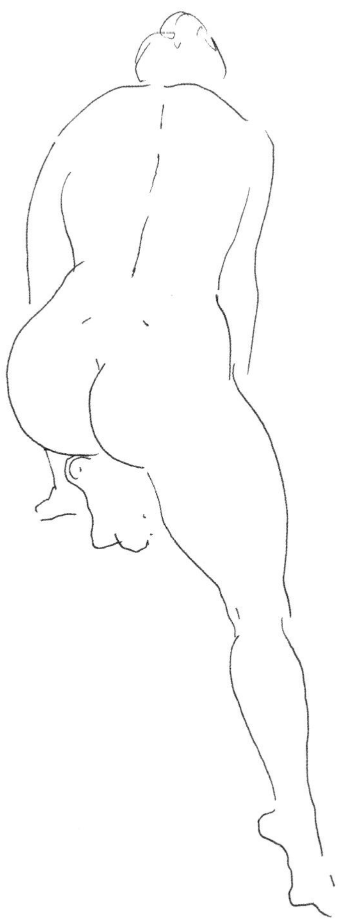

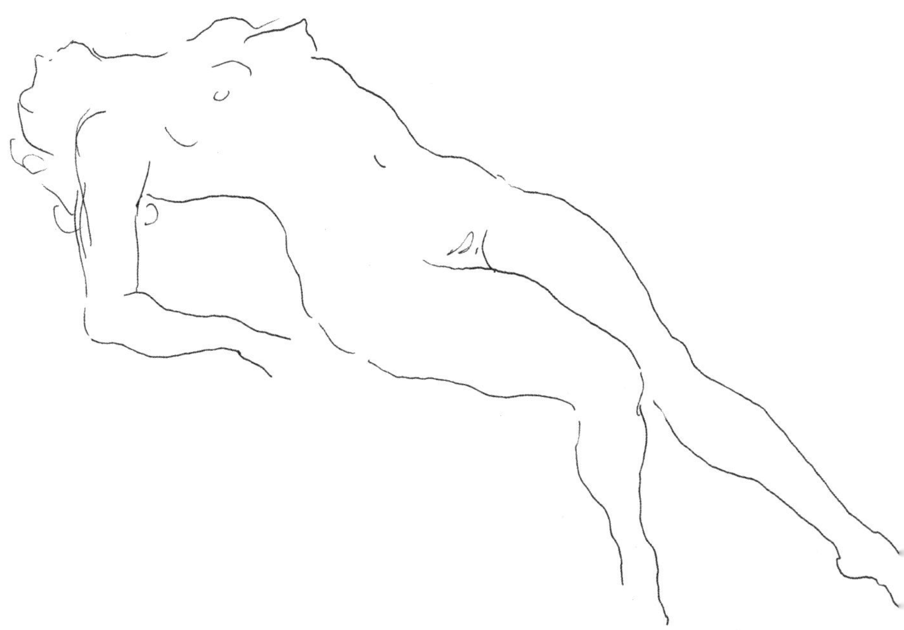

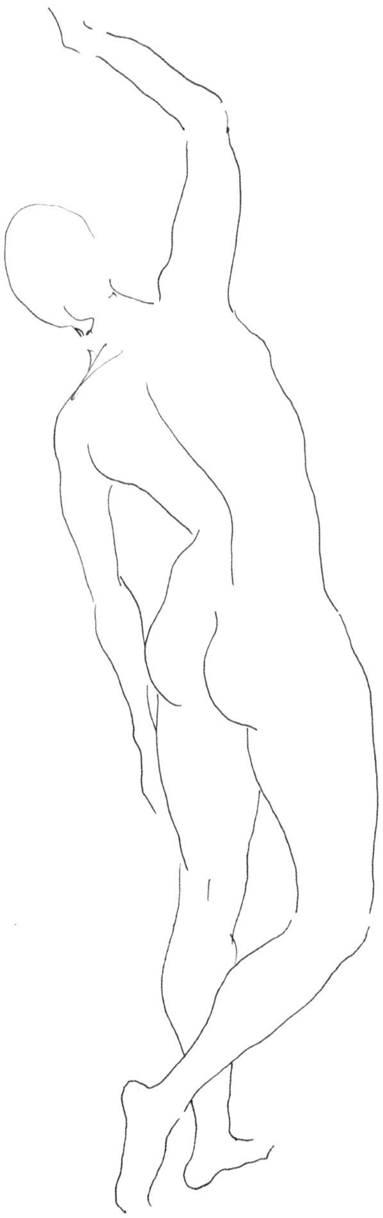

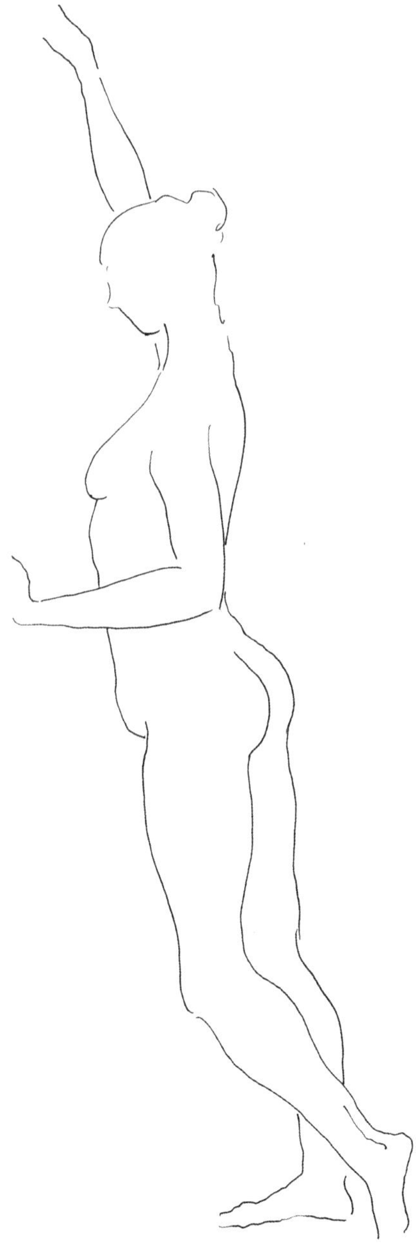

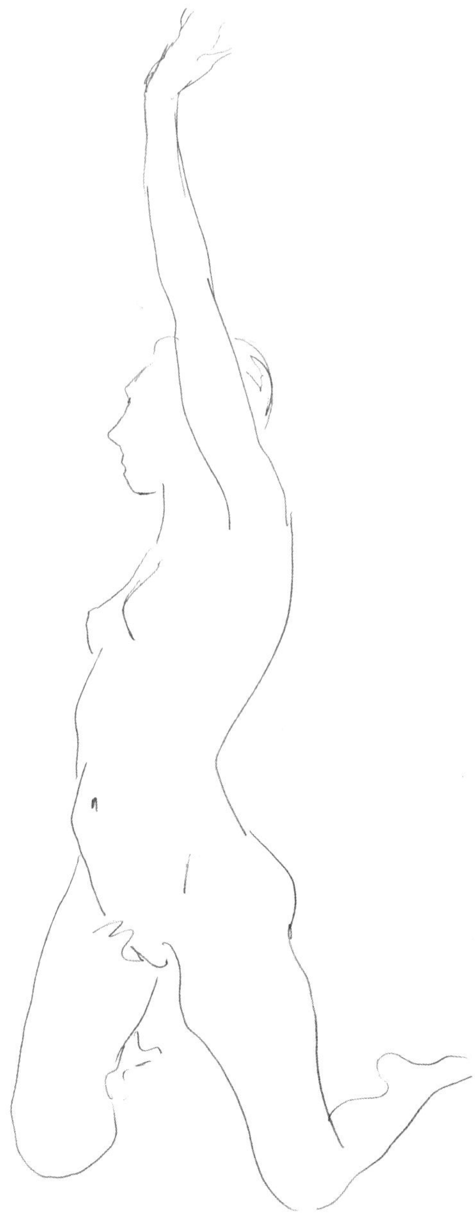

PERSPEKTIVISCHE DARSTELLUNG

Sobald Sie etwas Übung darin haben, Figuren in unterschiedlichen Posen zu zeichnen, können Sie sich der schwierigeren Aufgabe der Perspektive widmen.

Besonders gut können Sie diesen Effekt studieren, wenn Sie das Modell bitten, sich auf den Boden, ein flaches Podest oder ein Bett zu legen. Positionieren Sie sich selbst so, dass Sie den Körper in Längsrichtung sehen, entweder vom Kopf oder von den Füßen her. Aus den Gesetzen der Perspektive folgt, dass die näheren Körperteile größer erscheinen als die ferneren.

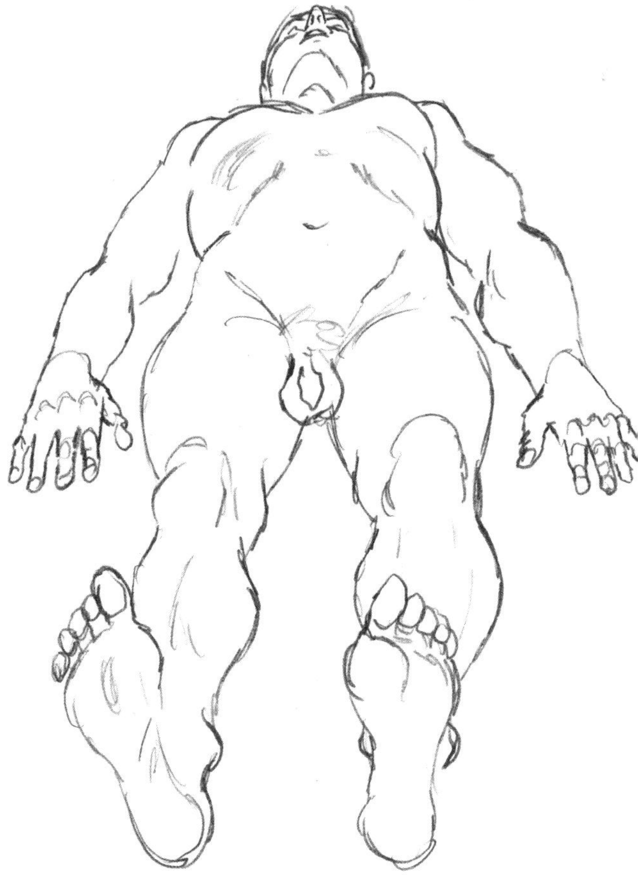

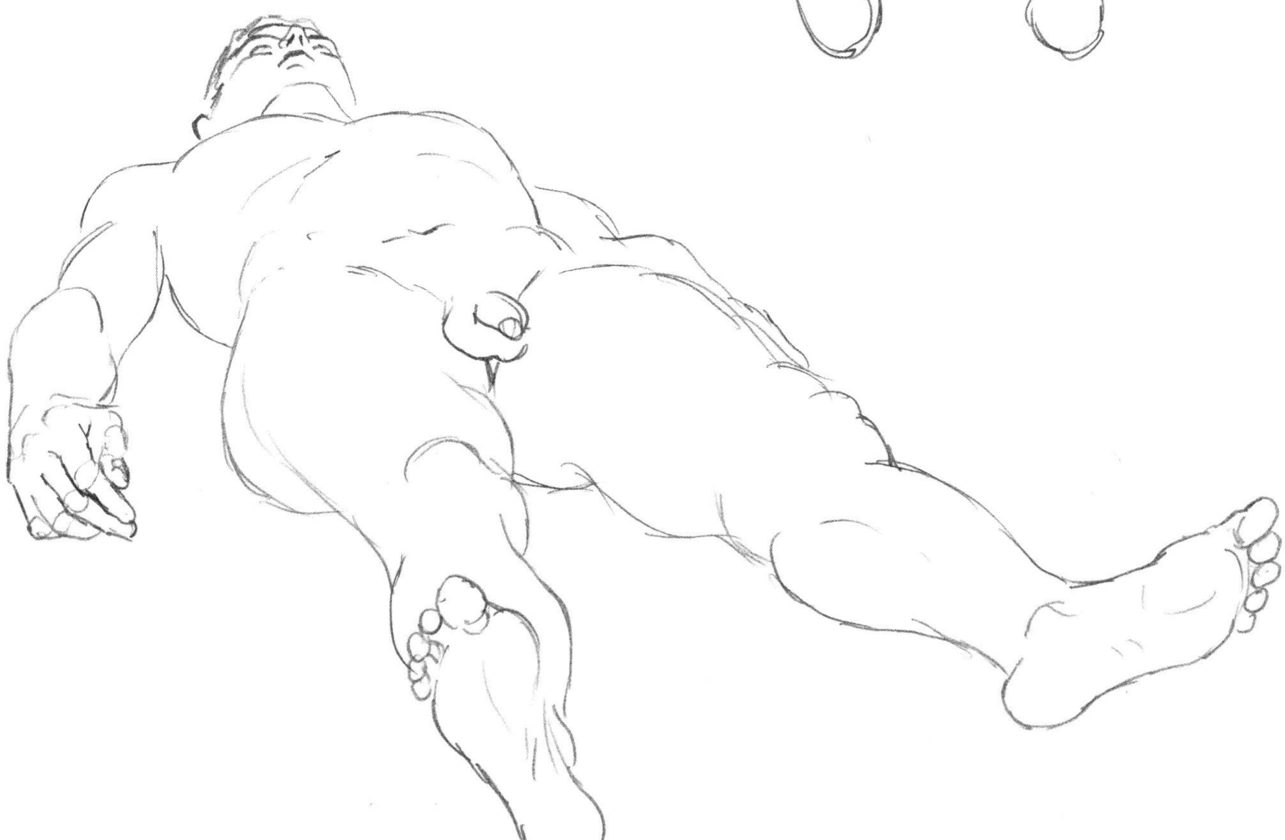

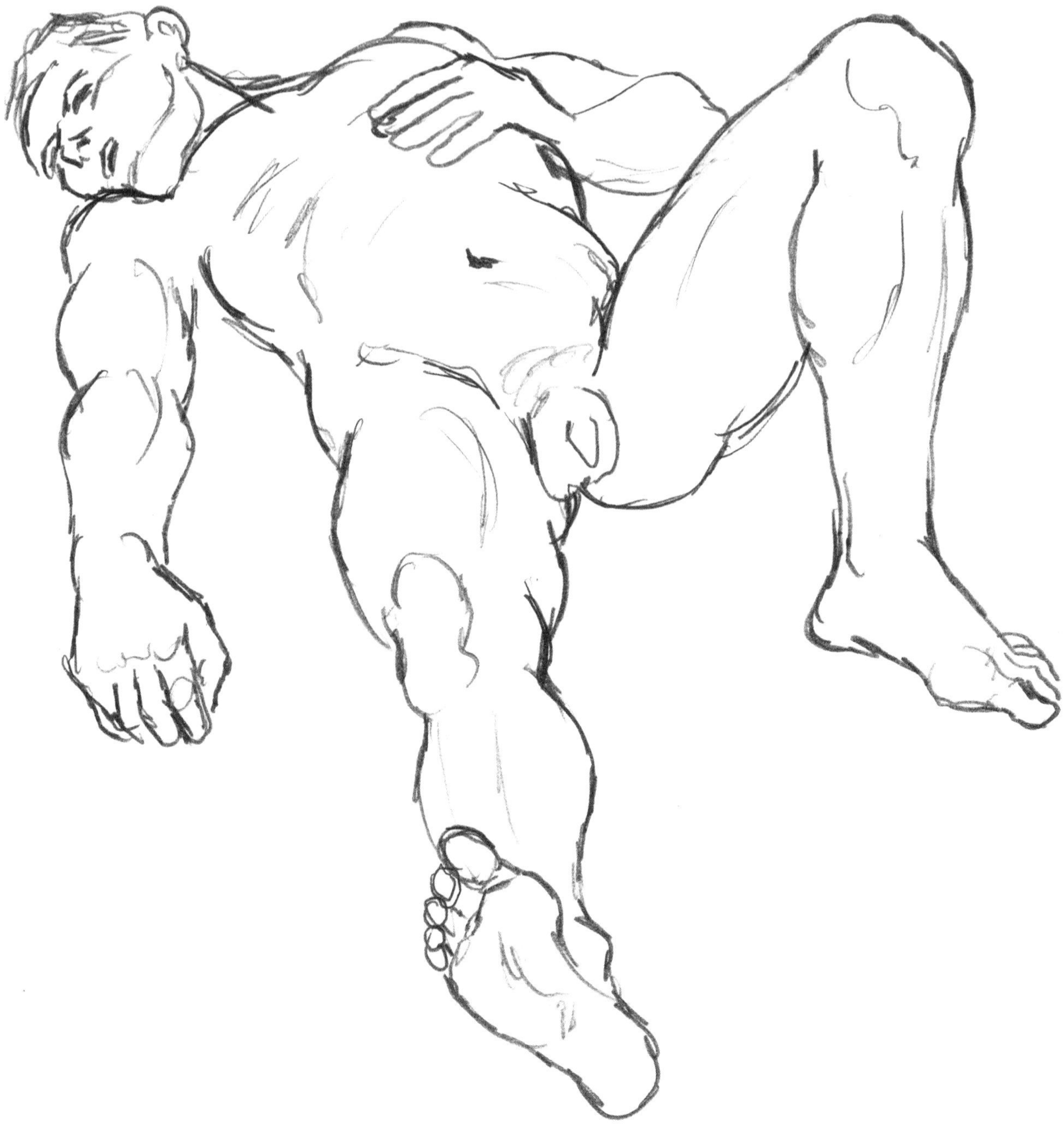

Wenn wir vom Fußende schauen, erscheinen Füße und Beine auffällig groß, während Kopf und Brust im Verhältnis fast verschwinden. Der zum Betrachter ausgestreckte Arm erscheint wie eine Serie runder Wülste. Die großen Hände und Finger wirken breit und kurz. Die Schultern sind häufig gar nicht sichtbar. Vom Kopf der Figur ist außer Unterkiefer und Nase und vielleicht den Augenbrauen lediglich eine Andeutung von Mund, Augen und Haupthaar zu sehen.

IN UMGEKEHRTER RICHTUNG

Vom Kopf aus sieht alles wieder ganz anders aus. Jetzt ist der Kopf sehr groß, aber wir sehen fast nur seine Oberseite. Auch die Schultern mit den Schulterblättern oder der Brust sind vergleichsweise voluminös.

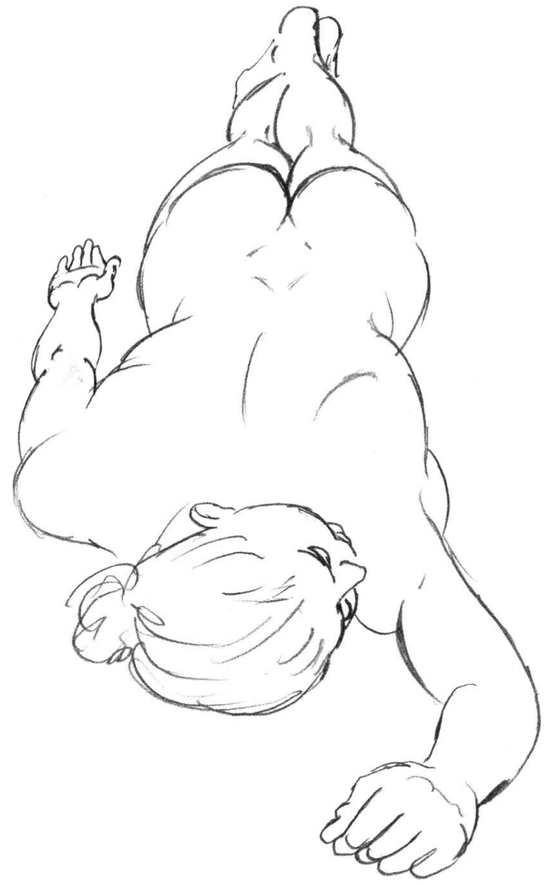

Die Beine wirken aus dieser Perspektive klein und unscheinbar. Oberschenkel, Knie und Wade verkürzen sich zu einer Abfolge von Wülsten; nur die Füße sind deutlich zu sehen, sobald das Modell auf dem Rücken liegt.

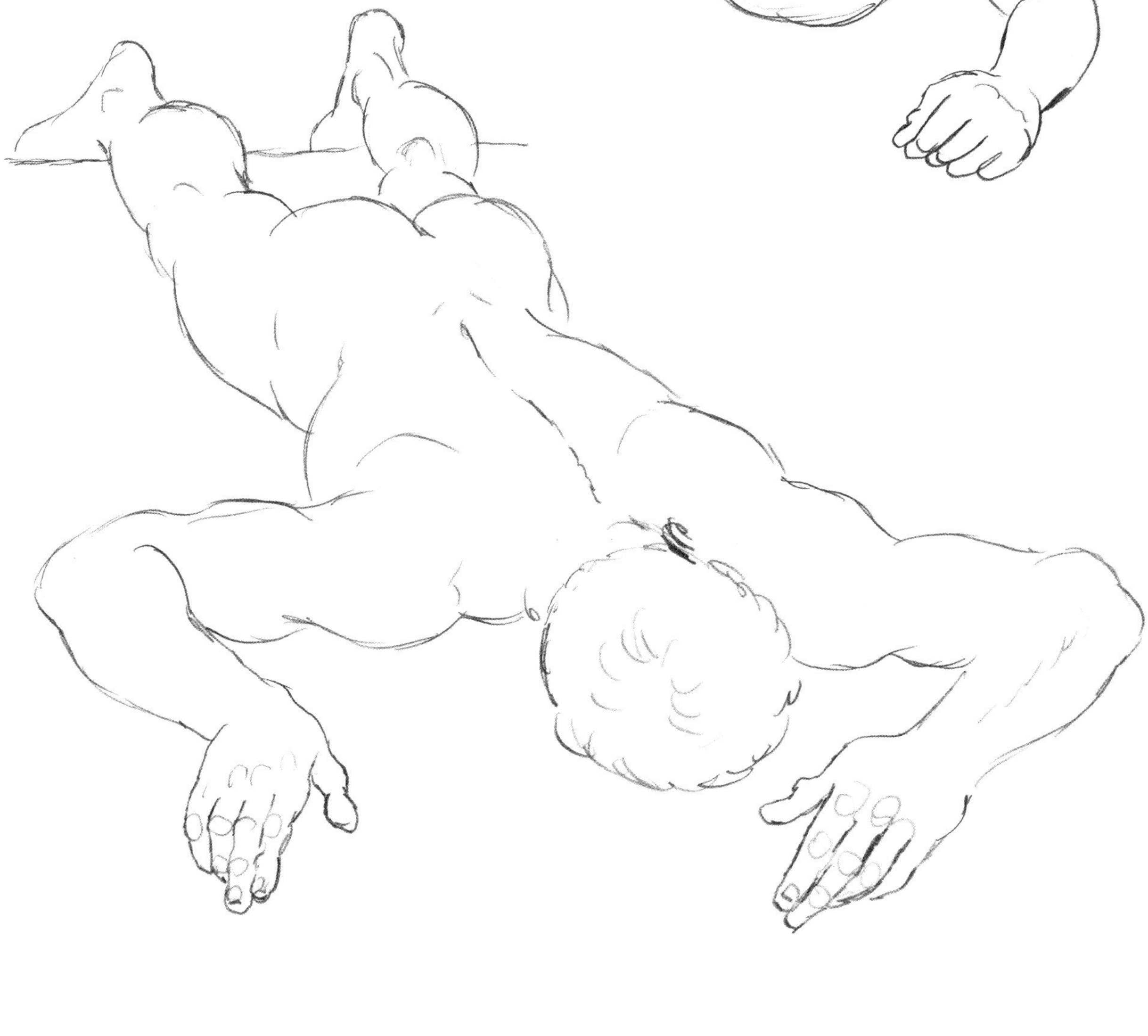

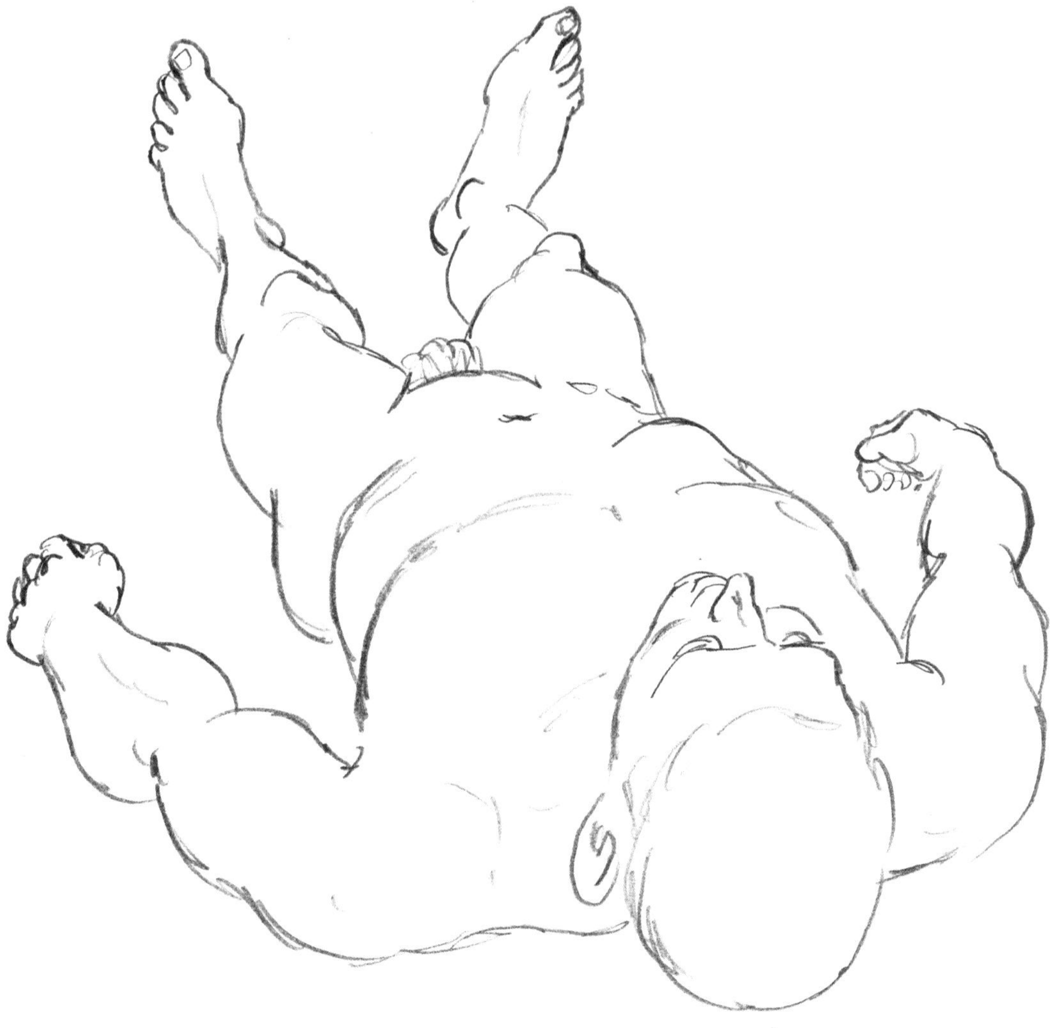

Versuchen Sie, das Verhältnis zwischen Beinen und Rumpf zu messen: Die Beine, die in Wirklichkeit die halbe Körperlänge ausmachen, nehmen aus dieser Perspektive nur etwa ein Viertel ein. Die Schultern sind viel breiter als die Hüften, sodass der Körper im Verhältnis zu seiner Breite kurz erscheint. Die meisten Zeichenschüler machen ihn anfangs zu lang, weil sie die Proportionen des stehenden Körpers gewohnt sind.

DAS VERKÜRZTE SKELETT

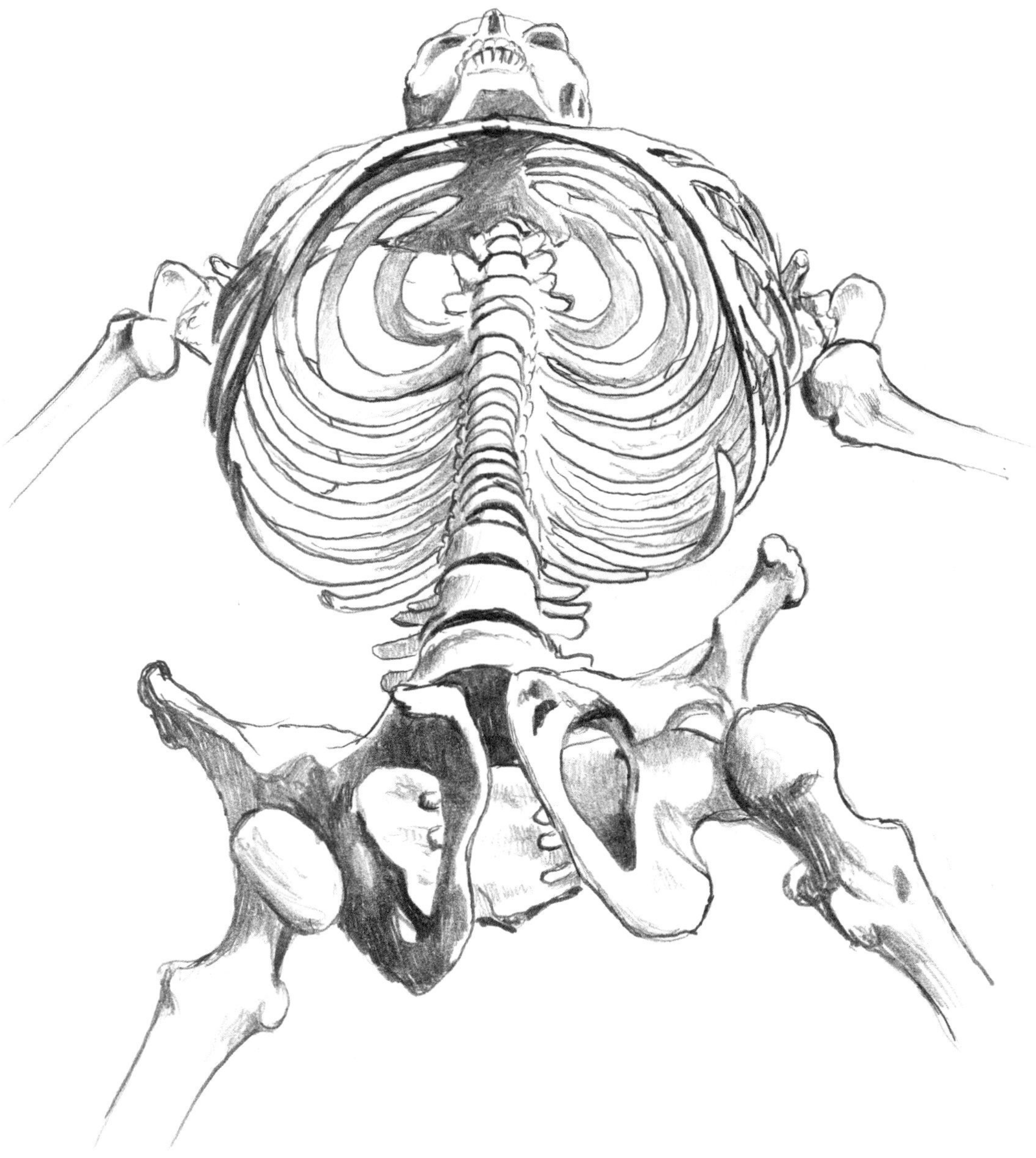

Zur Illustration der perspektivischen Wirkung wollen wir das Skelett einmal aus beiden Richtungen betrachten. Hier sehen wir Becken, Brustkorb und Schädel von unten.

Die Wölbung des Brustkastens ist deutlich sichtbar, und das Becken nimmt im Vergleich zum winzigen Schädel gewaltige Ausmaße an.

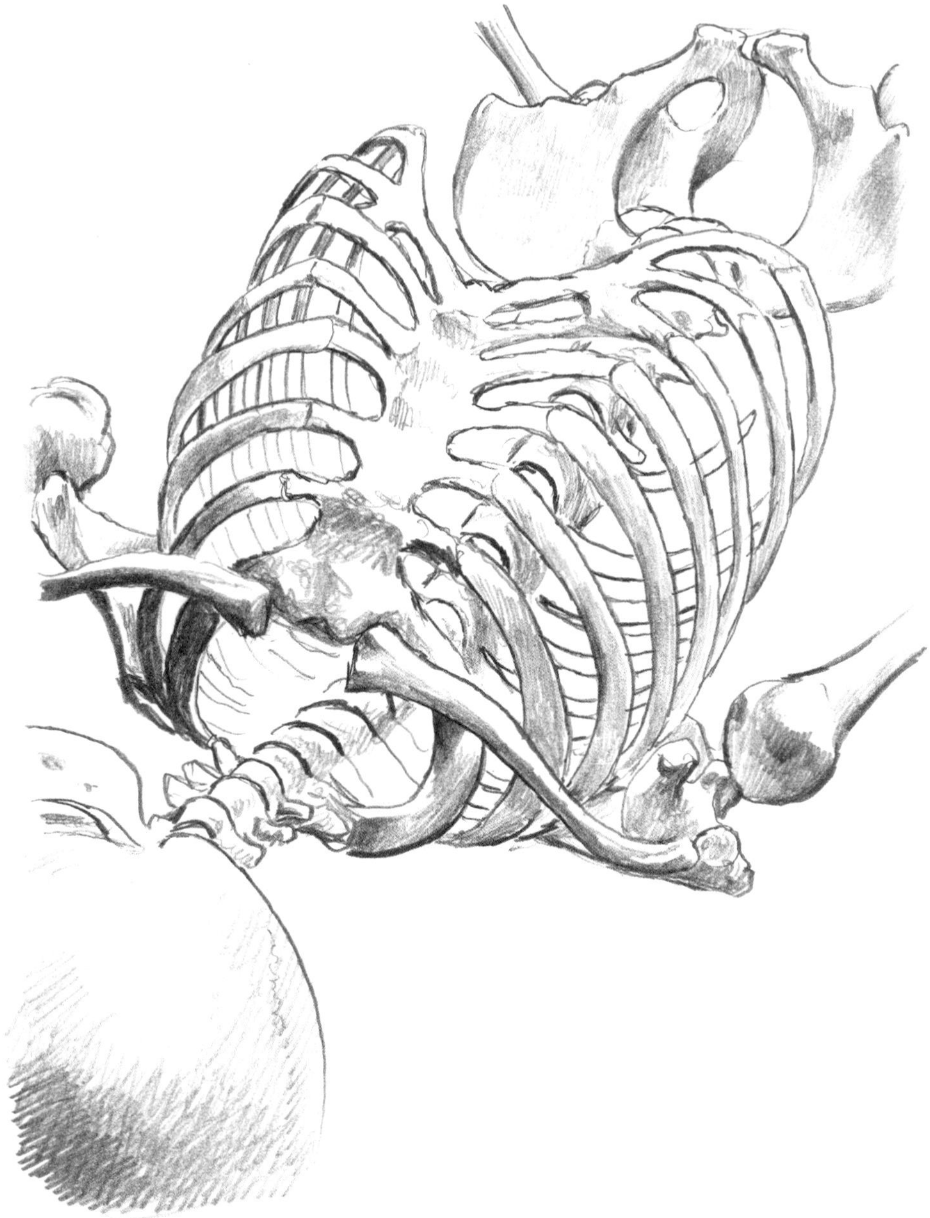

Hier sehen wir das Skelett von oben: Der Schädel ist so groß, dass er gar nicht mehr aufs Bild passt, und der Brustkorb bildet ein massives rundes Gitter. In beiden Zeichnungen habe ich Arme und Beine weggelassen. Auch hier fällt auf, wie breit der Brustkorb im Verhältnis zu seiner Länge ist.

PLASTIZITÄT

Eine dreidimensional gezeichnete Figur wirkt lebendig. Wir erreichen dies, indem wir dunkle Bereiche schraffieren. Diese Technik eignet sich besonders gut als Vorbereitung auf eine spätere farbliche Gestaltung. Starke Konturlinien dienen ebenfalls dazu die plastische Wirkung von Kopf und Körper zu verstärken.

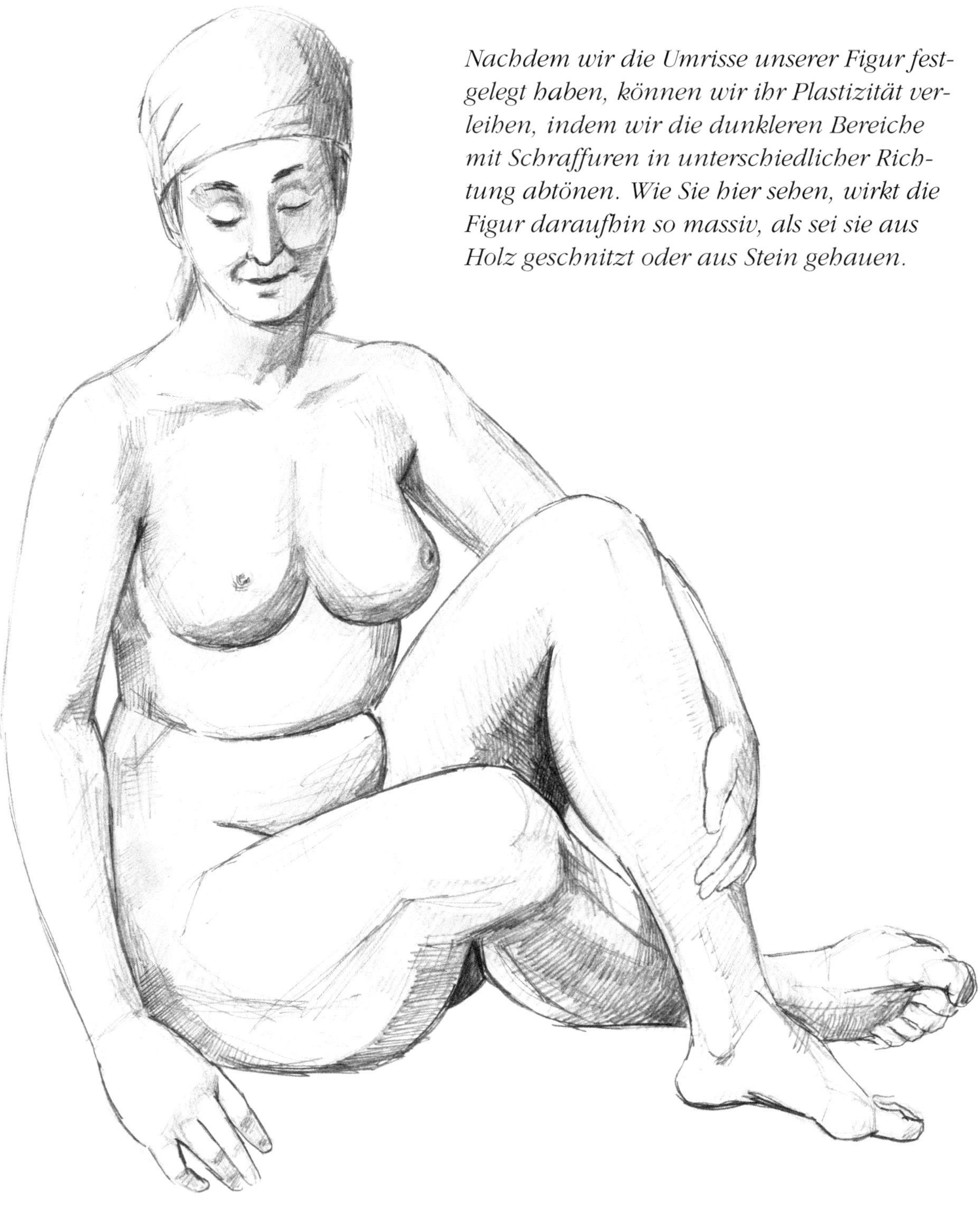

Nachdem wir die Umrisse unserer Figur festgelegt haben, können wir ihr Plastizität verleihen, indem wir die dunkleren Bereiche mit Schraffuren in unterschiedlicher Richtung abtönen. Wie Sie hier sehen, wirkt die Figur daraufhin so massiv, als sei sie aus Holz geschnitzt oder aus Stein gehauen.

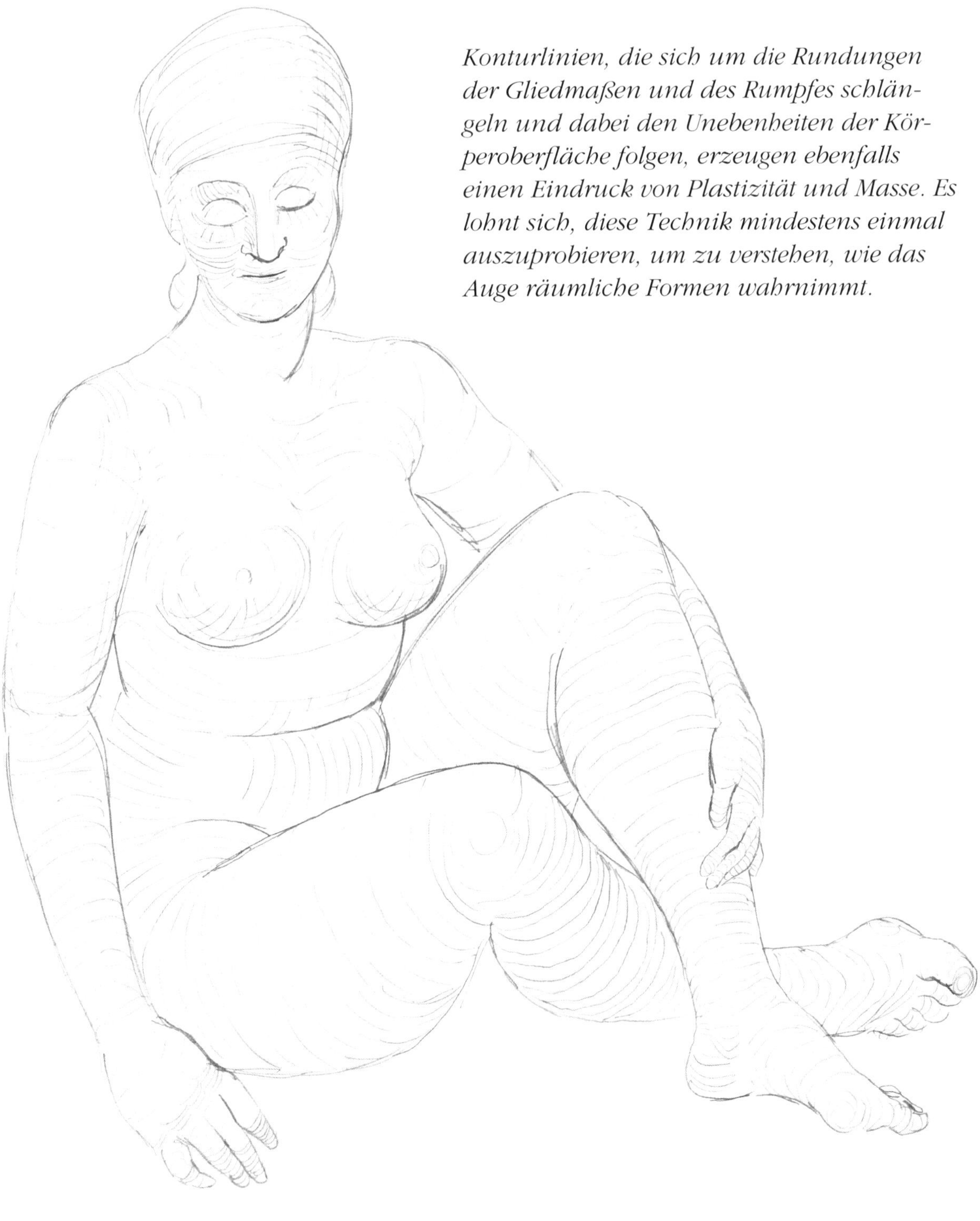

Konturlinien, die sich um die Rundungen der Gliedmaßen und des Rumpfes schlängeln und dabei den Unebenheiten der Körperoberfläche folgen, erzeugen ebenfalls einen Eindruck von Plastizität und Masse. Es lohnt sich, diese Technik mindestens einmal auszuprobieren, um zu verstehen, wie das Auge räumliche Formen wahrnimmt.

HARTE UND WEICHE STRICHE

Auch in einer Strichzeichnung ohne flächige Abtönungen ist es möglich, die räumliche Wirkung der dargestellten Figur zu beeinflussen, indem wir die Strichstärke variieren. Ein kräftiger Strich verlangt eine ruhigere und sicherere Zeichenhand als ein weicher, leichter Strich. Beide eignen sich, um dem Bild Ausdruckskraft zu verleihen.

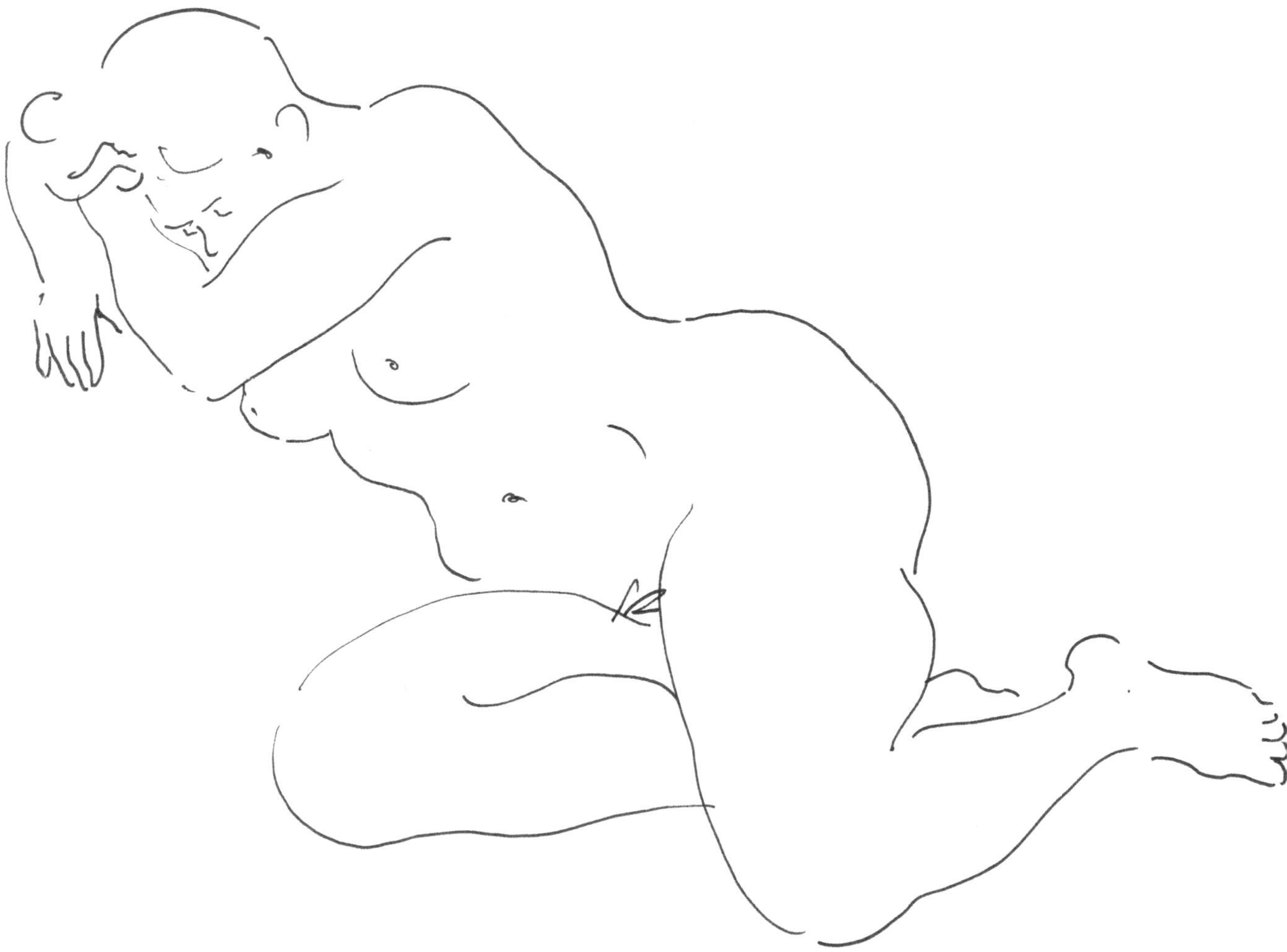

Die Form des menschlichen Körpers können wir besonders klar herausarbeiten, indem wir uns auf ein Minimum an kräftigen und entschlossenen Linien beschränken. Dazu müssen wir den Körper in zusammenhängenden Teilen vor unserem inneren Auge entstehen lassen, um ihn dann mit wenigen zielsicheren Strichen zu Papier zu bringen. Die Kunst liegt dabei in der Beschränkung. Entweder gelingt die Zeichnung auf Anhieb, oder es bleibt uns nichts anderes übrig, als von vorn zu beginnen. Indem wir viele Versuche hintereinander machen, lernen wir, mit sparsamen Mitteln eine große Wirkung

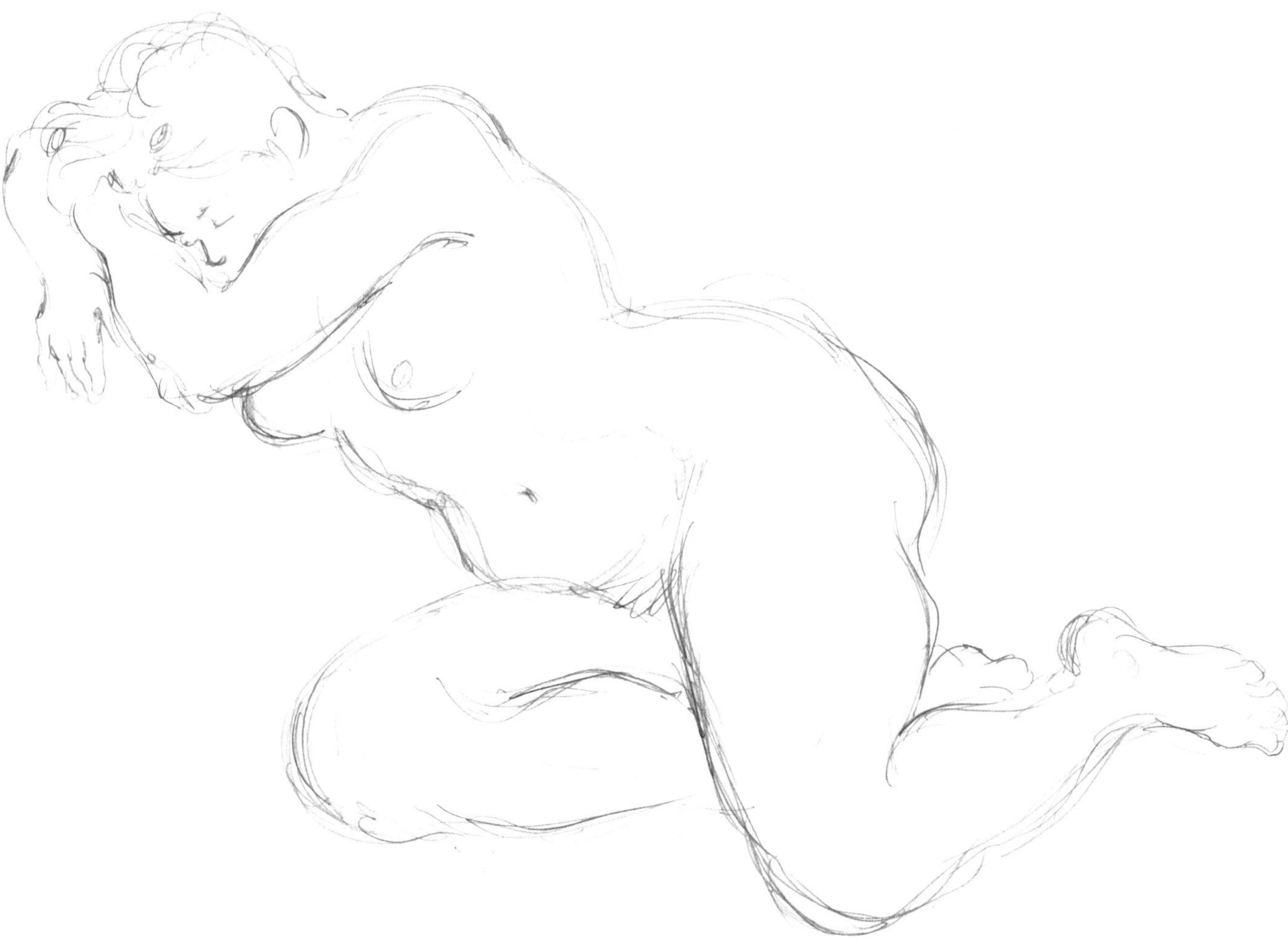

zu erzielen und gleichzeitig immer wieder genau hinzuschauen.

Alternativ dazu können wir mit Bleistift oder Feder die Form des Modells mit vielen spielenden Strichen wiedergeben, um auf diese Weise die weichen und fließenden Umrisse der Figur zu betonen. Bei dieser Methode können wir uns der tatsächlichen Form mit einer Folge paralleler leichter Striche allmählich annähern, ohne dass wir uns mit dem ersten Versuch gleich festlegen. Was wir einerseits an Klarheit verlieren, gewinnen wir andererseits an Geschmeidigkeit und Bewegtheit der Form.

DEN KÖRPER VERMESSEN

Ein etwas aufwändigerer Ansatz besteht darin, die Umrisse der Figur im Verhältnis zur Umgebung zuvor genau zu vermessen und durch Punkte zu markieren. Beginnen Sie beispielsweise mit je einem Punkt für den Scheitel den Hinterkopf, die Augen und so weiter. Die Methode beansprucht viel Zeit; viele Künstler, die sie verwenden, sind jedoch überzeugt, dass ihre Bilder auf diese Weise sehr genau werden.

Alternativ können wir die Figur zuerst mit raschen, »hingeworfenen« Strichen skizzieren, um uns anschließend den Details zu widmen. Probieren Sie verschiedene Techniken aus und stellen Sie fest, mit welcher Sie am besten zurecht kommen.

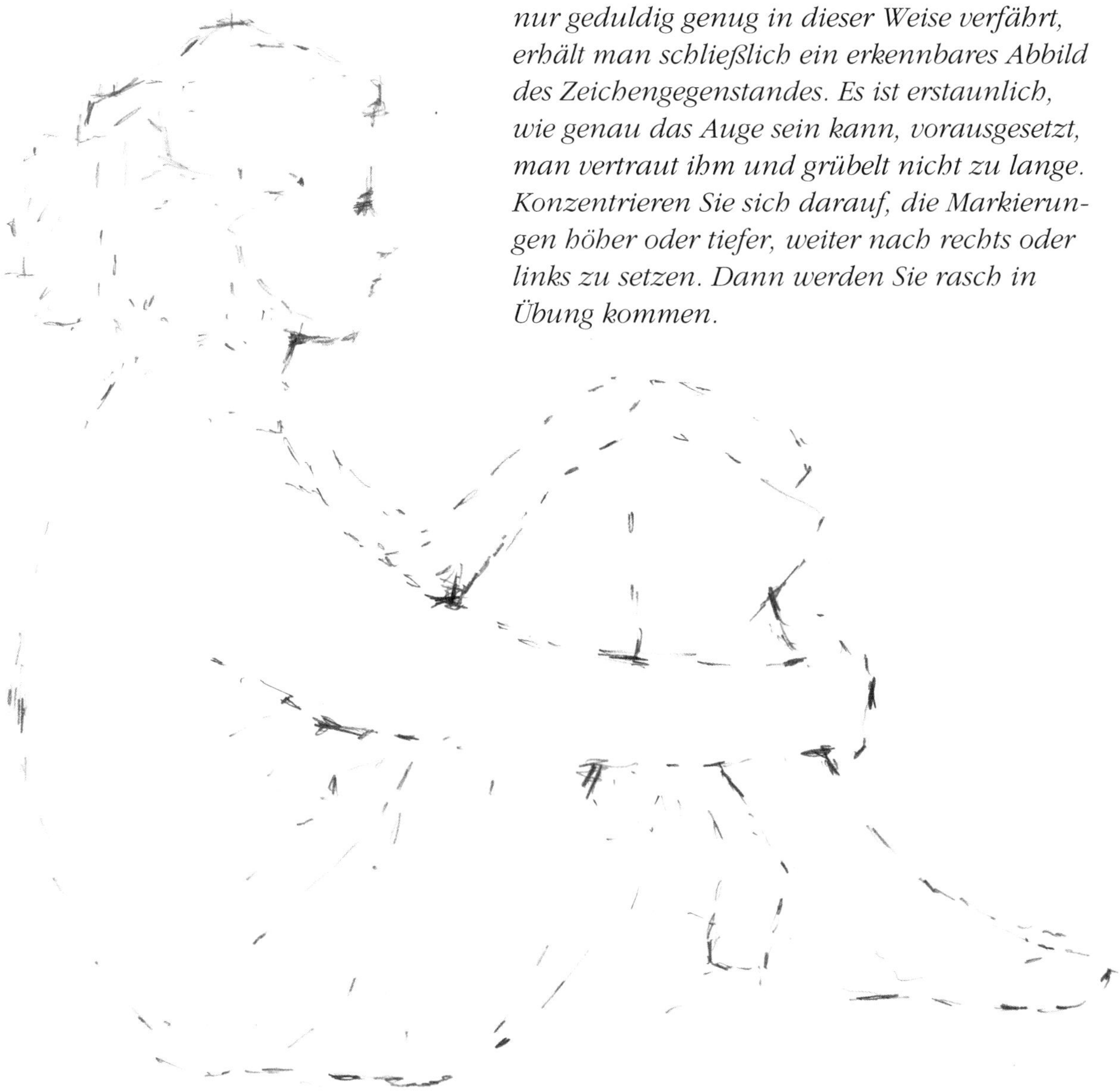

Hier habe ich mit großer Sorgfalt eine Reihe von Markierungen gezeichnet. Wenn man nur geduldig genug in dieser Weise verfährt, erhält man schließlich ein erkennbares Abbild des Zeichengegenstandes. Es ist erstaunlich, wie genau das Auge sein kann, vorausgesetzt, man vertraut ihm und grübelt nicht zu lange. Konzentrieren Sie sich darauf, die Markierungen höher oder tiefer, weiter nach rechts oder links zu setzen. Dann werden Sie rasch in Übung kommen.

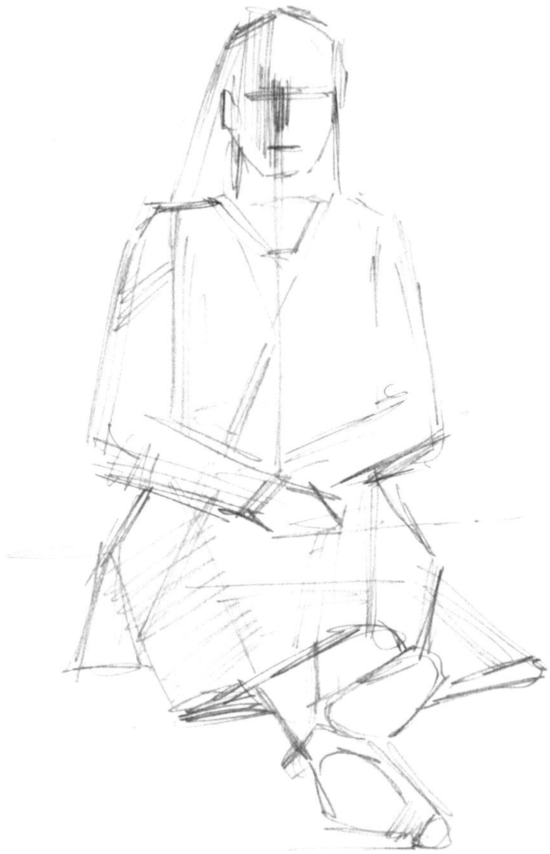

Schneller geht es, wenn wir Form und Proportionen der Figur mit sehr einfachen geometrischen Strichen festhalten und dabei auf alle Einzelheiten verzichten, bis die wichtigsten Umrisse zufrieden stellend wiedergegeben sind. Diese Methode ist vergleichsweise zeitsparend, selbst wenn wir anschließend einzelne Linien und Schraffuren wieder ausradieren müssen, um die Einzelheiten stimmig nachzutragen.

Wenn wir in kürzester Zeit Menschen auf dem Papier festhalten wollen, die sich leicht bewegen, können wir auch eine Kritzeltechnik verwenden, bei der wir den Stift kaum absetzen und auf Einzelheiten weitestgehend verzichten. Der Mangel an Details wird in der Regel durch eine größere Ausdruckskraft und Lebendigkeit mehr als wettgemacht.

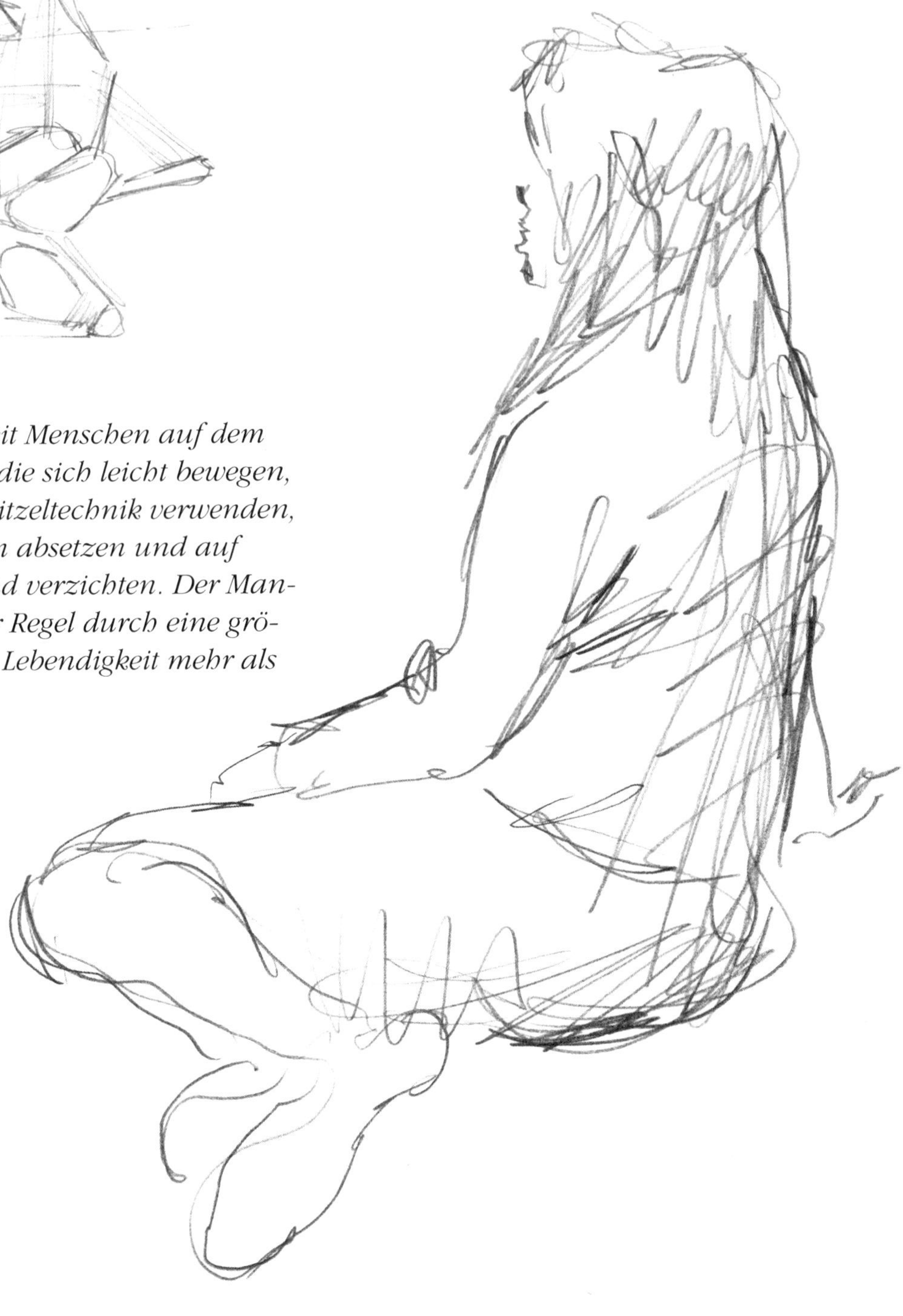

SCHATTIERUNGEN

Bislang haben wir verschiedene Möglichkeiten untersucht, mit Strichen zu zeichnen. Etwas ganz anderes ist eine Zeichnung, die fast ausschließlich Schattierungen enthält. Hier setzen wir unterschiedliche Schraffuren und Abtönungen so nebeneinander, dass räumliche Formen vor unserem Auge entstehen. Dafür eignen sich weiche Bleistiftschraffuren, Kohle, Kreide, Tinte und Aquarell, sowie ein Radierer, mit dem wir nachträglich Schattierungen reduzieren können.

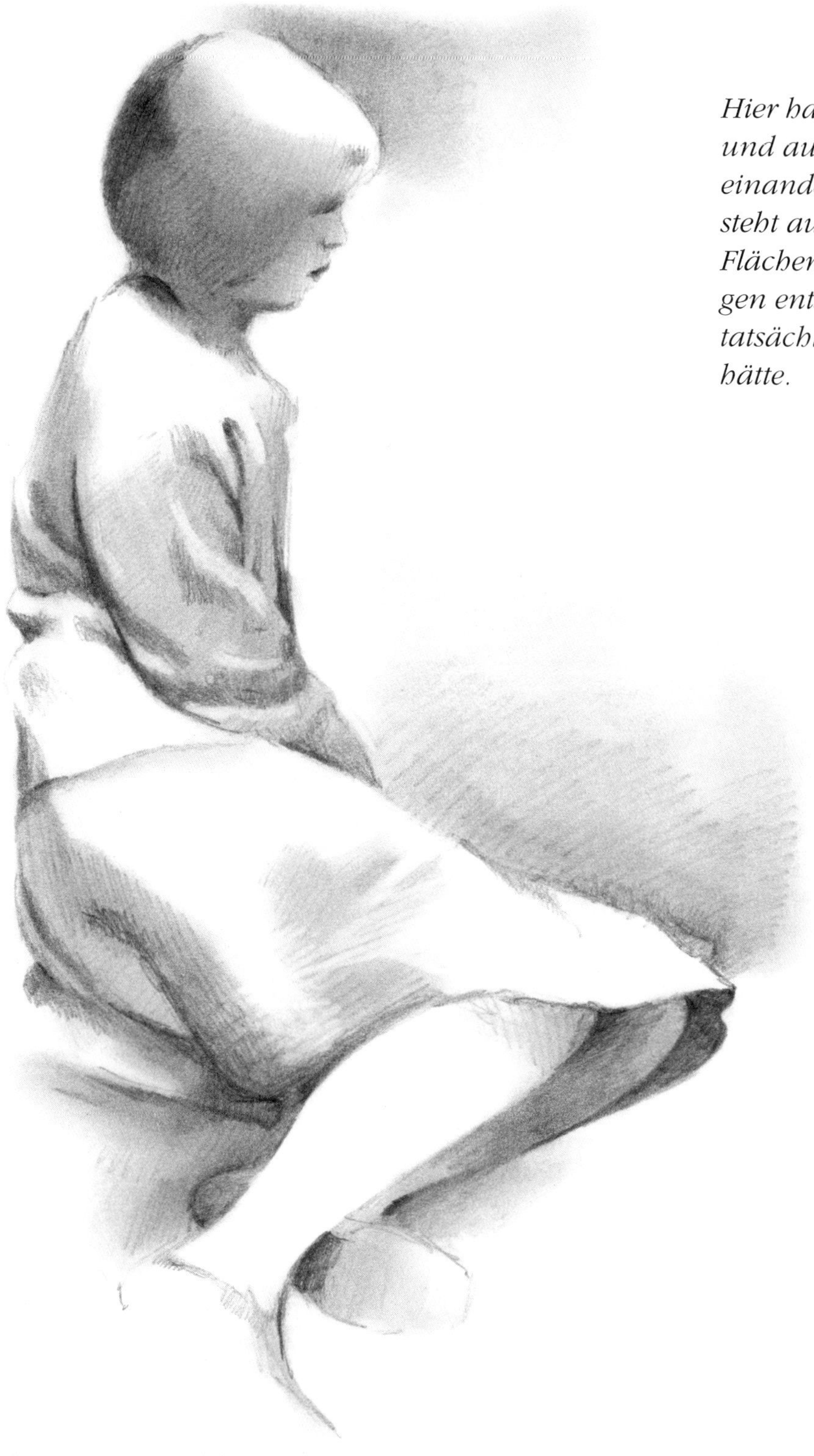

Hier habe ich Schattierungen und ausgesparte Bereiche nebeneinander gesetzt. Die Figur besteht ausschließlich aus weichen Flächen; selbst die Begrenzungen entstanden, ohne dass ich tatsächlich eine Linie gezeichnet hätte.

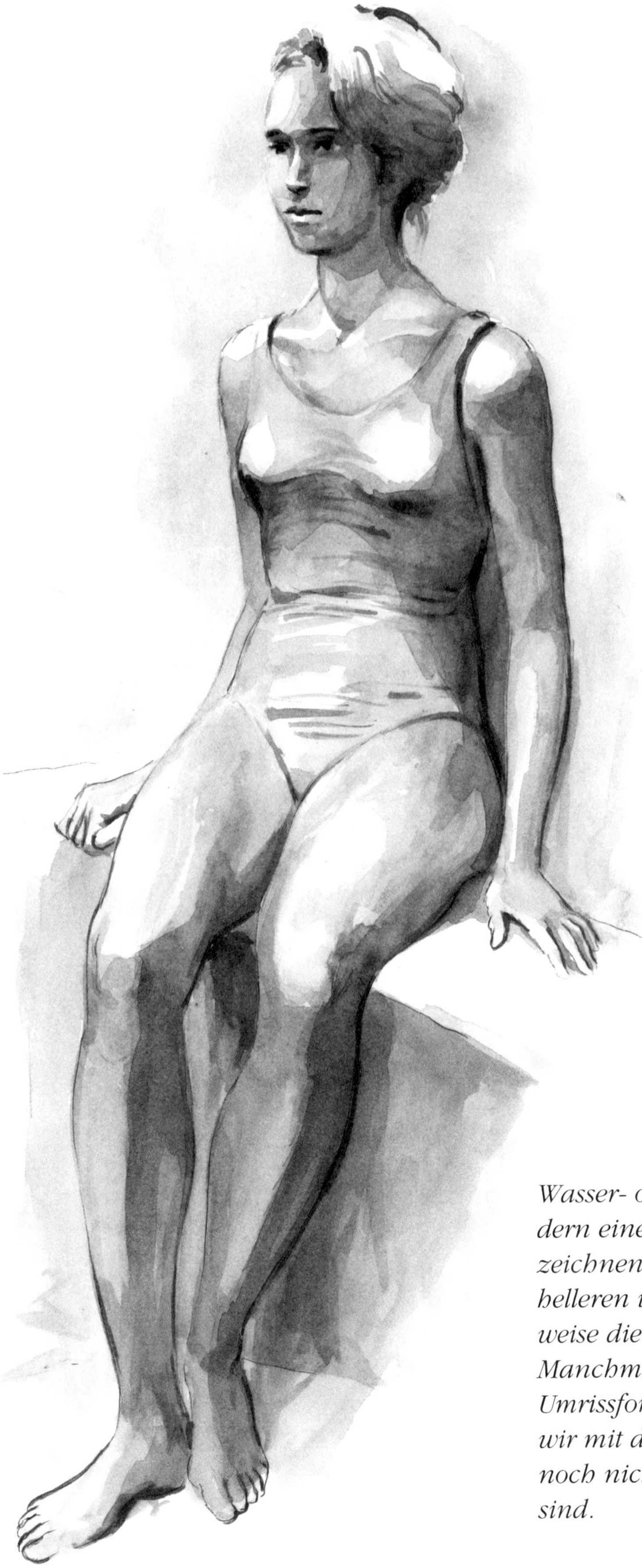

Wasser- oder Aquarellfarben erfordern eine sorgfältigere Technik. Wir zeichnen mit dem Pinsel zuerst die helleren und anschließend schrittweise die dunkleren Töne ein. Manchmal ist es hilfreich, mit einer Umrissform zu beginnen, solange wir mit dem Gebrauch des Pinsels noch nicht vollkommen vertraut sind.

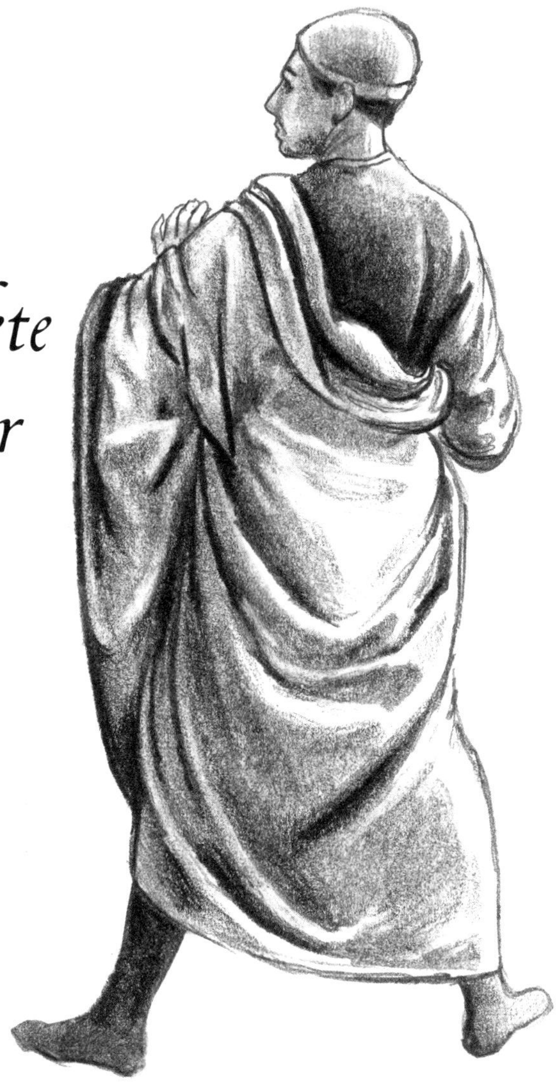

Der bekleidete Körper

Im vorigen Abschnitt haben wir uns darauf konzentriert, den menschlichen Körper in seiner natürlichen Form wiederzugeben, aber häufig stehen uns keine Aktmodelle zur Verfügung. In diesem Abschnitt wollen wir uns deshalb der in Kleidung gehüllten menschlichen Gestalt widmen.

Kleidung bedeckt nicht nur die Oberfläche, sondern verbirgt oder verändert auf die Form des Körpers. Der Künstler, dem es darum geht, die Grundbeschaffenheit des dargestellten Gegenstandes sichtbar zu machen, muss deshalb aus der Kleidung Rückschlüsse auf die darunter verborgene Form des Körpers ziehen. Auch wenn die Kleidung sperrig oder faltenreich ist, sollten wir uns den Körper als tragendes Gerüst vor Augen führen, wie wir auch bereits den nackten Körper auf seine verborgene Knochen- und Muskelstruktur zurückgeführt haben. Nur dann erkennen wir jene inneren Zusammenhänge, ohne deren Berücksichtigung unsere Zeichnung unbeholfen und linkisch wirken muss.

Wichtig ist auch, dass die Konsistenz der Stoffe und ihre Eigenschaft, sich an den Körper anzuschmiegen oder Falten zu werfen, sichtbar wird. Die Beschaffenheit der Kleidung lässt mitunter wichtige Rückschlüsse auf die unter ihr verborgenen Körperteile zu.

Im Lauf der Zeit hatte die Kleidung die Aufgabe, den Körper einmal mehr und einmal weniger zu verbergen. Im napoleonischen Europa war eine leichte und freizügige Bekleidung durchaus üblich; in viktorianischer Zeit hingegen trugen die Männer in der Regel enge, maßgeschneiderte Kleidung, während die Frauen ihre Figur unter Schals, gereiften Röcken und Hauben verbargen. In der ersten Hälfte des letzten Jahrhunderts saßen die Anzüge der Männer lockerer, während die Kleider der Frauen nicht mehr so ausladend waren; im Lauf der Jahrzehnte waren sie einmal mehr und einmal weniger freizügig. Mittlerweile gibt es so viele Bekleidungsformen, dass manch einer heute unter viel Stoff verbirgt, was er morgen offen zeigt.

Um in der Lage zu sein, den Menschen in seiner Kleidung überzeugend wiederzugeben, müssen wir sowohl unser Zeichengeschick als auch unsere Wahrnehmung trainieren und schärfen. Das können wir wie folgt tun.

DIE VERHÜLLTE FIGUR

Bei einem bekleideten Modell sollte der Künstler zuerst nach den Punkten Ausschau halten, die Hinweise auf die verborgene Gestalt geben. Auch wenn die Figur vollständig von Stoff umhüllt ist, gibt dessen Anordnung den umschlossenen Körper preis. Das Gewicht des Stoffes sorgt dafür, dass er sich sichtbar um den Körper schmiegt.

Diese Figur ist in ein weiches wollähnliches Tuch gekleidet, das verschiedene Hinweise auf die Proportionen des Körpers gibt. Die Punkte (1) und (2) tragen das Hauptgewicht des Stoffes – hier erahnen wir die Schultern mitsamt ihrer Form und Breite. Das Modell steht überwiegend auf dem rechten Bein im so genannten Kontrapost, bei dem auf Seite des Spielbeins die Hüfte abgesenkt und die Schulter angehoben ist. Gleichzeitig ist die Hüfte auf Seite des Standbeins vorgeschoben, sodass der Arm, der auf der Hüfte ruht, den Stoff nach außen drückt (4). Während die rechte Brust den Stoff leicht vorstülpt (3), erkennen wir auf der anderen Seite den angehobenen Unterarm mit dem Ellenbogen (5) und der Hand, die in den Stoff greift. Das angewinkelte Spielbein fängt die langen Falten des Tuches auf Kniehöhe (6). Auf den Füßen legt sich der schwere Stoff in horizontale Falten, die im Bogen zum Fußboden hin auslaufen.

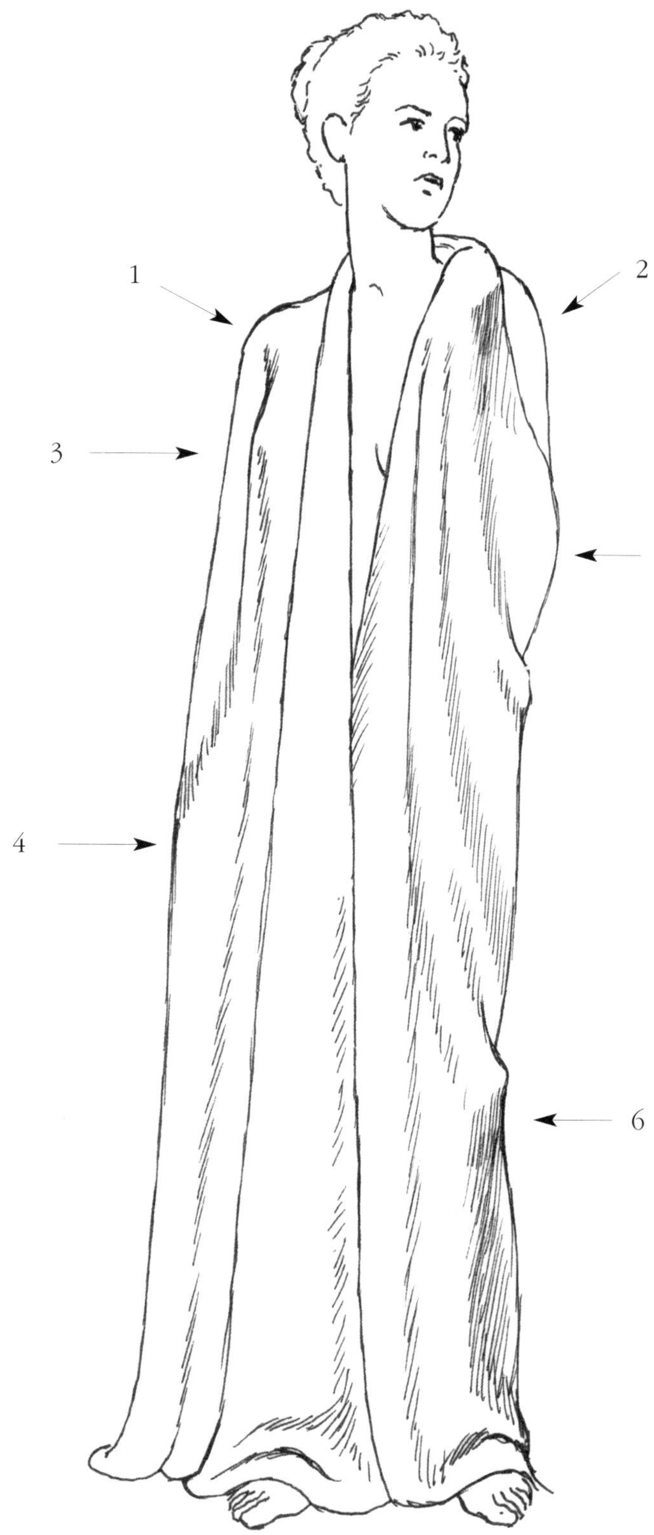

Hier haben wir den Stoff durchscheinend dargestellt, um deutlich zu machen, wo die Lage des Stoffes unmittelbar durch die Form des Körpers vorgegeben ist und wo das Gewicht des Stoffes weitere Falten erzeugt (7, 8 und 9).

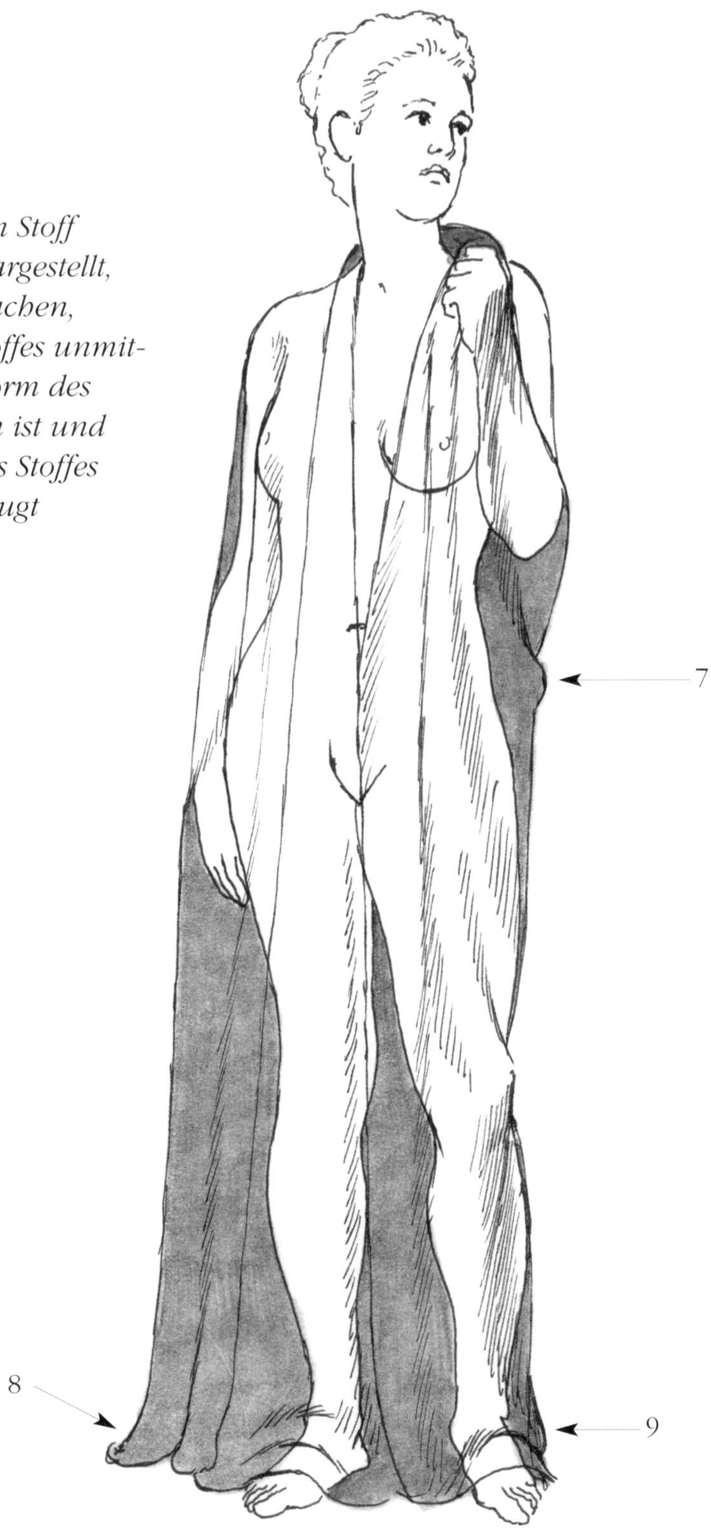

Ein Studium des klassischen Faltenwurfs in Museen und aus Büchern bietet uns zahlreiche Zeichenmotive. Achten Sie jeweils darauf, wie der Künstler Stoff und Kleidung nutzt, um die umhüllte menschliche Figur und seine Bewegungen zu beschreiben. Sie werden daraus viele Ideen für eigene Projekte gewinnen.

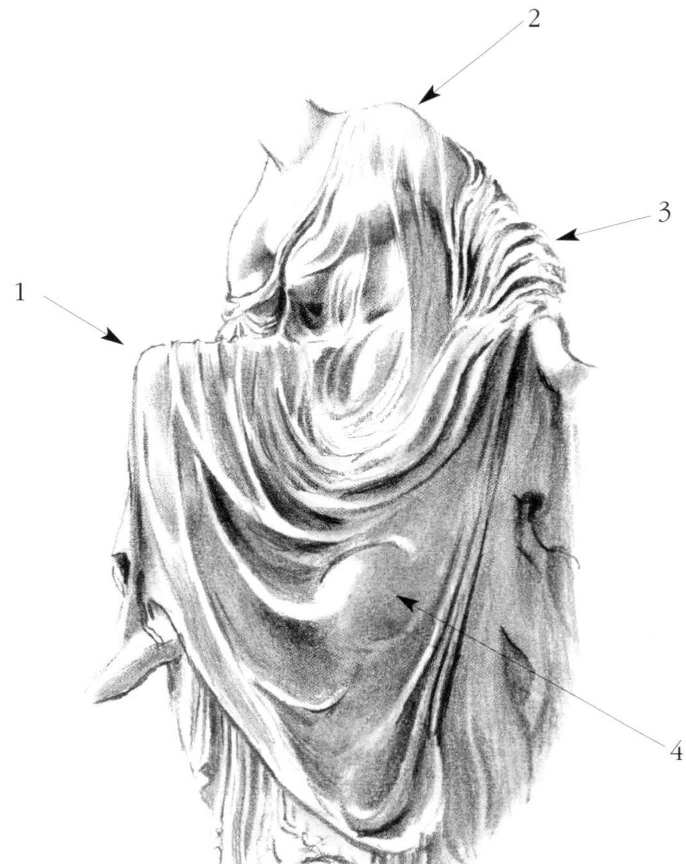

Diese Skulptur, die aus dem alten Athen (410 v. Chr.) stammt und die Göttin Nike darstellt, demonstriert besonders gut, wie der Faltenwurf die verhüllte Gestalt verrät. Bei Punkt 1 ist deutlich das angehobene Knie der Frauenfigur zu sehen, die sich vorbeugt, um ihre Sandale zu schließen. Das Knie erzeugt Falten, die bis zum gegenüberliegenden Ellenbogen (3) reichen und den Gesamteindruck des Gewandes prägen. Der über die Schulter (2) geworfene Stoff schmiegt sich sanft an die Form des Oberkörpers mitsamt den Brüsten und dem Bauchbereich an. Bei Punkt 4 drückt das andere Knie den Stoff nach außen.

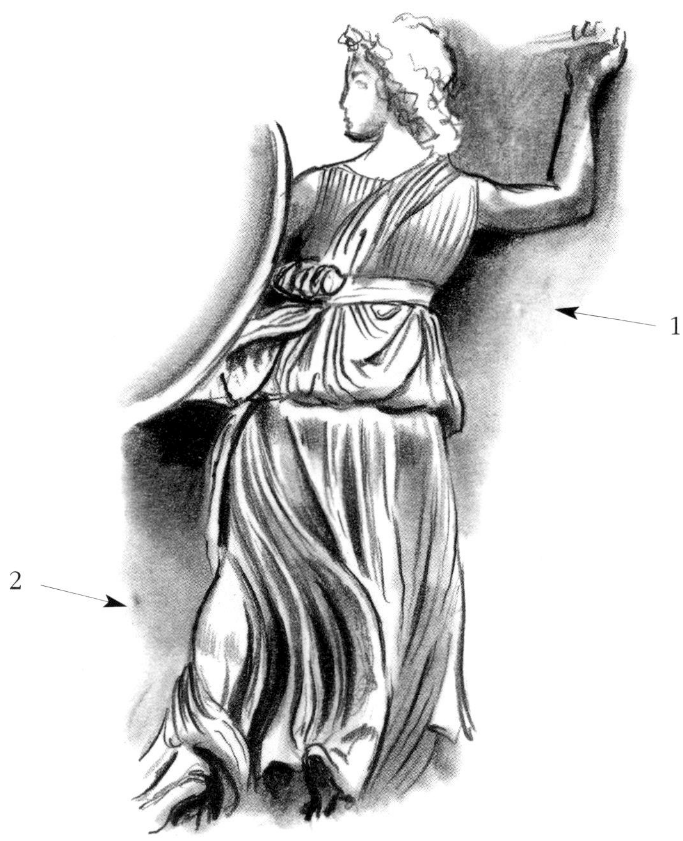

Diese bewegte griechische Gestalt entstand 160 v. Chr. Das um die Taille geschlungene Band (1) rafft den Stoff in vielen kleinen, scharfen Falten zusammen, die ober- und unterhalb der Taille zu sehen sind. Das zurückgeworfene Bein (2) stört die schweren, langen Falten des frei hängenden Stoffes, dessen rhythmisch schwingende Bahnen das andere Bein verbergen.

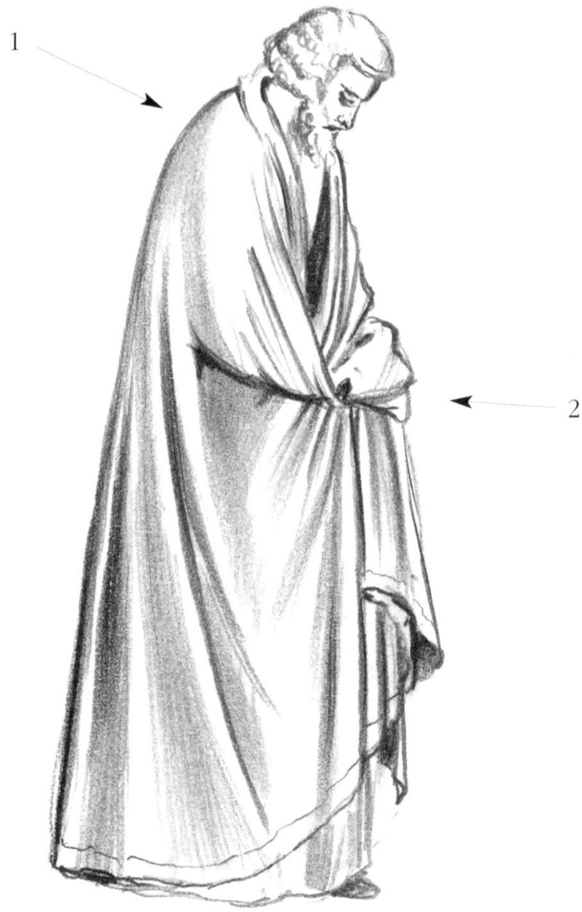

Bei dieser Figur von Giotto aus dem Jahr 1305 hängt der Stoff ähnlich unserem ersten Beispiel in langen, schweren Falten von der Schulter (1). Vorne wird der Stoff von der unsichtbaren Hand zusammengehalten (2), sodass der untere Saum glatt gezogen wird, während sich das vordere Ende des Stoffes in viele kleine Falten legt.

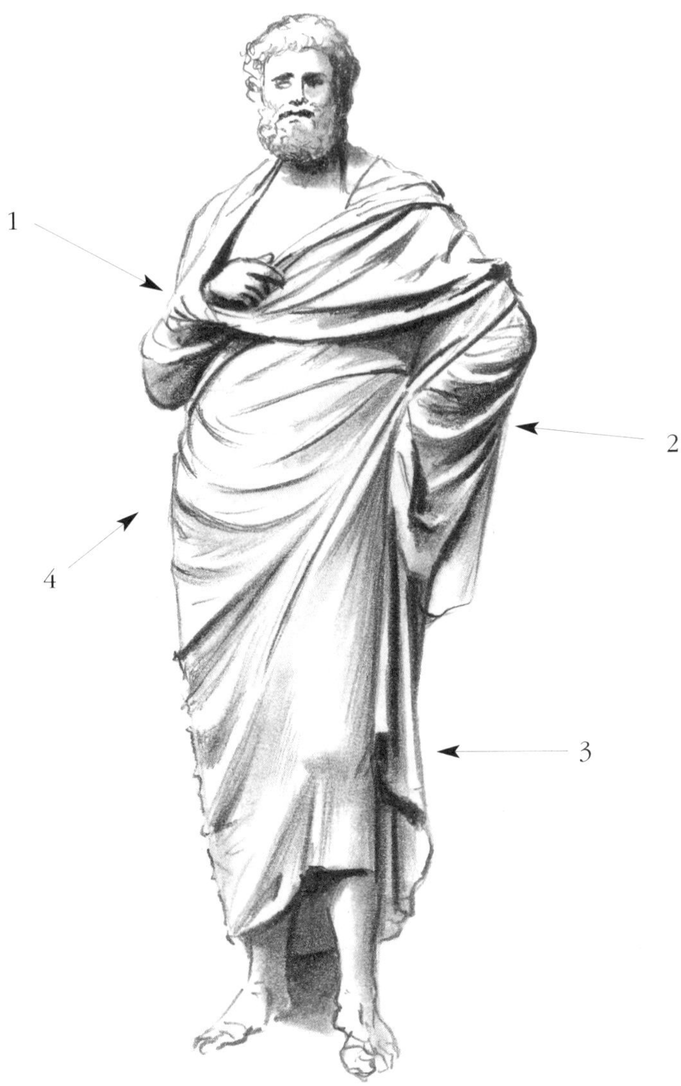

Dieser Römer (430 v. Chr.) trägt um die Schulter eine Toga, die vom rechten Arm fast waagerecht in Falten gezogen wird, während die Hand über den Saum des Stoffes hinausragt (1). Die in die Hüfte gestemmte linke Hand zieht den faltigen Stoff eng um den Unterarm (2). Weil sie den Stoff gleichzeitig in die Höhe zieht, sehen wir neben dem Spielbein einen reichen Faltenwurf. Um die vorstehende Hüfte des Standbeins legt sich der Stoff in eine Reihe kleiner regelmäßiger Falten.

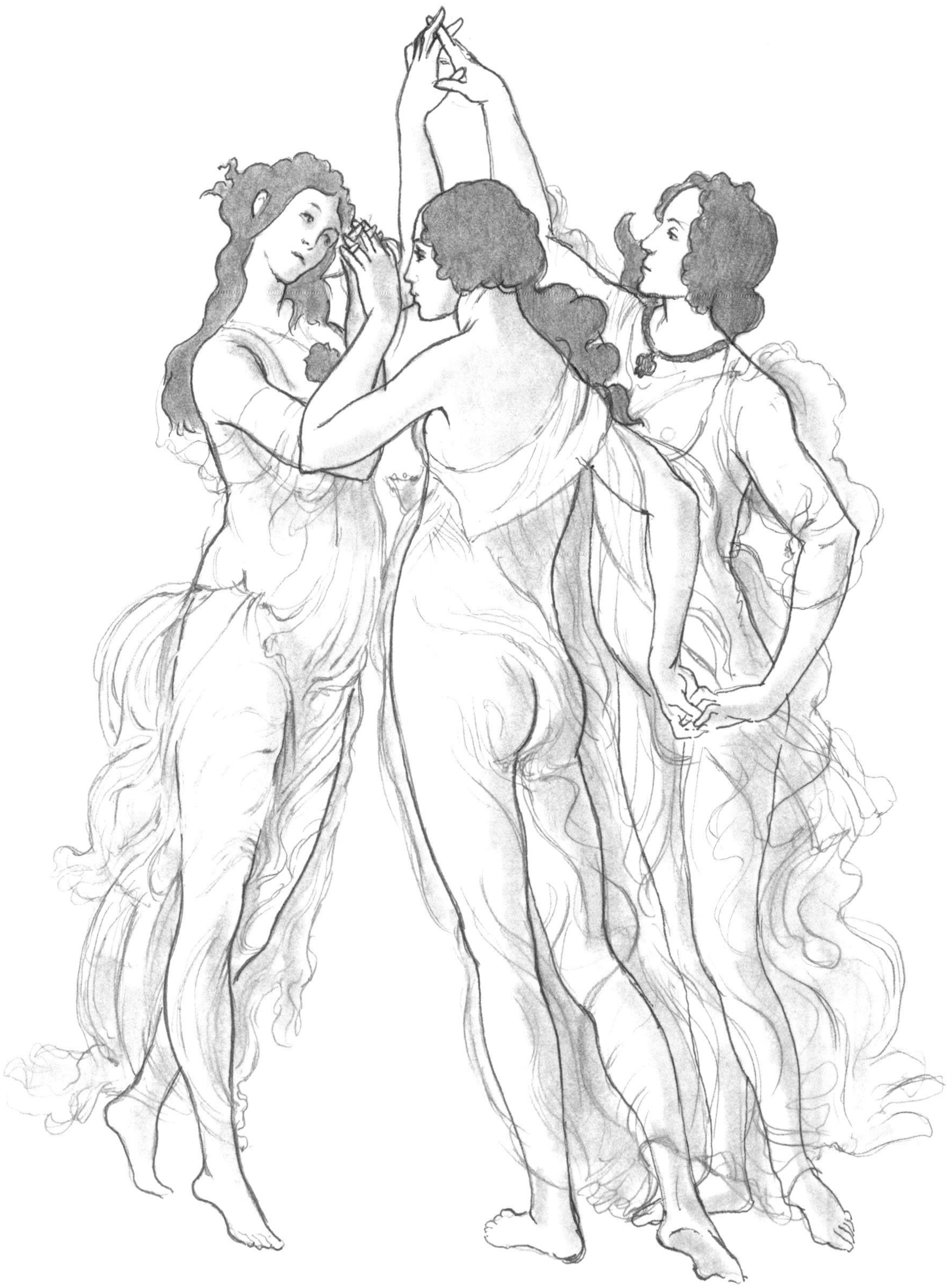

Die berühmten drei Grazien aus Sandro Botticellis »Frühling« zeigen eine Variante der Bekleidung, bei der die hauchfeinen, chiffonartigen Stoffe die Körpergestalt nicht verbergen, sondern klar durchscheinen lassen. Ich habe das Bild vereinfacht, indem ich den Figuren eine einheitliche Haarfarbe und schwarze Umrisse gab. Die Falten der Gewänder wurden ebenso zart gehalten wie im Original. Eine gute Reproduktion bringt die Leichtigkeit des Entwurfs noch besser zum Ausdruck.

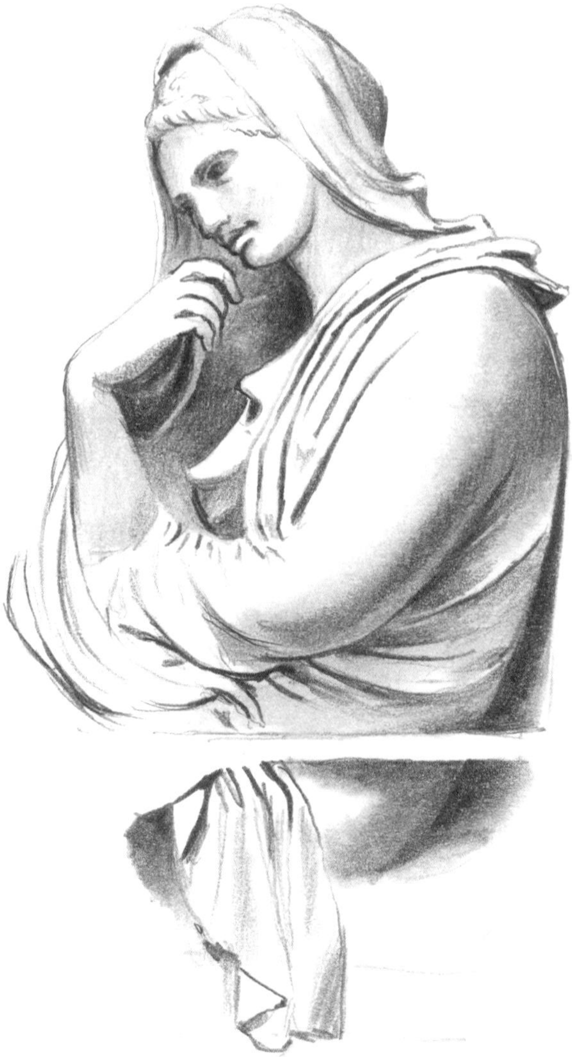

Bei dieser Darstellung einer griechischen Göttin (aus dem 4. Jahrhundert v. Chr.) verlaufen die Stofffalten vom Kopf über den Hals und die Schultern bis zum Rücken. Der gebeugte Arm zieht die Falten quer über den Körper.

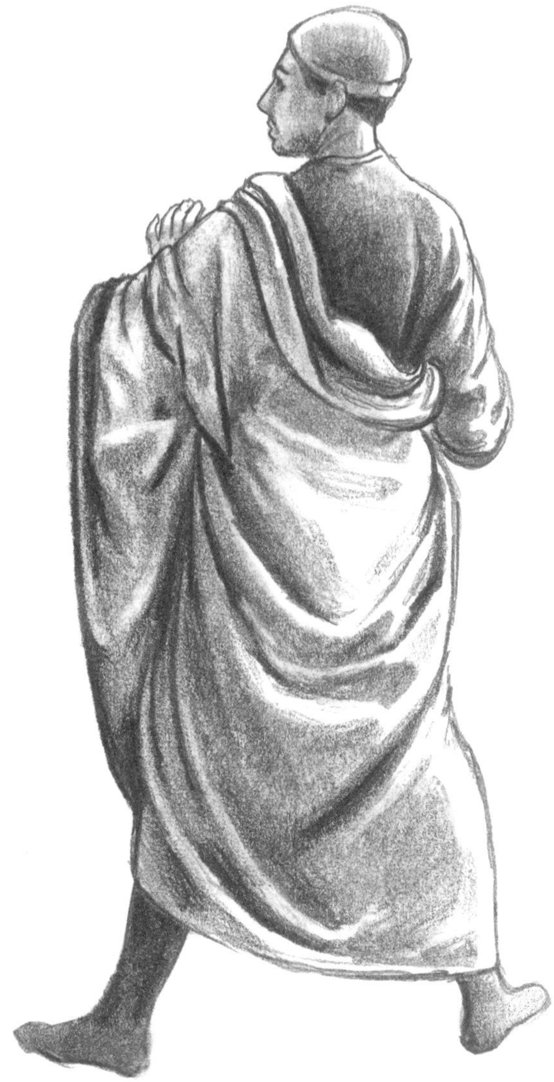

Dieser Mann findet sich auf den von Domenico Ghirlandaio gemalten Chorfresken in der florentinischen Tornabuoni-Kapelle. Die großen, üppigen Falten des schweren, vermutlich wollenen Umhangs hängen im tiefen Bogen quer über den Rücken des kräftigen Mannes. Die Plastizität des Körpers wird durch den sperrigen Stoff nicht verhüllt, sondern im Gegenteil noch hervorgehoben.

RUHENDE KÖRPER

Diese Sammlung umfasst Menschen in sitzender oder liegender Haltung. Beginnend mit dem 18. Jahrhundert werden die Kompositionsregeln freier, und auch die Darstellung der Kleidung wird lockerer gehandhabt. Dennoch gehorcht der Faltenwurf der Stoffe nach wie vor denselben physikalischen Gesetzen.

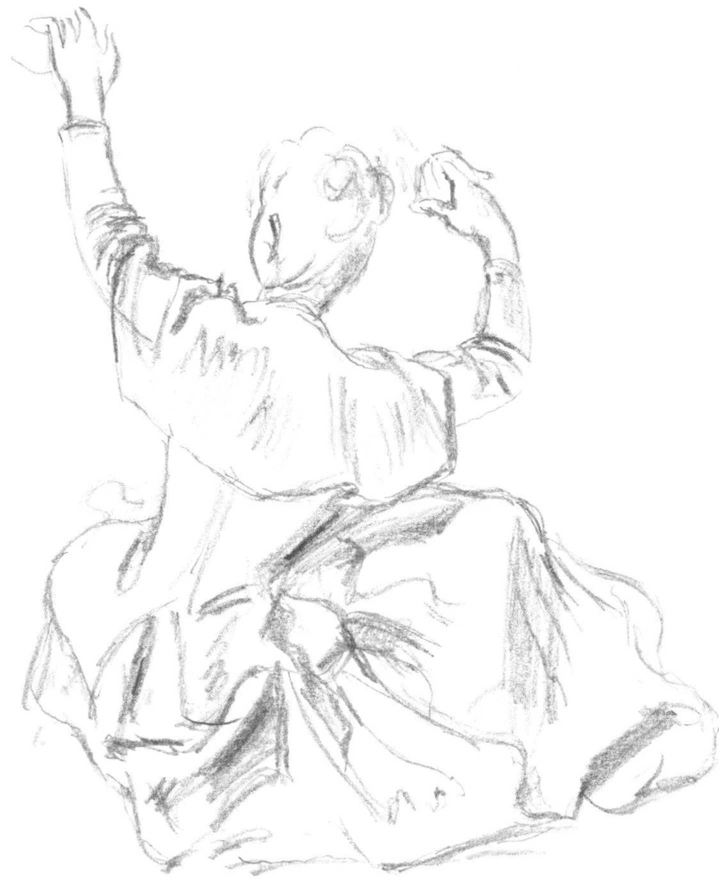

In dieser Zeichnung von Antoine Watteau aus dem 18. Jahrhundert sehen wir ein Mädchen, das im Begriff ist aufzustehen. Ihr bauschiges Seidenkleid verhüllt die angewinkelten Beine. Das Oberteil des Kleides liegt eng an; die Ärmel werfen in den Armbeugen kräftige Falten. Watteaus lockere, rasche Striche erinnern uns daran, dass es sich um eine Augenblicksstudie handelt, die mit einfachen Mitteln die Wirkung des festlichen Kleides geschickt einfängt.

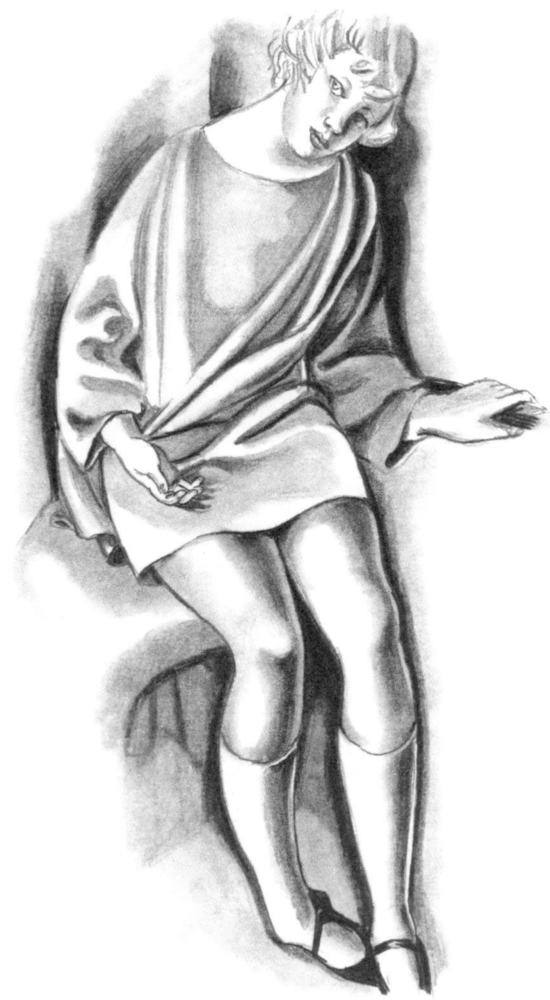

Eine schematischere Zeichenmethode finden wir bei Tamara de Lempicka, einer dem Vortizismus beziehungsweise dem Futurismus nahe stehenden Künstlerin des 20. Jahrhunderts. Große runde Falten verlaufen diagonal über das kurze, lockere Kleid; weichere Falten schmücken die ruhenden Arme. Auch wenn die Darstellung sehr vereinfacht ist, ist der Verlauf der Falten von der Schulter zur Hüfte und quer über den Schoß stimmig zur sitzenden Haltung des Mädchens. Der anschmiegsame Saum des Kleides verrät die Form der Hüften, die er verhüllt.

Mit seinem graphischen Malstil gibt uns Henri de Toulouse-Lautrec eine klare Vorstellung von den Falten im dünnen Baumwollkleidchen, das fast minimalistisch gezeichnet ist, aber dennoch die Plastizität des umhüllten Körpers deutlich zum Ausdruck bringt.

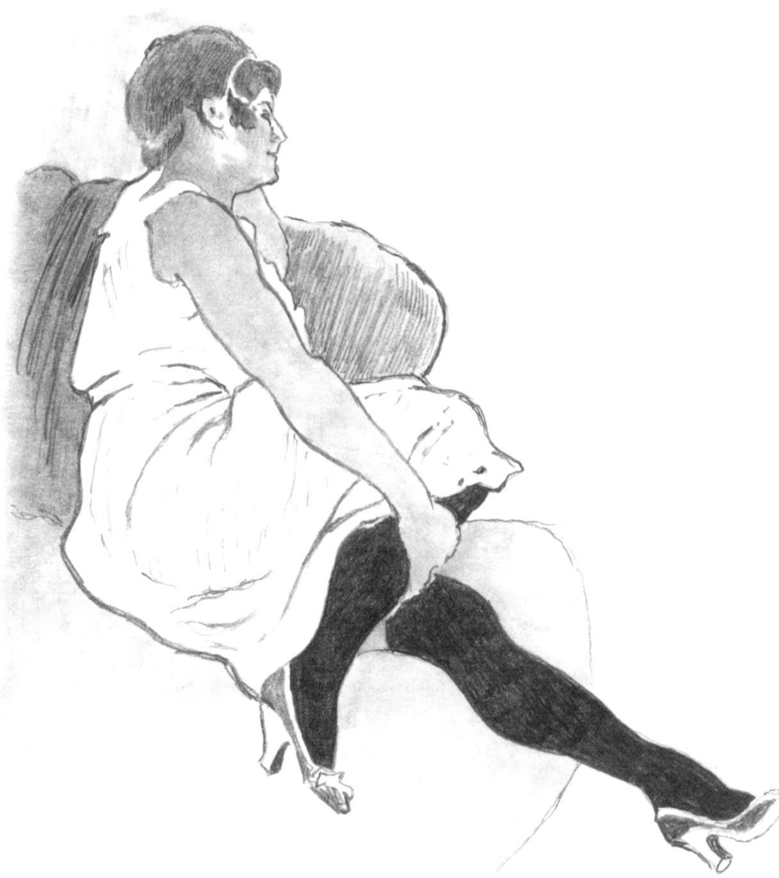

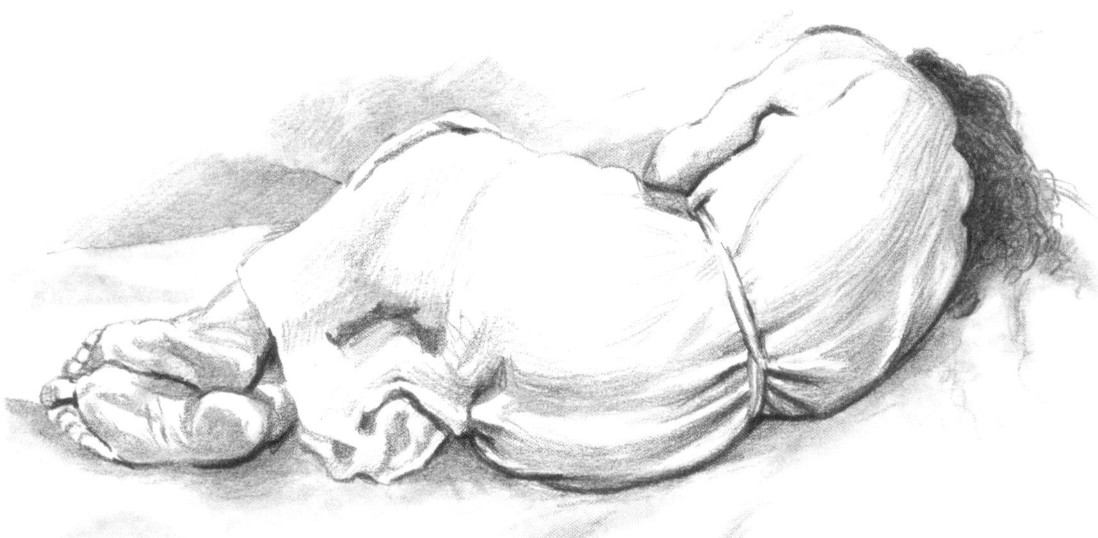

In dieser Darstellung einer Schlafenden von Lucian Freud gibt der eng anliegende Frotteestoff des Nachtkleids eine deutliche Vorstellung von dem Körper, den er umhüllt.

Die ungeordneten Falten im Schatten der Beine kontrastiert mit dem glatt gezogenen Stoff über Hüften und Rücken sowie mit dem gerafften Stoff in der Taille.

ALLTAGSKLEIDUNG

Vermutlich werden Sie in der Mehrzahl Modelle zeichnen, die legere moderne Kleidung wie Röcke, Hosen oder lockere Mäntel tragen. Solche Kleidungsstücke verraten häufig weniger vom umhüllten Körper als die auf den vorigen Seiten gezeigten. Dennoch geben auch sie einige aufschlussreiche Hinweise, die, sofern das Modell nicht ausgesprochen stämmig ist, eher die knochigen Teile des Körpers betreffen.

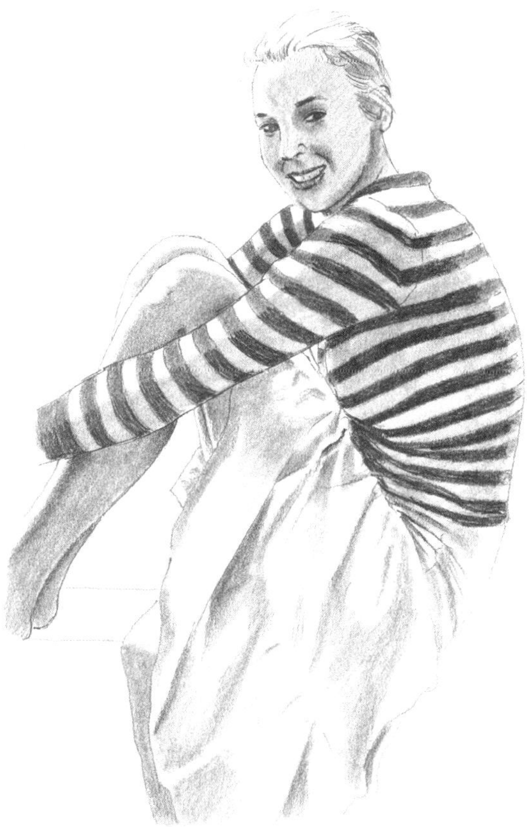

Hier sitzt ein Mädchen mit angezogenen und von den Armen umschlungenen Beinen auf einer Fensterbank. Der weite Rock aus leichtem Stoff ist über die Knie zurückgezogen und hängt in langen ungeordneten Falten bis über die Wand unterhalb der Fensterbank. Wir können nur erahnen, wie die Beine im Rumpf münden. Im Gegensatz dazu vermittelt die eng anliegende Oberbekleidung mit ihren horizontalen Streifen eine sehr klare Vorstellung von der Form der Arme und des Oberkörpers.

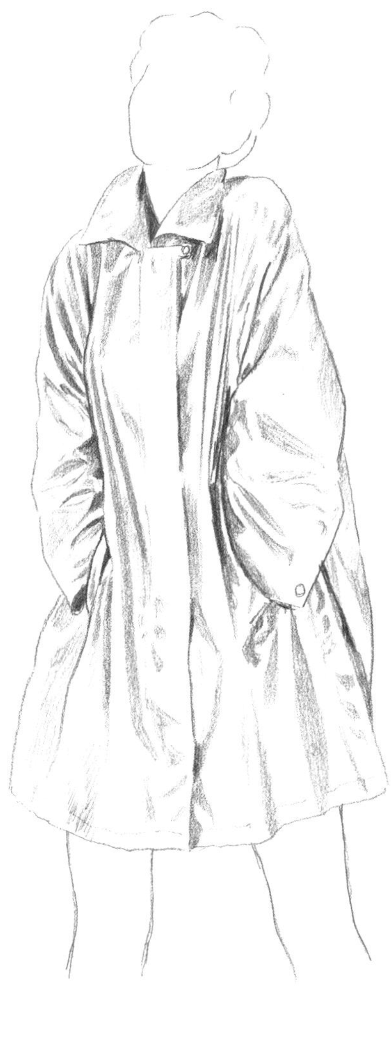

Der Stoff dieses leichten, weiten Mantels hängt etwas steif. An den Armen und oberhalb der Taschen, in die die Trägerin ihre Hände versenkt, legt er sich in Falten und verrät uns die Form der Schultern und der Brust. Der untere Saum jedoch steht ab wie ein Zelt.

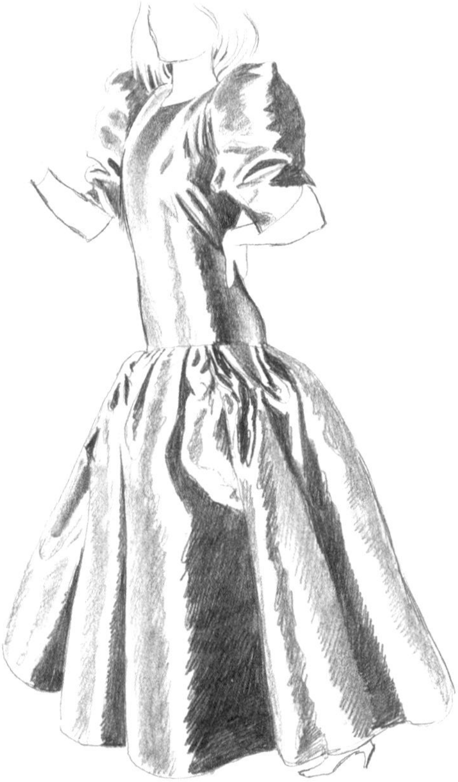

Das steife Taftkleid gibt lediglich die Form des Oberkörpers preis, der fast röhrenförmig ist. Der bauschige und steife Rock verrät nicht das Geringste von dem, was er verbirgt; lediglich die Füße deuten an, wo die Beine sein müssen.

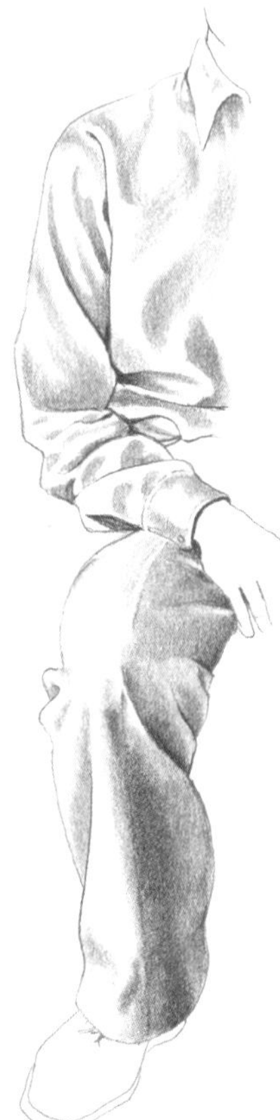

Die zahlreichen Falten des Hemds lassen den knochigen Arm deutlich erahnen, während die weiten Falten im unteren Teil der Hose das spitze Knie definieren. Auch der Oberschenkel mit seinen Muskeln ist unter dem gespannten Hosenstoff gut zu erkennen.

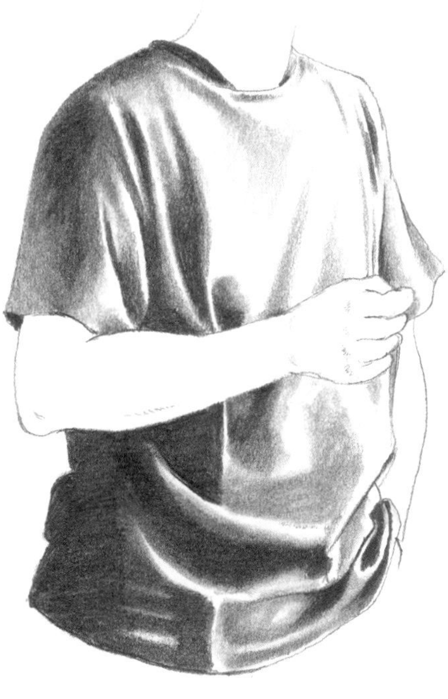

Das Hemd oben und das T-Shirt rechts haben eine Eigenschaft, die für manche Stoffe typisch ist: Teils geben sie die umhüllte Körperform preis, teils verbergen sie sie. Das T-Shirt ist weit geschnitten und fällt glatt, sodass Schultern und Brust deutlich zu erkennen sind. Der faltenreiche untere Saum lässt jedoch kaum Rückschlüsse auf die Gestalt zu; nur eine leichte untere Ausbuchtung verrät uns die Hüfte.

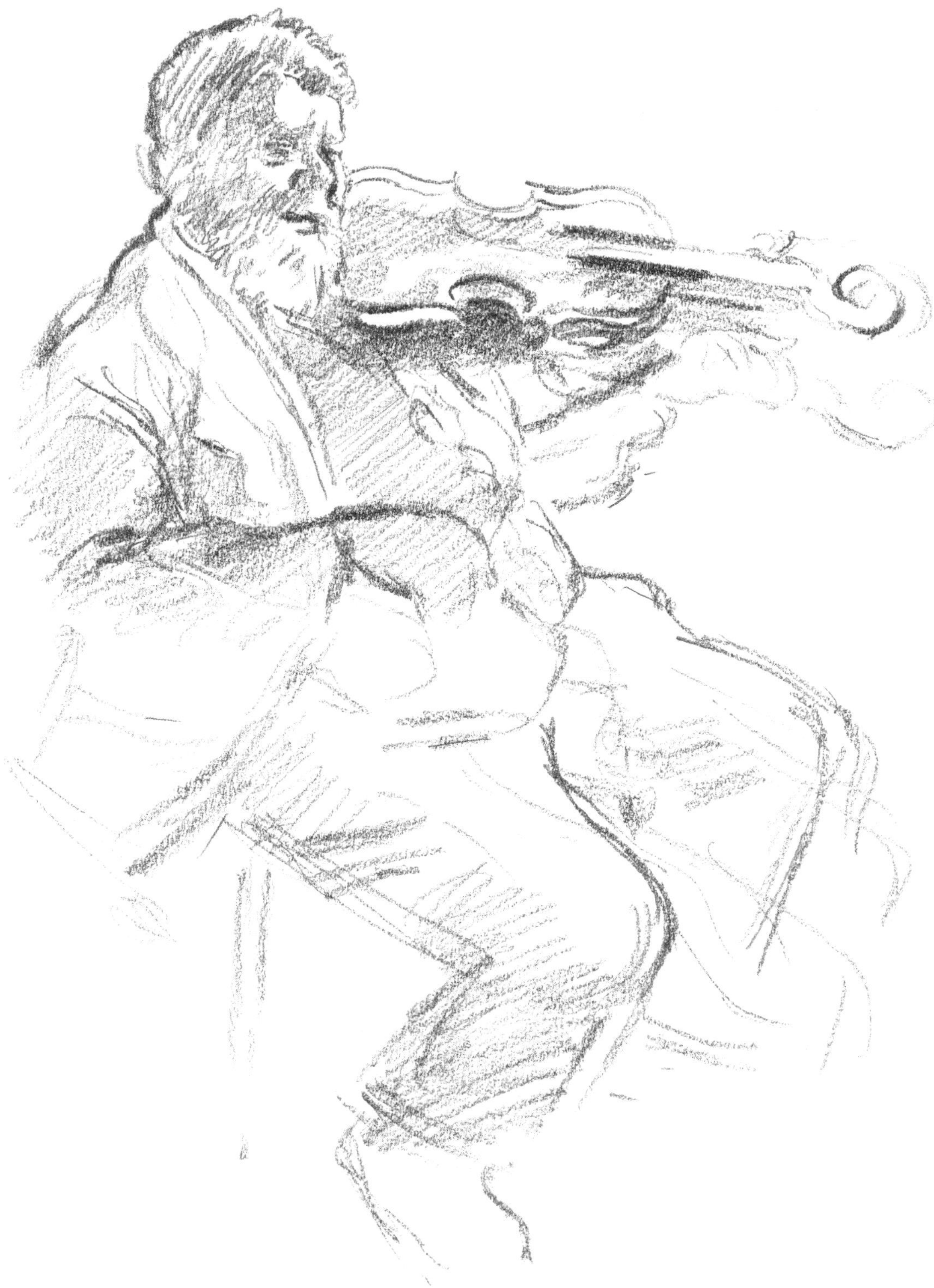

Diese Darstellung nach Edgar Degas vermittelt trotz ihrer Skizzenhaftigkeit eine klare Vorstellung von der Körperfülle des Geigers in seinem verschlissenen Anzug. Obwohl der Anzug eher dazu gedacht war, die Figur zu verbergen als zu betonen, fallen die Dimensionen dieses Mannes unmittelbar ins Auge. Die breiten Ärmel und Beine und der ausladende vordere Bereich weisen deutlich auf seine Leibesfülle hin.

Mantel, Hose und Pullover tun jeweils das ihrige, um diese Figur (nach Lucian Freud) vor unseren Blicken zu verbergen. Den einzigen Hinweis auf ihre eher hagere Gestalt geben die Schultern und die Armbeugen. Der Mantel sitzt locker; sein dicker Stoff wirft rund um den Körper schwere Falten. Die Hose ist ebenfalls weit geschnitten und formlos; sie könnte genauso gut ein bloßes Skelett zieren. Es ist nicht leicht, unter einer derartigen Bekleidung noch die menschliche Gestalt auszumachen, aber Freud ist ein bedeutender Künstler, der uns den Körper dennoch spüren lässt.

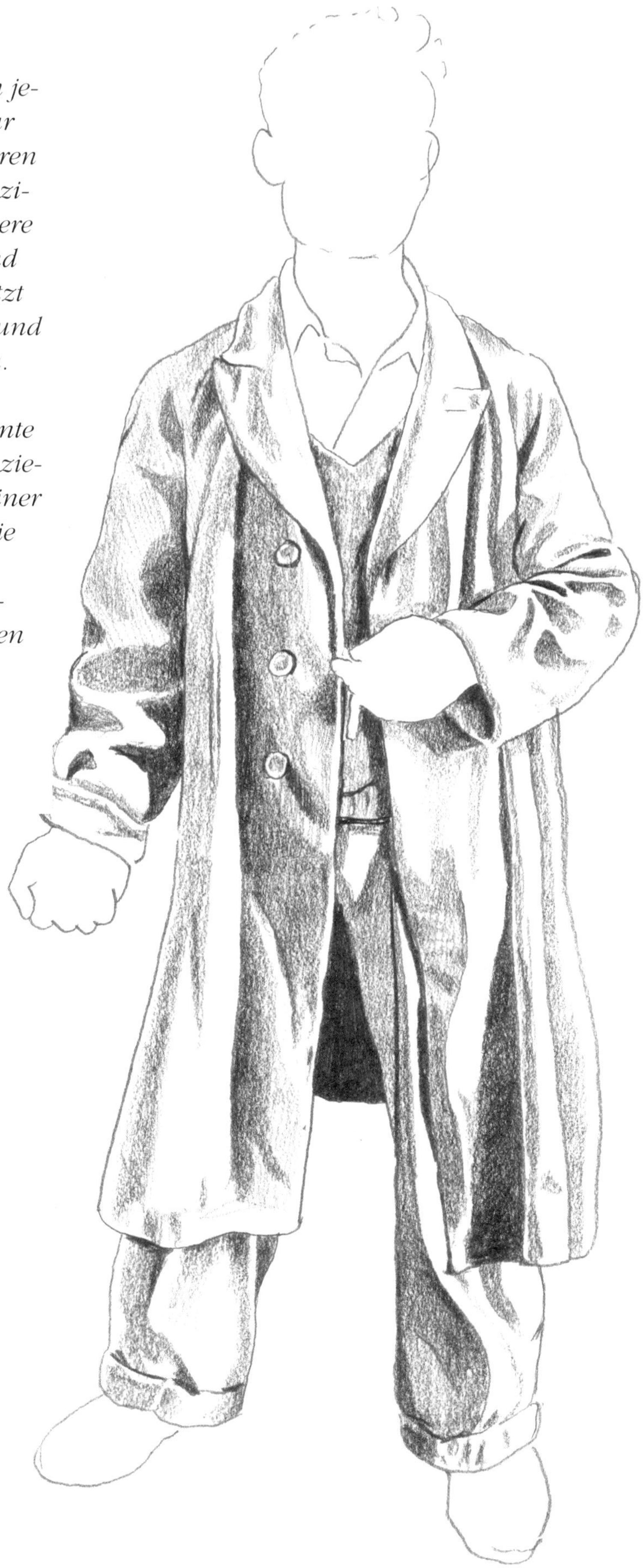

ZEIGEN UND VERBERGEN

Hier sehen wir zwei Beispiele, wie der menschliche Körper durch die Art seiner Bekleidung entweder in seinen realen Umrissen und Proportionen getreu dargestellt oder aber gewissermaßen hinter einer Fassade verborgen werden kann. Der unterschiedliche Gebrauch der Kleidung zur Betonung der Körperformen einerseits und ihrer Verhüllung andererseits zieht sich durch die gesamte Kunstgeschichte.

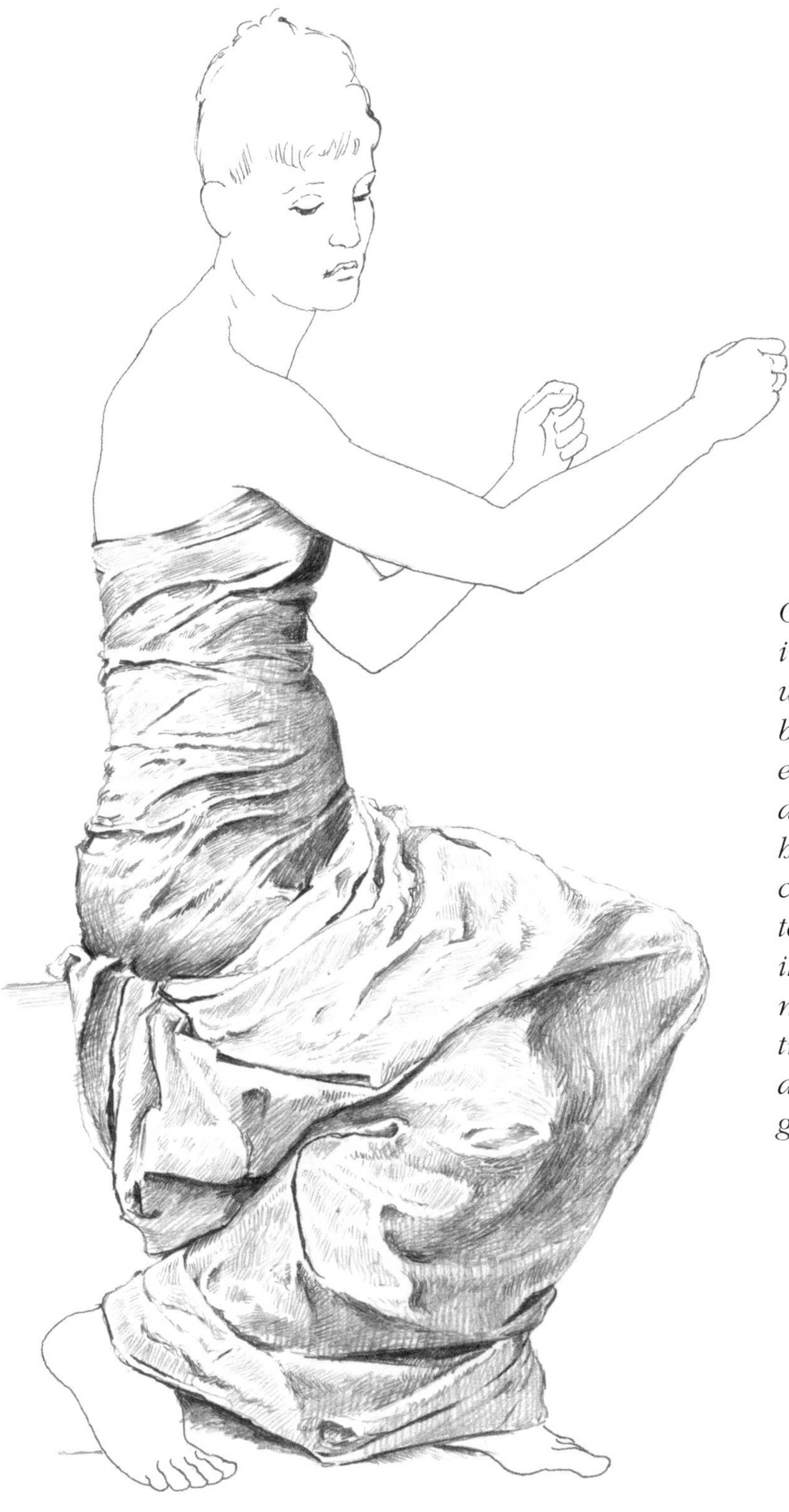

Otto Greiner kleidet sein Modell in einen dünnen Stoff, der die weibliche Körperform deutlich betont. Die seitlichen Falten des eng anliegenden Kleides lassen die Umrisse des Rumpfes klar hervortreten, während die weicheren, größeren Falten im unteren Teil die Beine zwar in ihrer Position genau bezeichnen, sie dabei aber zu geometrischen Formen vereinfachen, die den Rahmen für die großzügigen Stoffbahnen bilden.

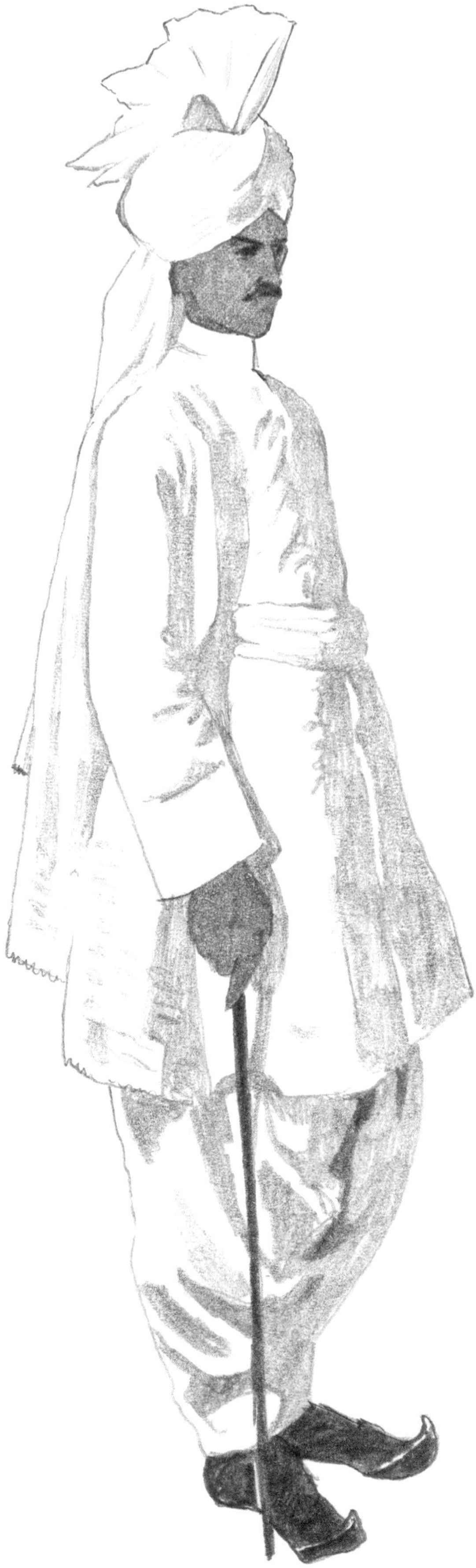

Dieser indische Beamte trägt ein elegantes Kostüm, dessen Aufgabe darin zu bestehen scheint, die wahre Gestalt seines Trägers zu verbergen. Der Turban verleiht zusätzliche Höhe, während der enge Sitz der Jacke um die Schultern in Kombination mit den weiten, faltenreichen Rockschößen, der bauschigen Hose und dem langen Ende des Turbans auf dem Rücken eine Silhouette erzeugt, die ihre größte Ausdehnung auf Kniehöhe hat – ganz im Gegensatz zur natürlichen Gestalt des Mannes, der sich unter dieser Tracht verbirgt.

VOLUMEN GESCHICKT ANDEUTEN

Hier sind zwei Zeichnungen nach Thomas Gainsborough und Camille Pissarro. Beide waren begnadete Zeichner, die es verstanden haben, mit wenigen Strichen Plastizität und Volumen darzustellen und auch ohne detaillierte Schraffuren den Eindruck der Körperlichkeit zu erzeugen.

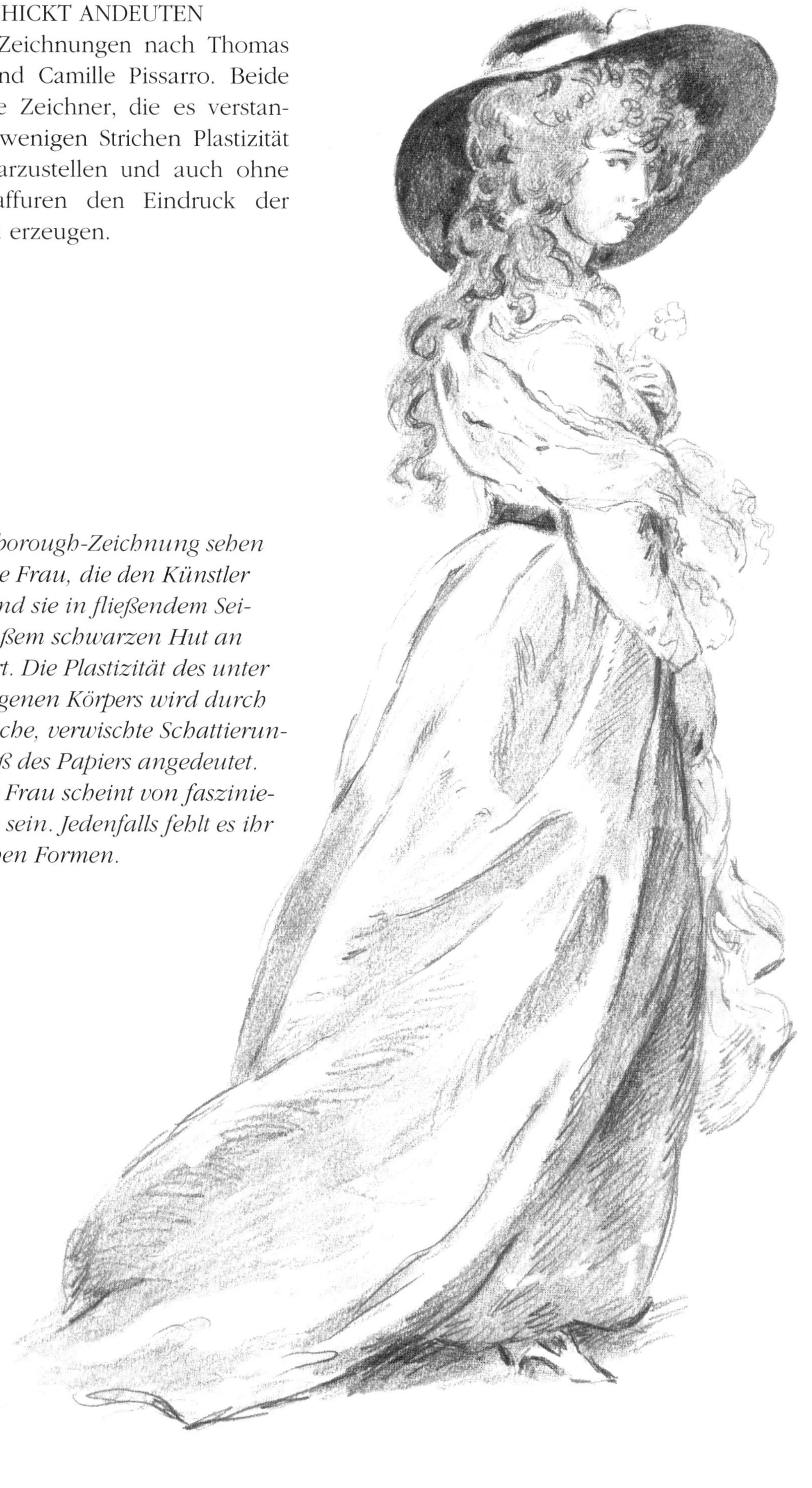

Auf dieser Gainsborough-Zeichnung sehen wir eine modische Frau, die den Künstler anschaut, während sie in fließendem Seidenkleid und großem schwarzen Hut an ihm vorbeiflaniert. Die Plastizität des unter dem Kleid verborgenen Körpers wird durch wenige Kreidestriche, verwischte Schattierungen und das Weiß des Papiers angedeutet. Die kokette junge Frau scheint von faszinierender Gestalt zu sein. Jedenfalls fehlt es ihr nicht an weiblichen Formen.

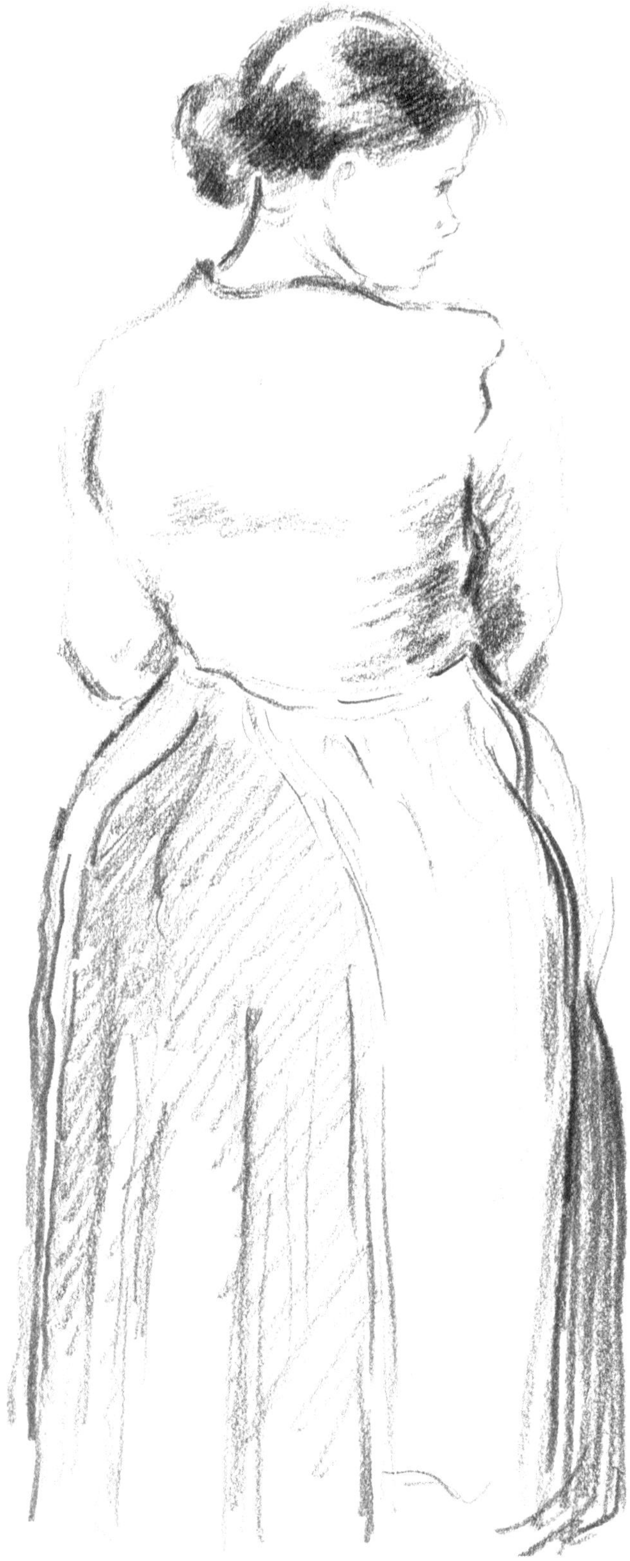

Pissarros junge Bauernfrau wurde mit einem Minimum an Strichen gezeichnet. Dennoch hegt der Betrachter keinen Zweifel, dass es sich um eine junge Frau von kräftiger Statur handelt. Die Schultern wirken massiv und die Taille nicht gerade schlank. Auch wenn wir von mehreren Schichten Unterrock ausgehen, scheinen auch die Hüften der Dargestellten nicht zu schwach ausgebildet zu sein. Das Auge vervollständigt die sparsame Zeichnung zu jenem ausdrucksvollen Bild, das der Künstler einst vor Augen hatte.

Modellzeichnen

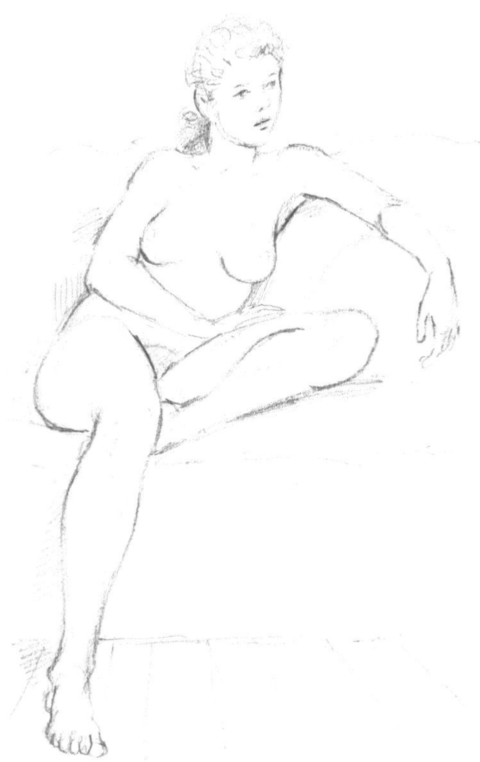

D Seit jeher entwickeln Zeichenschüler ihre Fähigkeiten mit Vorliebe am lebenden Modell. Selbst die größten Künstler wissen, wie wichtig es ist, ständig in Übung zu bleiben. Eine bessere Möglichkeit, die Beobachtungsgabe und die Koordination zwischen Hand und Auge zu trainieren, gibt es nicht.

Viele Künstler, besonders Zeichenschüler, tragen gewöhnlich ein Zeichenbuch mit sich herum. Berufskünstler führen ihre Skizzenbücher nicht nur, um Details für die spätere Verwendung in größeren Arbeiten zu dokumentieren, sondern um zufällige Gelegenheiten für kleine eigenständige Zeichnungen zu nutzen.

Lebende Modelle sind durch nichts zu ersetzen. Wenngleich das Kopieren von Fotografien oder anderen Zeichnungen eine gute Übung sein kann, schult es die Wahrnehmung doch bei weitem nicht so wie der reale Gegenstand. Ähnlich dem Wissenschaftler, der seine Versuche und Beobachtungen anstellt, lernt der Zeichner die Welt kennen, indem er sie aufs Papier bannt.

Als Student trug ich stets ein kleines Skizzenbuch mit mir herum, in dem ich, wo immer ich mich befand, Menschen porträtierte. Schnell gewöhnte ich mich daran, so zu zeichnen, dass es der Umwelt gar nicht auffiel.

Um Ihr Geschick im Zeichnen von Menschen zu verbessern, benötigen Sie also Modelle, wie Sie sie beispielsweise an öffentlichen Plätzen finden. Begeben Sie sich an einen belebten Ort und fertigen Sie möglichst schnell möglichst viele Skizzen an, die die wesentlichen Proportionen und Bewegungen der dargestellten Personen wiedergeben.

Wenn Sie an detaillierten Studien interessiert sind, können Sie eine Modellklasse in einer Zeichenschule besuchen. Die Modelle sind entweder nackt oder bekleidet, und Sie können unter fachlicher Anleitung zwei oder drei Stunden am Stück arbeiten. Wenn für Sie kein Kurs erreichbar ist, können Sie sich auch mit Gleichgesinnten zusammentun und sich die Kosten für ein Modell teilen.

Bietet sich auch diese Möglichkeit nicht an, können Sie immer noch versuchen, Familienangehörige oder Freunde zu bitten, für Sie zu posieren. Natürlich können Sie nicht zu viel erwarten, was die Länge der investierten Zeit und die Vielfalt der möglichen Posen betrifft.

SCHNELLE SKIZZEN

Eine gute Möglichkeit, das Zeichnen von Figuren zu üben, bietet sich im Sommer, wenn viele Menschen ihre Freizeit im Freien verbringen. Dort begegnen wir den unterschiedlichsten Charakteren in verschiedenen Haltungen oder Bewegungen.

Zeichnen Sie rasch ein paar Linien und verzichten Sie auf die Einzelheiten. Am besten eignet sich ein stumpfer, weicher Bleistift, der den wenigsten Widerstand auf dem Papier erzeugt. Machen Sie sich nicht die Mühe, Fehler zu korrigieren, sondern zeichnen Sie nonstop. Ihre Zeichnungen werden allmählich immer besser. Der Mangel an Einzelheiten wird durch die Unmittelbarkeit der Darstellung mehr als wett gemacht. Überlegen Sie nicht lange – zeichnen Sie das, was sich Ihrem Auge zufällig aufdrängt und was Ihre Hand ohne Mühe in einfache Formen übersetzen kann. Solche Zeichenversuche sind niemals vergeblich, und bisweilen liefern sie sogar sehr sehenswerte Resultate.

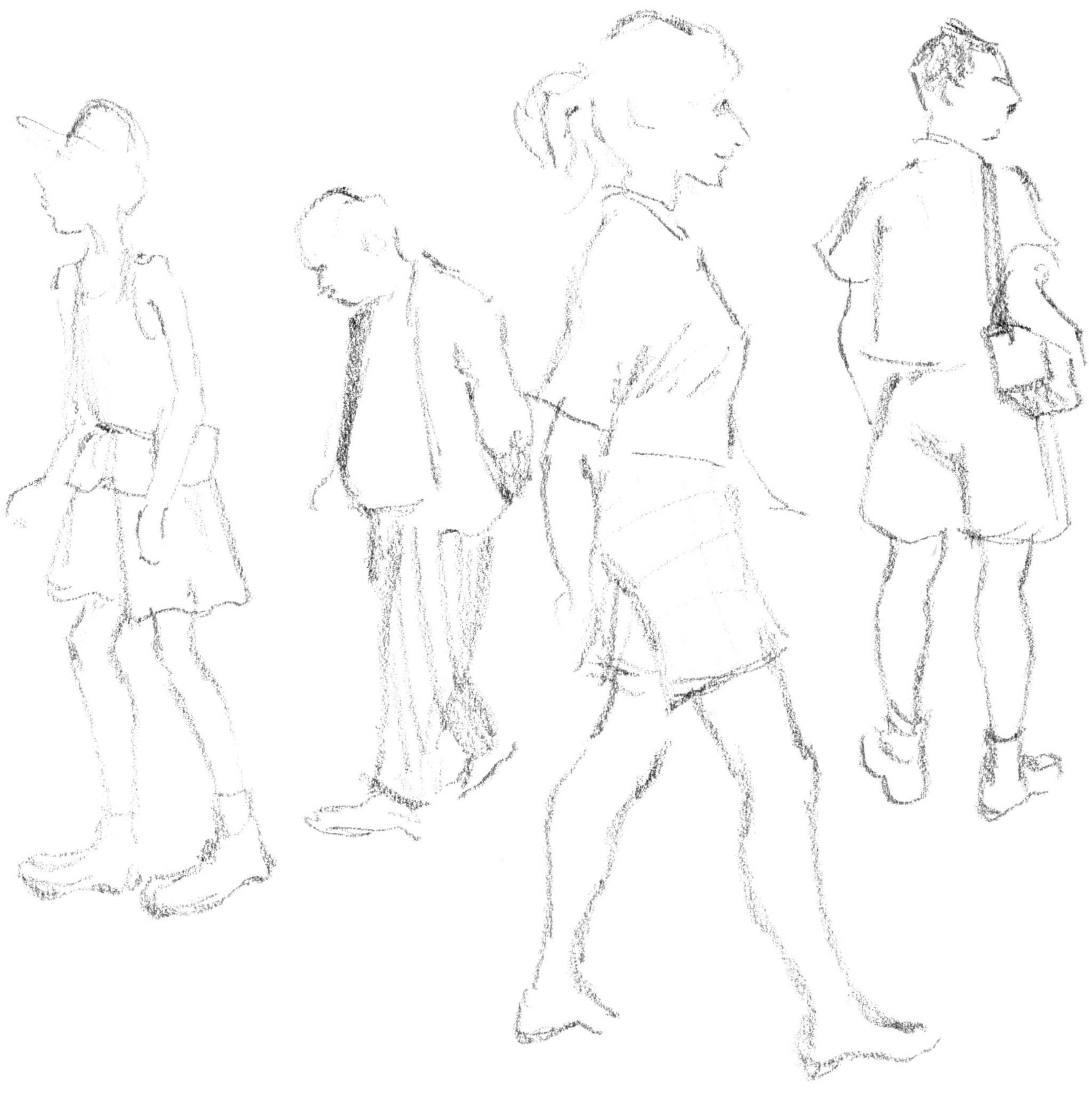

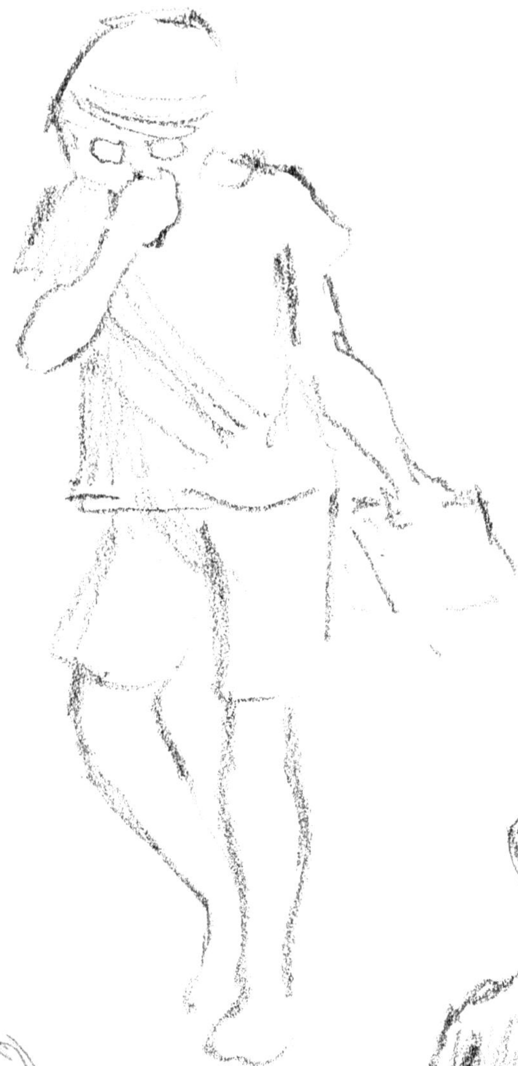

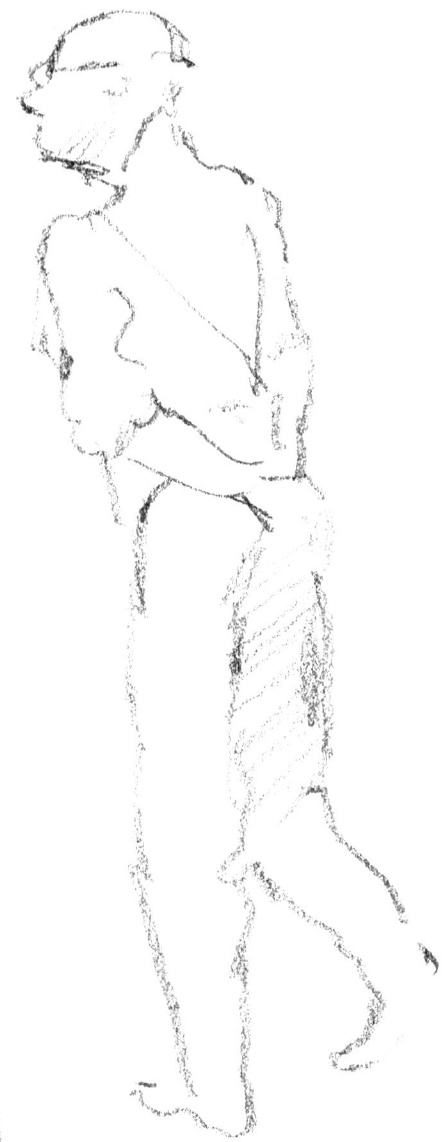

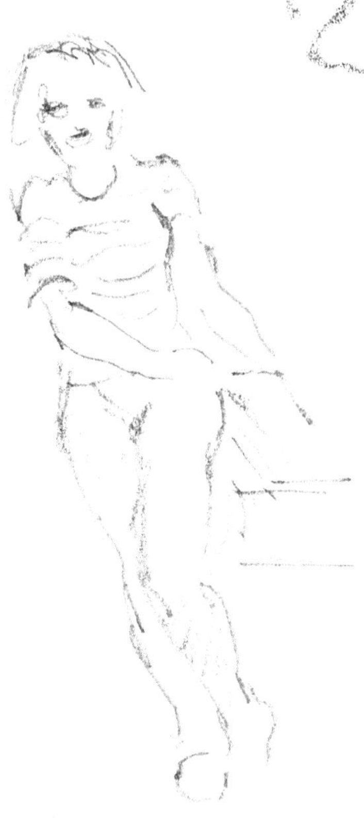

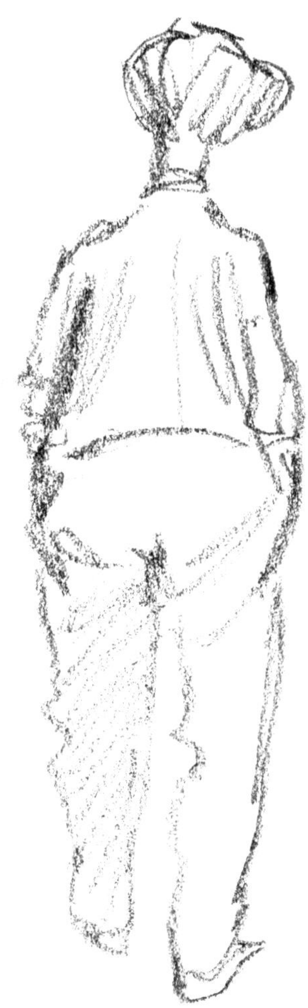

Diese Skizzen habe ich eines Nachmittags anlässlich einer Sommerveranstaltung in der Nähe von Oxford gemacht. Die Menschen betrachten Zeichnungen, Gemälde und Plastiken von verschiedenen Künstlern, sodass ein Mensch, der in der Menge vor sich hinzeichnet, nicht weiter auffällt. Mir ging es vor allem darum, die wesentlichen Züge des bewegten menschlichen Körpers wiederzugeben.

AKTZEICHENKURSE

Das Zeichnen der Wirklichkeit bildet die Grundlage jedes Zeichenstudiums, und das gilt ganz besonders für das figürliche Zeichnen. Der menschliche Körper gehört zu den schwierigsten Zeichengegenständen, und das lebende Modell fordert unsere Fähigkeiten weit mehr heraus als jede Fotografie oder andere Vorlage.

In den allermeisten Städten ist es nicht schwer, einen Aktzeichenkurs zu finden – beispielsweise an Volkshochschulen oder Kunstschulen. Berufskünstler, die sich nicht ihre eigenen Modelle leisten können, besuchen häufig ebenfalls Aktzeichenkurse.

Zeichenkurse werden in der Regel von qualifizierten Lehrkräften betreut, die Ihnen mit diversen Hinweisen und Tipps helfen können, Ihre Zeichenkünste Schritt für Schritt zu verbessern. Die Anwesenheit weiterer Zeicheninteressierter unterschiedlichen Niveaus kann zudem eine wertvolle Motivation für die eigenen Bemühungen darstellen.

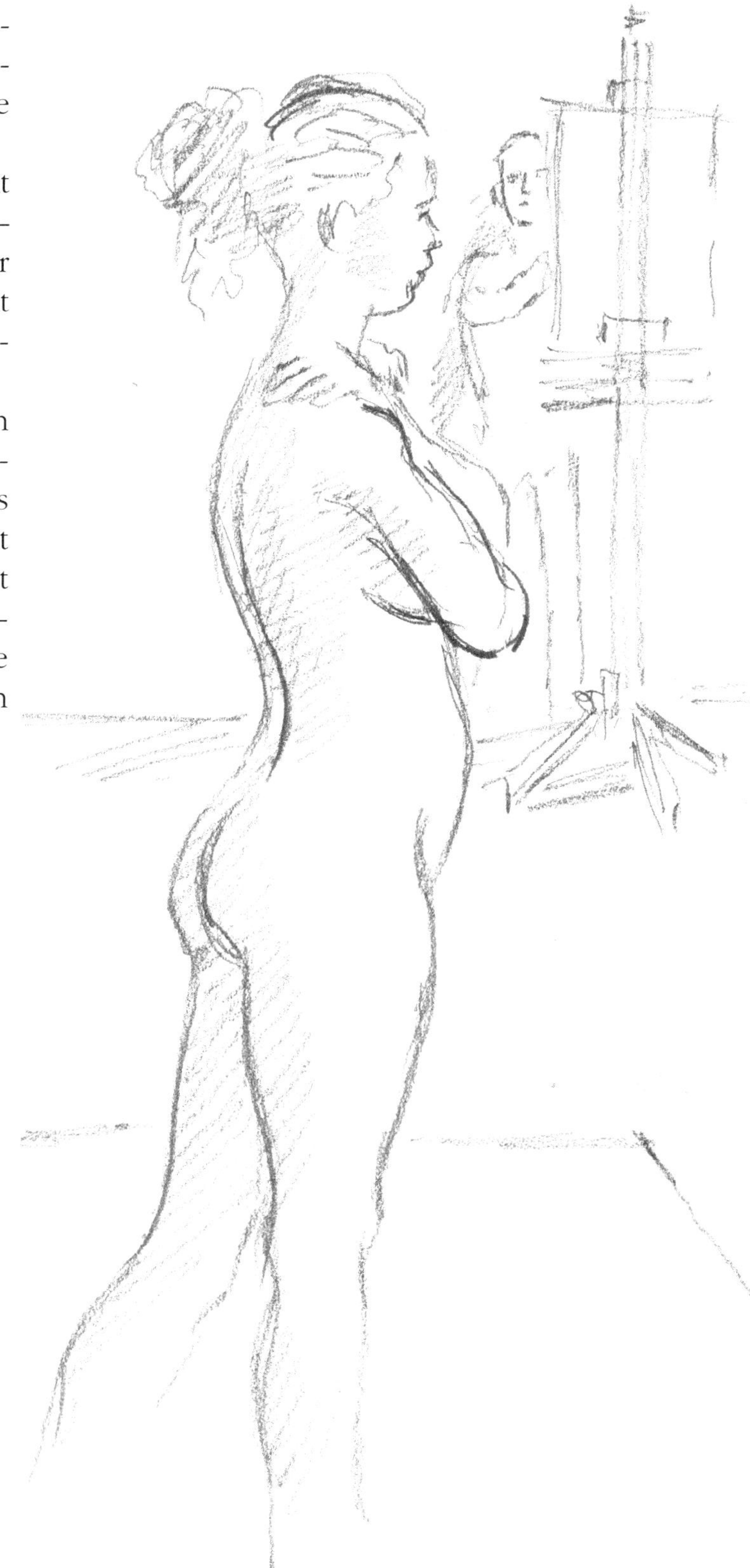

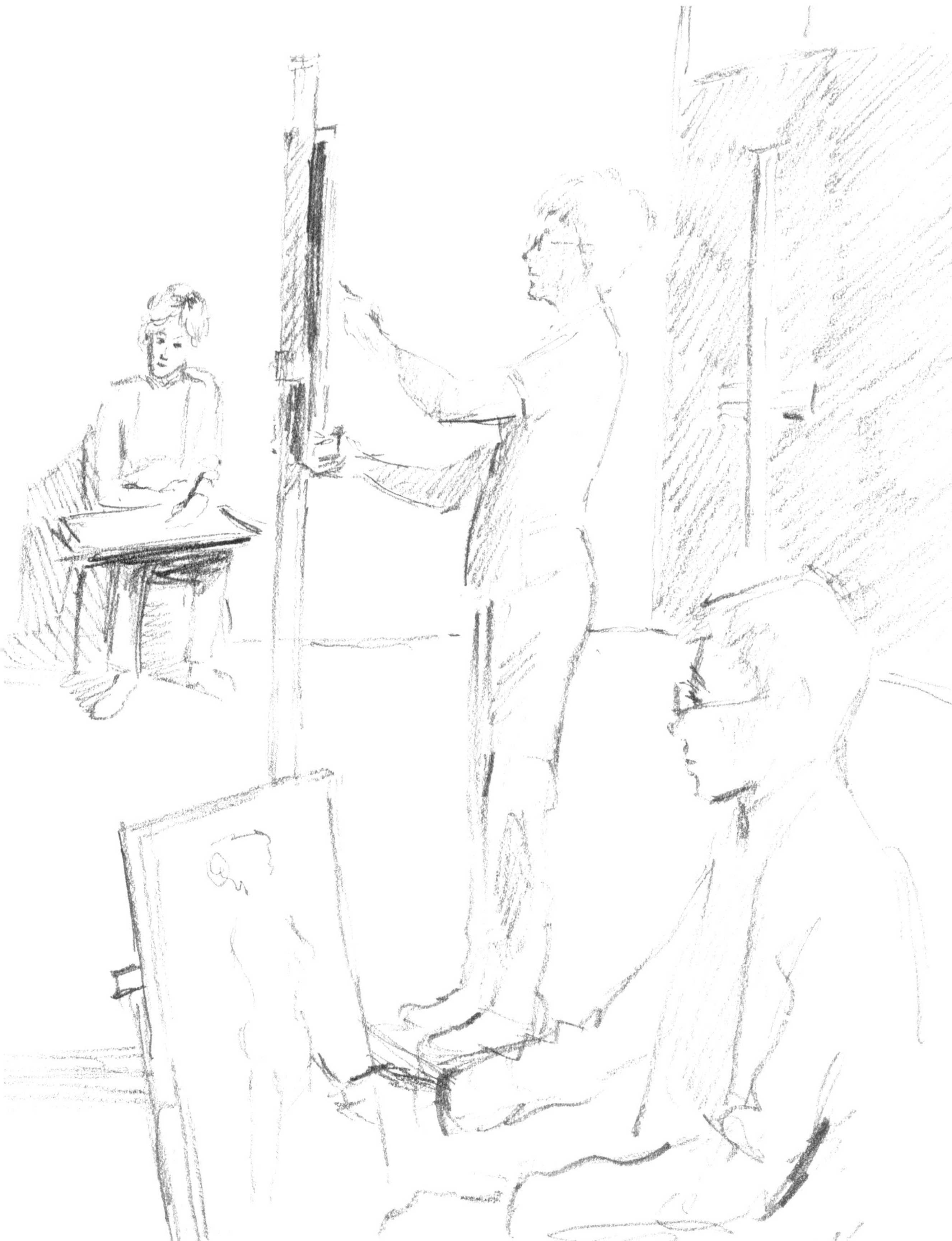

FREUNDE ZEICHNEN

Wenn Sie Freunde Modell sitzen lassen, besteht die größte Schwierigkeit darin, dass sie lang genug still sitzen. Professionelle Modelle sind es gewohnt, längere Zeit in einer Stellung zu verweilen. Bei Ihren Freunden müssen Sie möglicherweise einige Überredungskünste anwenden.

Übertreiben Sie nicht – auch Profis brauchen Pausen, und einem Anfänger tun unter Umständen schon nach 20 Minuten die Glieder weh. Aber diese Zeit sollte reichen, um die wesentlichen Züge einer Figur zu skizzieren – eine exzellente Übung für jeden Zeichenschüler.

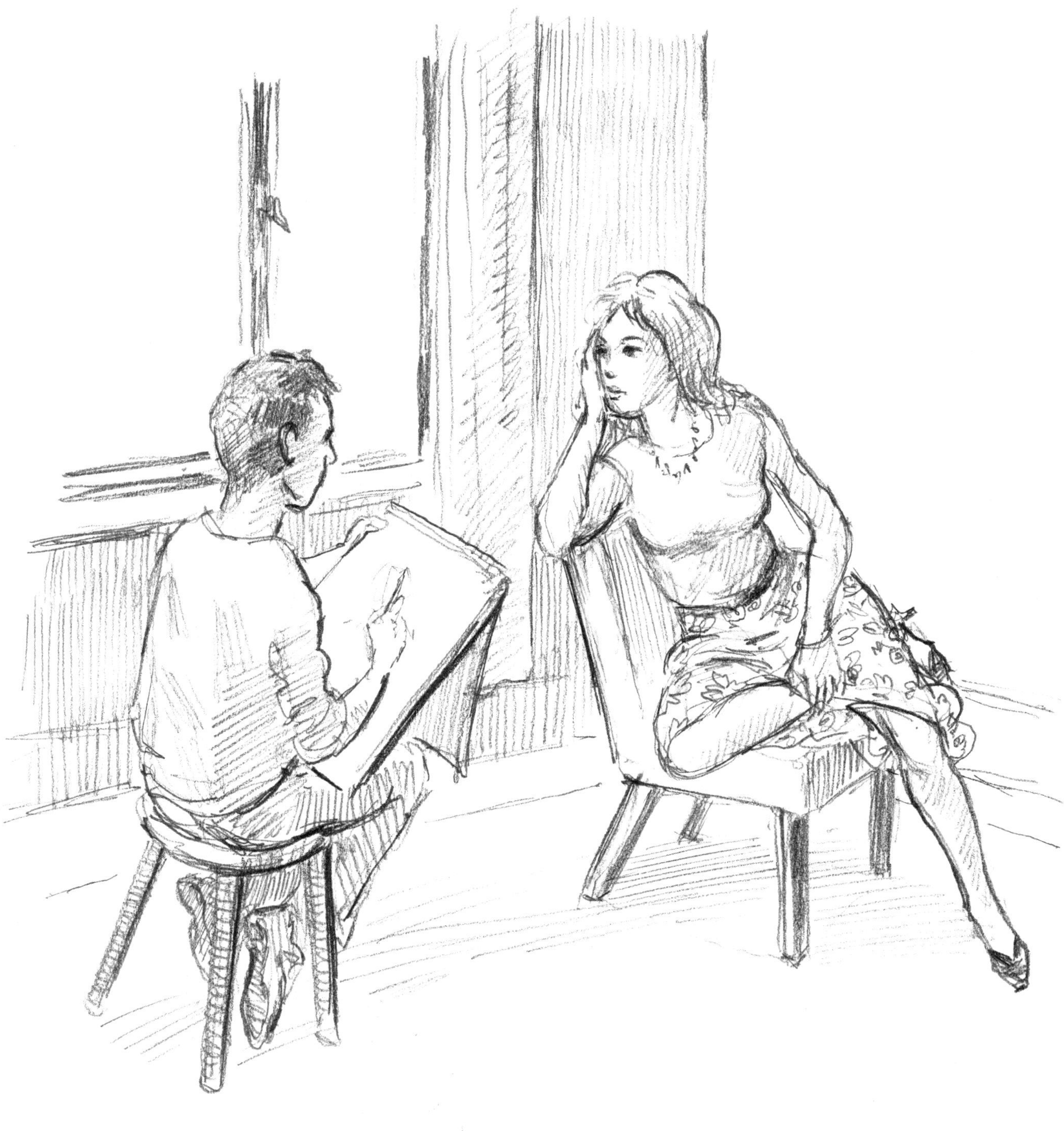

Zum Zeichnen in Räumen eignet sich besonders indirektes Licht, so genanntes Nordlicht. Stellen Sie sich seitlich zum Fenster und bringen Sie Ihr Modell in eine interessante und zugleich bequeme Position, in der es eine Weile still halten kann. Zum Zeichnen im Freien wählen Sie einen Tag, an dem die Sonne nicht zu stark ist, da sie sonst schnell blenden kann. Am besten eignen sich verhangene, warme Tage, an denen das Modell von allen Seiten gleichmäßig ausleuchtet ist.

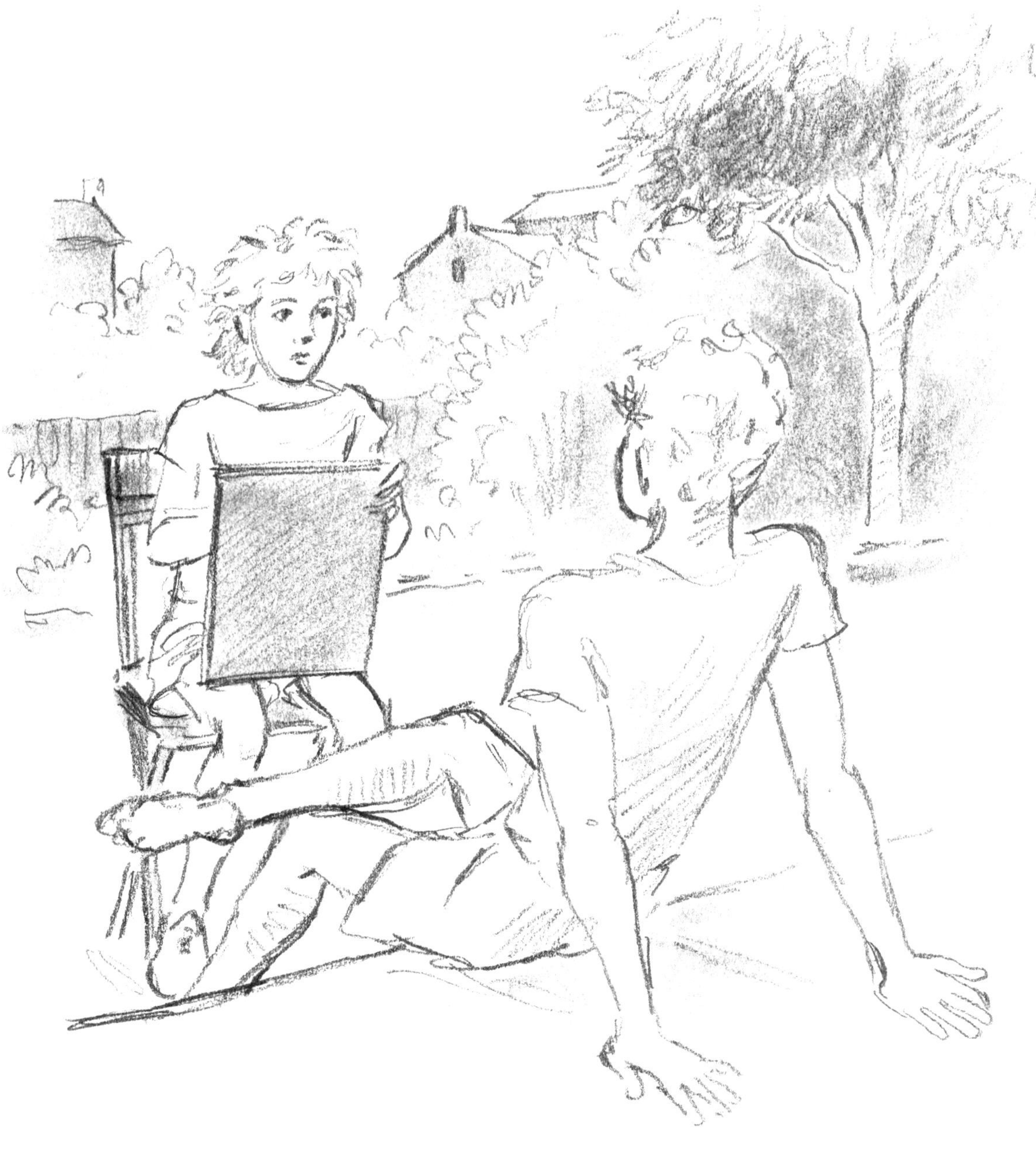

BELEUCHTUNG

Für eine bessere Wirkung Ihrer Zeichnung sollten Sie bewusst darauf achten, wie das Licht auf Ihr Modell fällt. Beim figürlichen Zeichnen verwenden wir in der Regel natürliches Licht, außer im Winter, wenn die Tage sehr kurz sind. Die meisten Ateliers haben Nordfenster, die den Raum hell machen, ohne dass direktes Sonnenlicht hereinfällt. Nordlicht erzeugt weiche Schatten und feine Helligkeitsunterschiede, sodass die Plastizität der Körper und Gegenstände besonders klar hervortritt.

In dieser Zeichnung eines Modells in einem Atelier mit Nordfenstern erkennen wir ein mildes gleichmäßiges Licht, das ein breites Spektrum von Schattierungen erzeugt. Achten Sie auf den Einfallswinkel des Lichts und die Richtung der Schatten.

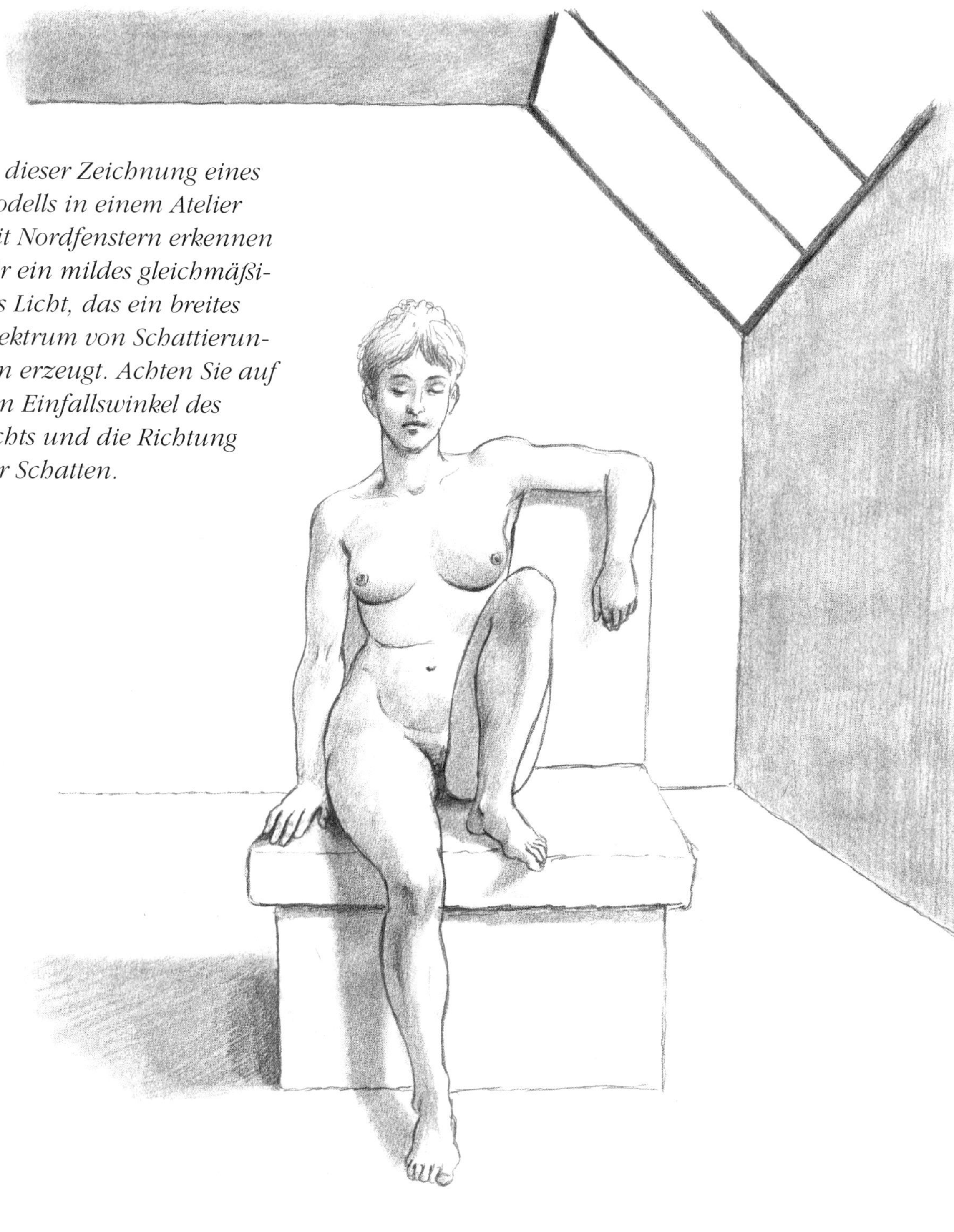

SEITLICHES LICHT

In dieser Zeichnung erzeugt eine starke punktförmige Lichtquelle scharfe Schatten und sehr hell erleuchtete Flächen. So entstehen unter Umständen sehr dramatische Bilder. Vom italienischen Künstler Caravaggio beispielsweise ist bekannt, dass er für seine von starken Kontrasten geprägten Gemälde im Stile des so genannten Chiaroscuro unzählige Kerzen verwendete, um eine besondere Stimmung zu erzielen.

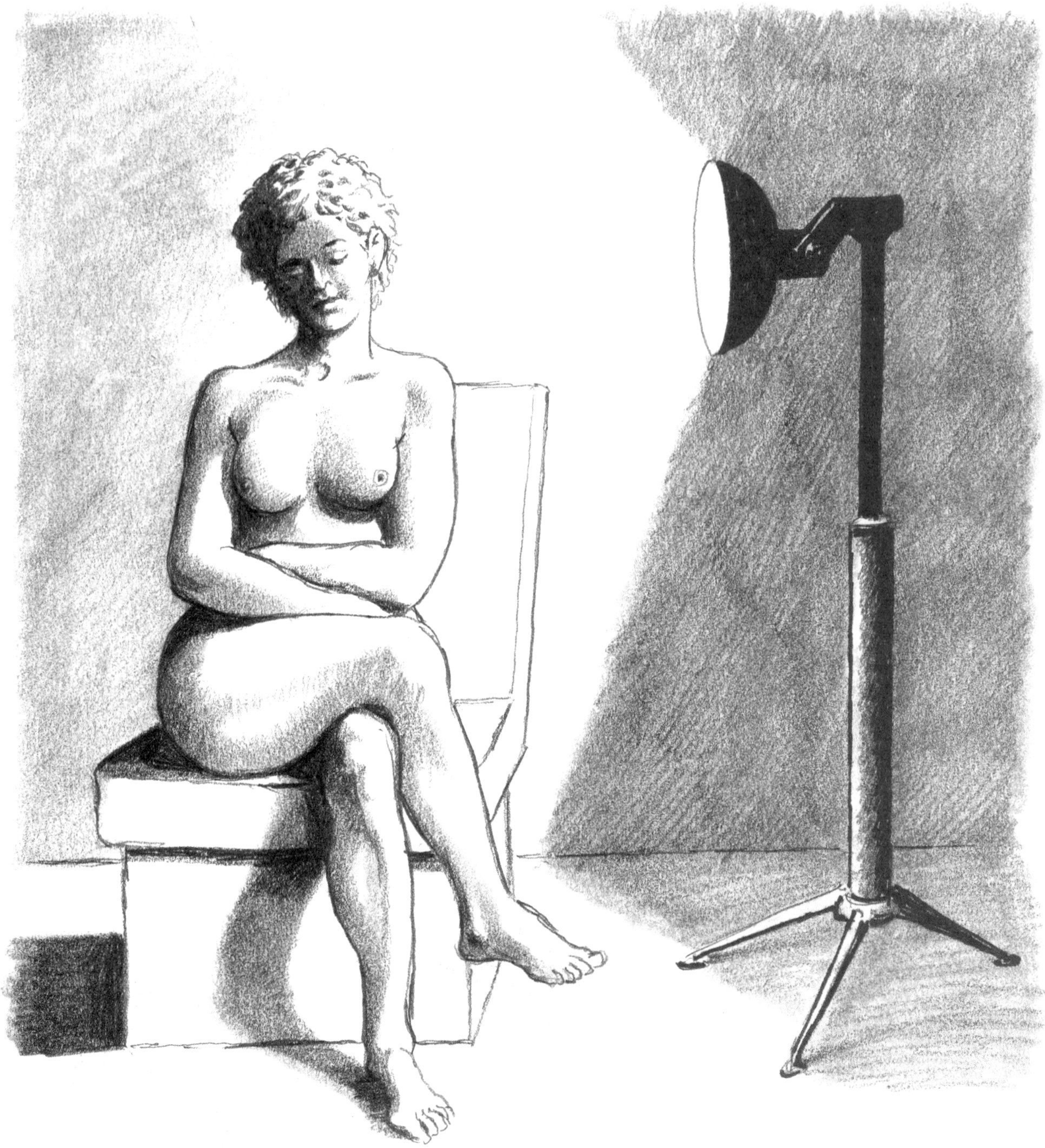

OBERLICHT

Meistens liefert gleichmäßiges Licht die besten Zeichenresultate. Manchmal jedoch wünschen wir uns scharfe Schatten und hell erleuchtete Oberflächen. In diesem Fall müssen wir auf geeignetes Sonnenlicht warten oder uns kräftige Lichtquellen besorgen.

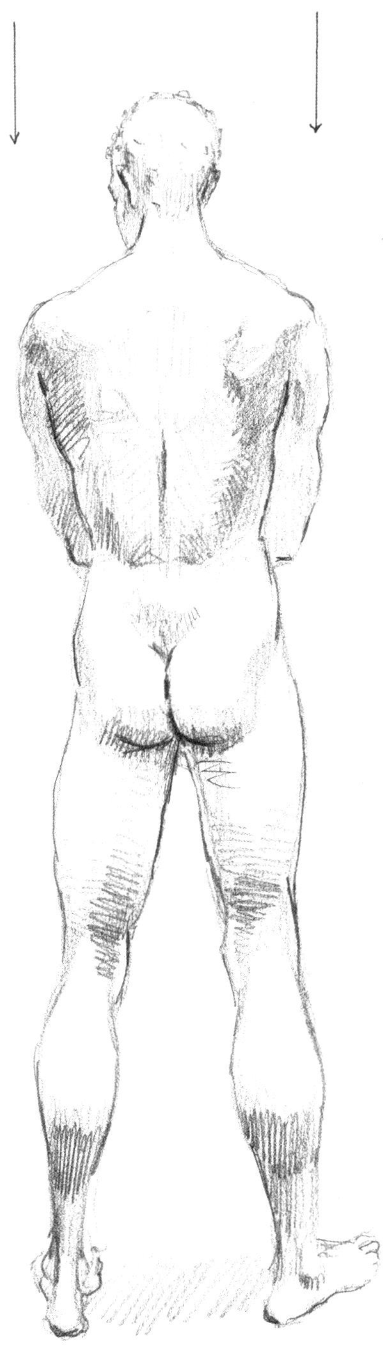

Das direkt von oben beleuchtete Modell wirkt sehr dynamisch. Unter den Schulterblättern, dem Gesäß, den Oberschenkeln und den Waden bilden sich schwere Schatten. Weil direkt von oben eintreffendes Licht selten ist, wirkt die Darstellung ungewohnt. Bei einem liegenden Modell fällt dieser Aspekt weniger ins Gewicht; die Szene wirkt natürlicher.

UNTERLICHT

Lampenlicht gibt uns die Möglichkeit, mit theatralischen Lichteffekten zu experimentieren, die unserer Zeichnung eine spezielle Stimmung verleihen. Gestreutes Licht erzeugt weichere tonale Übergänge als direktes Licht. Weiches Kerzenlicht wirkt ganz anders als Flutlicht. Probieren Sie verschiedene Lichtquellen aus und variieren Sie Richtung und Intensität. Achten Sie besonders auf den unterschiedlichen Schattenwurf.

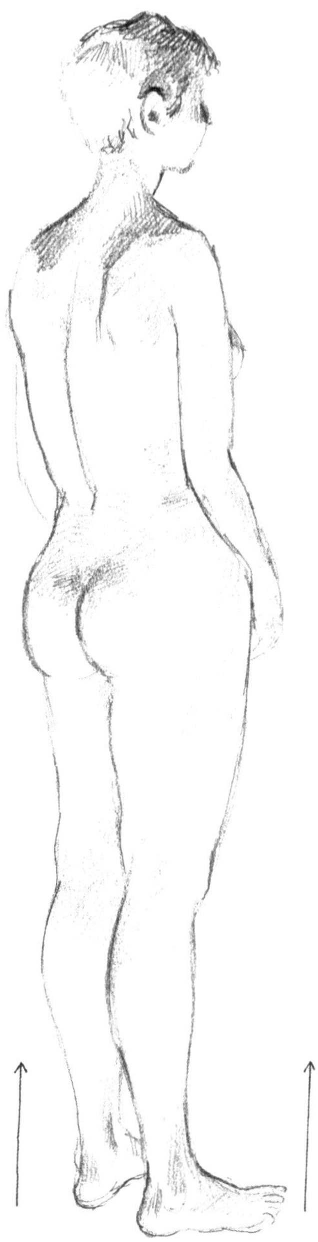

Direkt von unten einfallendes Licht ist äußerst selten und wirkt eher unnatürlich. Waden, Gesäß und mittlerer Rücken erhalten das meiste Licht, aber auch auf den Hinterkopf und die Unterseiten von Bauch, Brustkorb und Brüsten fällt Licht. Das von unten beleuchtete Kinn verleiht dem Gesicht einen geisterhaften Ausdruck.

LICHT VON VORN ODER VON HINTEN

Licht, das in Blickrichtung oder gegen die Blickrichtung auf das Modell fällt, macht es dem Zeichner besonders schwer, Form und Plastizität herauszuarbeiten. Ein von vorn beleuchteter Körper erscheint flach, denn die Oberflächen geben das Licht unabhängig von ihrem Neigungswinkel mit gleichmäßiger Intensität zurück. Entscheidend sind nur noch die unterschiedlichen Oberflächenmaterialien und die Übergänge zwischen ihnen. Licht von hinten wirkt ähnlich, jedoch unter umgekehrten Vorzeichen. Hier sind nur die Umrisse des Körpers beleuchtet – in der Regel die Oberkante.

Das von vorn beleuchtete Modell weist große helle Flächen auf. Nur dort, wo die Körperoberfläche so gut wie parallel zum Lichteinfall verläuft, sind dunklere Umrisslinien zu erkennen.

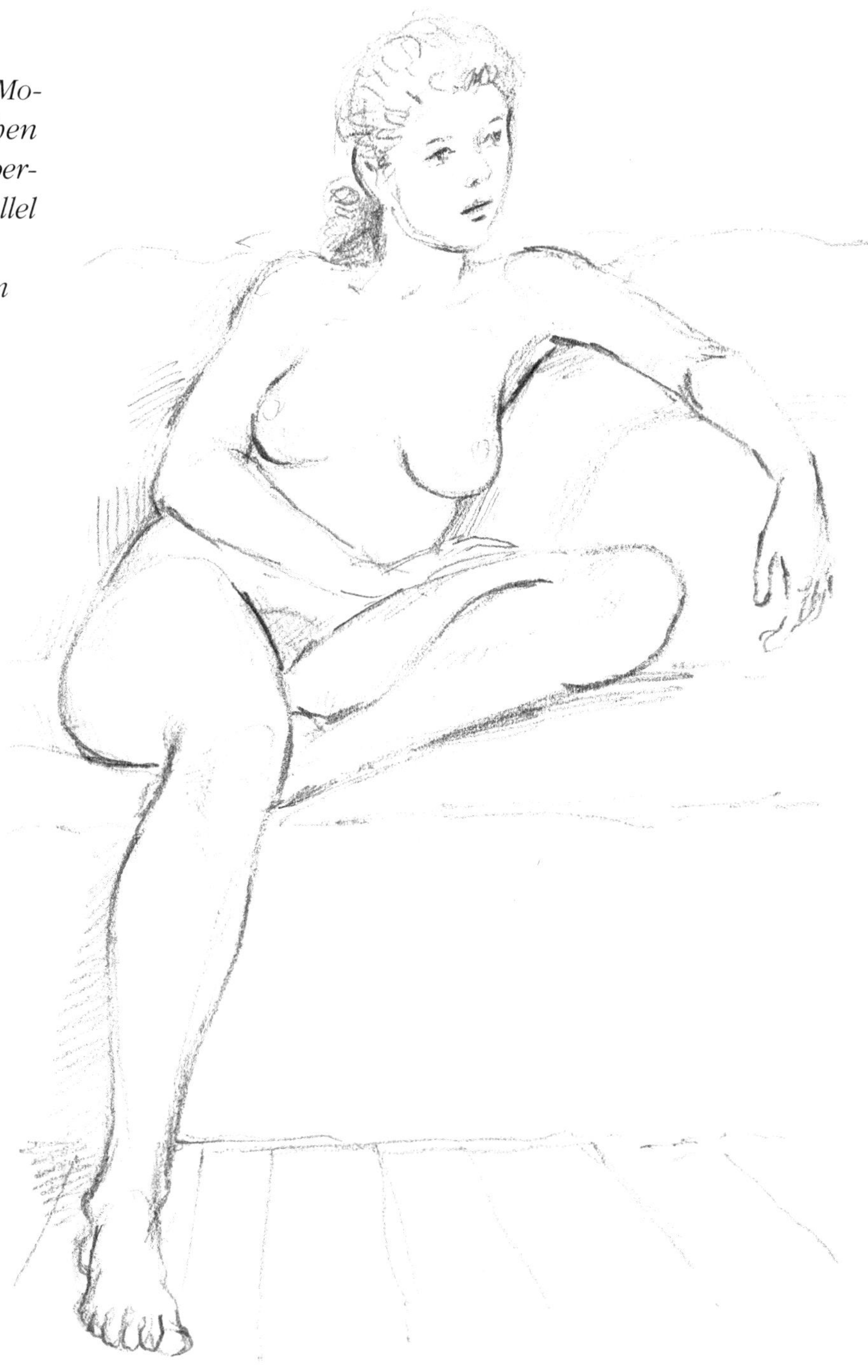

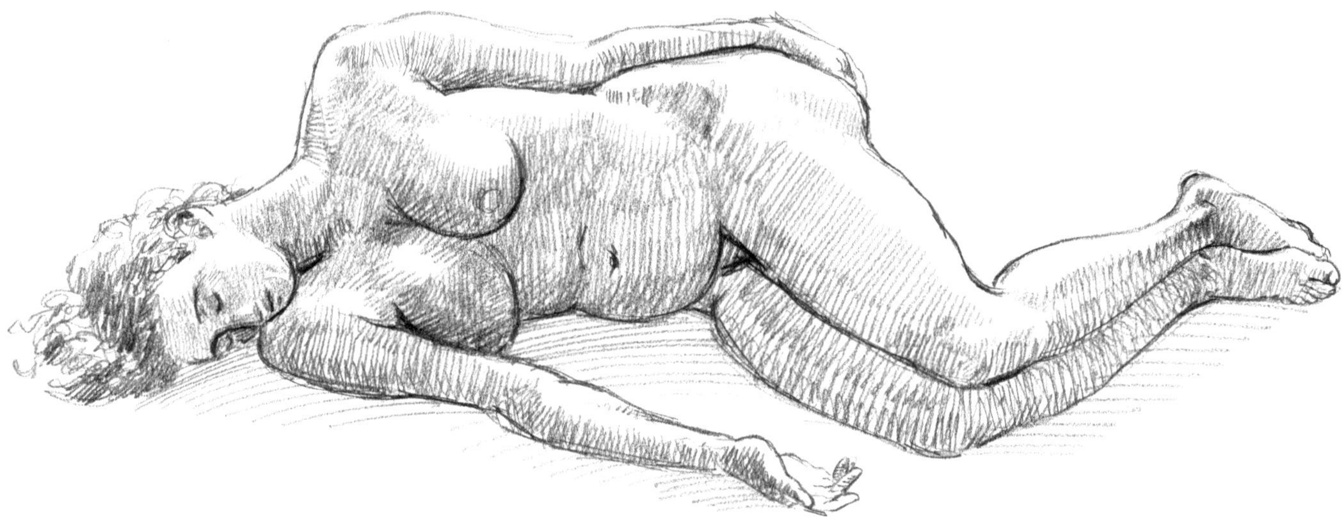

Bei diesem liegenden Modell habe ich die Konturen etwas stärker betont, als wir sie bei ausschließlichem Gegenlicht sehen würden, damit Sie verstehen, worauf es ankommt. Manchmal jedoch sehen wir kaum mehr als eine Silhouette mit hellen Umrissen. Wie bei der Frontalbeleuchtung weist die Fläche des Körpers kaum Helligkeitskontraste auf. Um so wichtiger sind die Umrisse, die wir so exakt wie möglich wiedergeben sollten.

Bildkomposition

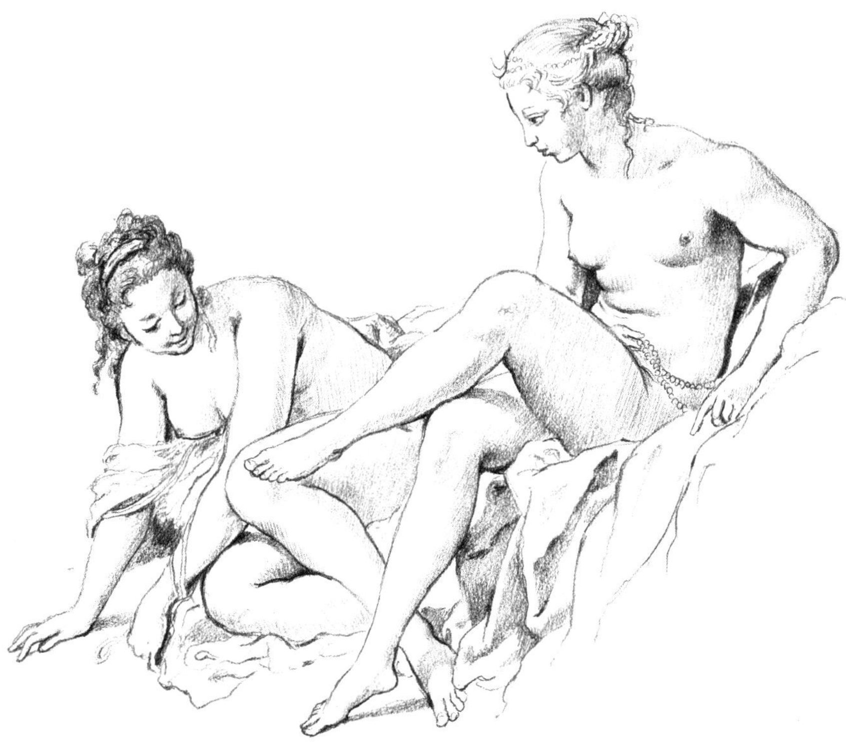

Wenn wir uns das erste Mal mit figürlichem Zeichnen beschäftigen, sollten wir uns bemühen, das Modell aus möglichst vielen Richtungen zu skizzieren, um ein Gefühl für die Form des menschlichen Körpers zu entwickeln. Die Kenntnisse und Erfahrungen, die wir dabei gewinnen, helfen später, die Figur überzeugend wiederzugeben. Sobald das bloße Skizzieren nicht mehr zufrieden stellt, haben wir die Möglichkeit, von der Figur eine fertige, detaillierte Zeichnung zu erstellen oder mehrere Figuren zu einer Gesamtkomposition zu kombinieren. In diesem Abschnitt soll es um beides gehen: die Bildkomposition sowohl mit Einzelfigur als auch mit Figurengruppen.

Die Berücksichtigung der Bildkomposition macht einen etwas anderen Zeichenansatz erforderlich. Zuerst müssen wir entscheiden, welche Stellung das Modell einnehmen soll und aus welchem Winkel wir es zeichnen wollen.

Anschließend müssen wir uns darüber klar werden, wie sich die Figur in die gesamte Zeichenfläche einfügt. Soll sie den gesamten Raum oder nur einen Teil davon ausfüllen? Lässt sich die Figur als interessanter Raumteiler verwenden, indem wir sie mittig zentriert, vertikal oder horizontal verschoben darstellen?

Diese Überlegungen zur Bildkomposition werden noch komplizierter, sobald unsere Darstellung mehrere Figuren enthalten soll. Auch wenn wir sie nacheinander zeichnen, sollten wir uns bereits zu Beginn einen Plan machen, wie wir sie auf den vorhandenen Raum verteilen wollen. Manchmal ist es hilfreich, wenn wir zuvor Skizzen der einzelnen Figuren in unterschiedlichen Posen anfertigen, um sie anschließend zu einer Komposition zusammenzufügen. Dabei stellt sich möglicherweise heraus, dass wir die Größenverhältnisse der Figuren zueinander verändern müssen. Auch wenn diese Entwurfsphase mit einiger Mühe verbunden ist, stellt sie doch einen interessanten und intellektuell stimulierenden Teil der künstlerischen Tätigkeit dar.

BILD UND RAHMEN

Ein nützliches Werkzeug für die Erstellung interessanter Bildkompositionen ist das folgende. Es handelt sich um einen Rahmen, den Sie sich in beliebiger Größe und in einem beliebigen Format aus Pappe ausschneiden können. Indem Sie ihn vor sich halten und Abstand und Richtung variieren, können Sie sich buchstäblich ein Bild davon machen, wie die dargestellte Figur in den Grenzen des Papierformats wirken wird, bevor Sie mit dem Zeichnen beginnen. Der Rahmen hilft Ihnen auch, eine perspektivische Verkürzung der Figur klarer zu erkennen. Eine Einteilung der Rahmenöffnung in kleinere Felder durch gespannte Fäden hilft, einzelne Bildelemente richtig zu platzieren.

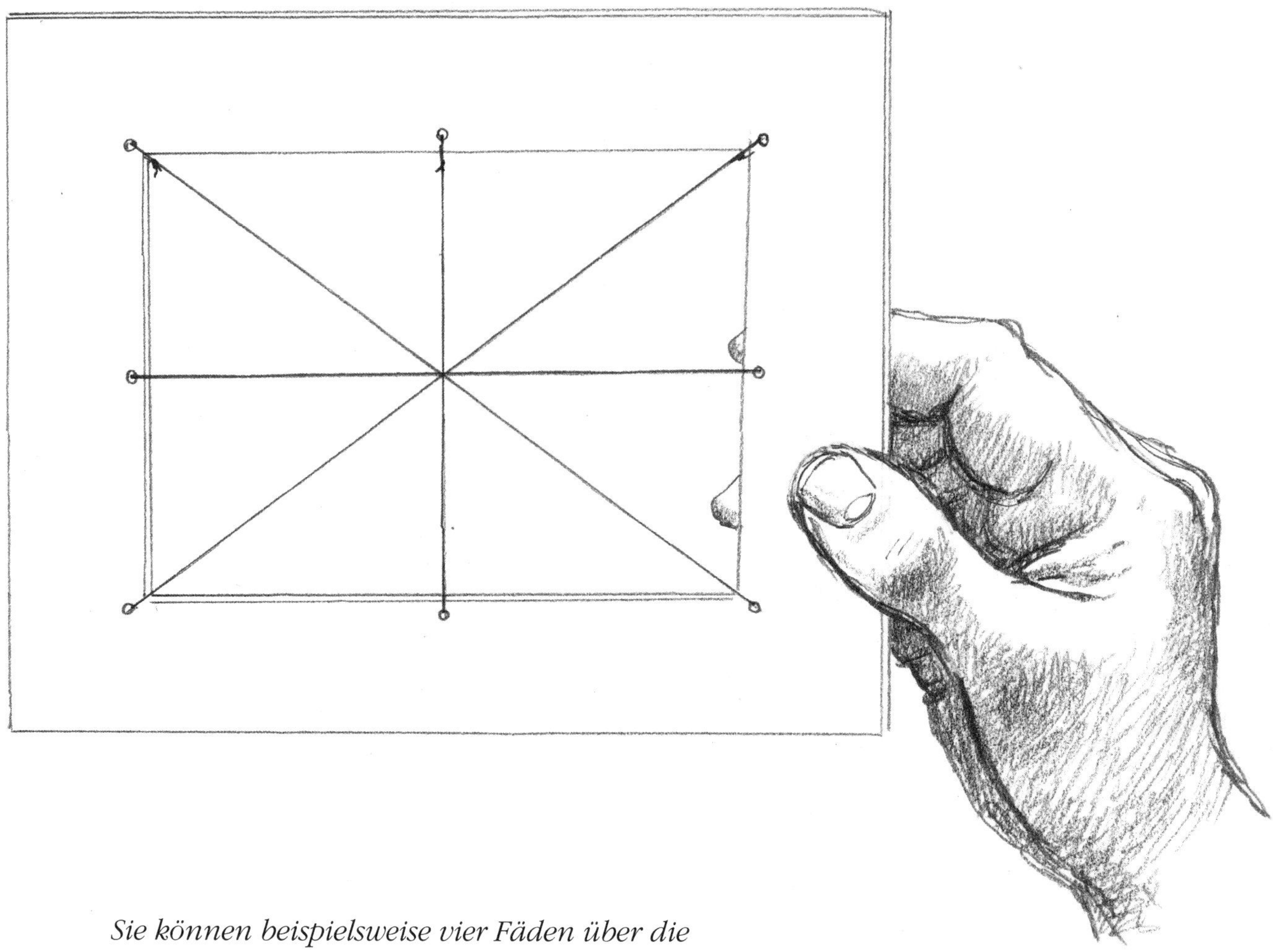

Sie können beispielsweise vier Fäden über die Rahmenöffnung spannen: einen waagerechten, einen senkrechten und zwei diagonale. Wenn sie symmetrisch angebracht werden, sollten sie sich in der Mitte treffen. Sie können auch Klarsichtfolie über die Öffnung spannen und mit Markerstiften bemalen, solange keine Lichtspiegelungen die Sicht behindern.

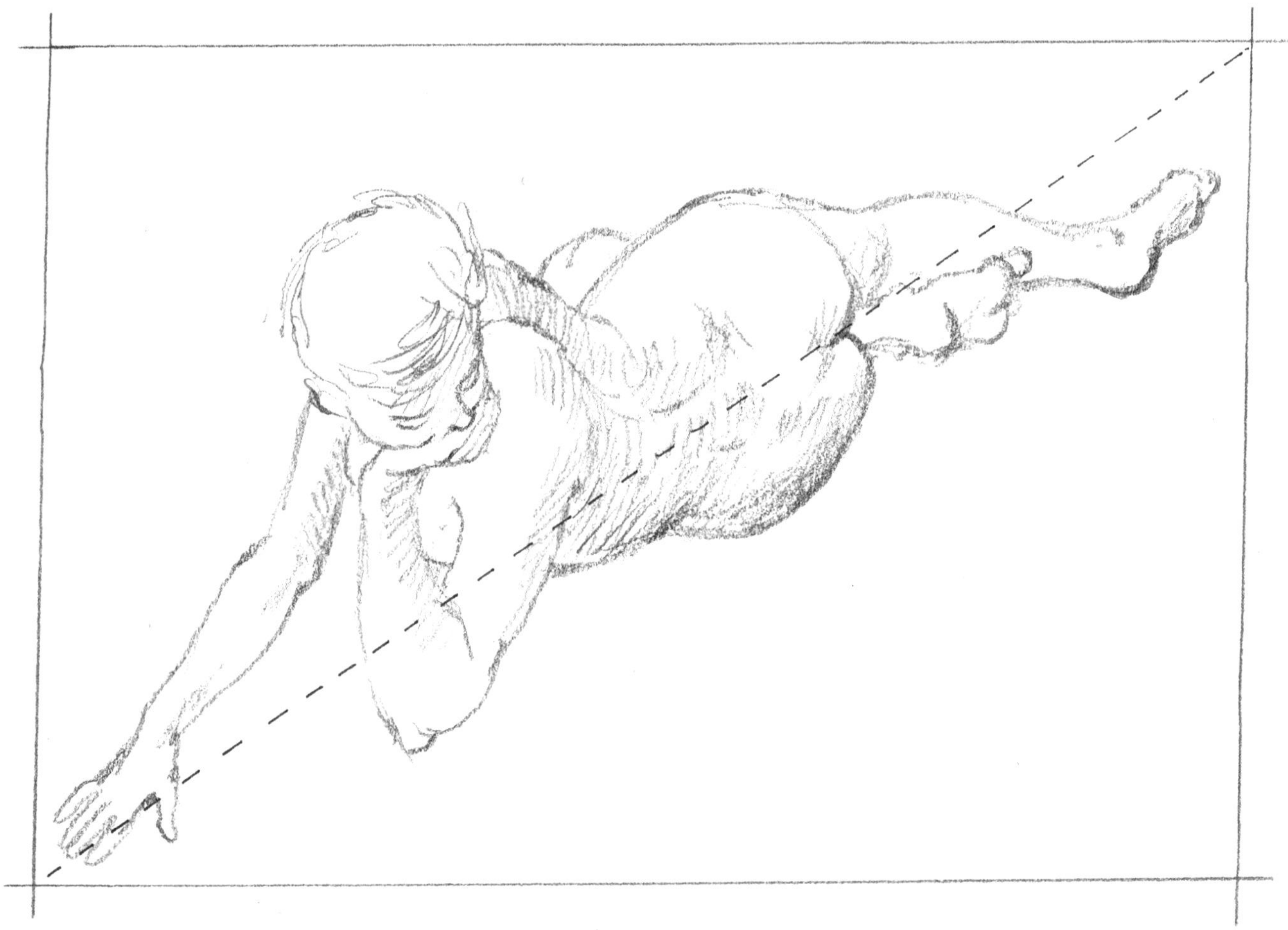

Hier wurde der Rahmen so vor die Figur gehalten, dass sie die Diagonale von links unten nach rechts oben passgenau ausfüllt. In der Mitte des Bildes befindet sich der Rumpf der Figur, dessen Auflagepunkt auf der Diagonalen liegt. Zu beiden Seiten der Figur bleiben interessante Freiräume übrig. Häufig sind es gerade diese freien Bildflächen, die einem Bild Dynamik verleihen und das Interesse des Betrachters wecken.

EINFACHE GEOMETRIE

Diese beiden Figuren füllen ebenfalls den Bildrahmen aus, lassen aber weniger Freiraum übrig und erzeugen eine andere Wirkung. Beide haben eine dreieckige Grundform. Die Reduktion auf einfache geometrische Formen wie Drei- oder Vierecke erleichtert die Suche nach einer ausgewogenen Bildkomposition.

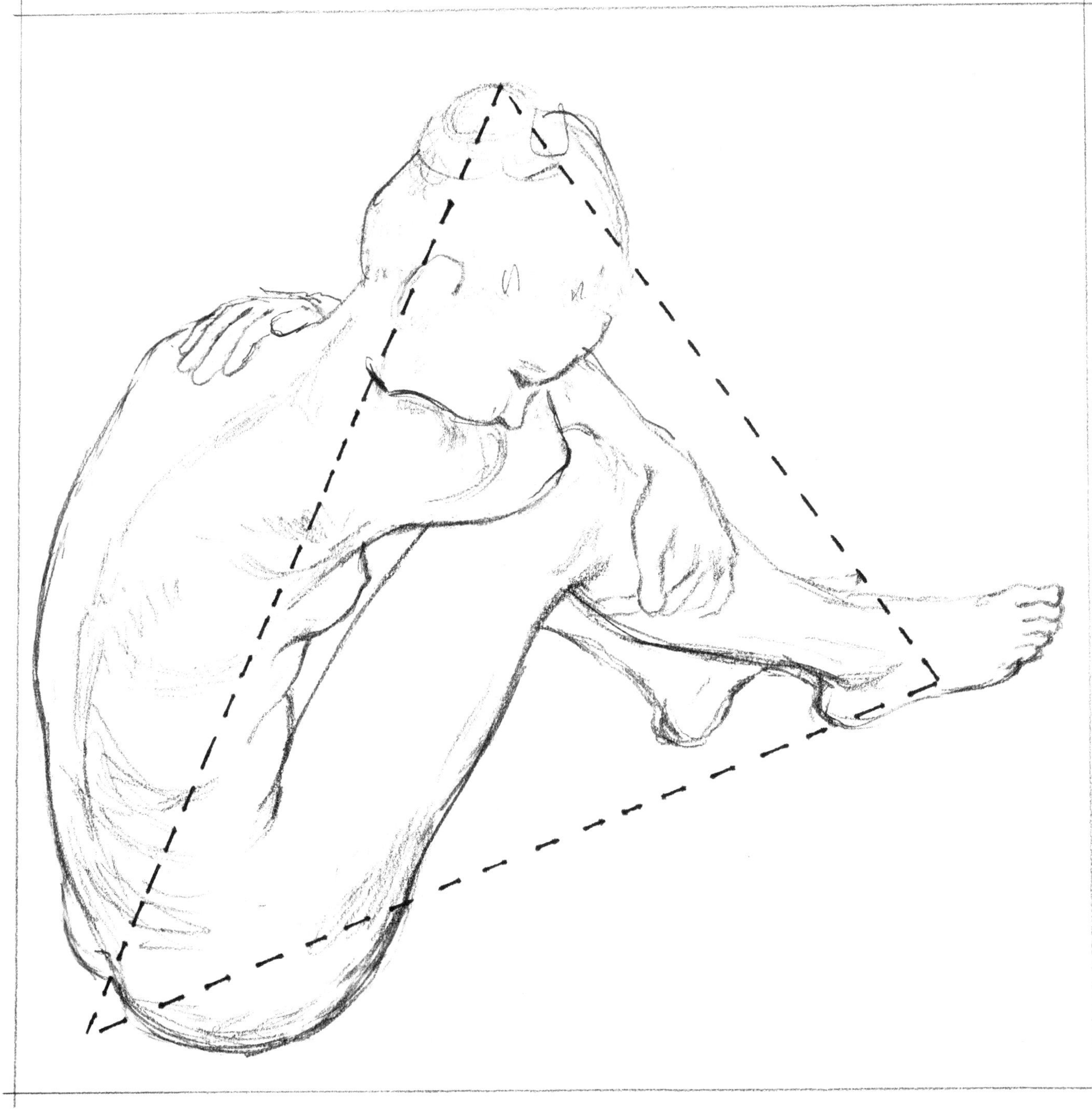

Dieser weibliche Akt stammt von der berühmten medizinischen Zeichnerin Louise Gordon. Die einfache dreieckige Komposition mit Füßen, Gesäß und Kopf als Eckpunkten erzeugt zusammen mit dem auf den Unterarm gestützten Kopf eine ruhige und zugleich nachdenkliche Atmosphäre. Der auf das linke untere Bildquadrat beschränkte Rumpf impliziert eine Aufwärtsbewegung, während die Freiräume ober- und unterhalb der Füße Leichtigkeit und Ungebundenheit vermitteln.

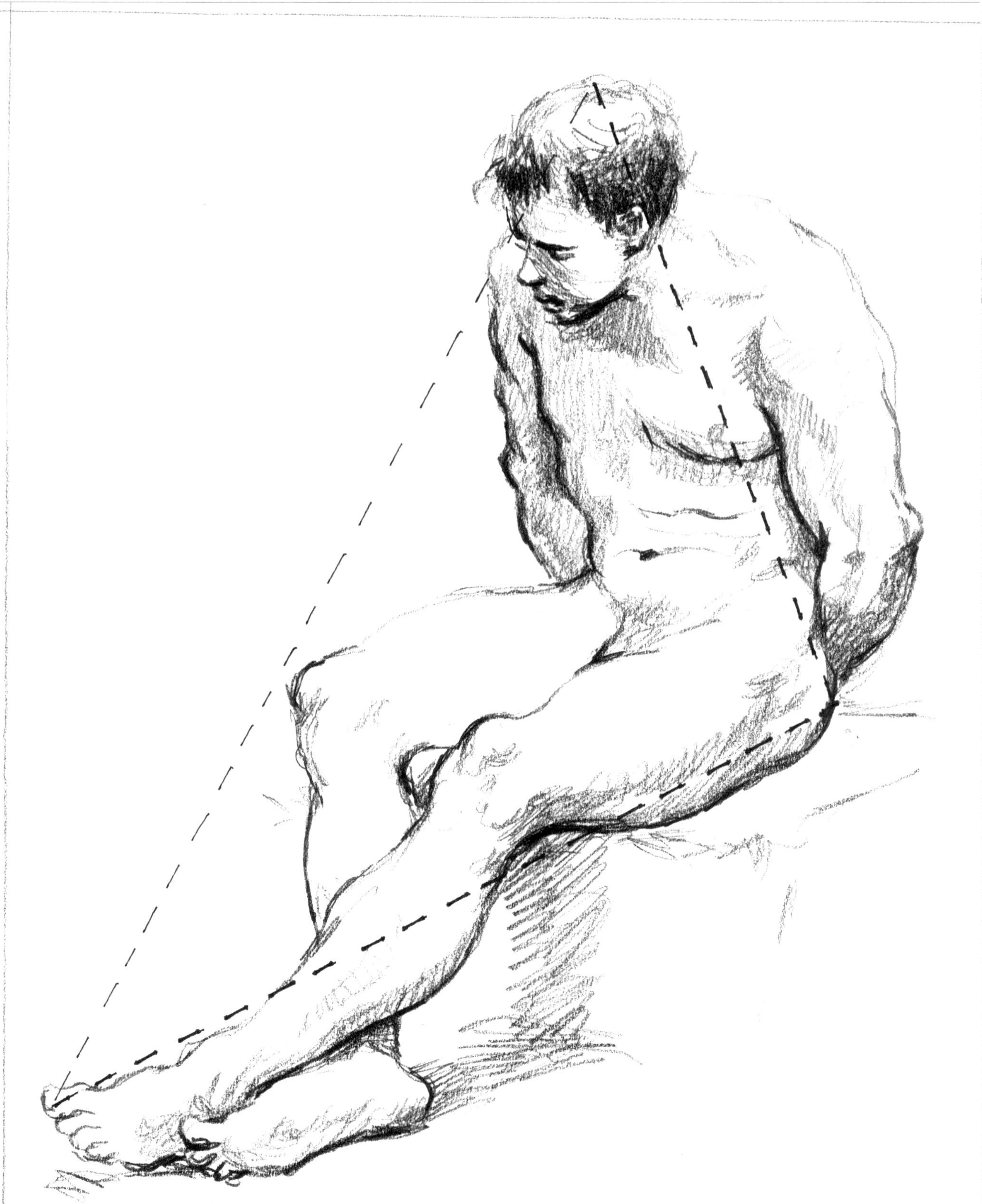

Dieser sitzende Mann mit den Händen hinter dem Rücken stammt von Charles-Joseph Natoire. Gesäß, Zehen und Kopf bilden ein Dreieck, das sich passgenau in den Bildrahmen einfügt. Der Großteil des Körpers befindet sich innerhalb dieses Dreiecks.

Die Dynamik der nach links unten ausgestreckten Beine vermittelt Niedergeschlagenheit und Unfreiheit – vielleicht ist der Dargestellte ein Gefangener. Mit einfachen Mitteln wird auf diese Weise eine emotionale Botschaft vermittelt.

DER BILDRAUM

Den Raum, der zwischen unseren Figuren und den Grenzen der Bildfläche bleibt, sollten wir sorgfältig planen, anstatt ihn dem Zufall zu überlassen. In manchen Fällen bestimmt dieser Raum die Atmosphäre der Gesamtdarstellung mindestens ebenso stark wie die Figuren selbst. Nur eine bewusste Gestaltung macht aus einer simplen Zeichnung eine Komposition, die den Betrachter emotional anspricht.

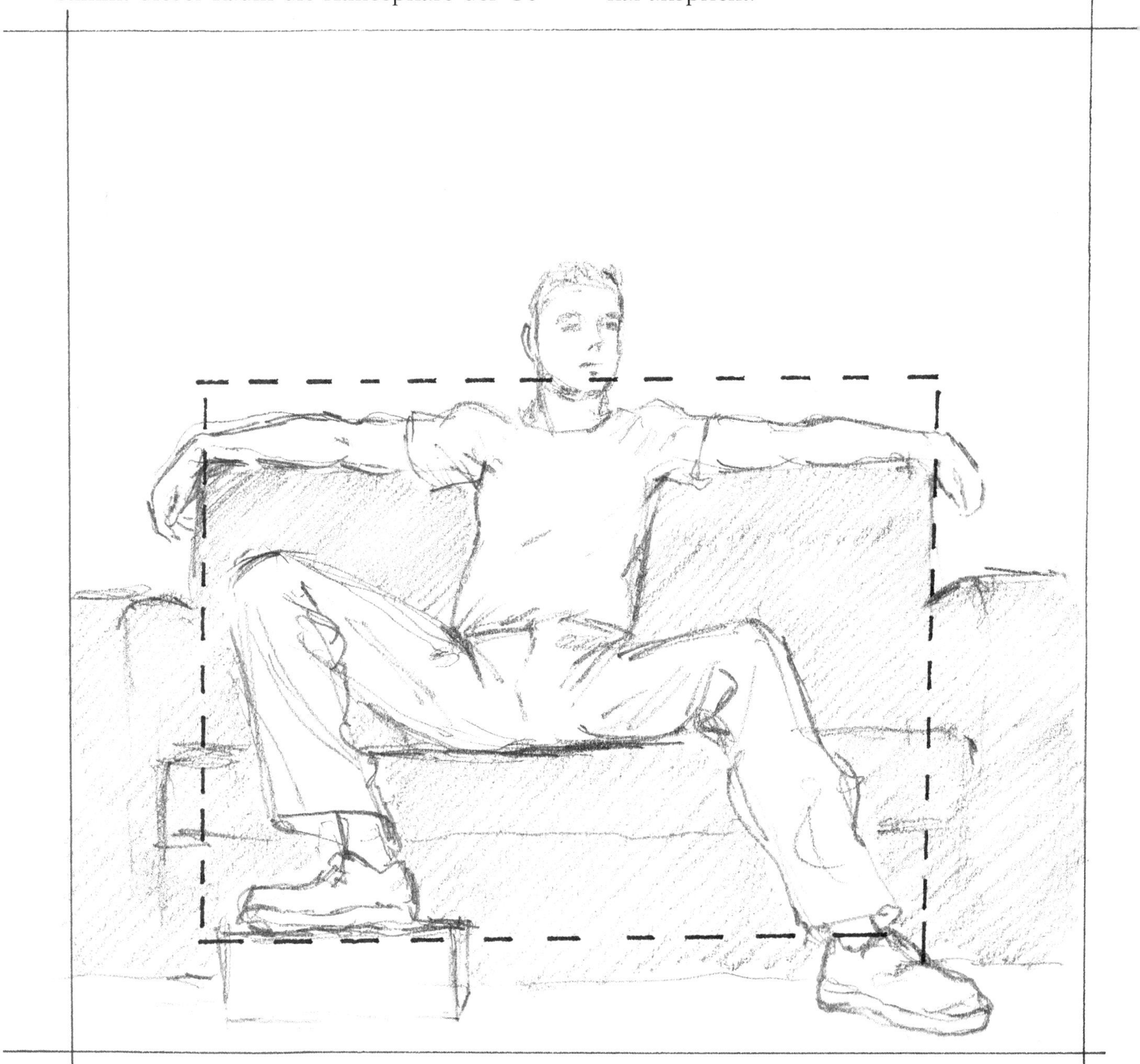

Hier sitzt ein junger Mann eher statisch auf einem Sofa. Seine Haltung ist ebenso viereckig wie das Sitzmöbel. Das solide Muster wird lediglich von dem leicht angehobenen Bein und dem Kopf durchbrochen, der über den Hauptumriss hinausragt. Mann und Sofa befinden sich im unteren Teil der Bildfläche. Der großzügige Freiraum im oberen Drittel erzeugt eine reglose, in sich ruhende Komposition.

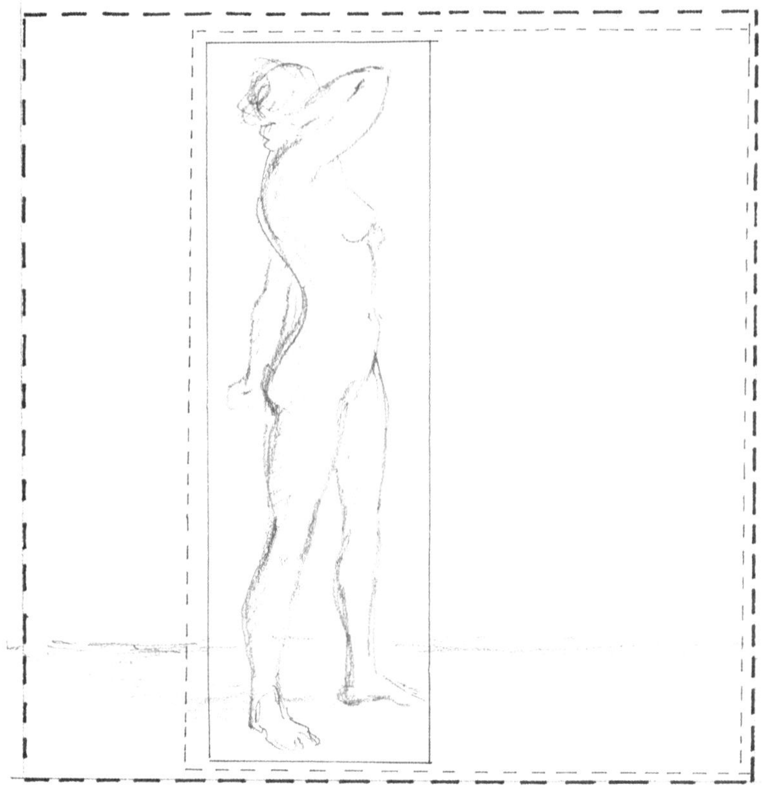

Die stehende Figur des Mädchens, das sich vom Betrachter abwendet, verkörpert eine dynamische Haltung. Es wäre möglich, die Grenzen des Bildes eng um die Figur herum zu ziehen, wie in der durchgezogenen Linie angedeutet. Oder wir erweitern den Raum nach rechts zu einem Quadrat, siehe die dünne gestrichelte Linie. Der freie Raum brächte Leichtigkeit in die Komposition; das Licht fiele aus dem Raum auf die Figur. Eine dritte, durch die dicke gestrichelte Linie bezeichnete Variante besteht darin, der Figur zu beiden Seiten Raum zu lassen. Zwischen dem kleineren linken und dem größeren rechten Raum entsteht eine dynamische Spannung.

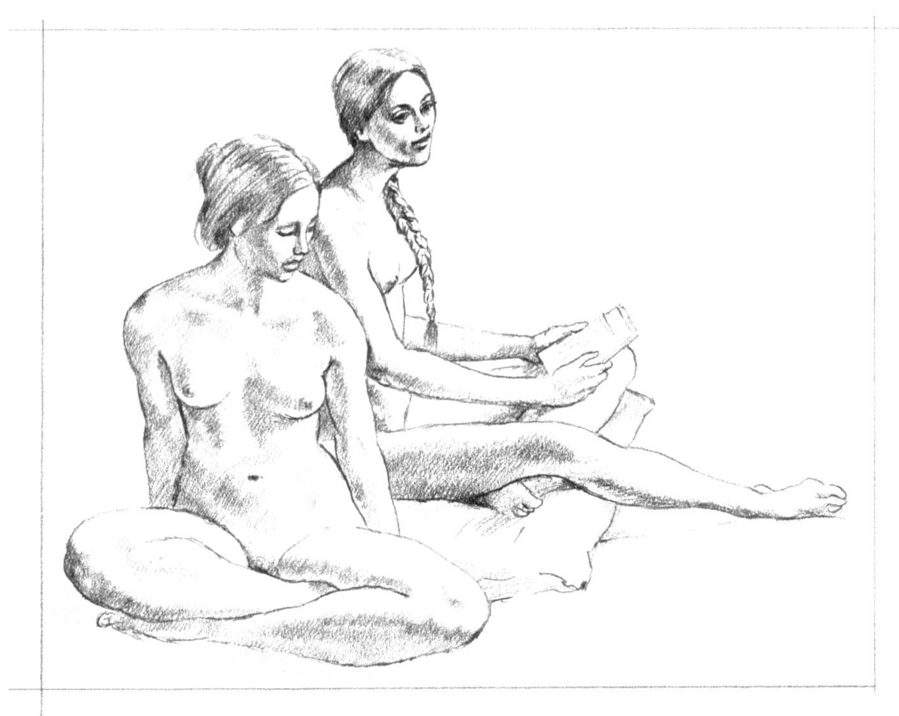

Wenn wir mehrere Figuren verwenden, müssen wir entscheiden, ob sie gleiches Gewicht haben sollen, oder ob wir eine Figur hervorheben wollen. In dieser Zeichnung des amerikanischen Künstlers Ted Seth Jacobs befindet sich eine Figur klar vor der anderen. Wenngleich die vordere Figur flächenmäßig dominiert, wendet die hintere Figur ihr Gesicht dem Betrachter stärker zu, was die Lebendigkeit ihres Ausdrucks verstärkt.

FIGURENGRUPPEN

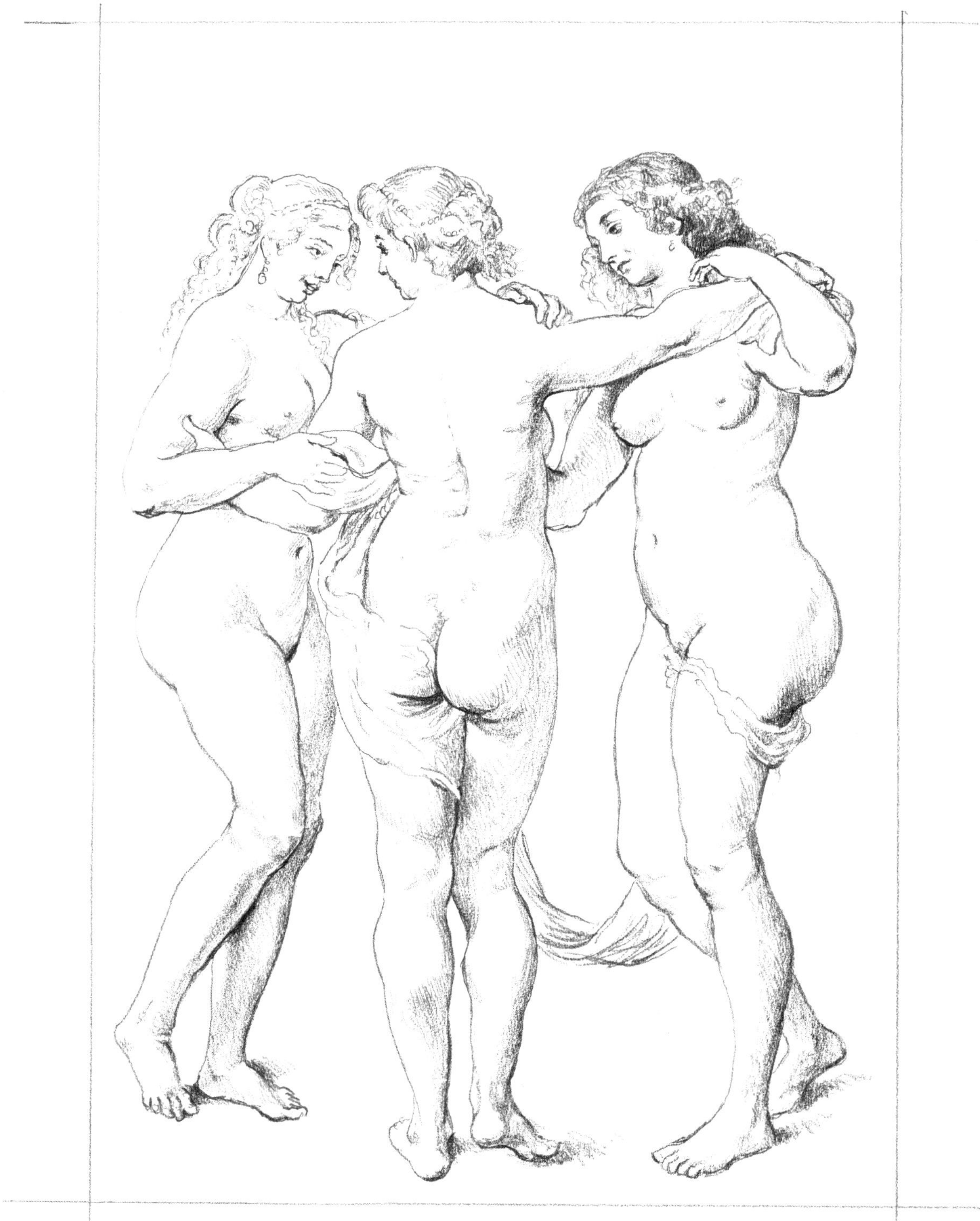

Eine Komposition mit drei Figuren bietet sich uns in Peter Paul Rubens »Drei Grazien«. Der Künstler ließ drei flämische Mädchen mit verschlungenen Armen posieren, als tanzten sie den traditionellen Tanz der Grazien. Durch ihre scheinbare Bewegung erzeugen sie Raum, Tiefe und Rhythmus, während das Tuch ihre Einheit unterstreicht. Die ineinander verwobenen Arme vermitteln Dynamik. Die Zwischenräume zwischen den Frauen erscheinen, nicht zuletzt aufgrund ihrer stattlichen Gestalt, sehr klar.

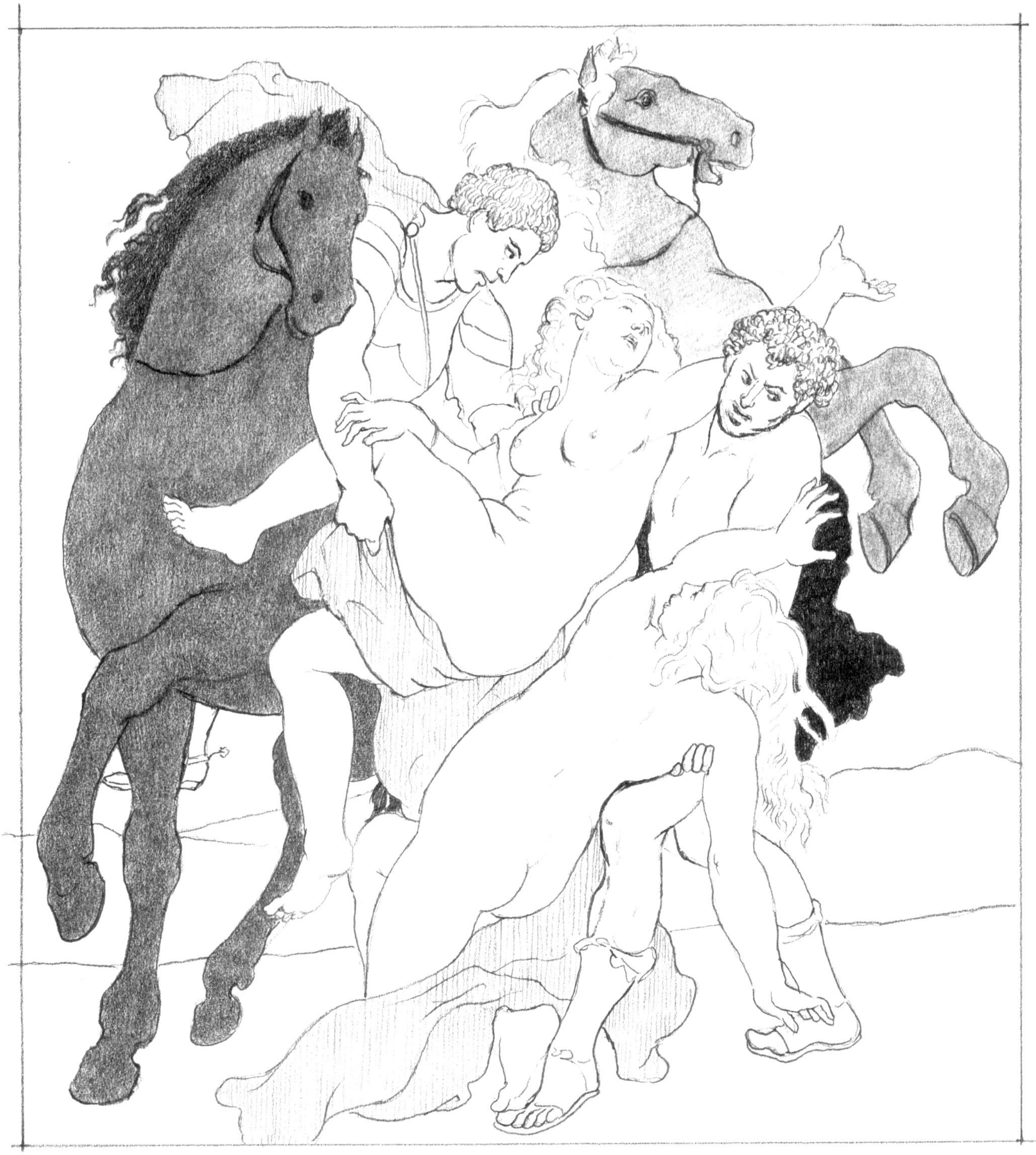

In Rubens Bild »Raub der Töchter des Leukippos« sehen wir vier Figuren; die Pferde dienen dazu, sie vertikal anzuordnen. Die starke Bewegung zwischen den beiden Mädchen und ihren Entführern, die sich in den unterschiedlichsten Stellungen übereinandertürmen, schafft eine Komposition voller Spannung. Die ringenden Körper und die sich aufbäumenden Pferde lehnen sich vermutlich an Leonardo da Vincis Reiterstudien für sein Fresko »Schlacht von Anghiari« an, die Rubens kopierte.

DYNAMISCHE ENERGIE

Wenn wir uns Gedanken über eine Bildkomposition machen, haben wir in der Regel ein bestimmtes Thema vor Augen. Es gibt im Wesentlichen zwei Gruppen von Posen: die dynamischen, energiegeladenen und die entspannten, ruhigen. Hier nun zeigen wir vier Beispiele für die erste Gruppe. Der Betrachter versteht die Botschaft über die Assoziationen, die wir mit bestimmten Körperbewegungen verbinden, sowie über die Aktivitäten der Figuren. Ein Fußballer mit schussbereitem Bein oder ein Läufer über seinem Startblock lassen keinen Zweifel an der damit verbundenen Dynamik.

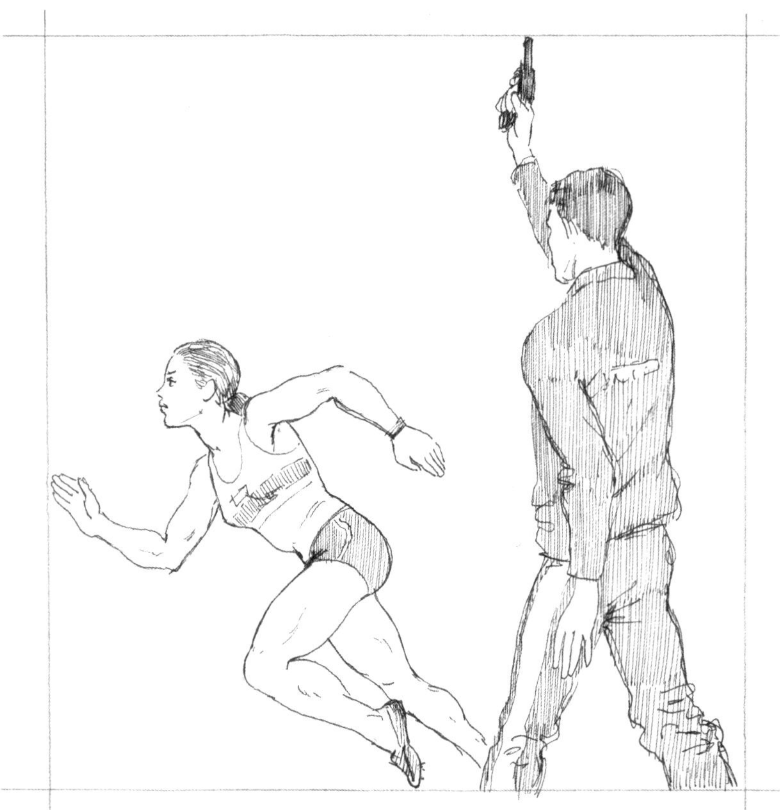

Die Läuferin, die gerade den Startblock verlässt, bildet eine scharfe Diagonale zur Bildkante hin. Der Mann mit der Startpistole erzeugt eine kräftige gestreckte Vertikale, zu der die Diagonale der Läuferin einen dynamischen Kontrast bildet.

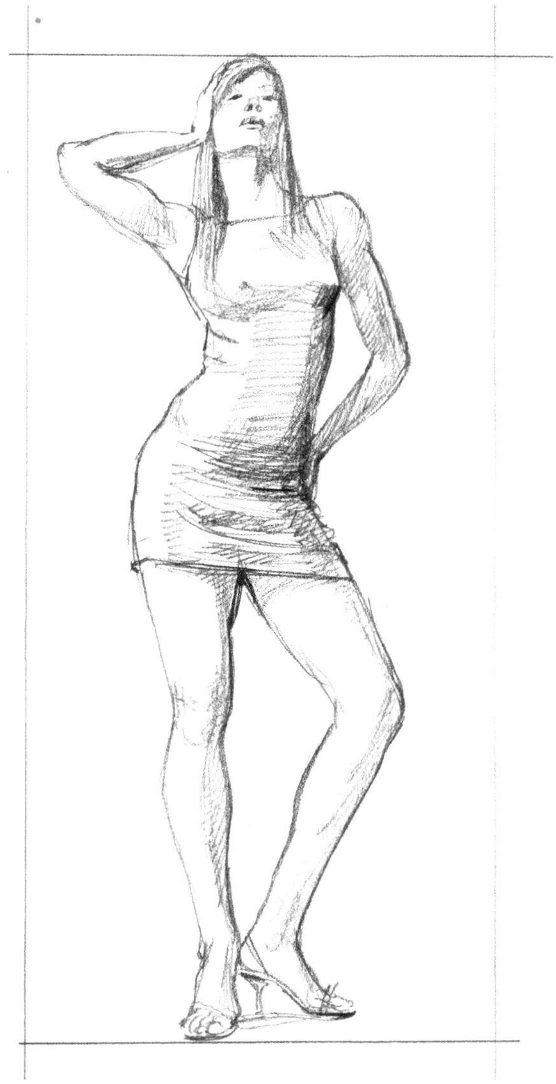

In einer klassischen Modepose schiebt dieses Modell keck die Hüfte zur Seite, während es gleichzeitig beide Ellenbogen und ein Knie anwinkelt. Der Körper ist geprägt von scharfen Winkeln, was die Dynamik verstärkt.

Diese zwei Figuren wirken wie aufgeschreckt. Sie blicken sich nach etwas um, das sie verängstigt oder überrascht. Obwohl beide Figuren statisch verweilen, als würden sie lauschen, liegt Bewegung in der Luft. Die kontrastierenden Körperhaltungen und die Konzentration auf einen Punkt außerhalb des Bildes erzeugen eine dynamische, kraftvolle Spannung, die wir als Bewegung interpretieren. Verstärkt wird dieser Eindruck durch den Bildausschnitt, der einen plötzlichen Schwenk nach oben zeigt: Während die Beine unterhalb der Knie abgeschnitten sind, füllt die obere Bildhälfte nur der ausgestreckte Arm.

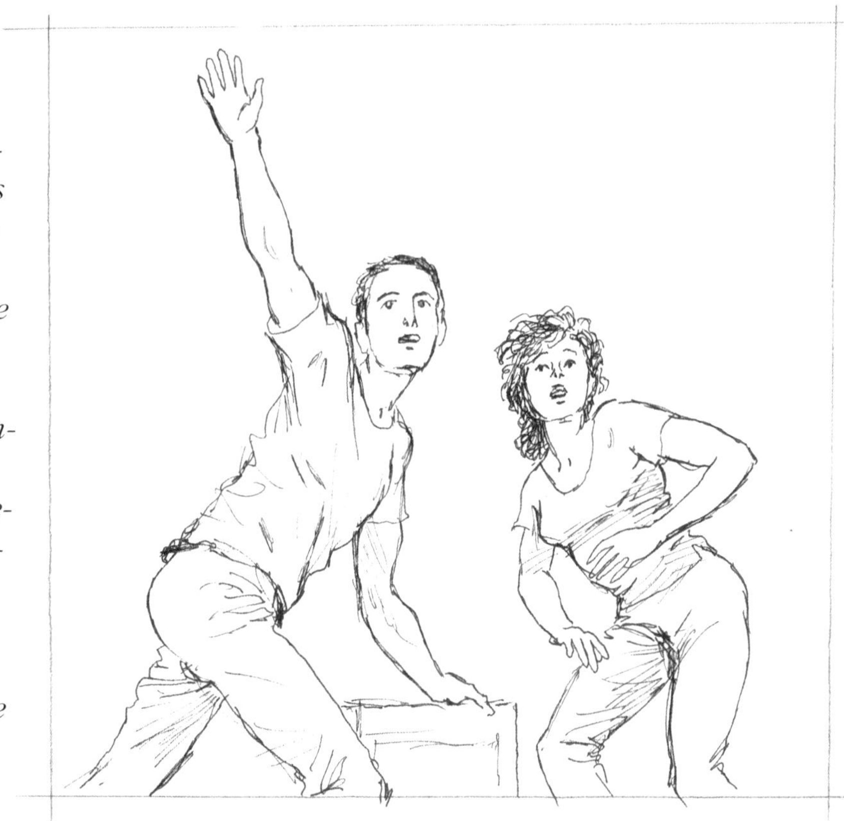

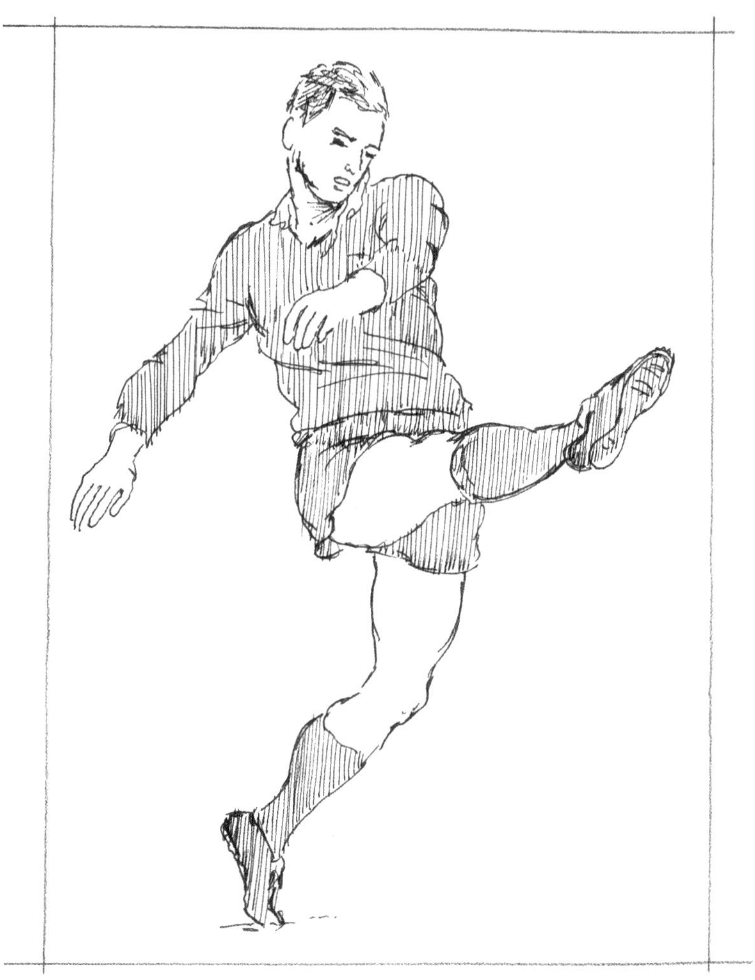

Diese Darstellung eines Fußballspielers mit verdrehtem Körper, vorgestrecktem Bein und gesenktem Kopf beweist, dass eine Figur allein ebenfalls Dynamik erzeugen kann. Der enge Rahmen lässt gerade Raum für die ausgestreckten Arme und Beine und den Kopf und verstärkt damit den Eindruck einer Bewegung, die sich außerhalb des Rahmens im fliegenden Ball fortzusetzen scheint.

ENTSPANNTE HALTUNGEN

Die hier gezeigten Haltungen sind entspannter als die auf den vorangegangen Seiten. Für die Modelle sind sie ebenfalls einfacher, denn die meisten Menschen können in einer zurückgelehnten oder sitzenden Haltung eine Weile reglos verharren. Wenn Sie längere und detailliertere Zeichnungen planen, sollten Sie stets statische Posen wählen.

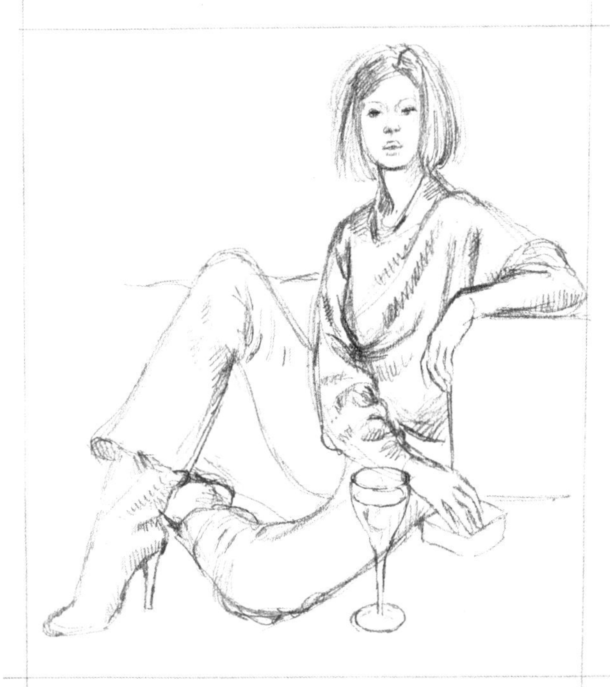

Dieses aufrecht sitzende Modell hat beide Beine angewinkelt. Das modische Äußere und das Weinglas auf dem Fußboden verleihen der Komposition eine statische Lässigkeit. Mit den verschränkten Beinen und den um den Körper drapierten Armen wirkt das Arrangement eher kompakt.

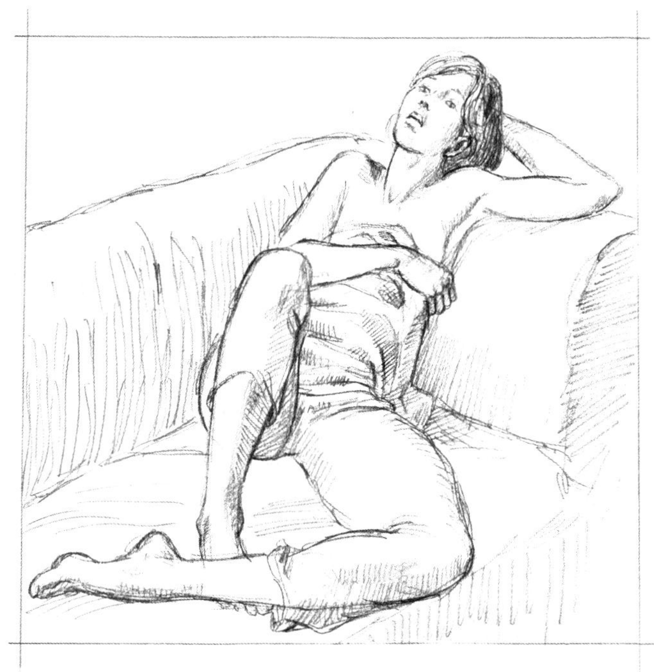

Die zweite Figur ist noch entspannter als die erste. Die Beine sind ähnlich angewinkelt wie im vorigen Bild, nur noch lässiger. Die Blickrichtung von den Füßen her erzeugt eine gewisse Dynamik, die mit der von der Haltung selbst ausgestrahlten vollständigen Passivität kontrastiert.

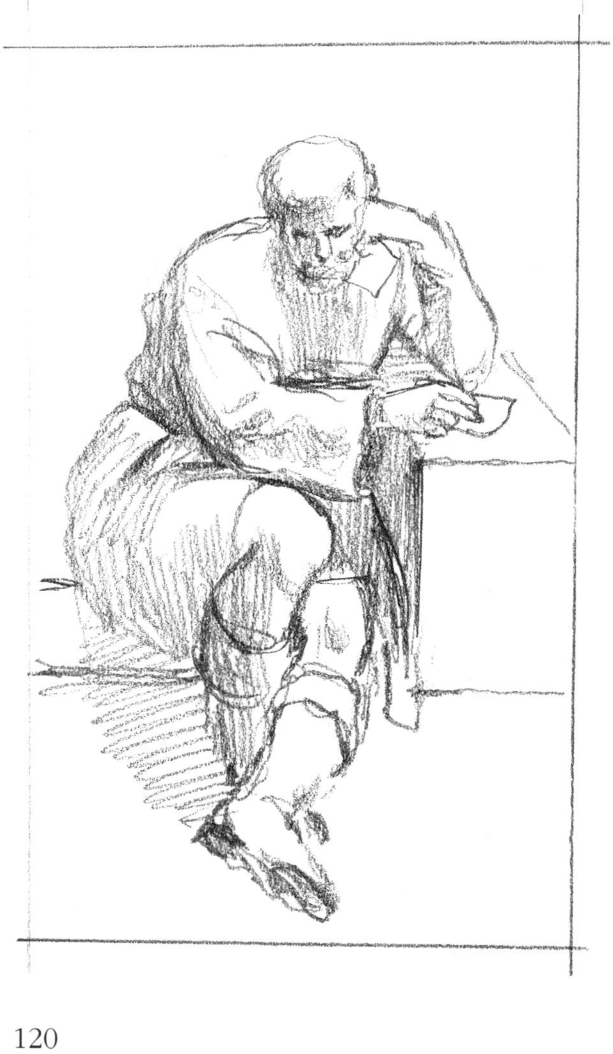

Diese sitzende Figur ist ein Ausschnitt aus Raffaels Fresko »Schule von Athen« im Vatikan. Wir sehen einen Philosophen, der konzentriert seinen Gedanken nachhängt und sich dabei Notizen macht – eine Haltung, in der er wohl noch eine Weile verharren wird.

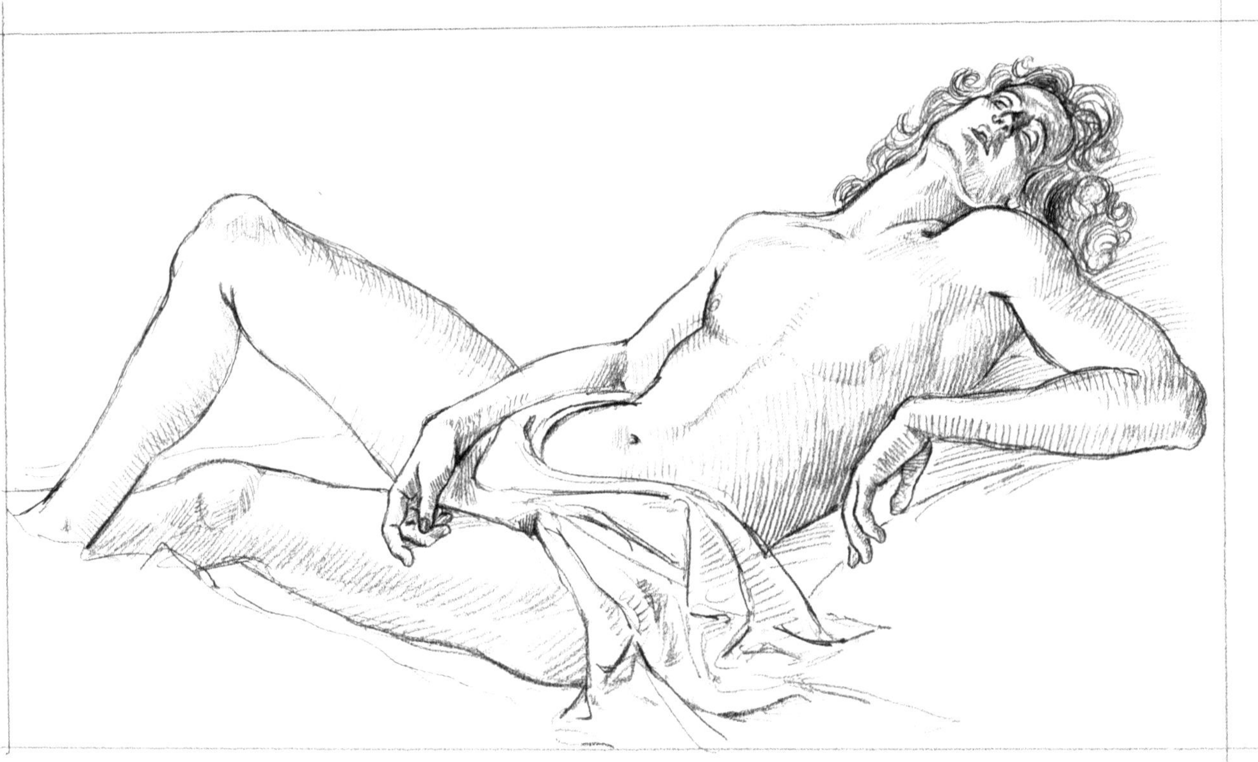

Diese Zeichnung stellt einen Ausschnitt aus Botticellis »Venus und Mars« dar. Der zurückgelehnte Mars hat sich vollkommen dem Schlaf hingegeben. Der Zustand der Entspannung wird hier in exemplarischer Weise zum Ausdruck gebracht.

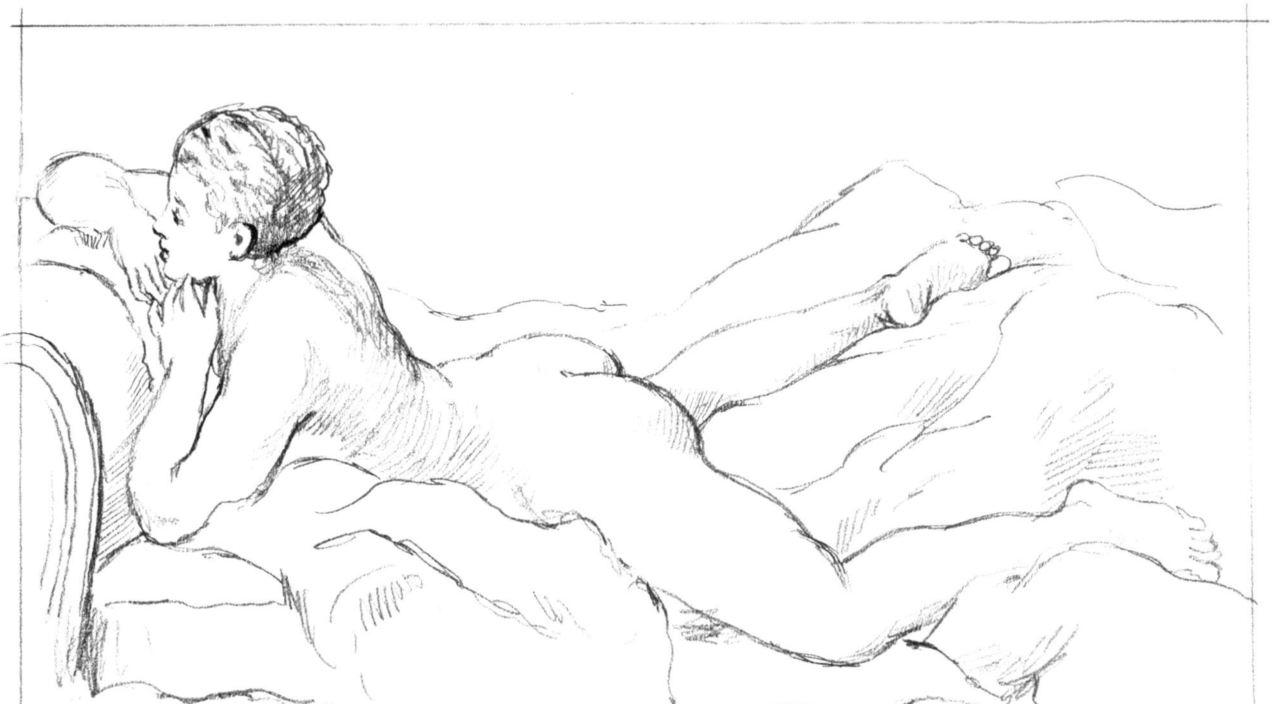

In dieser Zeichnung des Franzosen François Boucher aus dem 18. Jahrhundert posiert ein Mädchen nackt ausgestreckt auf einer Couch. Wenngleich der angehobene Kopf nur leicht von einem Finger gestützt wird, deutet die Haltung auf keinerlei Aktivität hin. Die Seitenansicht einer liegenden Position strahlt stets die größte Ruhe aus.

GEOMETRISCHE GRUPPEN

Die Anordnung von mehreren Figuren nach geometrischen Prinzipien ist eine altbewährte Methode der Bildkomposition. Solange sie nicht zu schematisch angewendet wird, verleiht sie dem Bild eine wohltuende Struktur.

Es stehen verschiedene geometrische Formen – Kreis, Dreieck, Rechteck, Parallelogramm zur Auswahl, solange wir darauf achten, dass das resultierende Arrangement natürlich wirkt.

Hier beschreiben zwei Figuren ein Dreieck. Die liegende weibliche Figur bildet die Basis, die sich von Kopf und Ellenbogen bis zu den Füßen erstreckt. Die männliche Figur stellt mit ihrem Kopf den Scheitelpunkt dar, während die ausgestreckte Hand zur Seitenlinie weist.

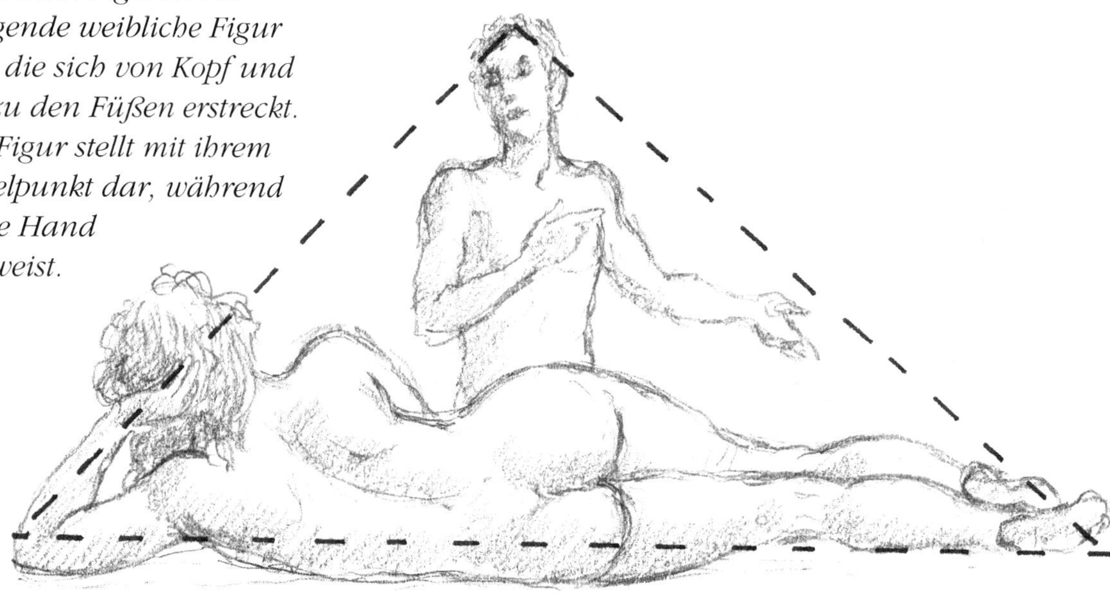

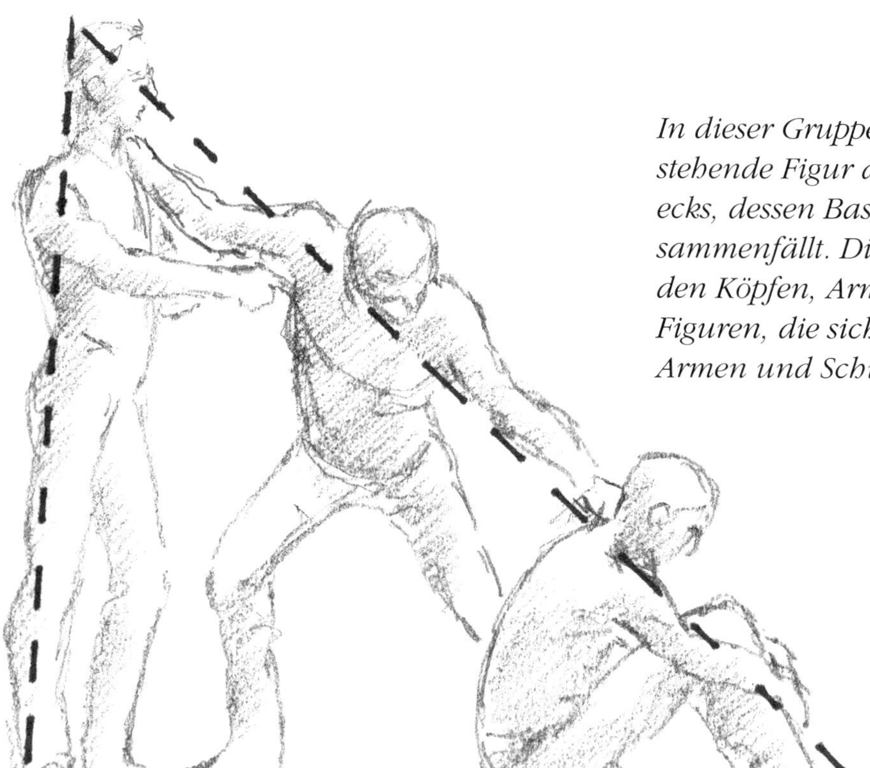

In dieser Gruppe aus drei Figuren bildet die stehende Figur die vertikale Seite des Dreiecks, dessen Basis mit dem Fußboden zusammenfällt. Die dritte Seite ergibt sich aus den Köpfen, Armen und Beinen der drei Figuren, die sich entlang dieser Linie an Armen und Schultern berühren.

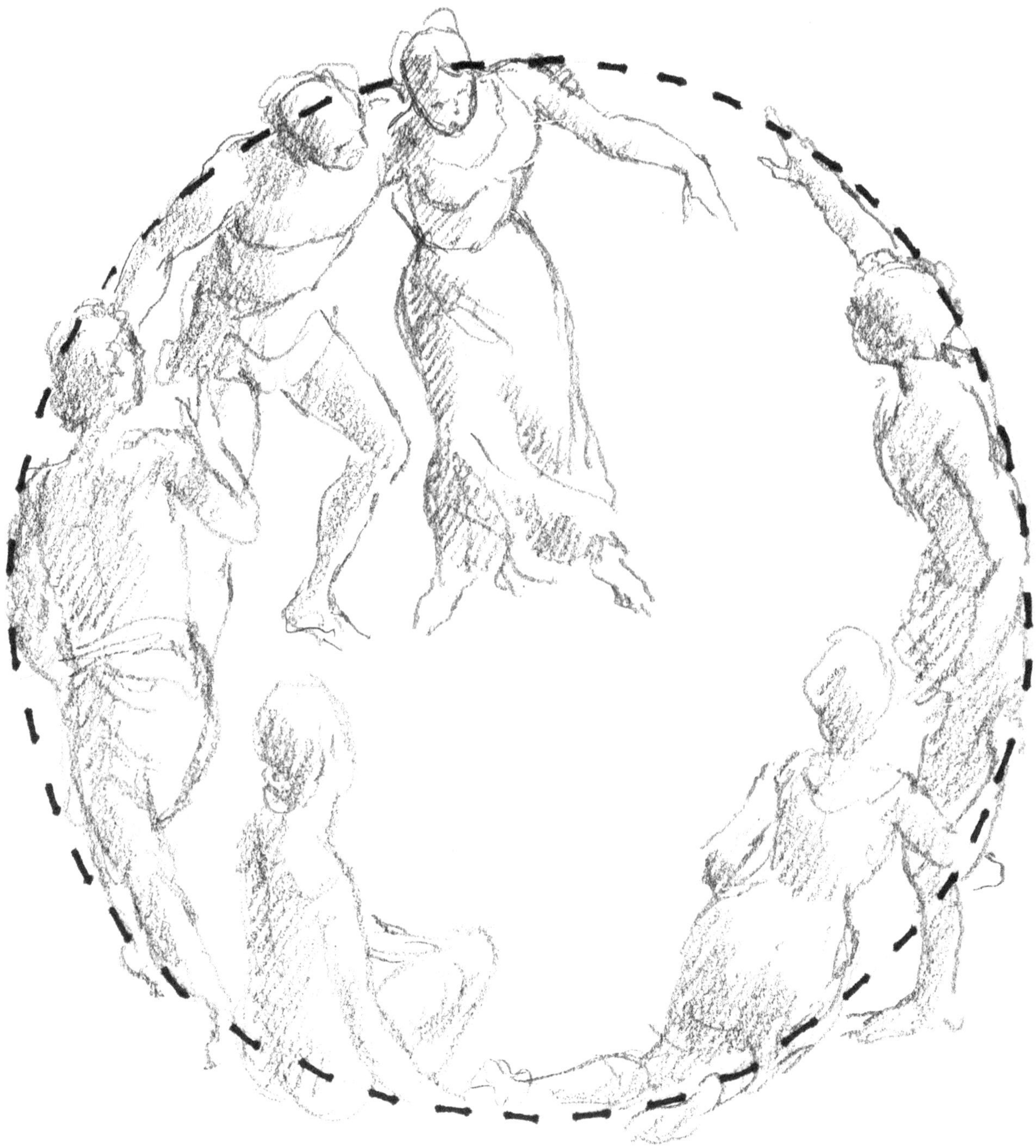

Kreisförmige Kompositionen sind selten. Sie eignen sich besonders für Tanzbewegungen größerer Figurengruppen. Hier sehen wir drei Paare, die möglicherweise gerade dabei sind, einen Tanz zu beginnen. Die unteren beiden Frauen sitzen oder knien noch, während die dritte Frau und der Mann rechts mit ihren ausgestreckten Armen den Kreis vervollständigen und zugleich die Dynamik des bevorstehenden Tanzes vorwegnehmen.

KOMPLEXE GEOMETRIE

Häufig werden Bildkompositionen durch komplexere geometrische Formen zusammengehalten. Versuchen Sie, diese aufzuspüren und mit ihrem intuitiven Bildverständnis zu vergleichen. Mit etwas Übung können Sie von dieser Methode auch in ihren eigenen Arbeiten profitieren.

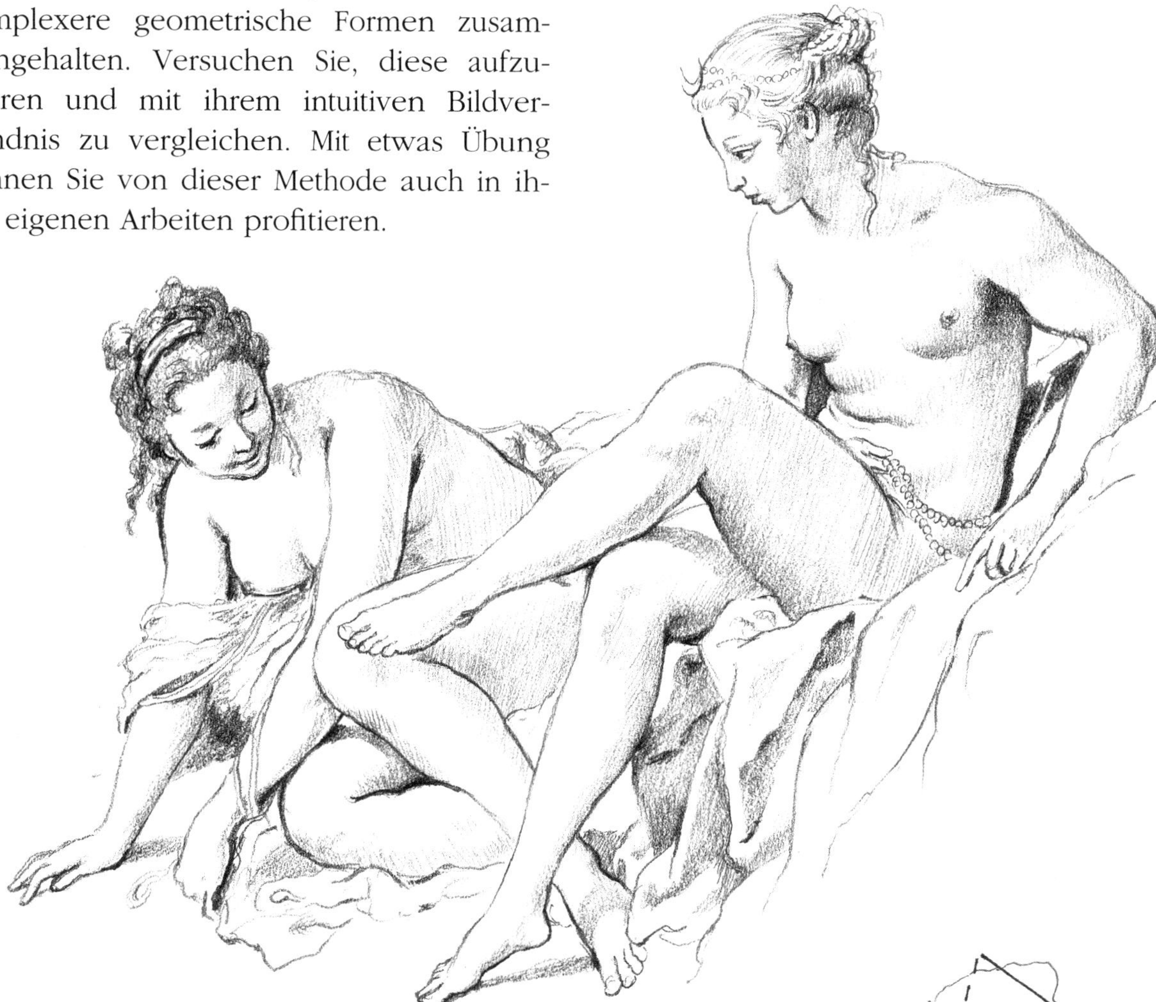

Diese auf den ersten Blick einfache Komposition »Diana im Bade« von François Boucher wird, wenn wir sie analysieren, zu einem komplizierten Dreiecksgeflecht. Die Hauptlinie führt von der Hand links unten über den Unterschenkel der sitzenden Göttin zu ihrer äußeren Schulter. Kopf und Ellenbogen bilden die Seite eines Dreiecks, dessen übrige Seiten sich im unteren Fuß treffen. Kopf, Hand und Fuß der linken Figur sowie die Hand rechts außen bilden die Eckpunkte weiterer Dreiecke, die in ihrer Gesamtheit ein vollkommen natürliches Ganzes bilden.

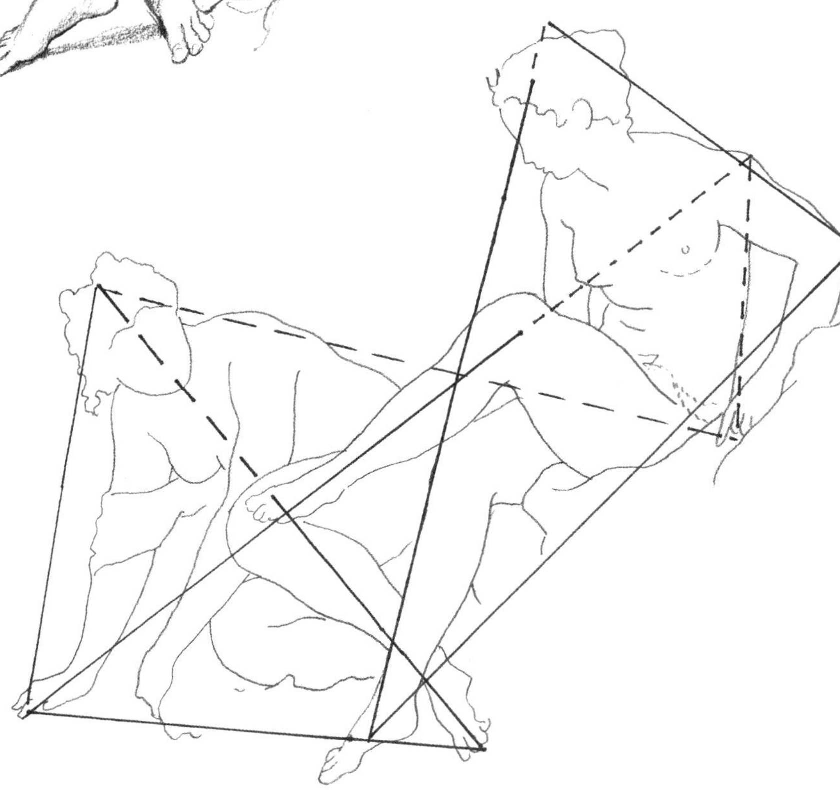

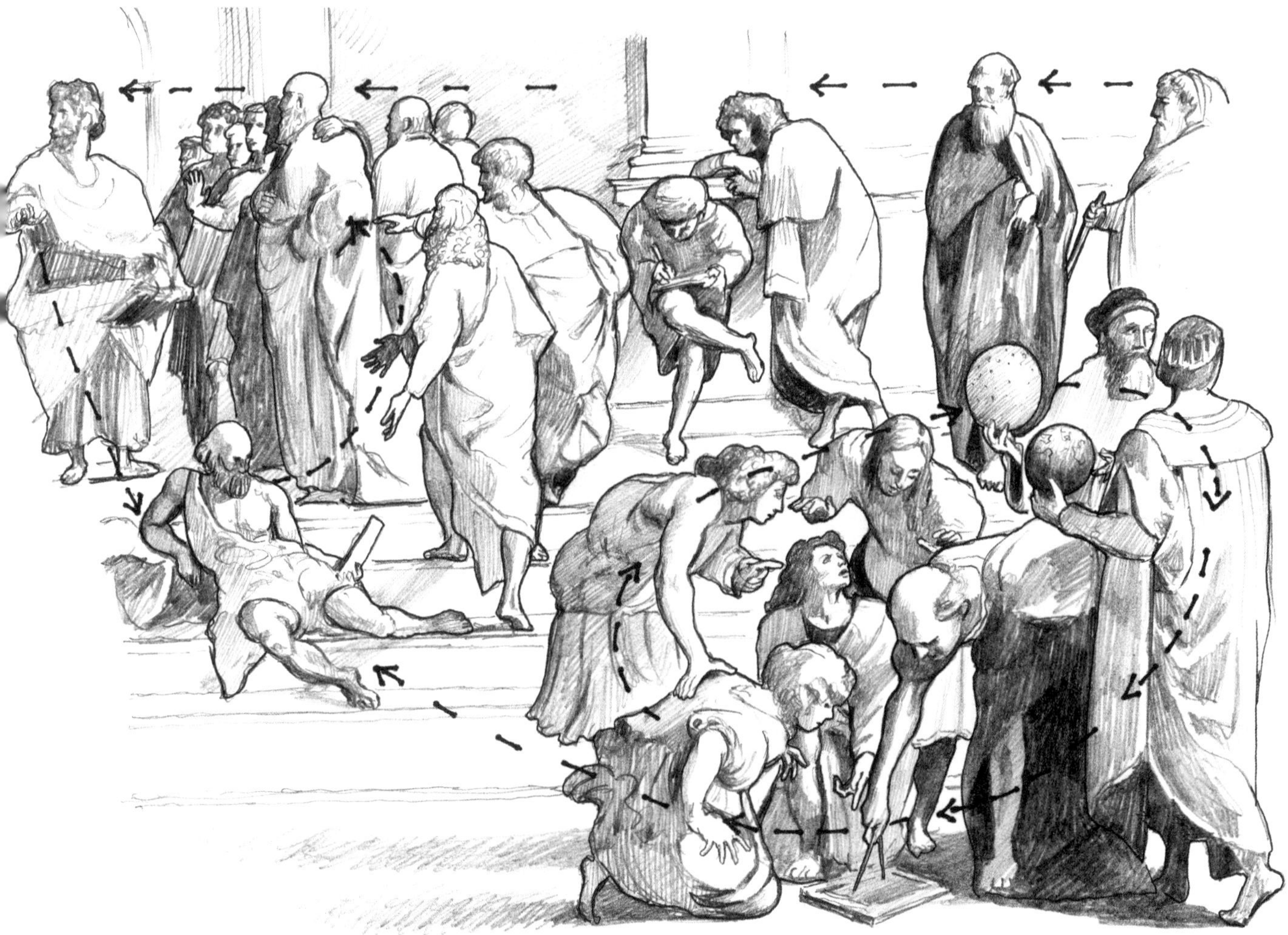

Diese Szene findet sich ebenfalls in Raffaels Fresko »Schule von Athen«. Wir sehen zwei lockere Gruppen größtenteils stehender Figuren auf einer breiten Treppe. Um die große Menschengruppe zu strukturieren, teilte der Künstler sie in kleinere Gruppen auf. Der Zusammenhalt innerhalb dieser Untergruppen sowie zwischen ihnen wird durch die Blickrichtung einzelner Gesichter verstärkt. So geht von dem aufschauenden Gesicht in der Gruppe rechts vorn ein Bewegungsfluss aus, den wir mit einer Pfeillinie markiert haben. Auch Gesten können Bezüge zwischen Figuren und Figurengruppen schaffen, wie bei den Händen, die zu dem liegenden alten Mann hinweisen. Manchmal schauen sich zwei Figuren an und bilden so den Kern einer größeren Gruppe. Die knienden, sitzenden und liegenden Figuren durchbrechen die Dominanz der vertikalen Körper. Raffael war ein Meister dieser Kompositionsart, und häufig lohnt es sich, Ausschnitte großer Gemälde auf solche Strukturen hin zu untersuchen.

INNEN UND AUSSEN

Figuren brauchen in der Regel einen Hintergrund, um nicht im luftleeren Raum zu schweben. Die Szene kann in einem Raum oder im Freien spielen. Jan Vermeer und Pieter de Hooch, die holländischen Meister des 16. Jahrhunderts, sind nicht zuletzt für ihre Interieurs berühmt, in denen die geordnete Ruhe bürgerlicher Haushalte zu sehen ist.

Der wesentliche Unterschied zwischen Innenraum- und Freiluftszene besteht für den Künstler in den Lichtverhältnissen – Innenräume haben in der Regel konzentriertere Lichtquellen. Anhand der Werke Jan Vermeers und Pieter de Hoochs können wir die Bedeutung des Lichts für die Komposition studieren.

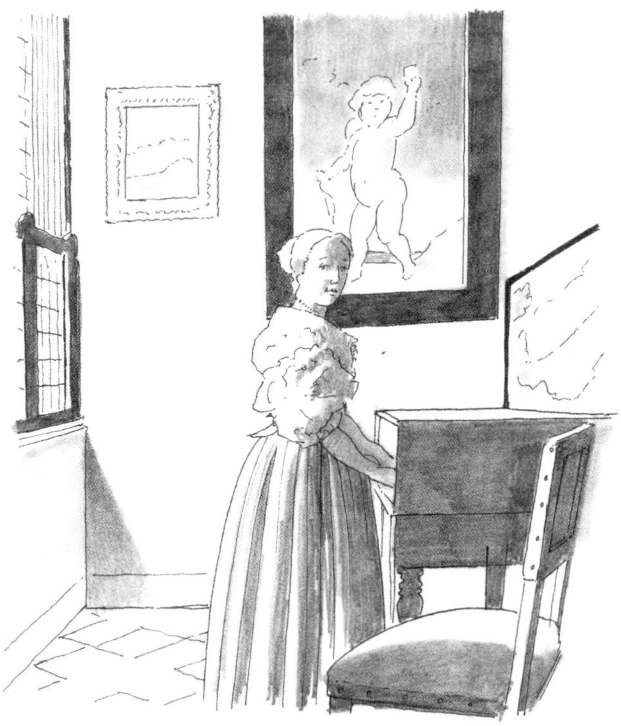

Vermeer platzierte seine Figuren in Innenräumen stets so, dass das klare Licht eines Fensters sie beschien. Häufig umfasst die Komposition ein Musikinstrument oder anderes Haushaltszubehör. Den Hintergrund bilden große Bilder oder Landkarten an den Wänden. Das Arrangement der Möbel dient dazu, den räumlichen Eindruck zu verstärken.

Pieter de Hoochs Bilder umfassen häufig große Bereiche des Hausinneren. In diesem Beispiel wurden die Räume mit Bedacht gewählt, sodass wir von einem Raum in den nächsten und schließlich zum Fenster hinaus sehen können. Der kleine Hund lenkt unseren Blick in die Raumflucht. Mutter und Tochter befinden sich seitlich im Bild vor einem großen Alkoven, der einen dunklen geschlossenen Innenraum bildet. Die Kontrast zwischen hellem Außenbereich und dunklem Innenraum verleiht der Komposition einen besonderen Reiz.

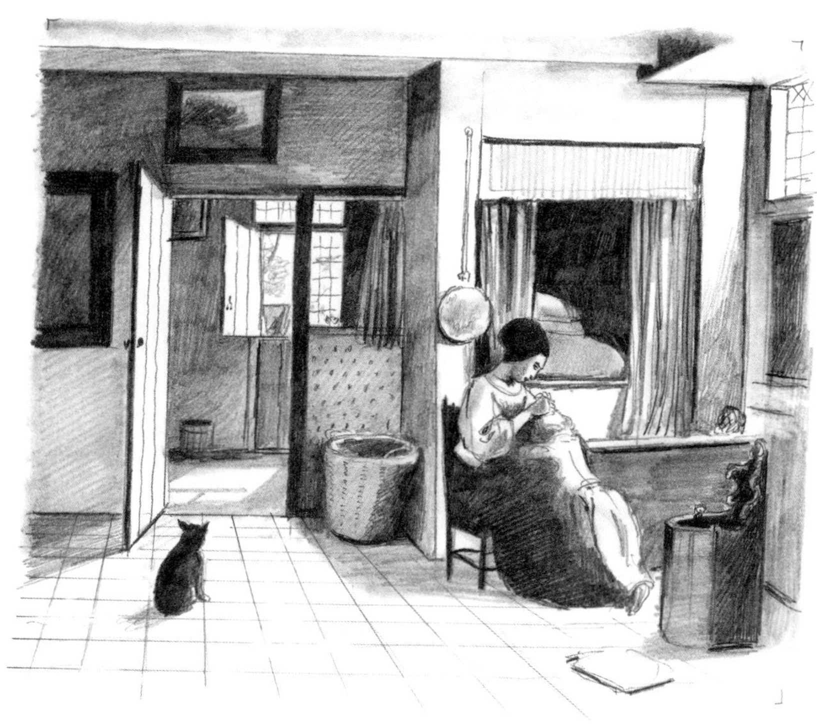

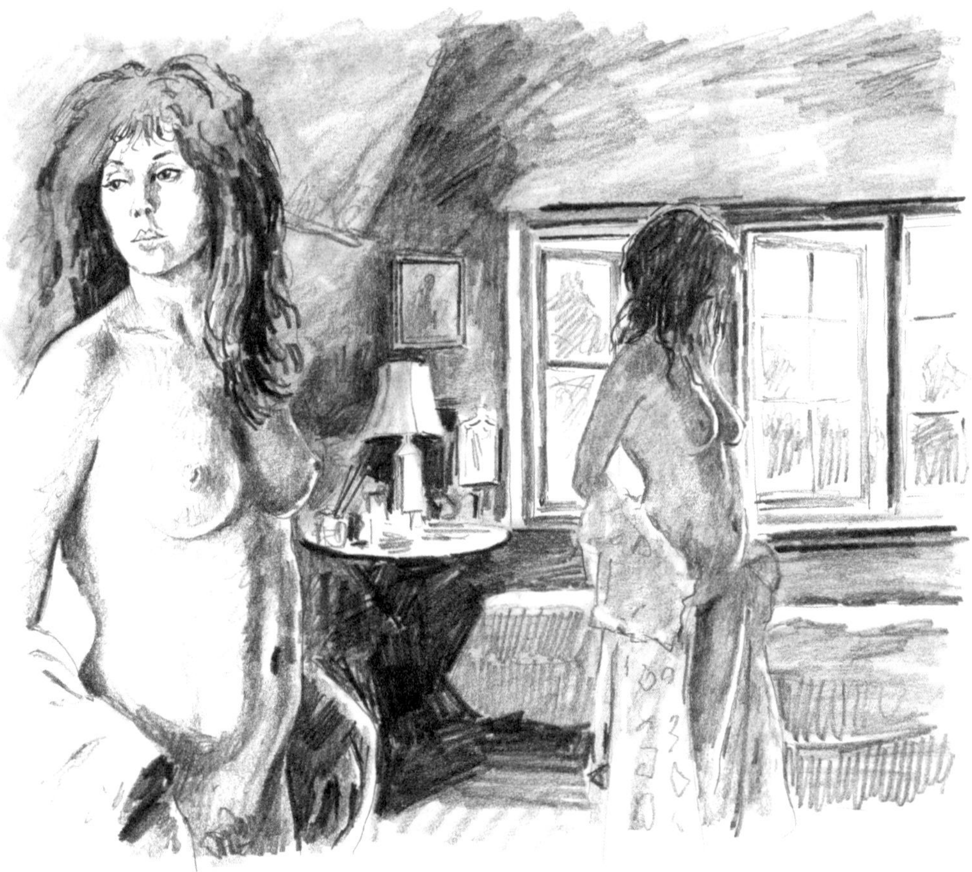

In Peter Kuhfelds Komposition schaut die junge Frau in seinem Studio zum Fenster. Im Hintergrund wird die Szene mit Fenster und Gartenausblick von einem Spiegel reflektiert. Wir sehen im Prinzip zwei Figuren aus unterschiedlichen Winkeln. Das Bild erhält dadurch zusätzliche Tiefe. Wäre das Bild am rechten Rand nicht abgeschnitten, müssten wir dort auch den Maler sehen können.

In dieser Gartenszene von Peter Kuhfeld sehen wir ein Mädchen lesend an einem Tisch sitzen. Sie ist umgeben von Blumen und Sträuchern; im Hintergrund erblicken wir die Andeutung eines Fensters. Das Geschirr auf dem Tisch verrät dem Betrachter die Anwesenheit des Malers als weiterer Person. Auch diese Szene wirkt sehr intim, aber diesmal befindet sich der geschlossene Raum im Freien. Tischtuch, Eisenstühle und die üppige Vegetation verstärken den Eindruck der Frische.

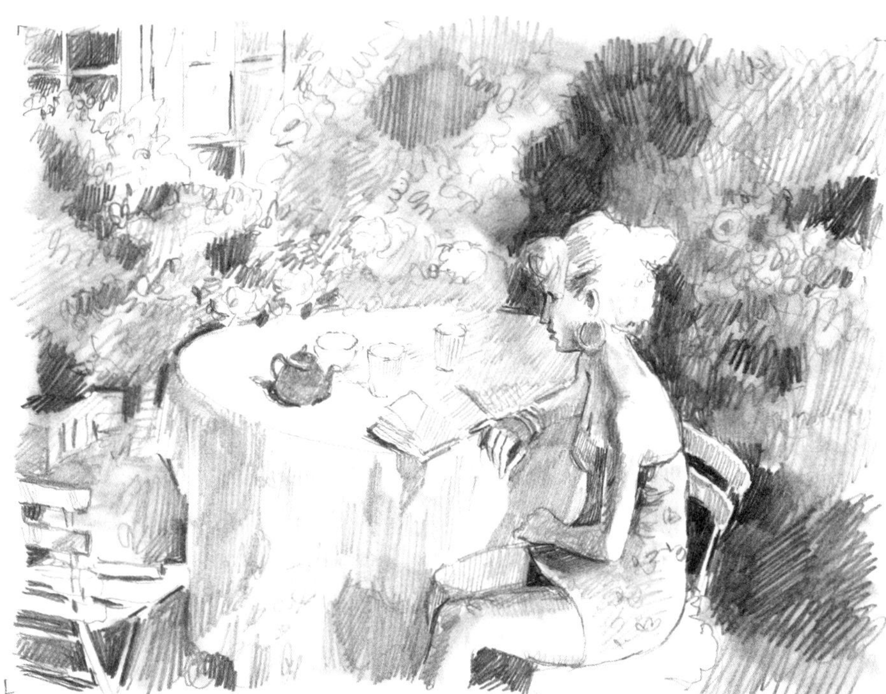

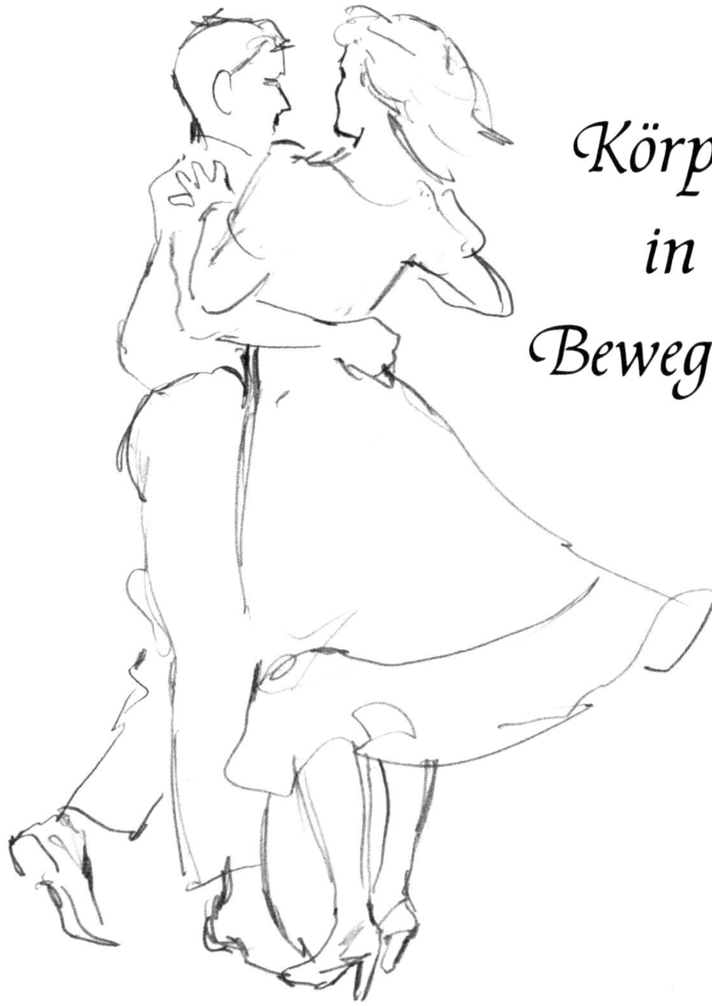

Körper in Bewegung

Sobald wir etwas Übung im Zeichnen von Menschen im Ruhezustand haben, können wir versuchen, auch Bewegung sichtbar zu machen.

Seit es die Fotografie gibt, kennen wir Bilder, auf denen Bewegungen in den unterschiedlichsten Phasen festhalten sind. Videos lassen sich sogar an beliebiger Stelle anhalten und als Standbild studieren. Nichts ersetzt die rasche Skizze von Menschen, die sich bewegen. Wir benötigen jedoch ein gutes Gedächtnis, um eine im Augenblick wahrgenommene Situation in einer ersten Skizze festzuhalten und später, möglicherweise anhand weiterer ähnlicher Vorlagen, zu einer fertigen Zeichnung auszuarbeiten.

Wir können auch jemanden bitten, uns die gewünschte Bewegung im Zeitlupentempo vorzuführen, damit wir sie in verschiedenen Stadien skizzieren können. Entscheidend ist, dass wir die Bewegungen der Menschen sorgfältig beobachten – wie sie die Arme bewegen, das Gewicht verlagern und den Kopf drehen. Je mehr dieser Faktoren wir berücksichtigen, desto natürlicher werden unsere Zeichnungen am Ende wirken.

Wenn wir die Bewegung unserer Figuren betonen wollen, sollten wir den Augenblick wählen, in dem die Dynamik der Bewegung am größten ist. Dazu eignen sich besonders Stellungen, die sich im Ruhezustand nur schwer oder gar nicht halten lassen, wie diverse Sprungphasen – so erkennt der Betrachter intuitiv, dass Bewegung im Spiel sein muss. Zusätzlich lässt sich der Eindruck der Bewegung durch die Wahl der Zeichentechnik verstärken. Einmal liefert ein fließender lockerer, einmal ein unzusammenhängender eckiger Strich die beste Beschreibung des Geschehens.

Vor allem aber müssen wir beobachten. Sobald wir ein klareres Bild von Bewegungsabläufen haben, bleiben Sie uns auch besser im Gedächtnis, sodass wir mehr Zeit haben, sie zu zeichnen. In diesem Lernstadium müssen wir flexibel und offen jede Gelegenheit wahrnehmen und bereit sein, aus Fehlern zu lernen.

GEHEN UND LAUFEN

Fotografien können dem Künstler beim Studium des bewegten Körpers gute Dienste leisten, sind aber als unmittelbare Zeichenvorlage mit Vorsicht zu genießen, wirken von Fotografien abgezeichnete Bilder doch häufig steril. Ein Künstler sollte nicht nur Linien und Formen korrekt wiedergeben, sondern auch seine eigenen Gefühle zur dargestellten Situation vermitteln. Erst wenn er dem photografischen Abbild seinen persönlichen Stempel aufdrückt, wird daraus ein aussagefähiges Kunstwerk.

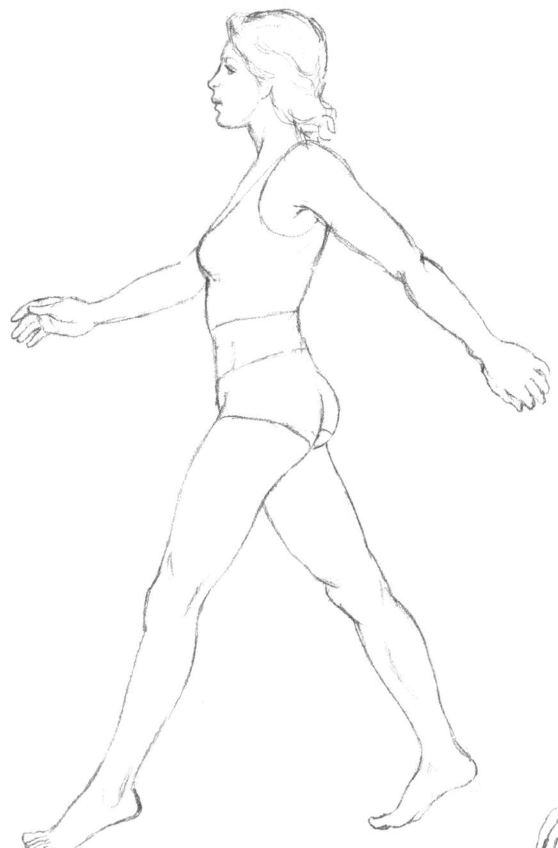

Die hier gezeigten Figuren orientieren sich streng an Fotografien von gehenden und laufenden Menschen. Eine Fotografie hält einen genau definierten Augenblick fest. Indem wir uns an der statischen Fotografie orientieren, laufen wir Gefahr, den Bewegungsaspekt aus den Augen zu verlieren, sodass unsere Figuren am Ende steif und unwirklich erscheinen. Verwenden Sie nach Möglichkeit den bewegten Gegenstand selbst als Vorlage und nicht die Fotografie.

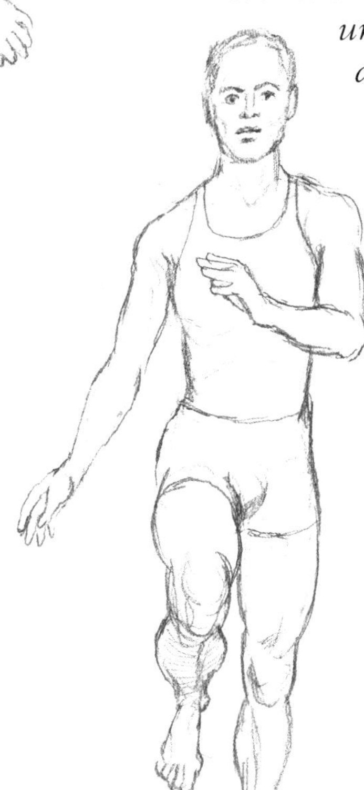

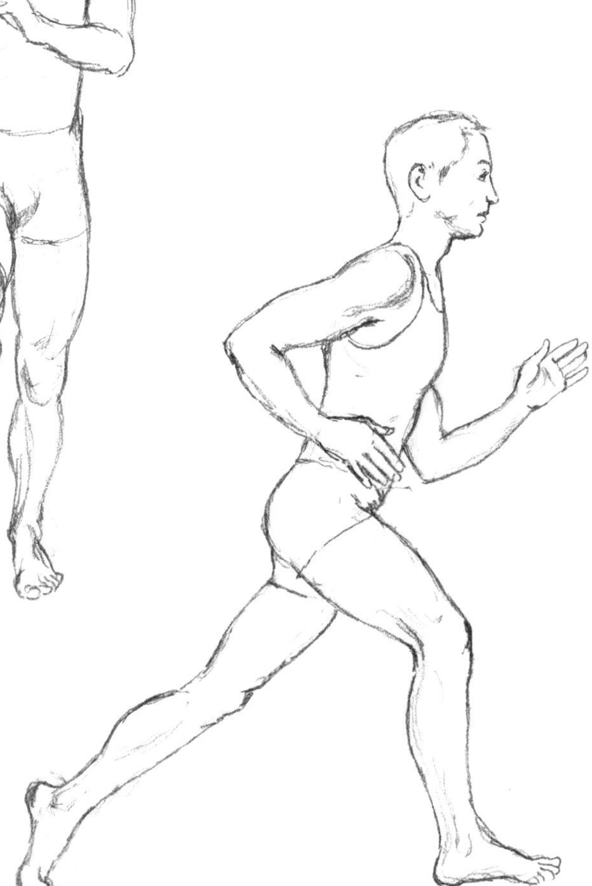

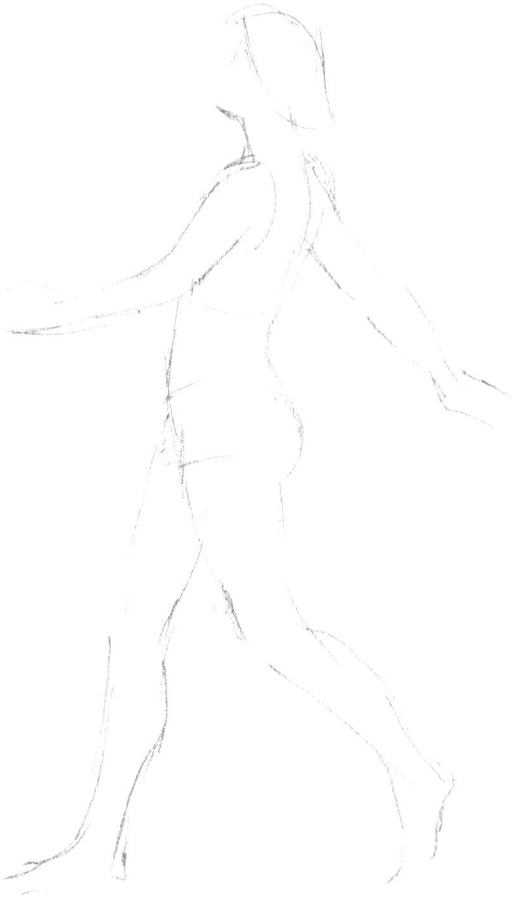

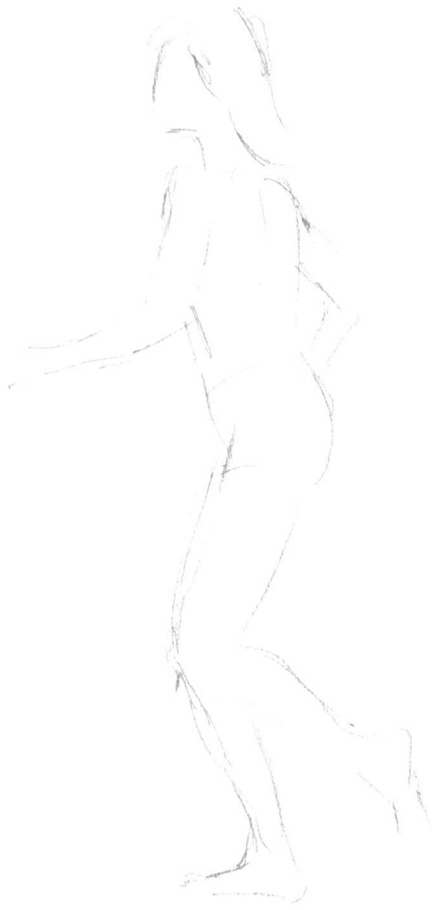

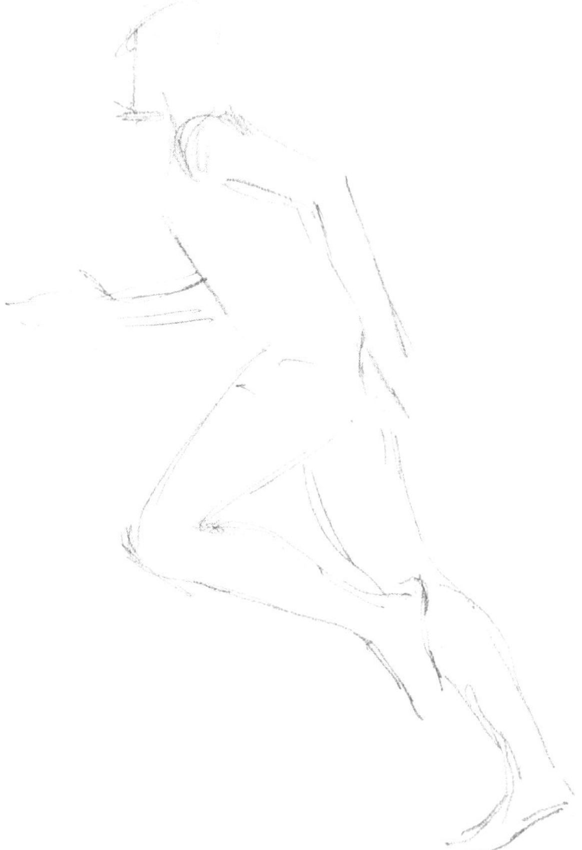

Die nächsten drei Figuren entstanden ohne fotografische Vorlage. Der verwendete Strich ist freier, und die Figuren scheinen sich tatsächlich zu bewegen. Kein Strich ist exakt, und häufig finden wir mehrere Linien nebeneinander, als verursachte die Bewegung der Gliedmaßen ein unscharfes Bild. Schultern und Hüften bewegen sich gegenläufig; der Rumpf ist häufig vor- oder zurückgeneigt.

SPRINGEN UND TANZEN

Diese Figuren zeigen, was passiert, wenn sich der Körper mit einem oder beiden Beinen vom Boden löst, um beispielsweise einen Tanzsprung zu vollführen.

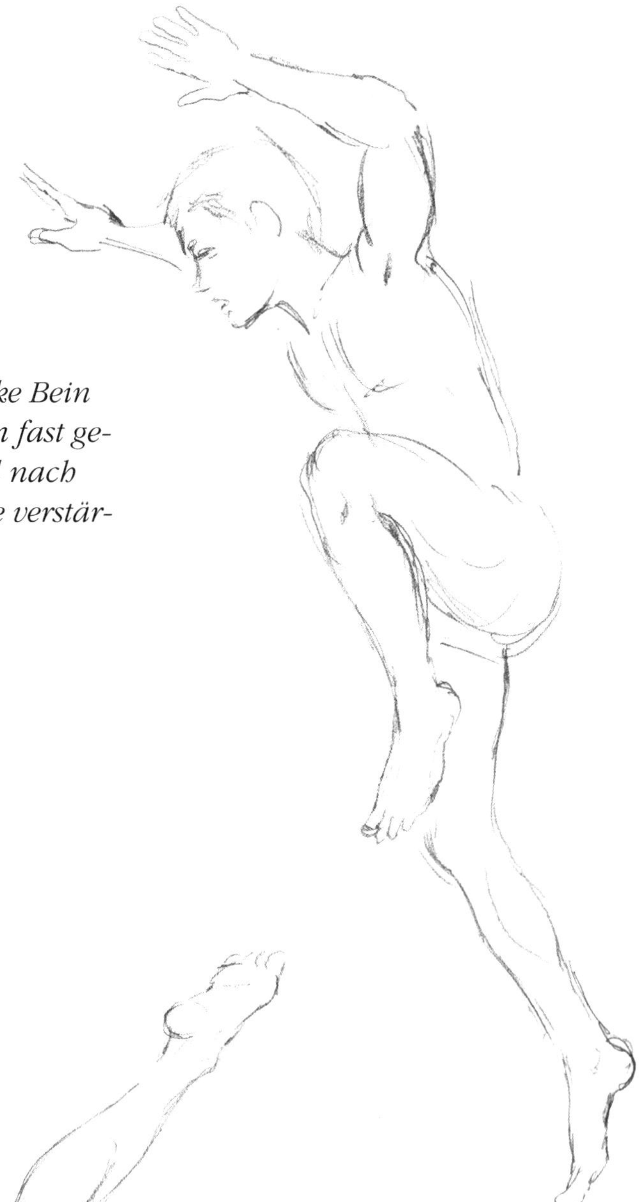

Dieser springende Mann hat das linke Bein angezogen, während das rechte Bein fast gestreckt ist. Oberkörper und Kopf sind nach vorn geneigt; die angehobenen Arme verstärken den Schwung des Sprungs.

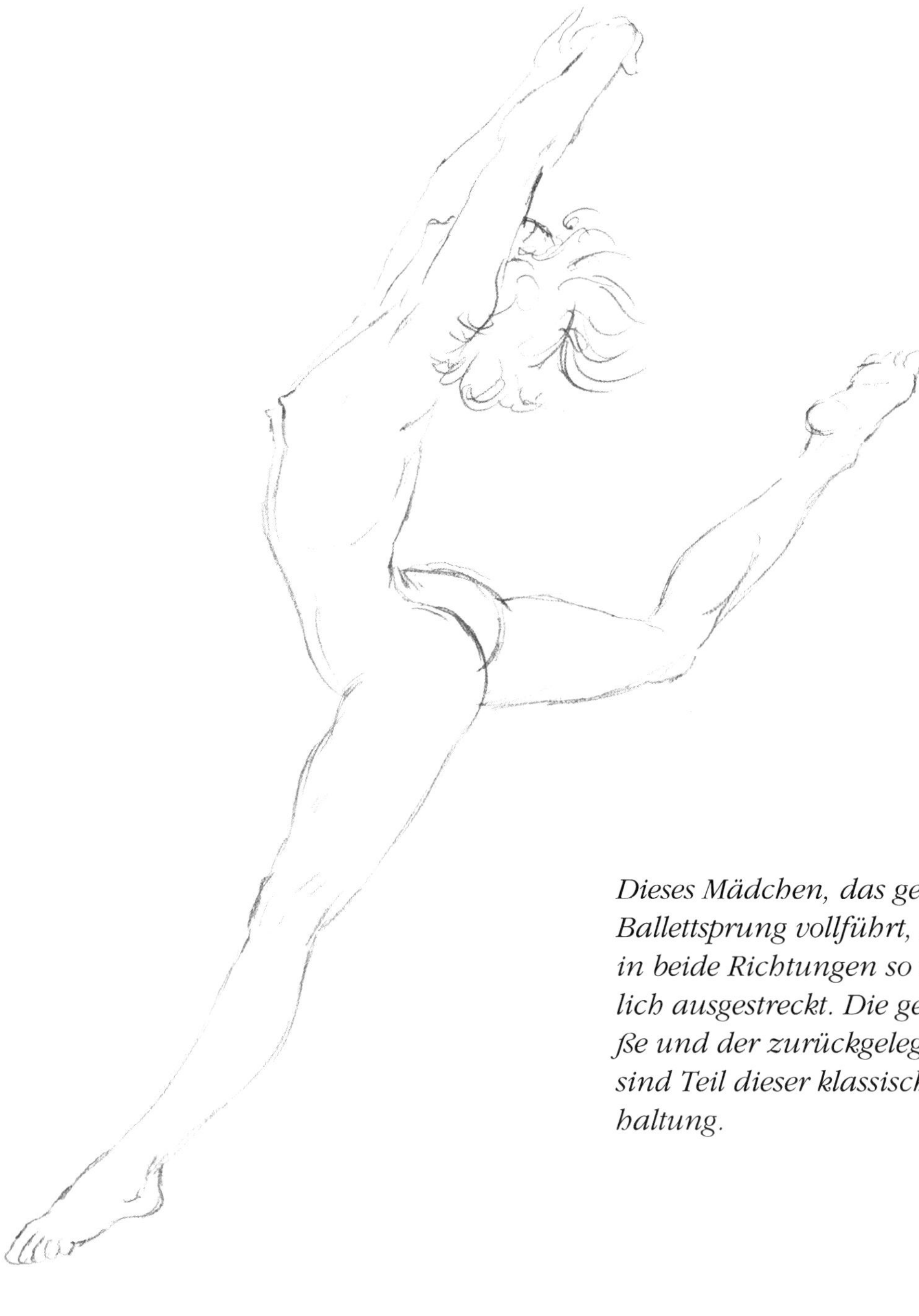

Dieses Mädchen, das gerade einen Ballettsprung vollführt, hat die Beine in beide Richtungen so weit wie möglich ausgestreckt. Die gestreckten Füße und der zurückgelegte Oberkörper sind Teil dieser klassischen Sprunghaltung.

Die nächsten beiden Figuren zeigen eine Balletttänzerin mitten im Sprung. Beine und Arme sind ausgestreckt, um den Eindruck der Balance und Ruhe in der Bewegung zu erzeugen. Die Muskeln sind aufgrund der erforderlichen Anspannung besonders in den Oberschenkeln deutlich zu sehen.

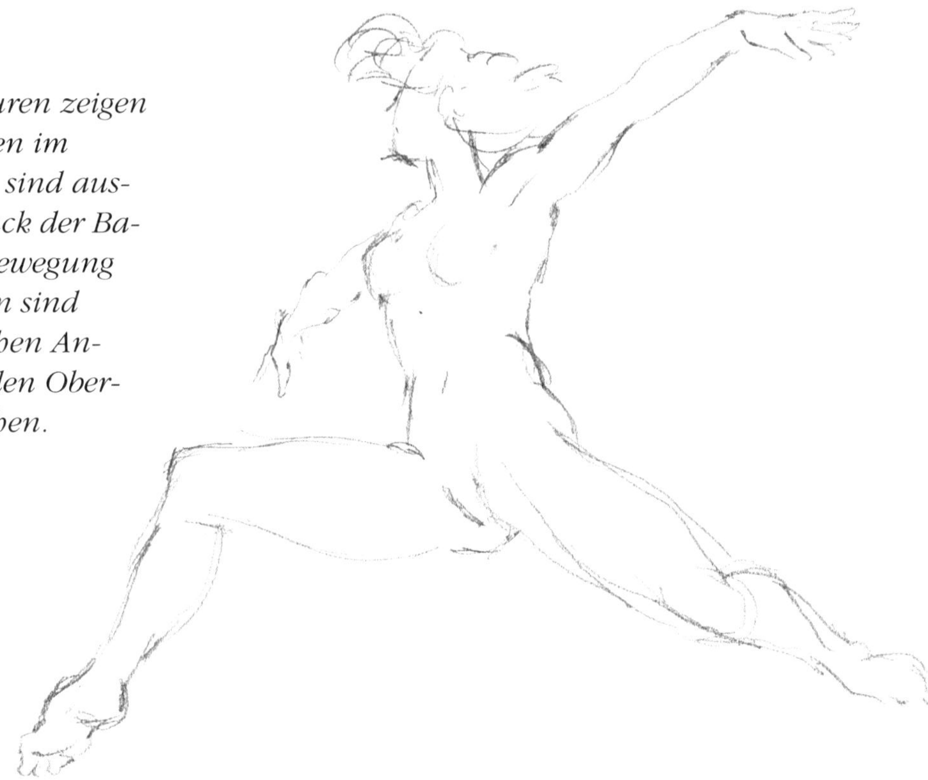

Die Strichführung spiegelt die Energie und die Zielstrebigkeit der dargestellten Situation wider.

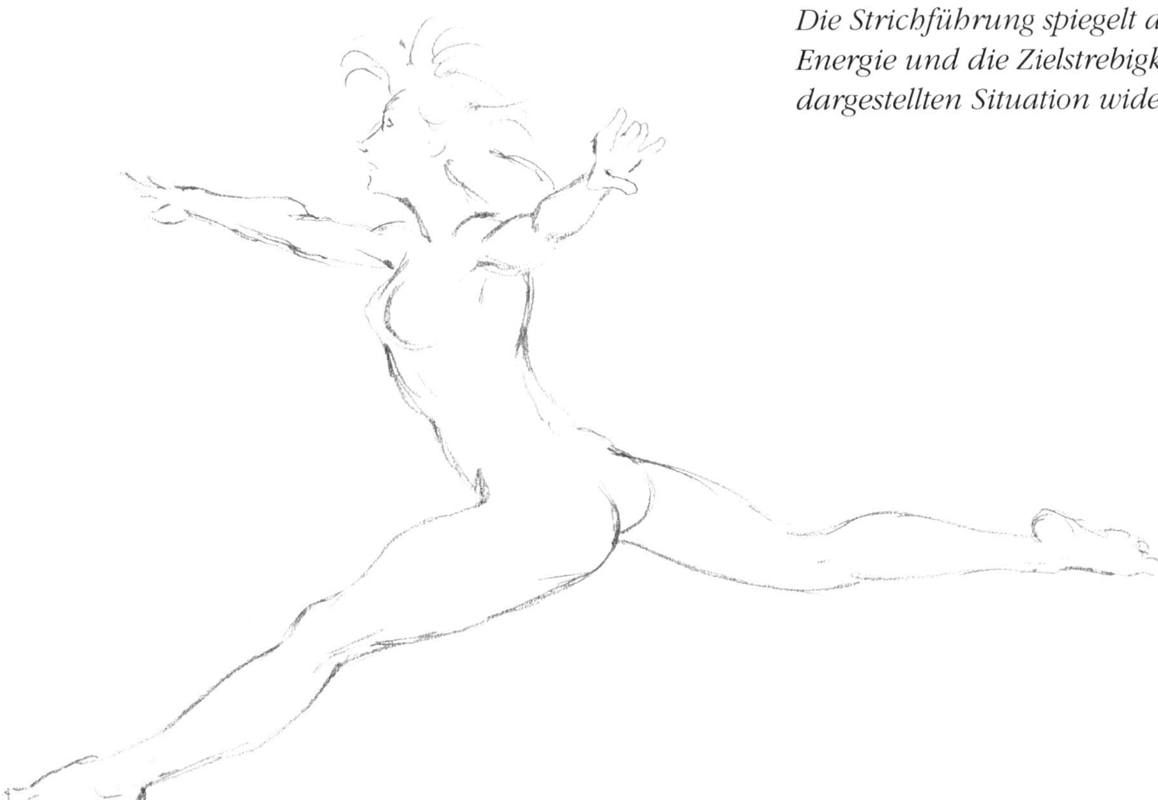

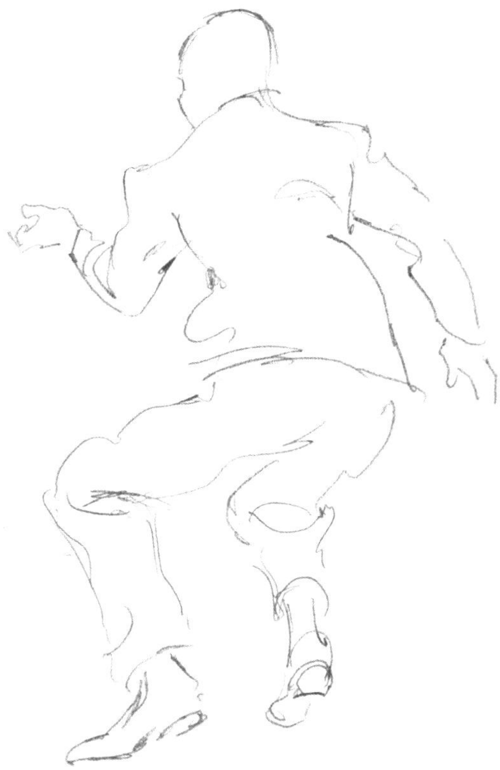

Der Anzug dieses Tänzers, der gerade einen Sprung macht, zeigt viele lockere Falten; die Hosenbeine sind hoch gerutscht. Er bewahrt eine ausbalancierte Haltung, denn als Tänzer versteht er es, seine Bewegungen so zu kontrollieren, dass er stets wieder auf den Füßen landet.

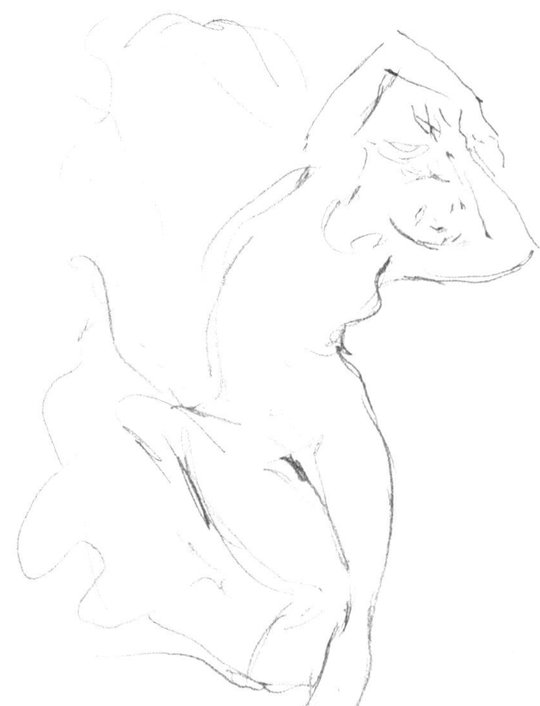

Der geschwungene Körper dieses Mädchens deutet auf einen langsamen Tanz hin; das wehende Kleid verstärkt den Eindruck der Bewegung. Die Striche der Zeichnung folgen dem Fluss der Gestalt, ohne dass eine exakte Wiedergabe stattfindet.

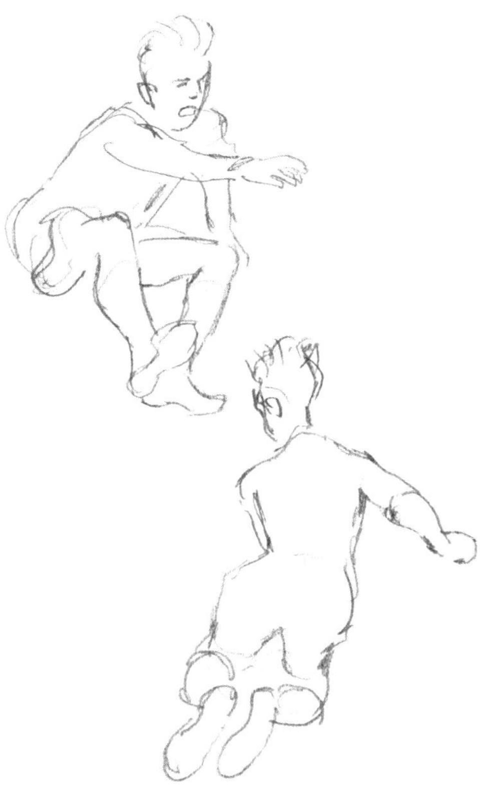

Diese beiden springenden Männer haben die Knie angezogen und halten mit den Armen die Balance; die Sprünge wirken äußerst kraftvoll. Die sparsamen Striche, mit denen die Figuren skizziert wurden, dienen vor allem dazu, Eindruck der Bewegung zu erzeugen.

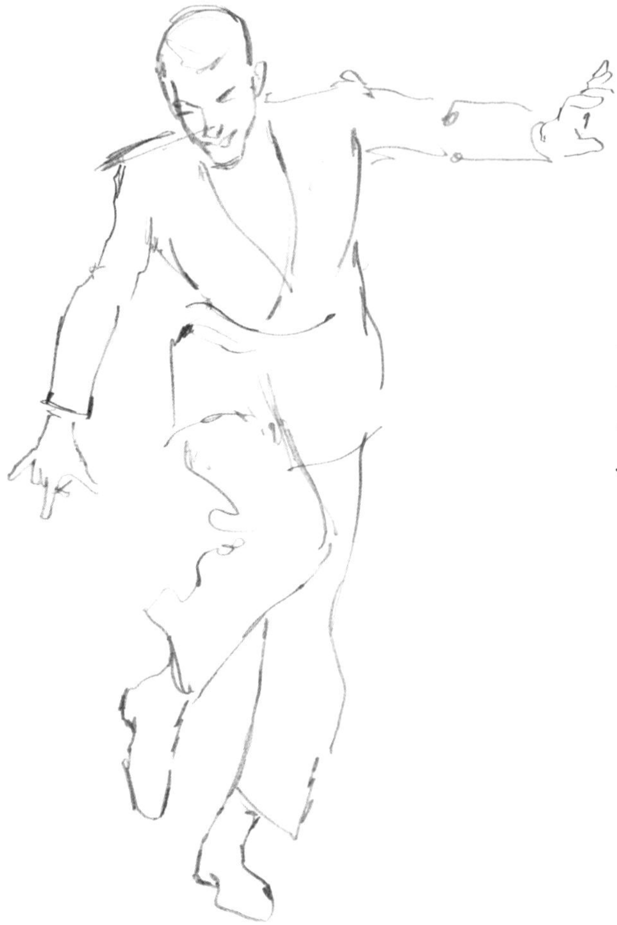

Diese Figur stammt aus einem Film mit Fred Astaire, der hier mit kräftigen, eleganten Bewegungen einen Tanz vollführt. Der Körper ist gedreht und das Tanzbein stark angehoben, während die Arme für die nötige Balance sorgen.

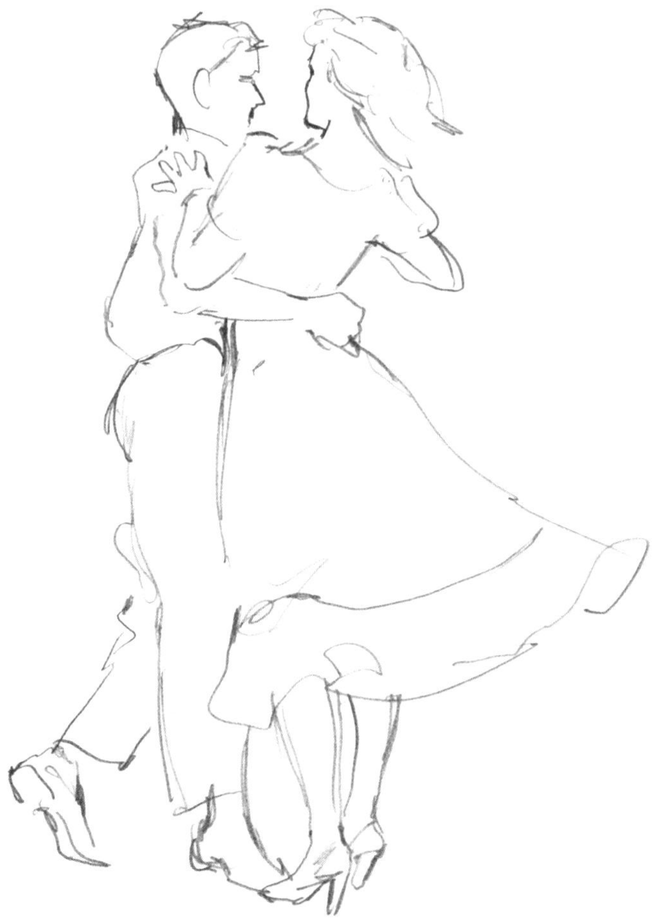

Dieses Paar vollführt einen klassischen Gesellschaftstanz; der Arm des Mannes hält die Taille der Frau, die sich leicht zurücklehnt. Ihr Kleid und ihre Haare schwingen im Kreis, während er mit den Füßen die Schritte vorgibt. Auch diese Zeichnung kommt ohne Details aus; wenige Striche genügen, um anhand der Kleidung den Eindruck von Bewegung zu erzeugen.

SITZEN UND LIEGEN

Sitzen und Liegen gelten nicht unbedingt als Bewegungsformen, aber sie vermitteln bisweilen eine Dynamik, die auf eine unmittelbar bevorstehende Bewegung hindeutet.

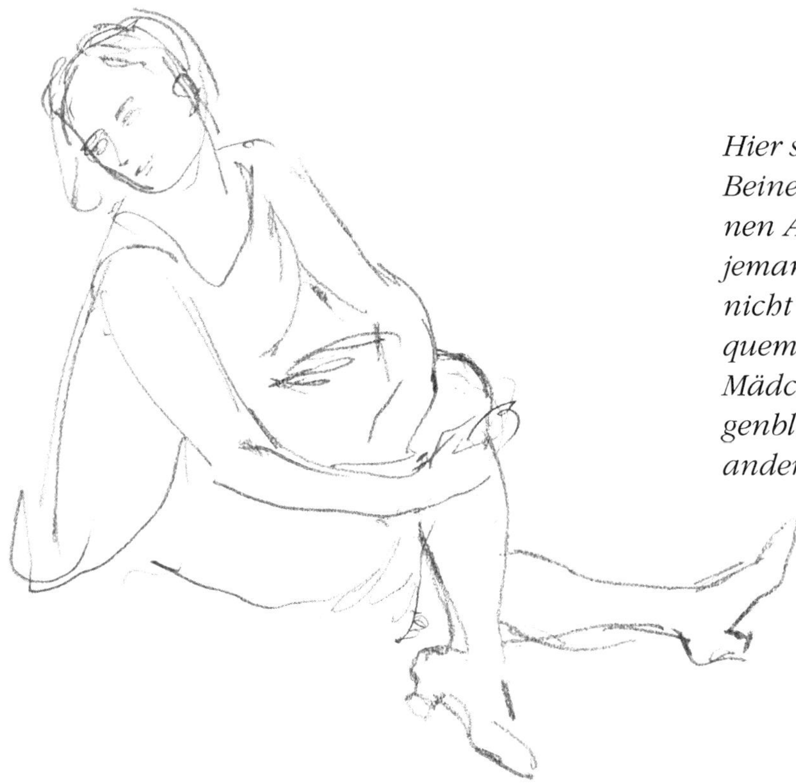

Hier sitzt ein Mädchen mit gekreuzten Beinen und um das Knie geschlungenen Armen, als unterhalte sie sich mit jemandem. Auch die Kopfhaltung sieht nicht so aus, als säße sie allzu bequem. Wir können fast sehen, wie das Mädchen die Beine im nächsten Augenblick entfalten und möglicherweise andersherum erneut kreuzen wird.

Die zweite Figur zeigt eine Balletttänzerin, die eine kurze Pause macht. Sie hält die Füße weit nach außen gedreht und massiert dabei ihre Wadenmuskeln. Der Betrachter nimmt unwillkürlich an, dass diese Haltung nur von kurzer Dauer sein kann, und projiziert die erwartete Bewegung in die Ruheposition hinein.

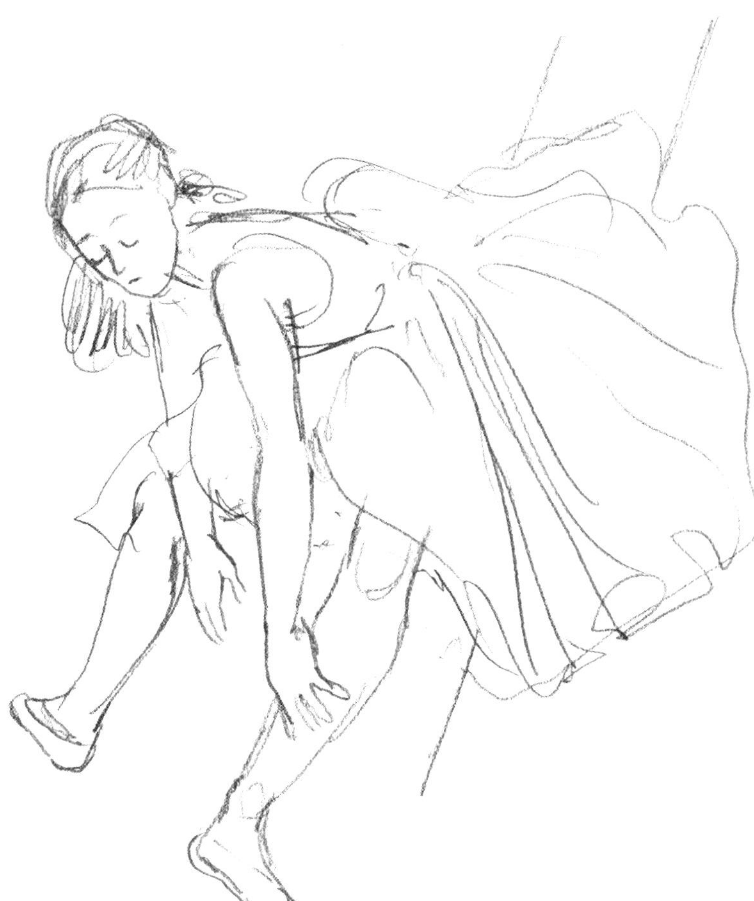

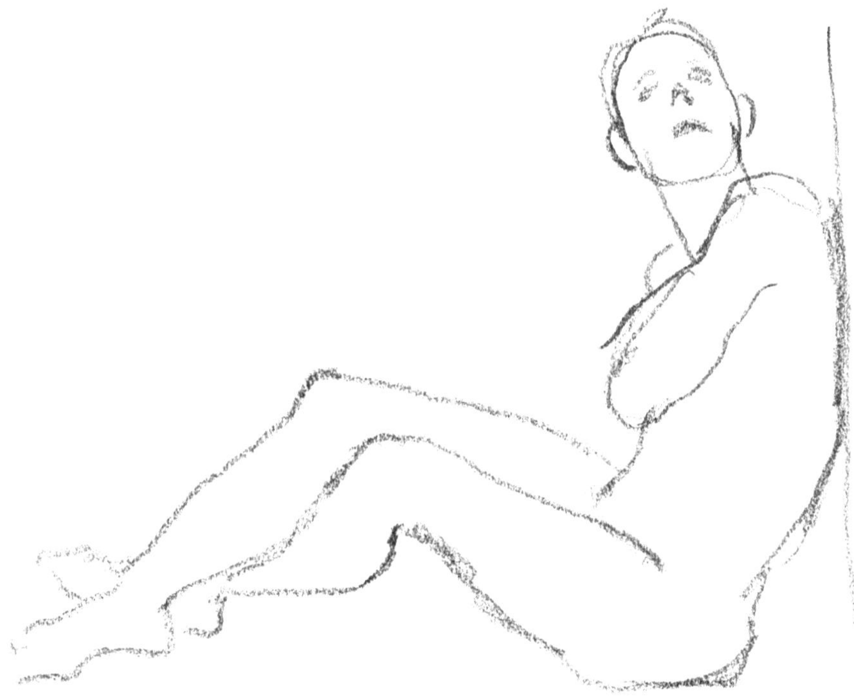

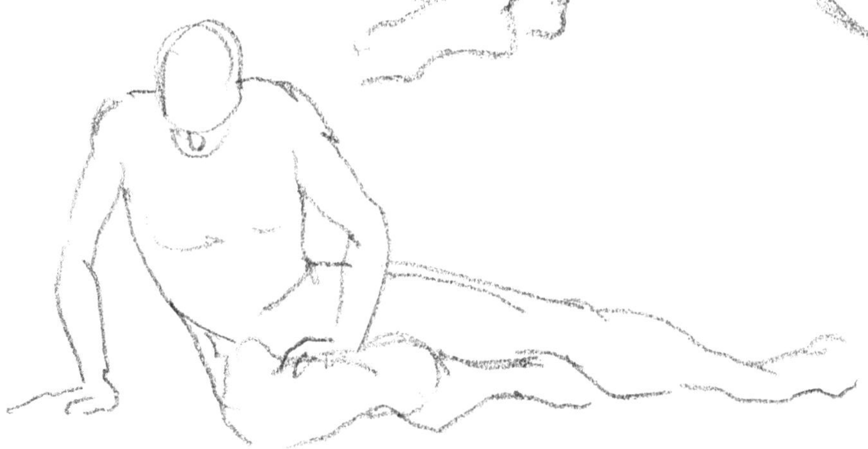

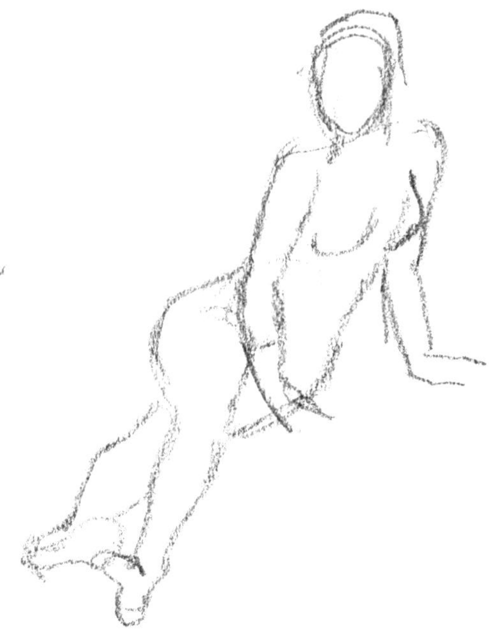

Es gibt so viele Stellungen und Tätigkeiten, wie der menschliche Körper Bewegungen zulässt. Diese liegenden oder sitzenden Modelle befinden sich in Stellungen, in denen sie eine Zeit lang verweilen können. Deshalb drücken diese Zeichnungen mehr Ruhe als Bewegung aus.

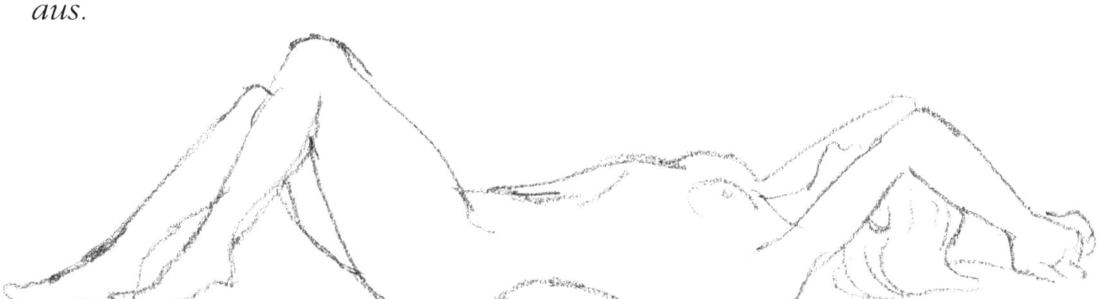

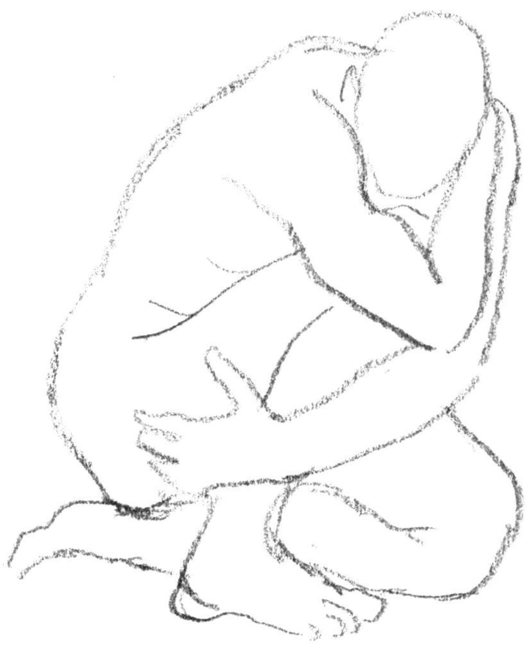

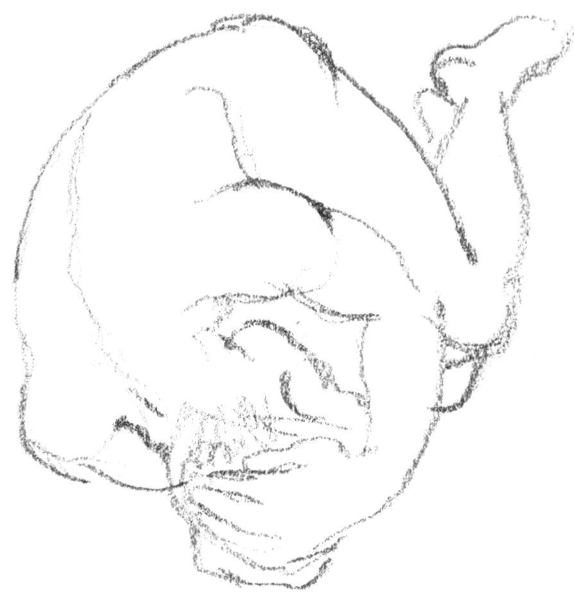

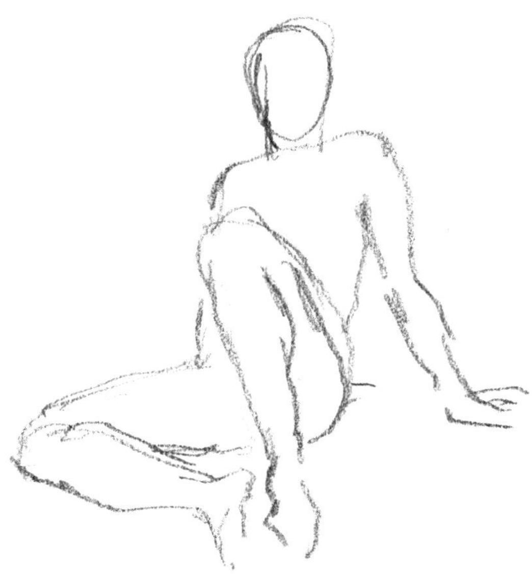

Diese Stellungen wirken weniger natürlich als die auf den vorigen beiden Seiten. Dadurch erinnern sie stärker an Skulpturen, als seien sie aus Stein gehauen oder in Metall gegossen. An den Künstler stellen besonders die perspektivischen Verkürzungen erhöhte Anforderungen.

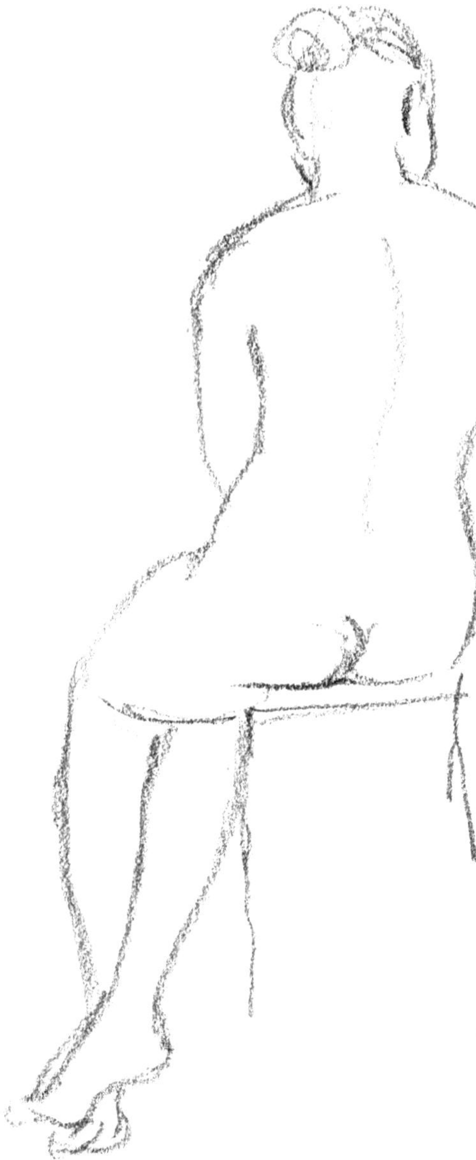

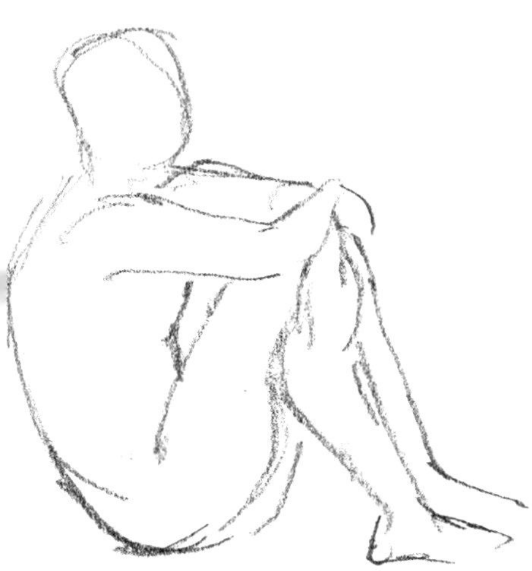

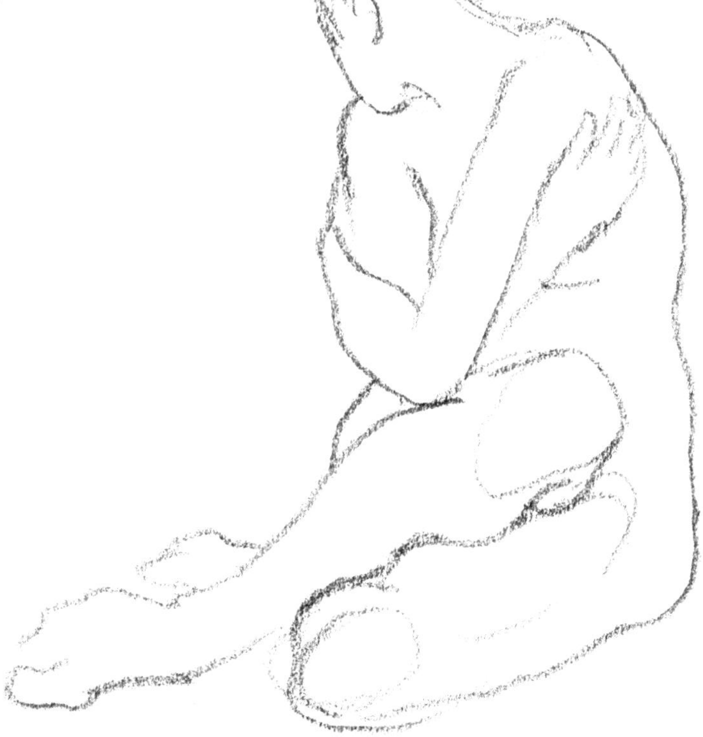

GLEICHGEWICHT

Eine spannende Aufgabe besteht darin, jemanden zu zeichnen, der gerade sein Gleichgewicht verloren hat und fällt. Das ist nicht einfach, denn wenn sich einmal die Gelegenheit dazu ergibt, sind wir damit beschäftigt, Hilfe zu leisten. Allerdings hält das Gedächtnis das Gesehene meist eine Weile fest, sodass wir die Chance haben, eine nachträgliche Skizze anzufertigen. Eine Fallsituation nachzustellen, ist schwierig, lohnt aber möglicherweise den Versuch.

Wer sich sportlich betätigt und beispielsweise einen Ball wirft oder eine Felswand erklimmt, befindet sich in der Regel im perfekten Gleichgewicht. Der Körper hat seine Bewegungen vollständig unter Kontrolle.

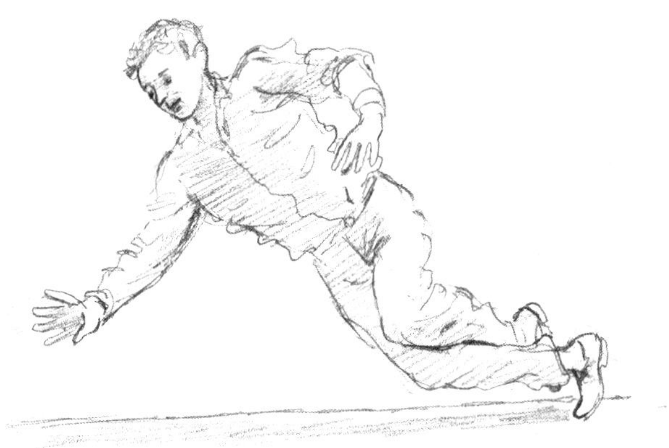

Wenn wir fallende Menschen zeichnen, müssen wir darauf achten, das Fehlen des Gleichgewichts sichtbar zu machen. Anzeichen wie ein verschrecktes oder überraschtes Gesicht können den Eindruck verstärken. Hier streckt ein Mann, der über seine Füße gestolpert ist, die Arme schützend zum Boden hin aus.

Ein Mädchen ist ausgerutscht und versucht sich so zu drehen, dass es möglichst sanft fällt. Auch hier sind die Arme vorgestreckt. Das zerzauste Haar und der verängstigte Gesichtausdruck verstärken den Eindruck, dass es vorübergehend die Kontrolle über den eigenen Körper verloren hat.

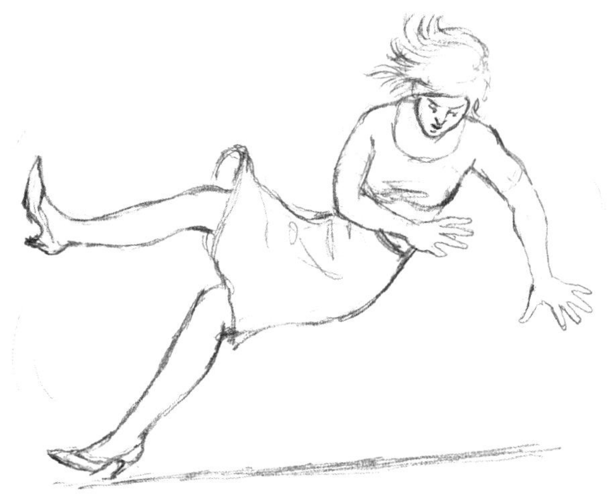

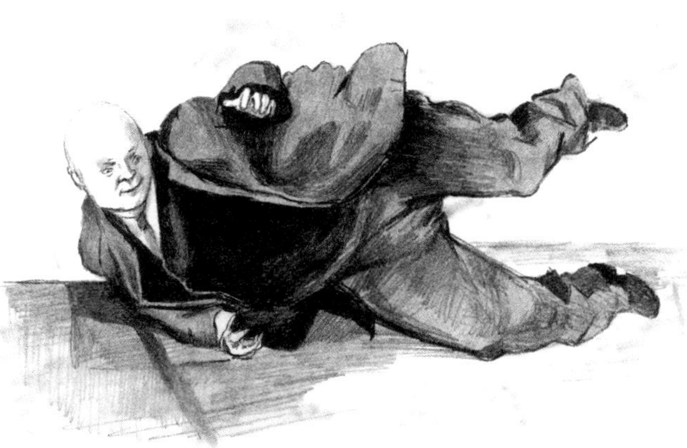

Dieses Beispiel stammt aus einem Gemälde von Michael Andrews. Auffällig sind der Gesichtsausdruck dieses eher beleibten Geschäftsmannes, die hilflosen Arm- und Handbewegungen und die verrutschten und schlackernden Kleidungsstücke. Im Original hält im Hintergrund eine Frau vor Schreck die Hände vor das Gesicht und verstärkt damit den Eindruck eines Unfalls.

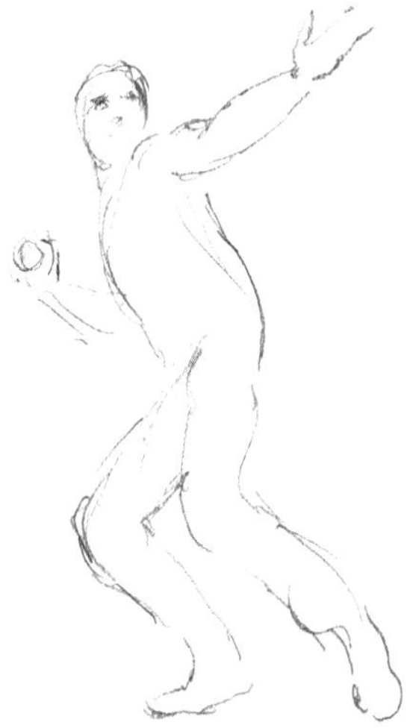

Wurfbewegungen stellen ein interessantes Motiv dar. Hier ist ein Mann dabei, einen Ball zu werfen. Er hat den Oberkörper zurückgebogen und den freien Arm zum besseren Zielen vorgestreckt. Der Betrachter ahnt, dass der geworfene Ball weit fliegen wird.

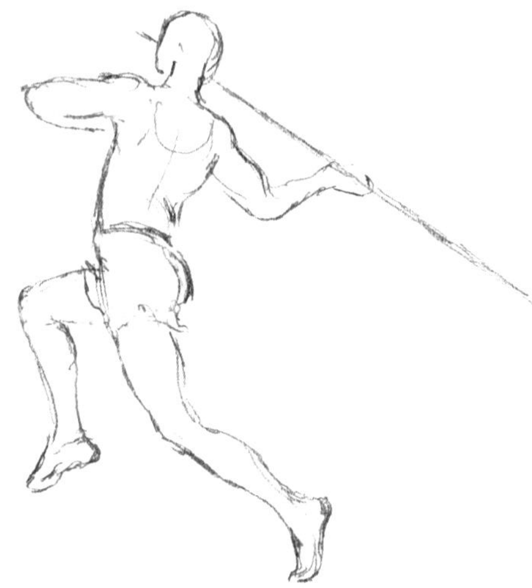

Hier setzt ein Leichtathlet zum Speerwurf an. Der Wurfarm ist nach hinten ausgestreckt, der Körper ist gedreht und die Beine bereiten sich darauf vor, die Wurfbewegung zu unterstützen.

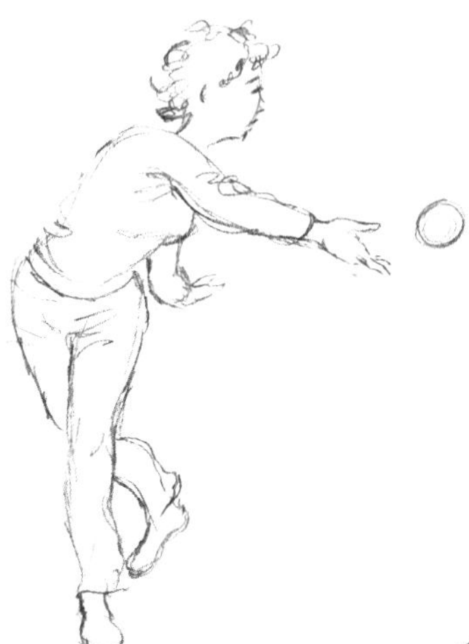

Diese junge Frau wirft mit einer plötzlichen Körperdrehung einen Ball. Die Bewegung ist sanfter als in den beiden vorhergehenden Beispielen. Vielleicht wirft sie den Ball einem Kind zu.

Bei manchen Tätigkeiten wie dem Klettersport kommt es wesentlich darauf an, jederzeit festen Halt und ein gutes Gleichgewicht zu bewahren. Hier erklimmt ein junger Mensch eine fast senkrechte Kletterwand, in der er sich mit Händen und Füßen sicher abstützt.

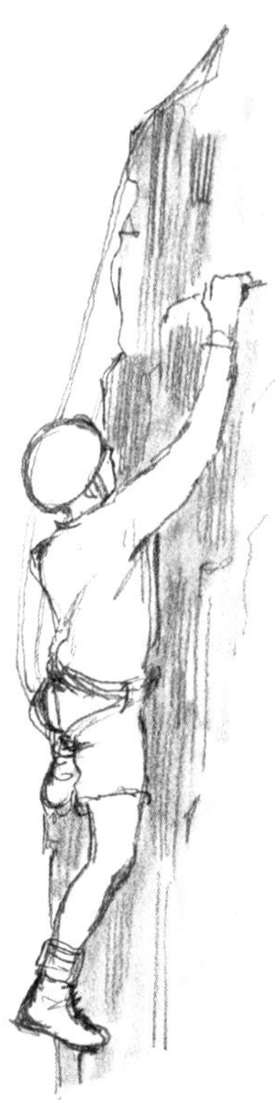

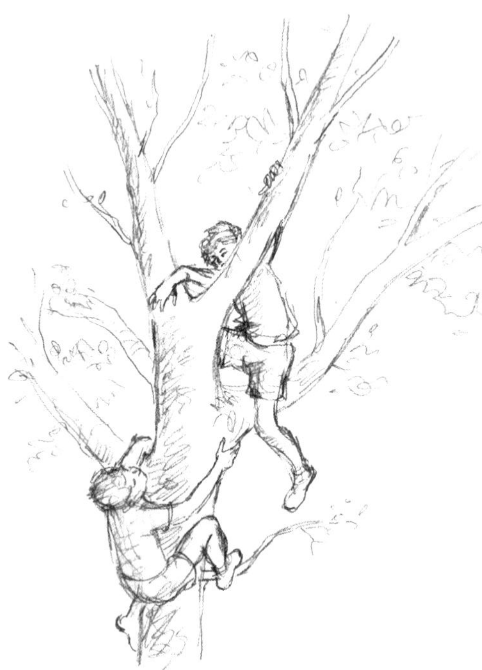

Hier klettern zwei Jungen auf einen Baum. Der untere Junge hat sich in eine etwas schwierige Position manövriert, aus der er sich möglicherweise nicht aus eigenen Kräften befreien kann.

SPORTLER

Sportler strahlen in der Regel kontrollierte Kraft und rasche Reaktionsfähigkeit aus. Die Bewegungen sind zielgerichtet und ausgiebig einstudiert. Gleichgewicht und Koordination müssen bei Sportlern sorgfältig aufeinander abgestimmt sein.

Hier sehen wir einen Rugbyspieler nach einem kräftigen Schuss. Der Körper ist zurückgeneigt, um die Wucht des Spielbeines auszugleichen. Die Augen verfolgen die Bahn des Balles. Der Spieler scheint mit seinem Schuss zufrieden zu sein.

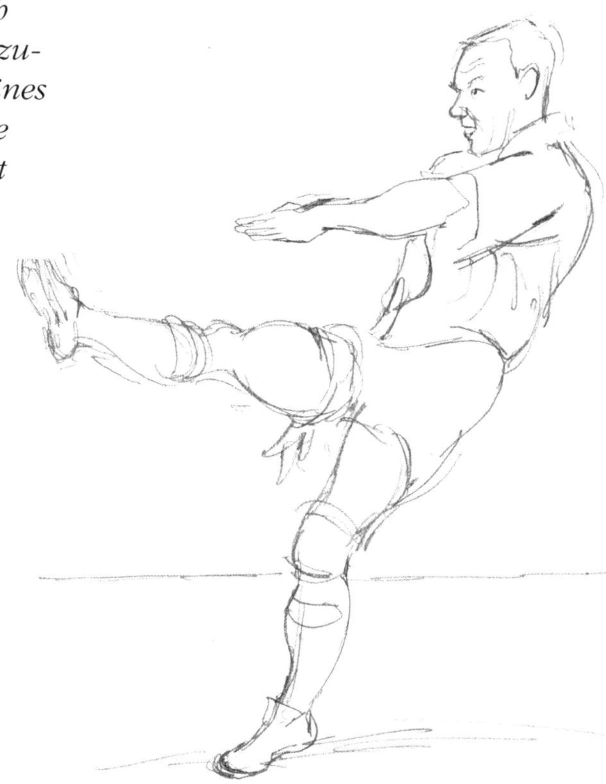

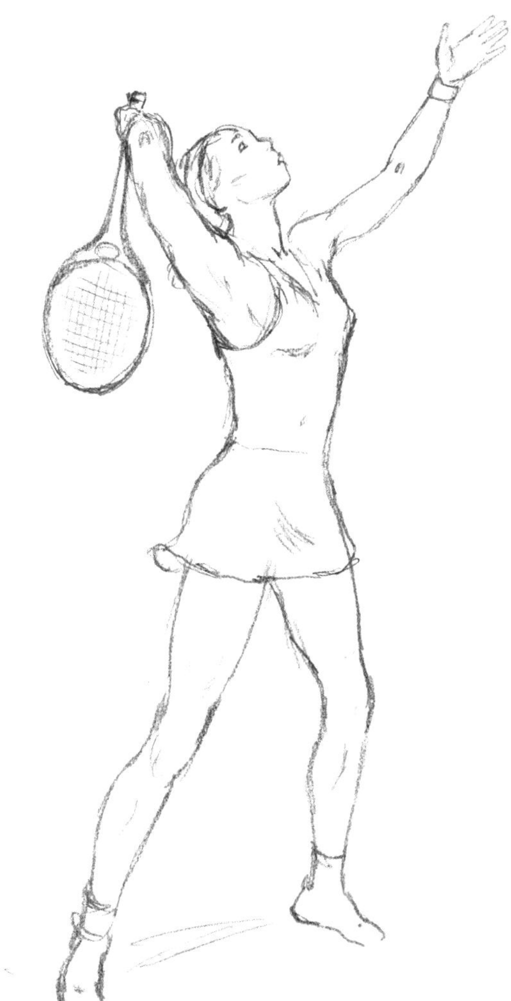

Eine junge Tennisspielerin ist im Begriff, ihren Aufschlag zu geben. Sie hat den Schläger zurück geschwungen und verfolgt mit den Augen den Ball, den sie zuvor in die Luft geworfen hat. Die gesamte Figur scheint aufwärts zu streben, im Unterschied zum (unsichtbaren) Ball, der gerade zu fallen beginnt.

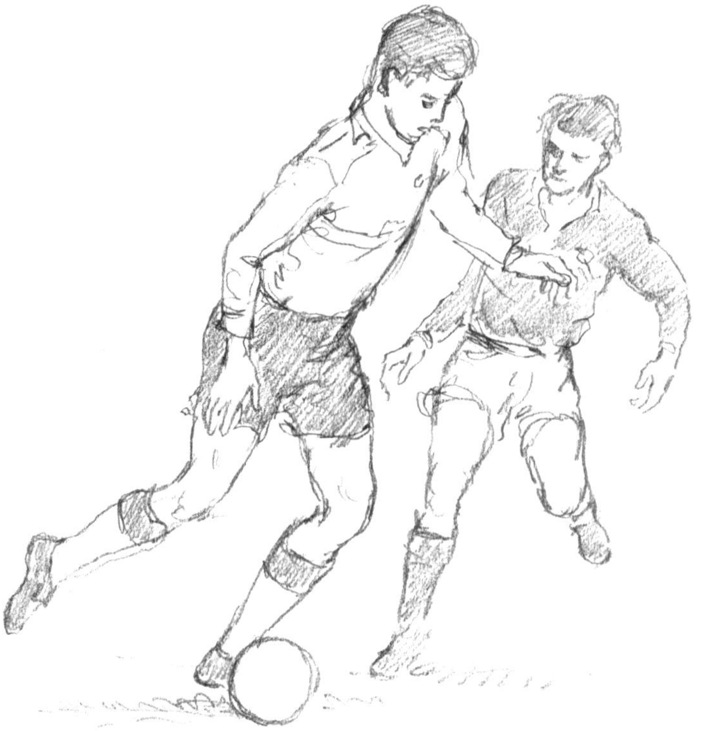

Während ein Spieler gerade den Ball schießen will, versucht ein anderer zu tackeln. Beide zeigen kontrollierte Kraft, die sich auf die Position des Balles konzentriert. Der Zweikampf wird sich im nächsten Augenblick entscheiden.

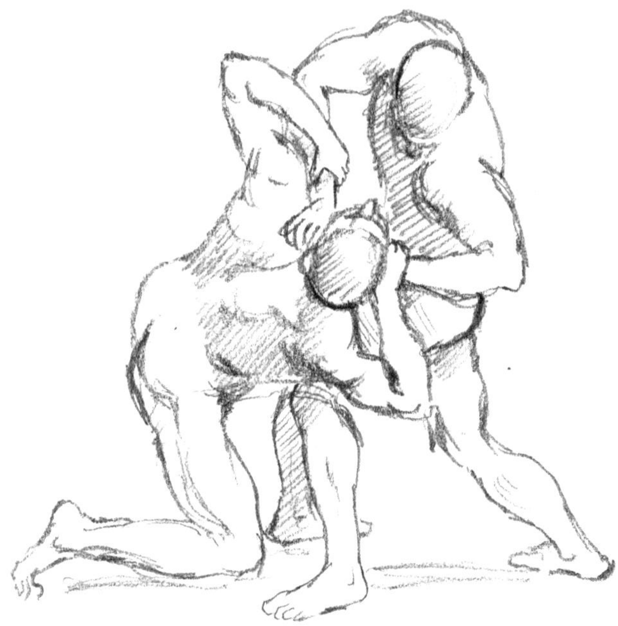

Ringkampfpositionen lassen sich vergleichsweise gut nachstellen. Außerdem gibt es zahlreiche Fotografien, die wir als Vorlage verwenden können. Hier hat der stehende Ringer seinen Gegner auf die Knie gezwungen und konzentriert sich darauf, ihn in den Würgegriff zu nehmen, während der andere sich zu befreien versucht. Gemeinsam bilden beide Ringer eine Einheit, die sich im Gleichgewicht befindet.

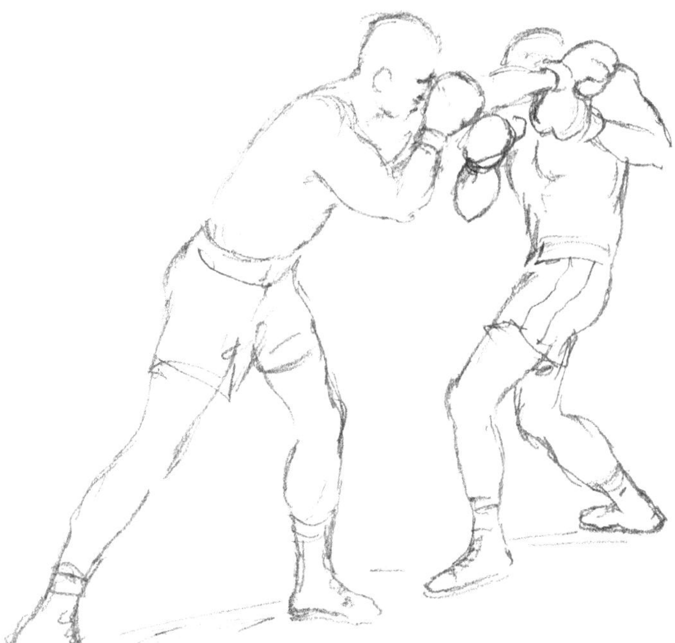

Hier sind die Boxer als Gruppe ebenso im Gleichgewicht wie jeder für sich. Der linke Arm des vorderen Boxers ist nach seinem letzten Schlag noch ausgestreckt, aber er steht mit beiden Beinen sicher auf dem Boden. Der andere ist zur Seite gewichen; er schützt sich mit beiden Fäusten und bereitet den Gegenschlag vor. Auch er steht sicher auf dem Boden. Mit wiegenden Bewegungen erhöht er seine Schlagbereitschaft.

SCHWIMMEN UND TAUCHEN

Schwimmer sind nicht einfach darzustellen, weil ein großer Teil des Körpers vom Wasser mit seinen Lichtspiegelungen und -brechungen entweder verdeckt oder stark verzerrt wird. Ein Wasserspringer lässt uns nicht viel mehr als eine Sekunde Zeit, um seine Gestalt zu erfassen, sodass eine einmalige Beobachtung häufig nicht ausreicht. Natürlich gibt es auch die Möglichkeit, mit Fotos zu arbeiten, die jedoch den unmittelbaren Eindruck nicht ersetzen können. Orientieren Sie sich daher wenn möglich lieber an der Realität.

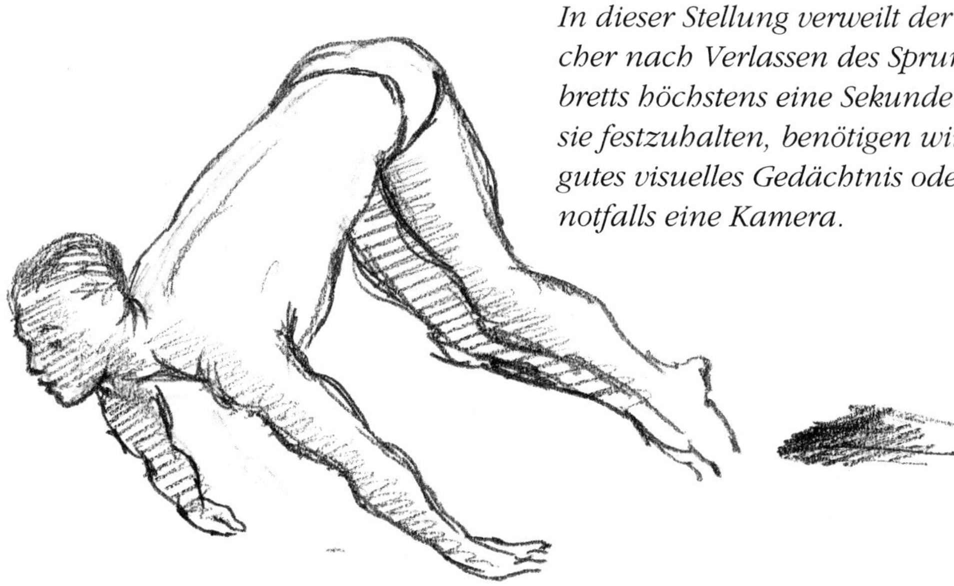

In dieser Stellung verweilt der Taucher nach Verlassen des Sprungbretts höchstens eine Sekunde. Um sie festzuhalten, benötigen wir ein gutes visuelles Gedächtnis oder notfalls eine Kamera.

Dieser Schwimmer macht so viele Spritzer, dass wir von seinem Körper nur die über dem Wasser befindlichen Teile sehen können. Vergleichen Sie dazu den ruhigen Badesee auf der folgenden Seite.

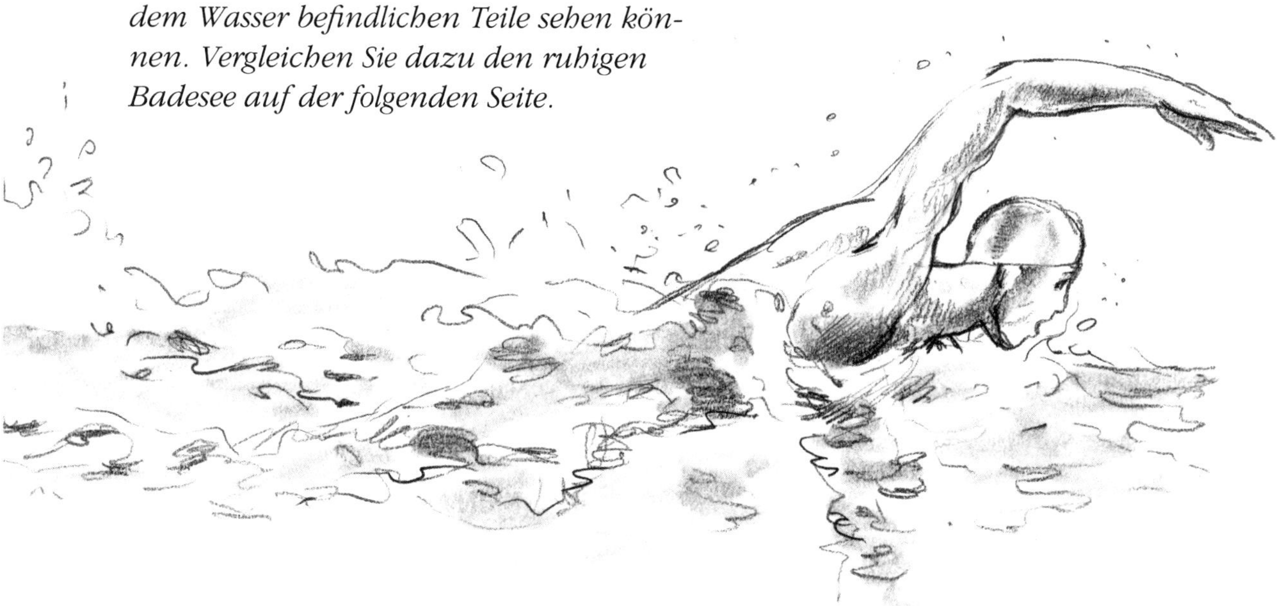

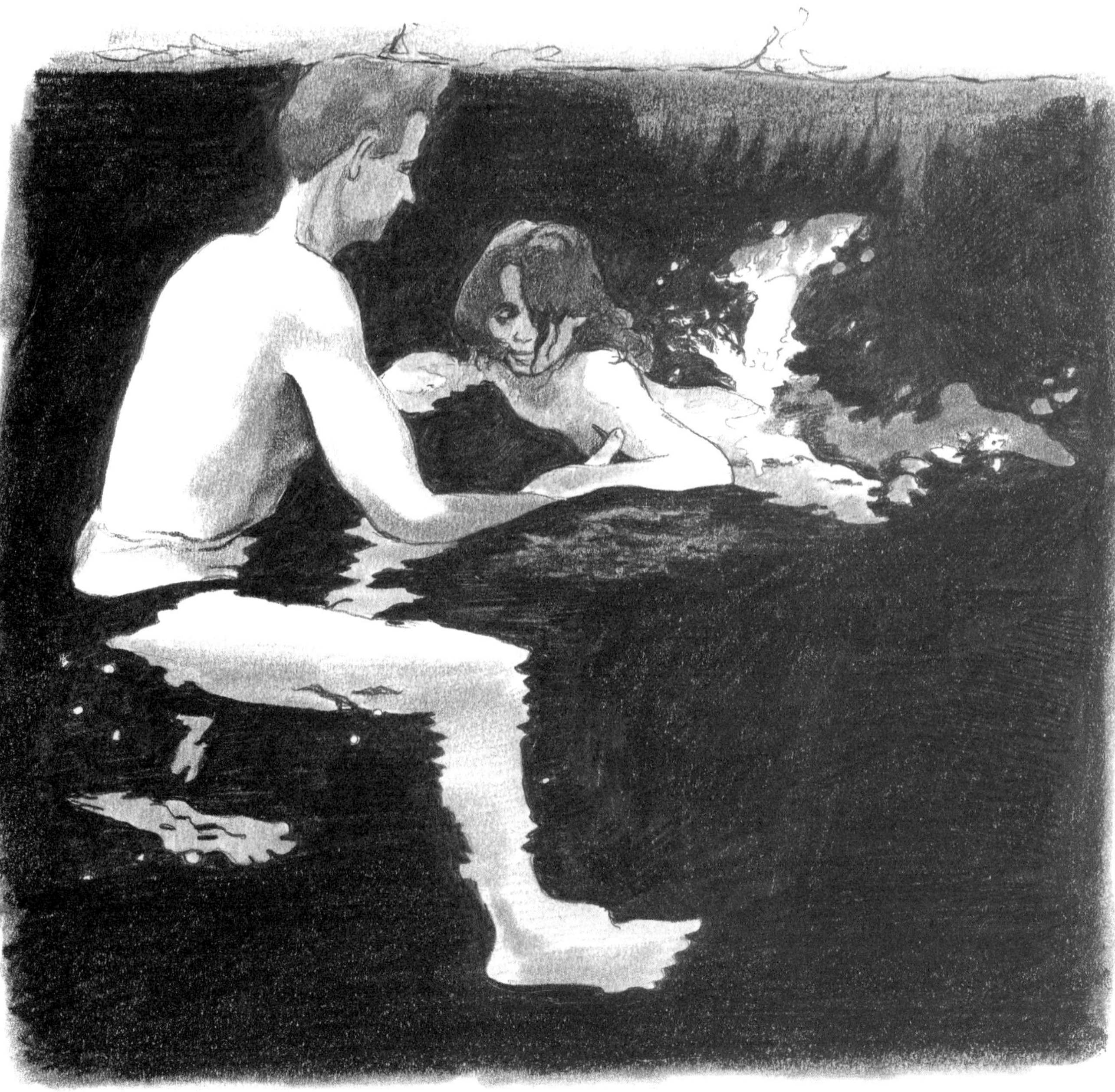

Michael Andrew hat sich hier selbst zusammen mit seiner Tochter in einem stillen, klaren See porträtiert, wo er ihr das Schwimmen beibringt. Vermutlich hat er nach photographischen Vorlagen gearbeitet; die Lichtbrechungen und Wellenmuster lassen die unter Wasser befindlichen Körperteile gut erkennen. Wir sehen nur wenige Spritzer, die sich vom tiefen, dunklen See deutlich abheben. Der Gegensatz zwischen großer vertikaler und kleiner horizontaler Figur stellt ein interessantes Kompositionselement dar.

GESELLSCHAFTLICHE ANLÄSSE

Menschen in gesellschaftlicher Runde sind sehr viel leichter zu zeichnen als Sporttreibende. Ihre Bewegungen sind langsamer und ruhiger. Häufig bilden Gestik und Körpersprache ein sich wiederholendes Muster, das der Zeichner in Ruhe auf dem Papier festhalten kann. Bei Bekanntschaften lässt sich in der Anfangsphase des Gesprächs häufig eine merkliche Veränderung in der Körpersprache beobachten.

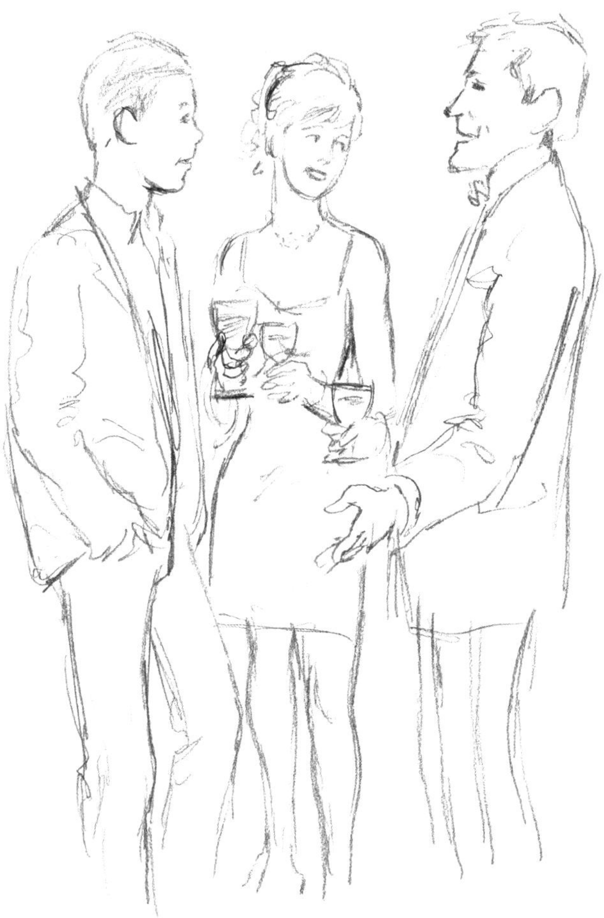

Diese drei Figuren sind im Gespräch vertieft; sie wirken entspannt und vergleichsweise unbeweglich. Lediglich die Hände und Gesichter bewegen sich, während sich die Körper in einer gemütlichen Gleichgewichtsposition befinden.

Noch statischer wirken häufig Tafelrunden, bei denen die sichtbaren Bewegungen auf die oberen Körperhälften beschränkt sind. Die ganze Dynamik liegt in den Gesichtern, wenn Blicke gewechselt und Köpfe in unterschiedliche Richtungen gedreht werden. Eine kontrastreiche Beleuchtung wie durch Kerzen kann den dramatischen Eindruck verstärken.

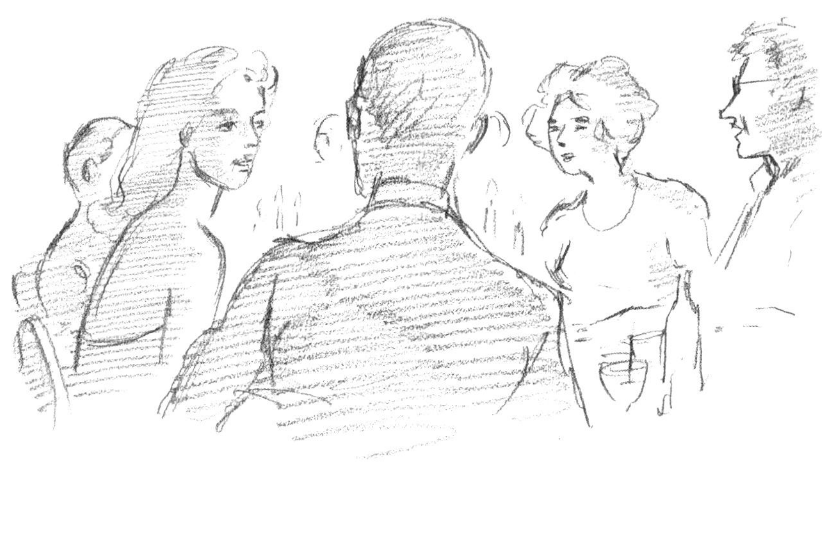

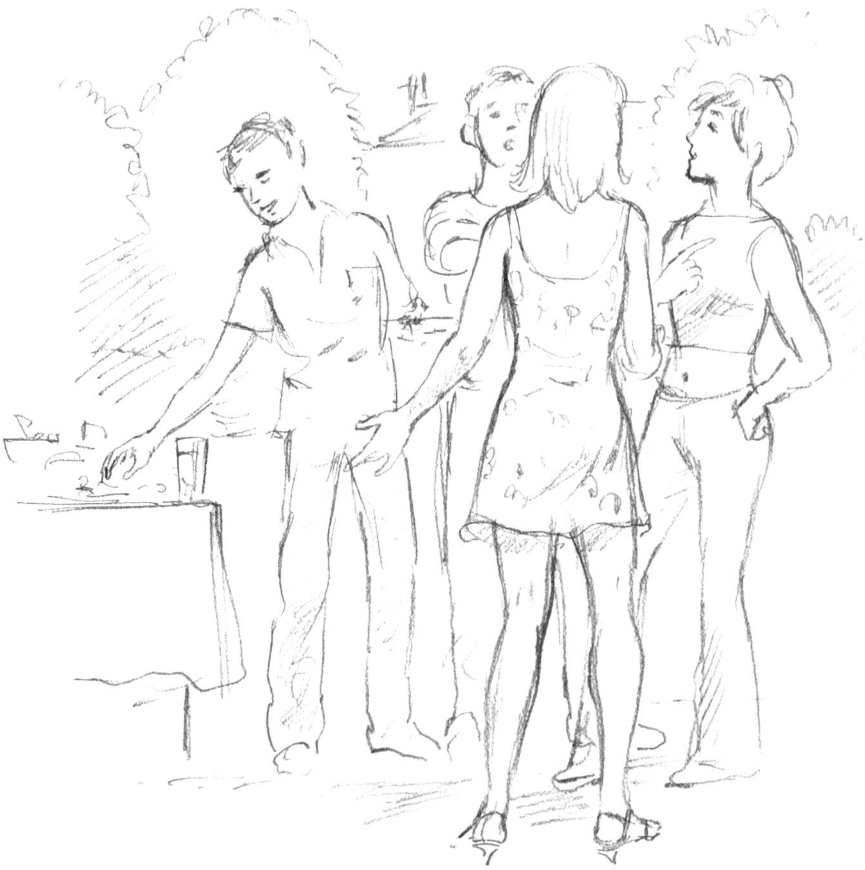

Gesellschaftliche Runden im Freien liefern häufig eine größere Bandbreite von Körperhaltungen und -bewegungen. Die Gäste dieser Gartenparty essen und unterhalten sich. Einer füllt gerade seinen Teller, während das Mädchen, das uns den Rücken zuwendet, zum Tisch zeigt. Der teilweise verdeckte junge Mann scheint aufmerksam zuzuhören, während die andere Frau mit dem Finger auf sich zeigt.

Straßenszenen sind etwas schwieriger zu zeichnen, weil die Menschen selten an einem Ort verweilen und gute Beobachtungspunkte selten sind. Hier sehen wir mehrere Menschen mit ihren Einkaufstüten in Gruppen über den Gehweg verteilt. Sie gehen oder schauen in unterschiedliche Richtungen; selbst ihre Kommunikation vermittelt die unmittelbar bevorstehende Bewegung.

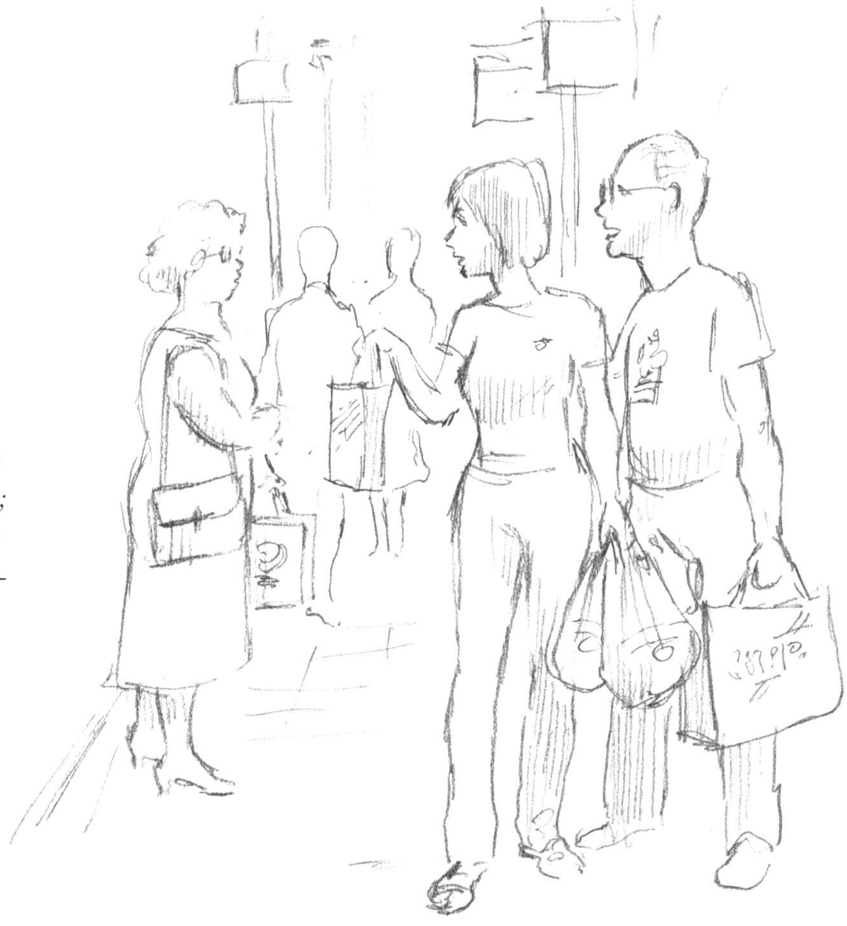

Detailansichten

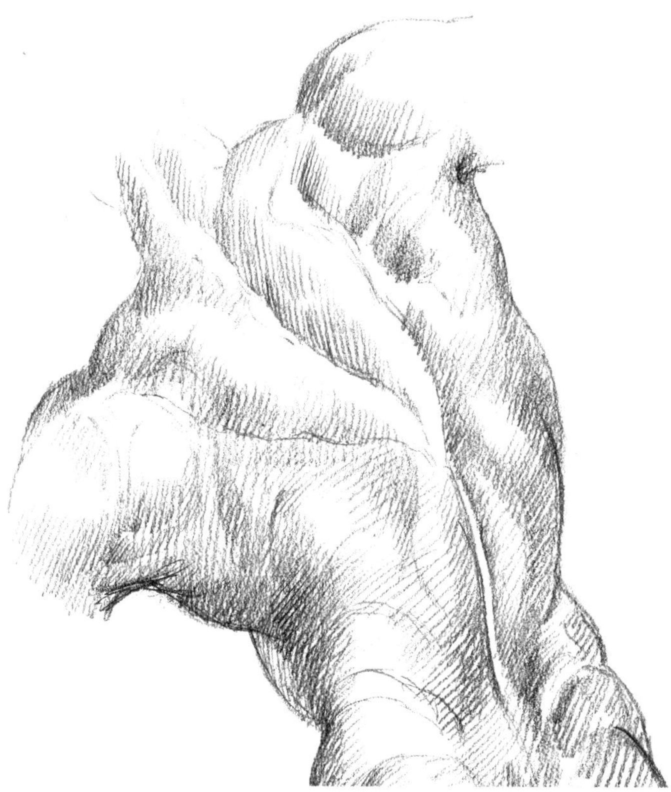

Im ersten Kapitel habe ich das Skelett und die Muskulatur des Körpers gezeichnet und beschrieben. Mit diesen Kenntnissen waren wir in der Lage, vergleichsweise anonyme Figuren bei verschiedenen Aktivitäten wiederzugeben. Nachdem wir darin nun etwas Übung haben, wollen wir versuchen, unseren Figuren bestimmte Charakterzüge und Gefühlsausdrücke zu verleihen. Dafür benötigen wir jedoch noch detailliertere Kenntnisse vom menschlichen Körper.

Wir beginnen damit, dass wir jeden Körperteil aus unterschiedlichen Richtungen betrachten. Diese Seiten reichen nicht aus, um alle möglichen Ansichten zu berücksichtigen; wir wollen uns deshalb auf diejenigen beschränken, die uns mit großer Wahrscheinlichkeit immer wieder begegnen werden. Wir werden niemals jeden Menschentyp aus allen möglichen Richtungen zeichnen, ist doch die Vielfalt einfach zu groß. Es reicht völlig, wenn wir gewisse Details beherrschen, um unsere Komposition überzeugend gestalten zu können.

Wenngleich Fotografien und andere Zeichnungen nützliche Vorlagen sein können, ersetzen sie doch niemals das leibhaftige Modell. Bitten Sie deshalb Freunde und Familienangehörige, für Sie Modell zu stehen. Auch wenn möglicherweise nur professionelle Modelle bereit sind, nackt zu posieren, sind die bereitwilliger zur Schau gestellten Körperteile ebenfalls eine wertvolle Zeichenvorlage.

Gute Grundkenntnisse hinsichtlich Aufbau und Erscheinungsbild des menschlichen Körpers sind eine wichtige Voraussetzung für das Zeichnen. Ab einem gewissen Punkt hilft jedoch nur noch die eigene Praxiserfahrung. Um unsere figürlichen Bildkompositionen überzeugt ausgestalten zu können, müssen wir die einzelnen Körperteile – wie Hand, Fuß oder Ohr – genauestens studieren und lernen, sie aus den unterschiedlichsten Richtungen wiederzugeben.

Durch das wiederholte sorgfältige Zeichnen einzelner Körperteile entwickeln wir allmählich eine realistische Vorstellung von der menschlichen Gestalt. Nach langer Übung werden wir schließlich in der Lage sein, einen Menschen ganz aus dem Gedächtnis zu zeichnen. Aber auch ein Berufskünstler wie ich verspürt noch immer das Bedürfnis, regelmäßig seine Technik durch das Zeichnen nach dem lebendigen Modell aufzufrischen.

DER KOPF

Der Kopf ist ein wichtiger Teil des Körpers und verdient besondere Berücksichtigung. Nur, wenn wir seine Form und seine Umrisse genau beobachten, können wir ihn in unseren Zeichnungen überzeugend wiedergeben. Wir wollen ihn hier aus allen Richtungen betrachten und seine Merkmale und Proportionen studieren.

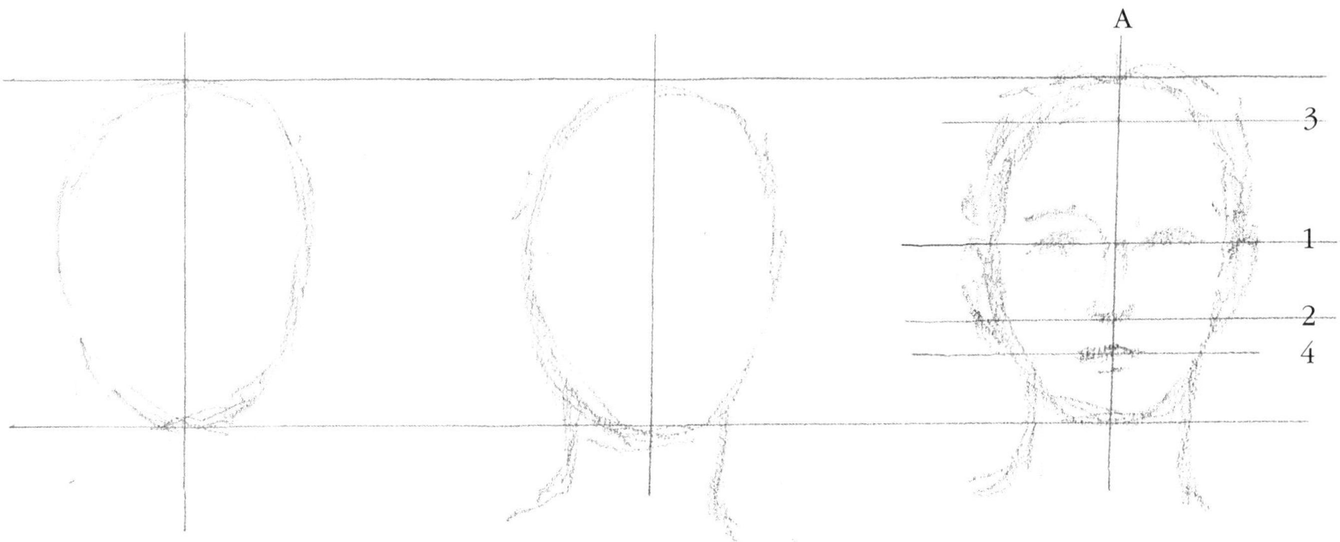

Zuerst müssen wir die wesentlichen Proportionen des Kopfes erfassen. Die Augen befinden sich auf halber Höhe zwischen Scheitel und Kinnunterseite (1), die Nase endet in der Mitte der unteren Gesichtshälfte (2), während Haaransatz und Mund etwa gleich weit von der Ober- bzw. Unterkante des Kopfes entfernt sind (3 und 4). Zusätzlich zeichnen wir die Mittellinie (A) ein, an der sich das Gesicht von vorn betrachtet spiegelt.

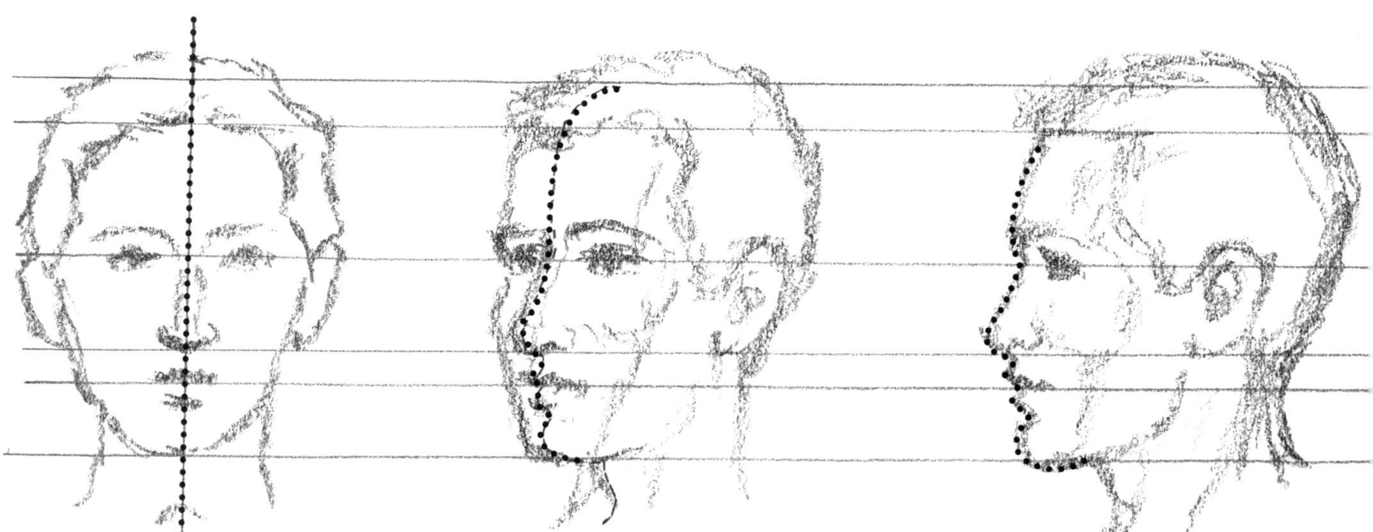

In der horizontalen Drehung des Kopfes von der Frontal- zur Profilansicht erkennen wir, wie die Mittellinie ihre Position relativ zu Augen, Nase, Mund und Kinn beibehält. Die vertikalen Proportionen bleiben bestehen, solange der Kopf nicht bewegt wird.

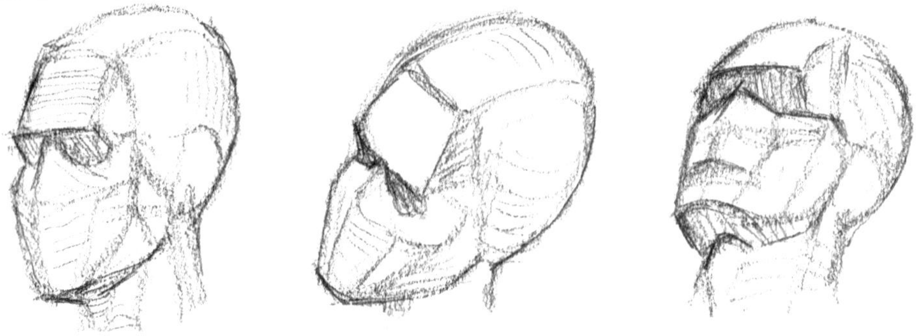

Diese drei Köpfe zeigen, wie sich die Form des Kopfes auf einige wenige Flächen reduzieren lässt. Statt der Augen erkennen wir nur den planen Abschluss der Augenhöhlen, während von Mund und Nase nur ein stumpfer Keil übrig bleibt. Die Stirn hingegen ist breit und flach. Achten Sie darauf, dass der Kopf insgesamt seine runde Form behält.

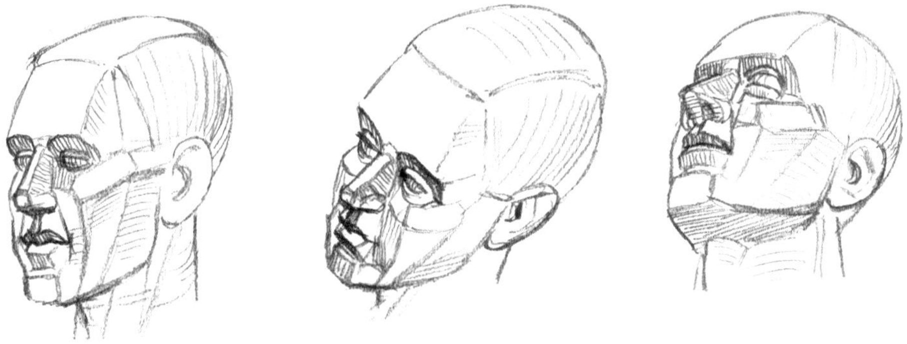

Hier erkennen wir schon mehr Details. Jede Einzelheit lässt sich auf eine simple geometrische Form reduzieren. Indem wir die Ecken und Kanten immer weicher gestalten, erhalten wir allmählich einen Kopf, der zugleich realistisch und plastisch erscheint.

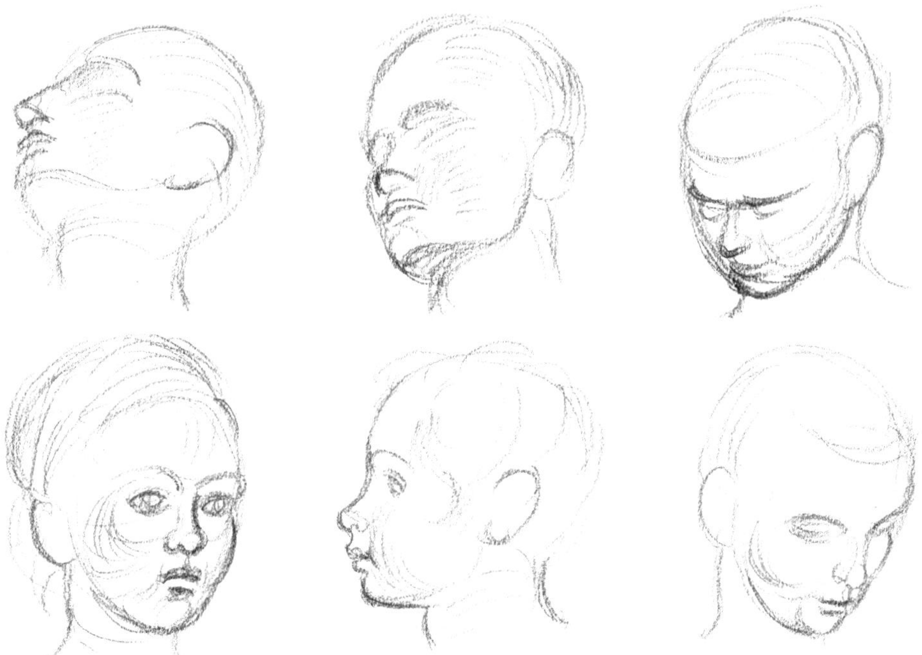

Diese Formen wirken natürlicher; sie heben die Rundungen des Kopfes hervor und lassen ihn fleischiger erscheinen. Machen Sie es sich zur Gewohnheit, die einzelnen Körperteile Ihrer Figuren aus diversen Richtungen zu skizzieren. Dabei spielt es keine Rolle, ob Sie einen formalen Ansatz wie diesen oder eine natürlichere Darstellungsweise wählen.

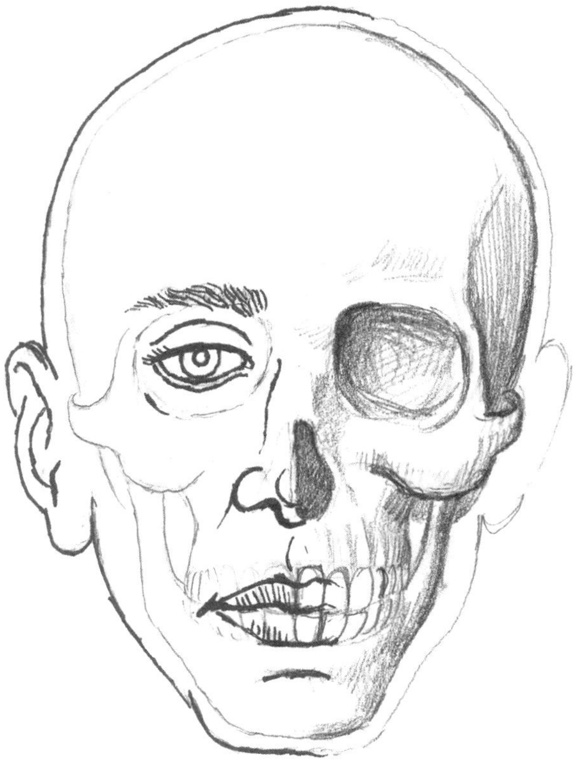

Diese schematischen Darstellungen verdeutlichen den inneren Aufbau des Kopfes. Die erste zeigt den Schädel in seiner fleischigen Hülle, die Augäpfel in ihren Höhlen, das Knorpelgewebe der Nase um die Nasenhöhle herum, Mund und Lippen vor den Zähnen und die Ohren unmittelbar hinter dem Jochbein.

In der zweiten Abbildung erkennen wir die verschiedenen Muskelgruppen, die unsere Mimik ermöglichen. Jede Muskelgruppe ist für bestimmte Gesichtsausdrücke zuständig. Die Wangenmuskeln, die Teile des Kiefers und des Mundes mit der oberen Schädelhälfte verbinden, tragen wesentlich zur Beweglichkeit der Gesichtsoberfläche bei.

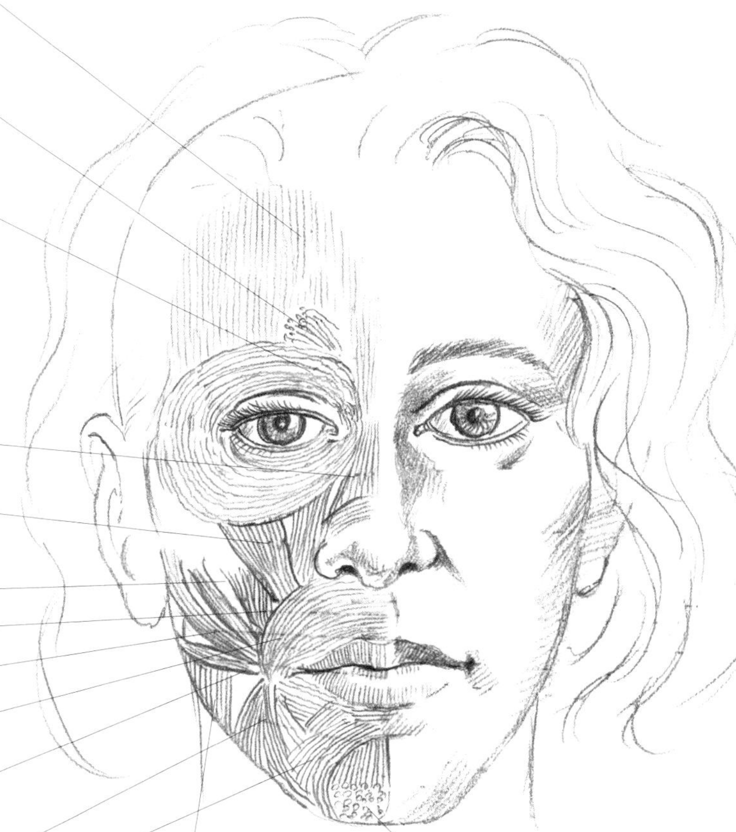

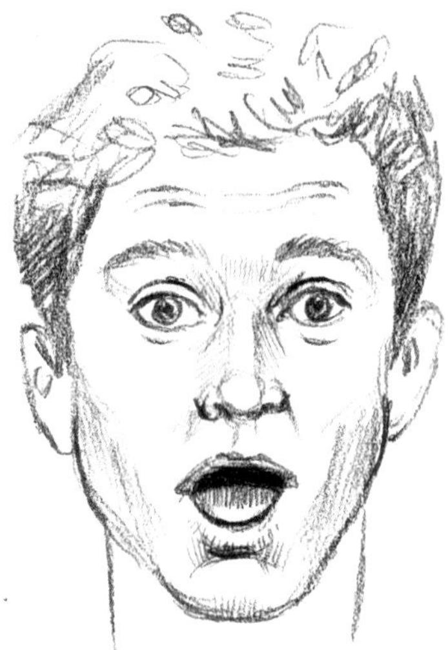

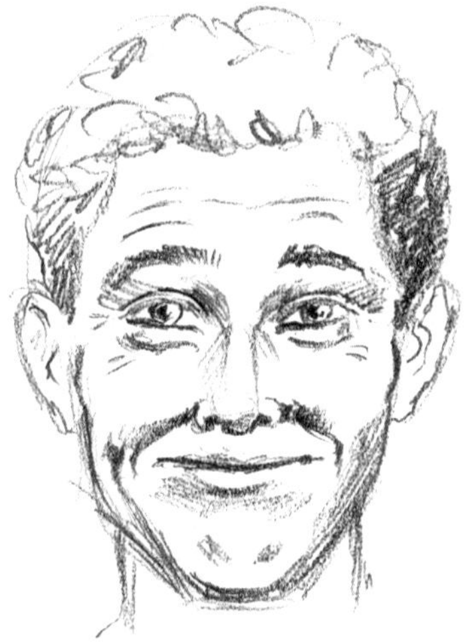

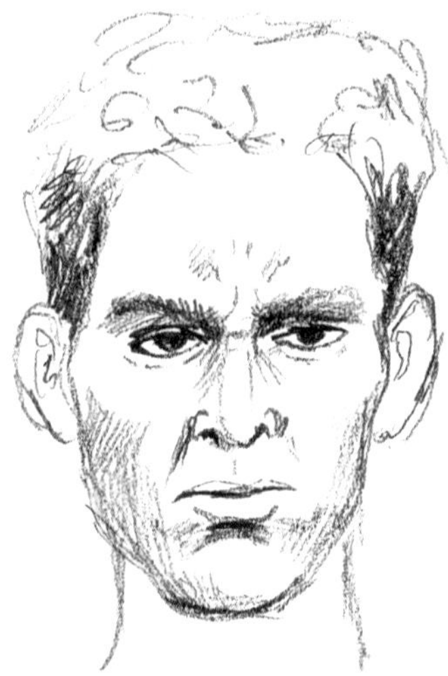

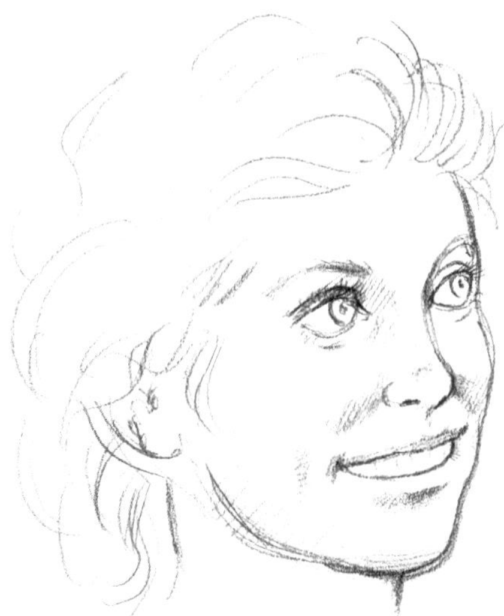

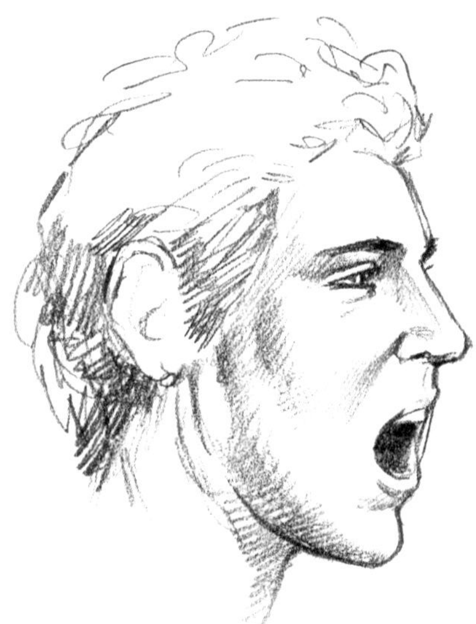

Hier sehen wir Gesichtsausdrücke wie Staunen, Grinsen, Zorn, Lächeln, Rufen und aufgeblasene Backen. Versuchen Sie herauszufinden, welche Gesichtsmuskeln jeweils beteiligt sind.

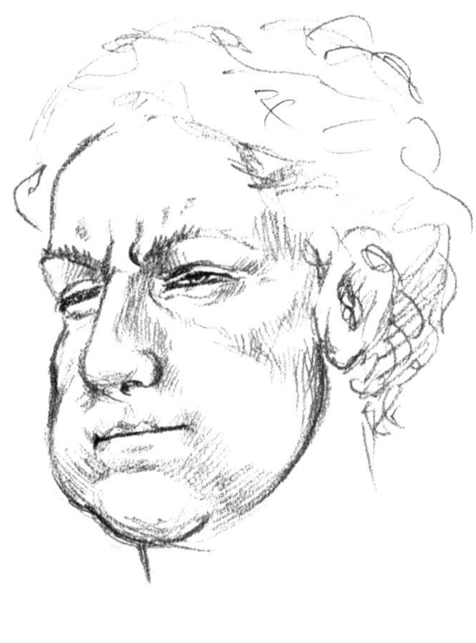

DER RUMPF

Als nächstes wollen wir uns den Rumpf – den Körper ohne Kopf und Gliedmaßen – genauer anschauen.

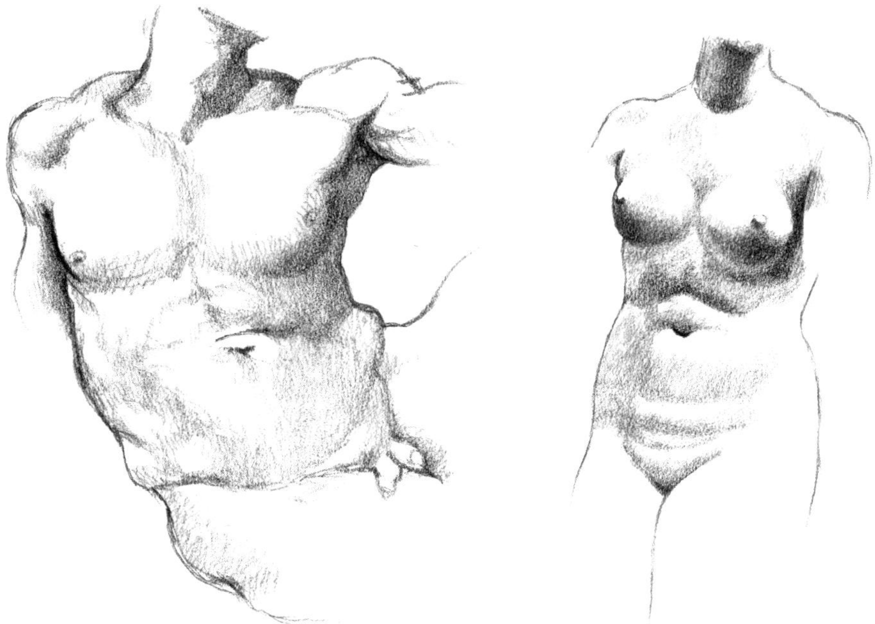

Diese beiden besonders schönen und kraftvollen Beispiele für das klassische Körperideal stammen aus der Hand des Renaissancekünstlers Michelangelo; links sehen wir den ersten Menschen Adam, rechts die Göttin Venus in der römischen Kopie einer griechischen Vorlage.

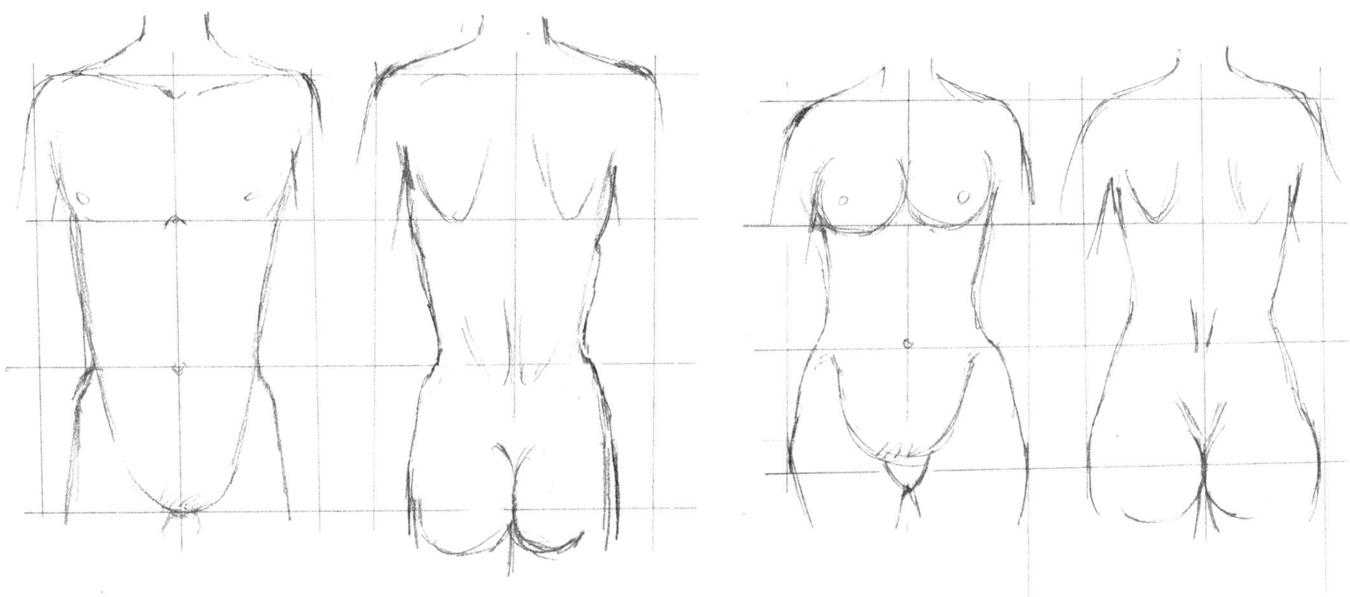

Hier erkennen wir die wichtigsten Proportionen. Die vertikale Mittellinie wird von vier Horizontalen gekreuzt, die die Oberkante des Schlüsselbeins, das untere Ende des Brustbeins, die Höhe des Bauchnabels und das untere Ende des Schambeins markieren. Von hinten gesehen verläuft die zweite Linie unterhalb der Schulterblätter und die vierte Linie am Ende des Kreuzbeins. Die weiblichen Proportionen sind dieselben in kleinerem Maßstab. Bei Männern finden wir die größte Breite in den Schultern, bei Frauen meist in den Hüften. Der Abstand zwischen den genannten Höhenlinien beträgt jeweils eine Kopflänge; der Rumpf ist also rund dreimal so lang wie der Kopf.

Diese Seitenansichten verdeutlichen den anderen entscheidenden Unterschied zwischen männlichem und weiblichem Torso.

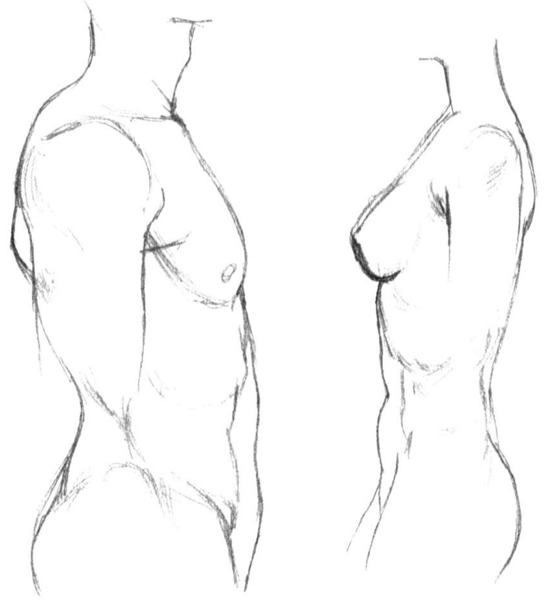

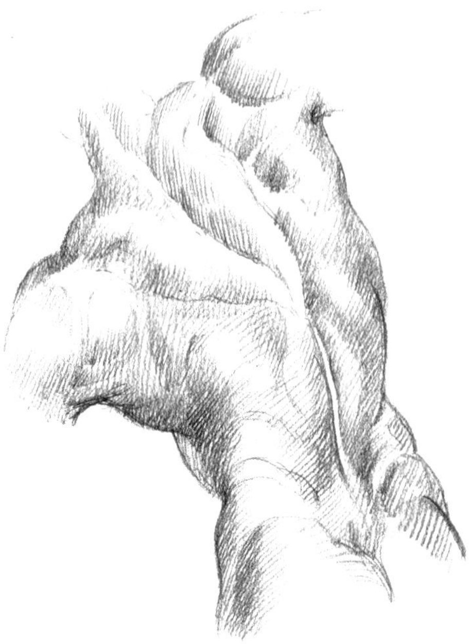

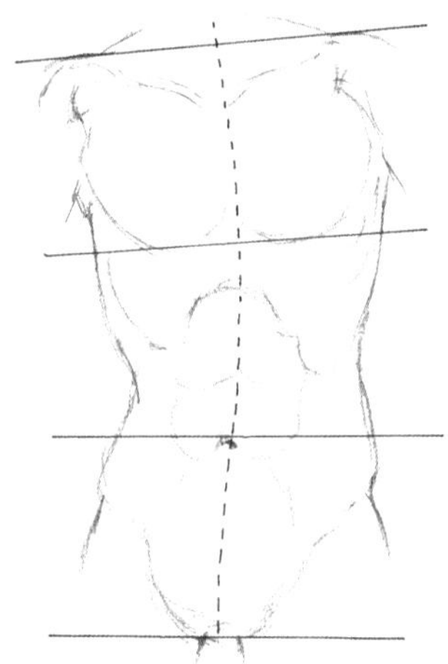

Diese Detailzeichnung eines männlichen Rückens zeigt die Lage der Muskeln besonders deutlich. Was bei der seitlichen Krümmung des Rückens passiert, geht aus dem rechten Diagramm hervor.

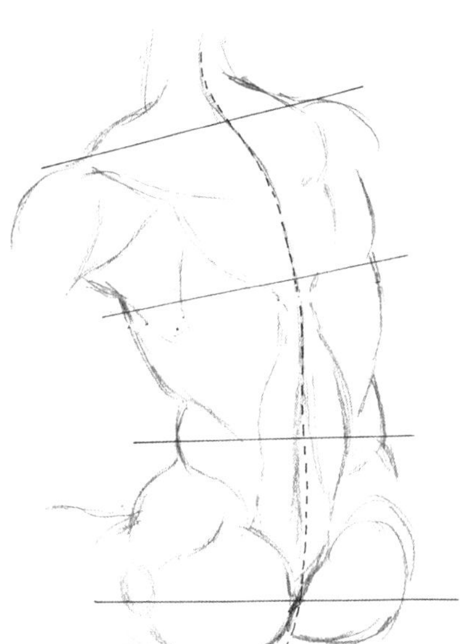

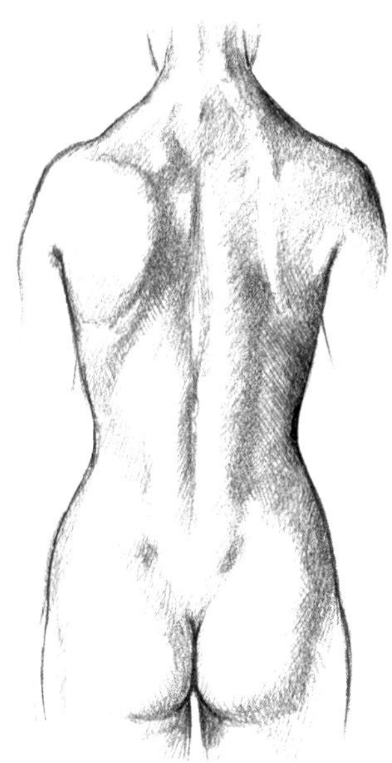

Die weibliche Rückenansicht wirkt weicher, weil die Muskeln der Frau in der Regel unter einer dickeren Hautschicht verborgen sind und deshalb harmonischere Übergänge aufweisen. Das Diagramm demonstriert, wie sich beim seitlich gekrümmten Rücken die Proportionen zwischen den einzelnen Höhenlinien verschieben können.

DIE ARME

Die Oberarme sind ein sehr beweglicher Teil des Körpers. So ist es gar nicht möglich, alle nur möglichen Ansichtsvarianten zu erfassen. Ich habe mich deshalb auf einige typische Stellungen beschränkt. Im Wesentlichen können wir zwischen dem Blick von der Seite, aus Richtung der Hand und aus Richtung der Schulter unterscheiden.

Hier sehen wir einige Arme von Männern und Frauen aus unterschiedlichen Blickwinkeln. Achten Sie auf das Verhältnis zwischen den Längen von Ober- und Unterarm. Arme sind sehr beweglich und lassen sich in vielfältiger Weise strecken, beugen und drehen. Manche Muskeln sind deutlich zu sehen, während andere verschwinden. Zeigt der Arm zum Betrachter, so schrumpft seine Länge gegenüber seinem Durchmesser stark zusammen. Schauen wir von der Schulter in Richtung Hand, so nimmt der Durchmesser der Gelenke von der Schulter über den Ellenbogen bis zum Handgelenk deutlich ab.

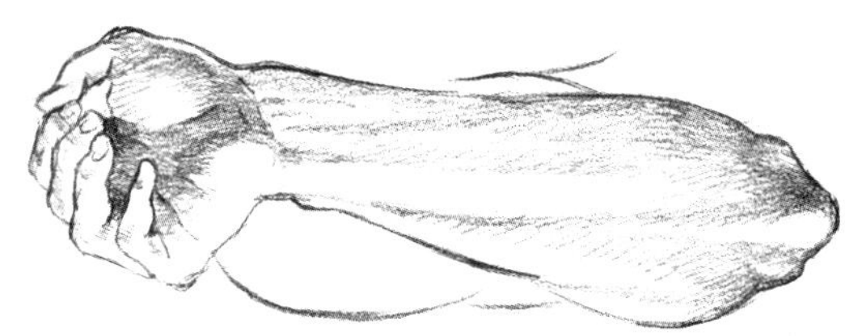

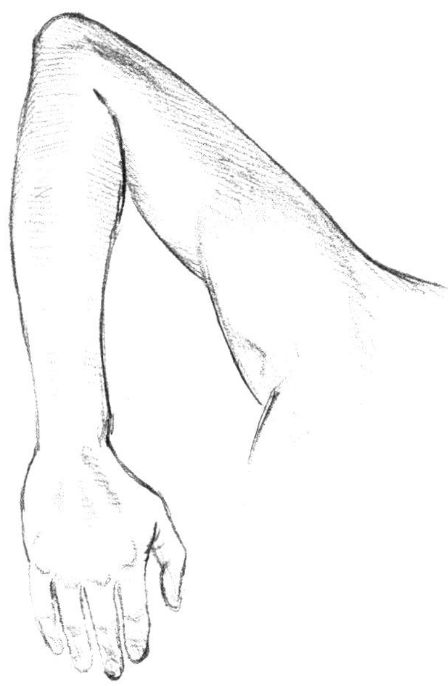

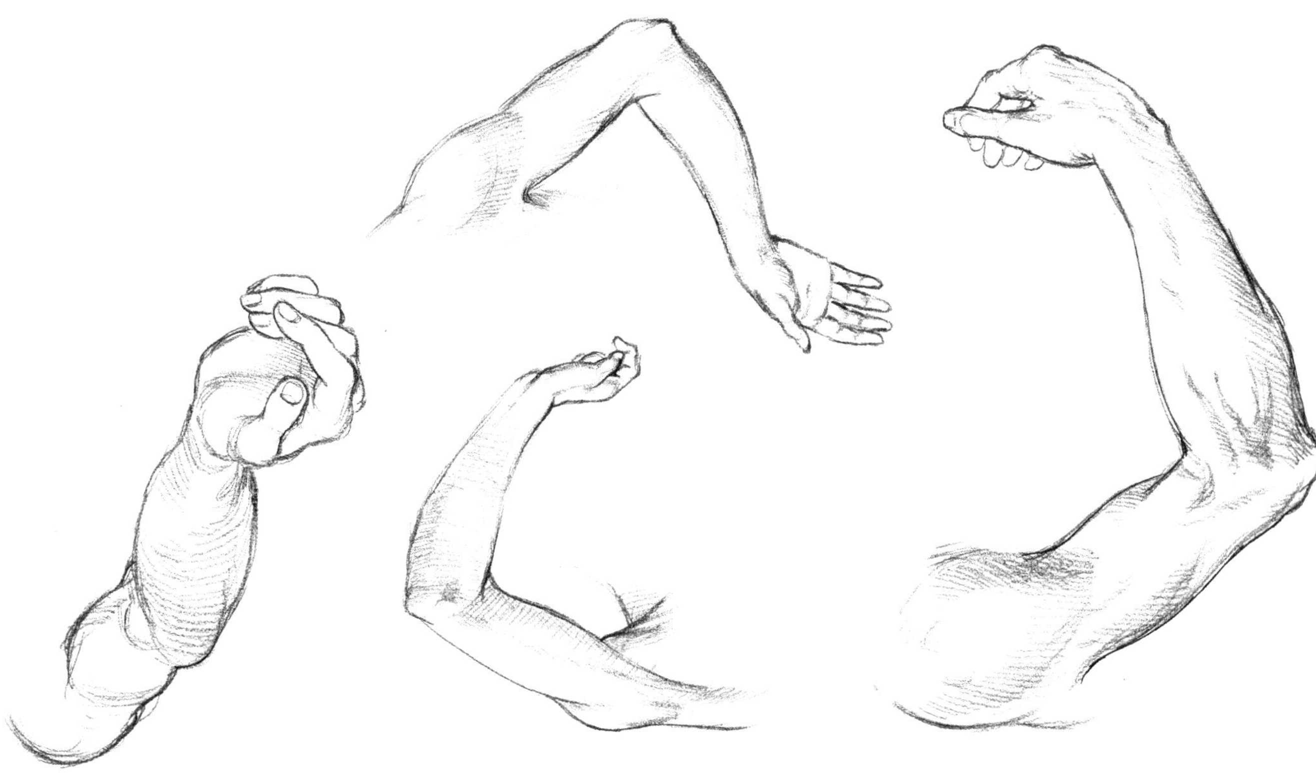

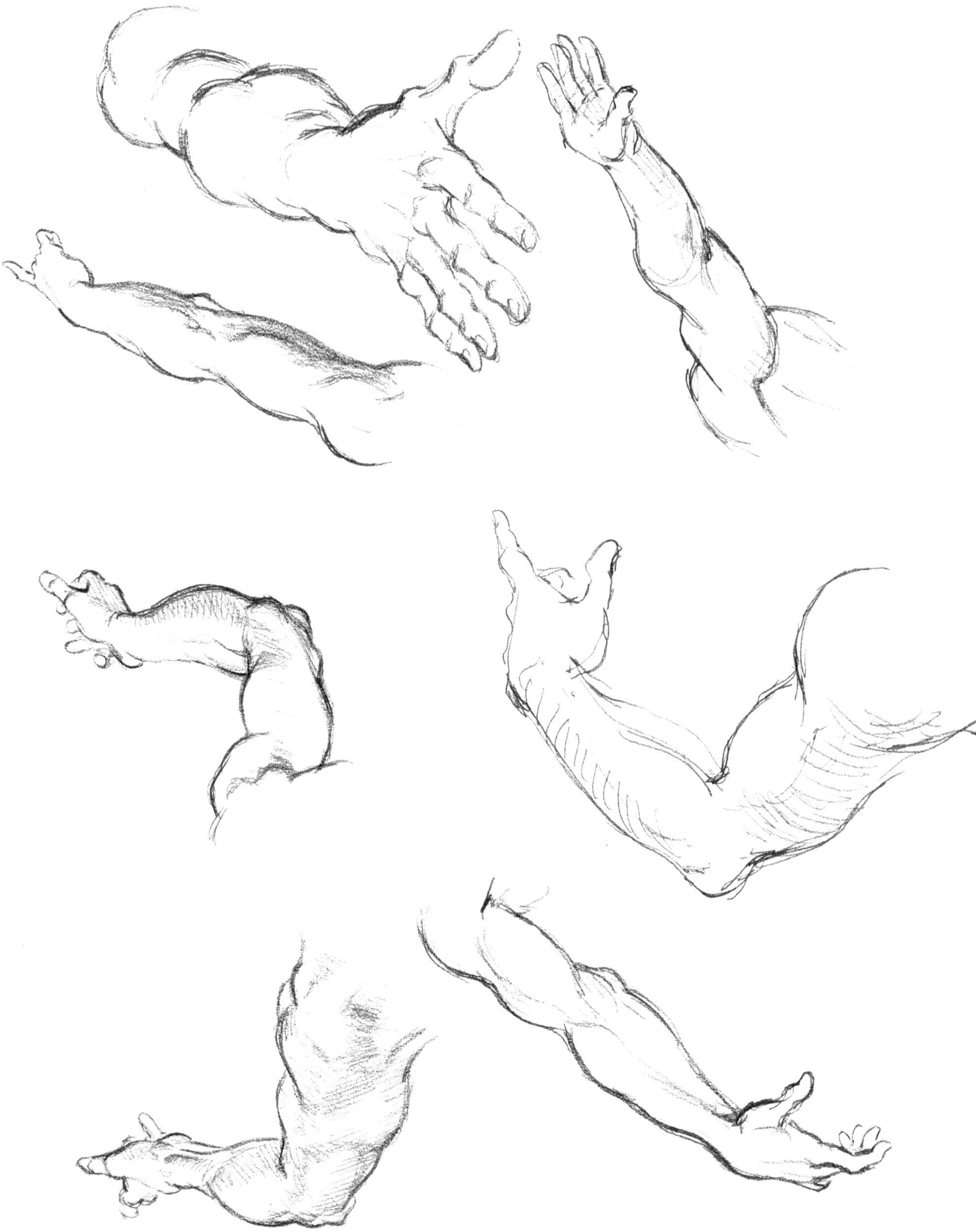

DIE BEINE

Die Beine sind nicht ganz so beweglich wie die Arme, dafür aber kräftiger, was sich auch an ihrer äußeren Form zeigt. Die großen Oberschenkelmuskeln und das starke, knochige Knie erinnern an den Stamm eines zähen Baumes. Denken Sie daran, dass der Umfang der Gliedmaßen mit zunehmender Entfernung vom Rumpf abnimmt. Der Unterschenkel ist dünner als der Oberschenkel und die Knöchel sind schmaler als die Knie.

Beachten Sie das Verhältnis zwischen Fuß- und Beinlänge. Die Beinmuskeln müssen das gesamte Körpergewicht tragen und sind entsprechend deutlich zu sehen. Weil die Muskeln so viel kräftiger als die Armmuskeln sind, ist auch ihr Relief stärker ausgeprägt.

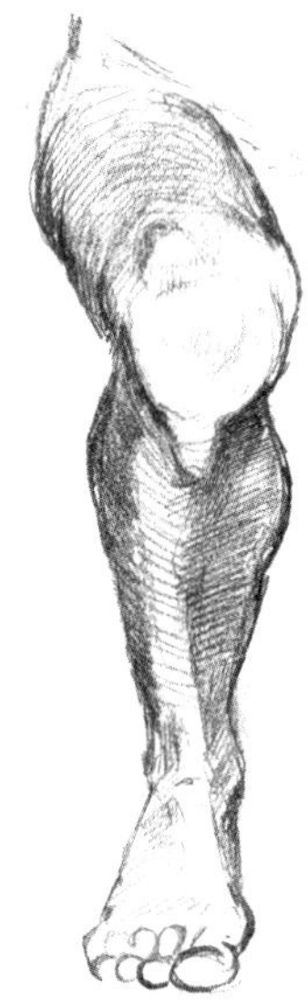

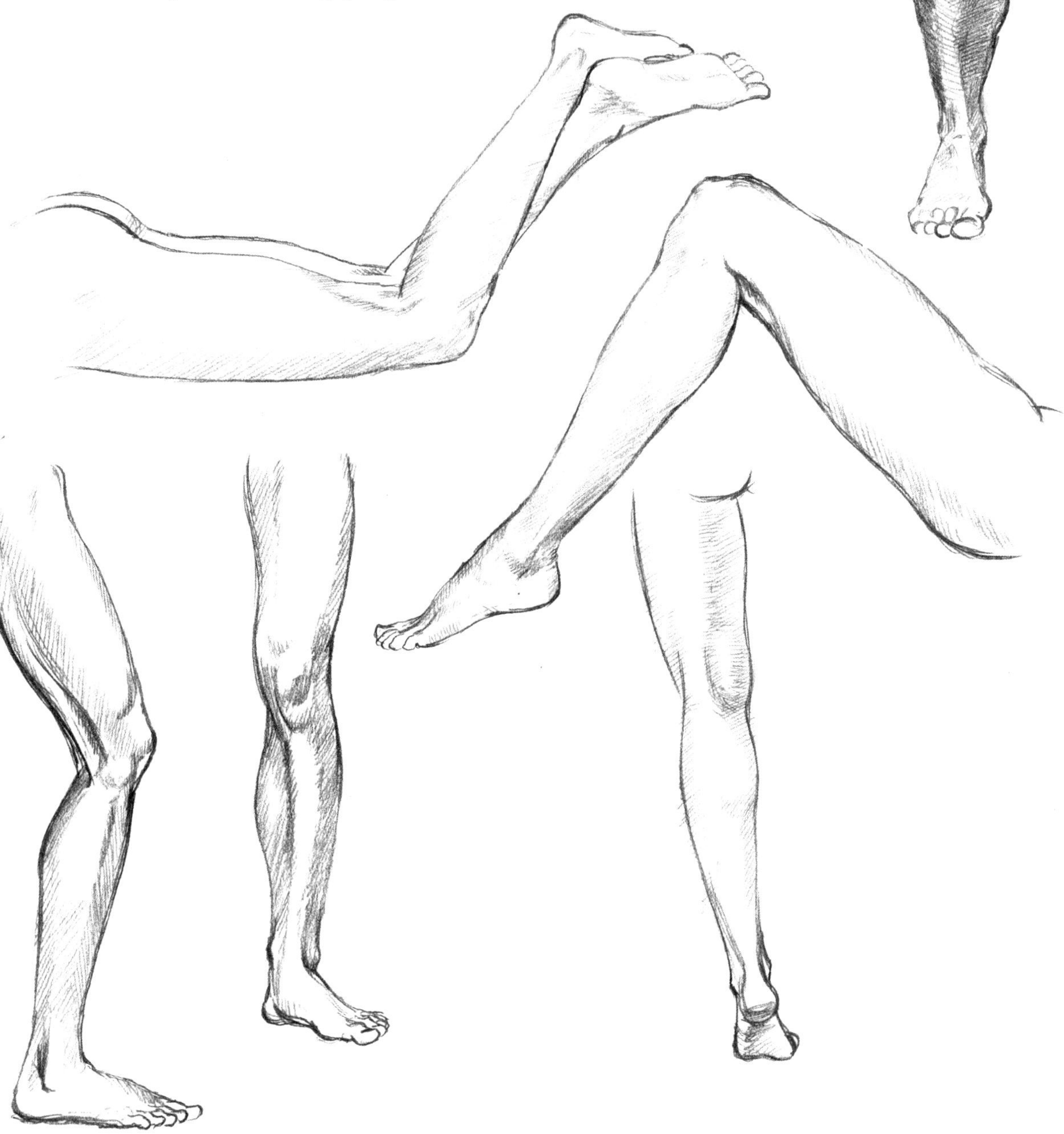

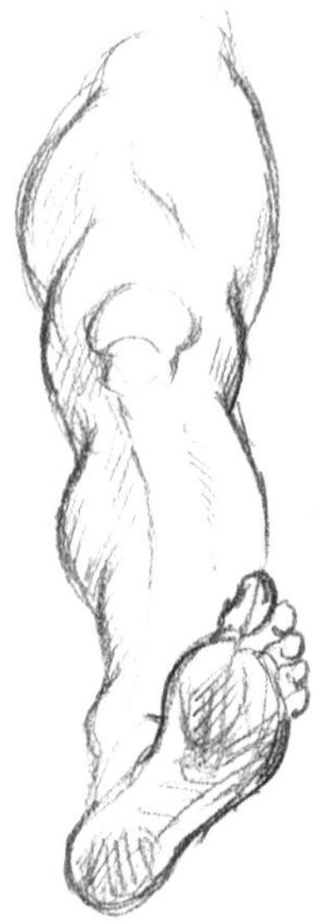

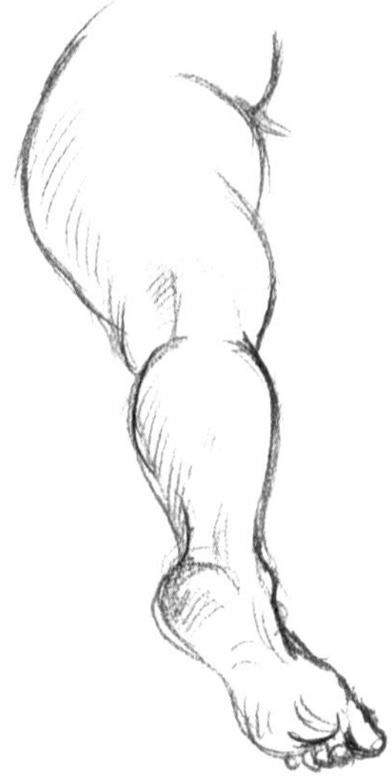

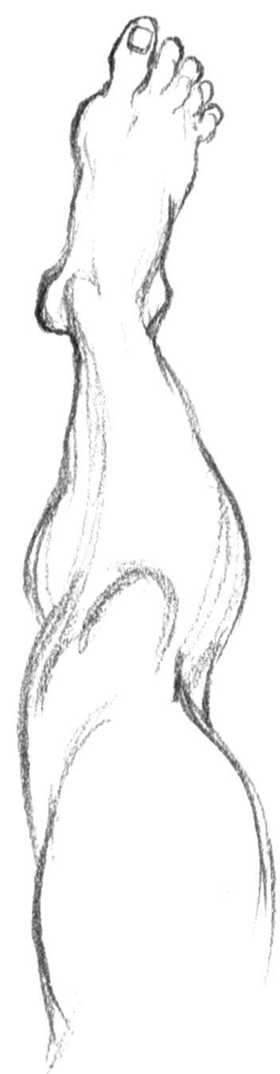

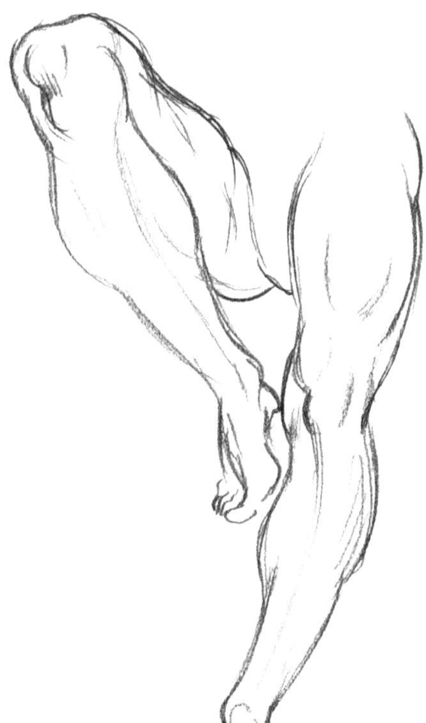

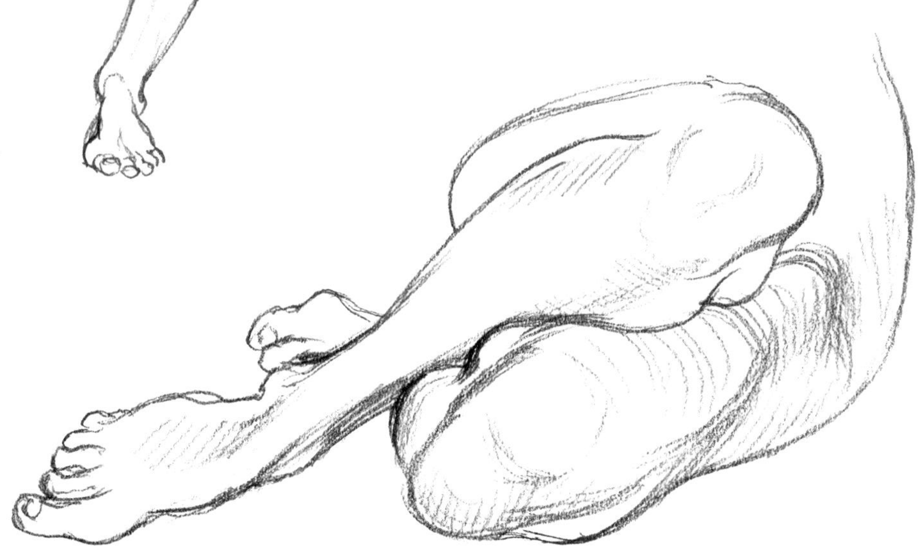

DIE HÄNDE

Bevor wir die Hand in den unterschiedlichsten Stellungen wiedergeben, wollen wir sie in aller Ruhe studieren. Am besten beginnen Sie damit, dass Sie sorgfältig eine Linie um eine Hand – beispielsweise die eigene – ziehen. Ergänzen Sie Fingernägel, Hautfalten, Knöchel und andere Details und wiederholen Sie die Übung mit Vorder- und Rückseite beider Hände. So können Sie in Ruhe Beobachtungen machen, die Ihnen später helfen werden, Hände in beliebigen Stellungen zu zeichnen.

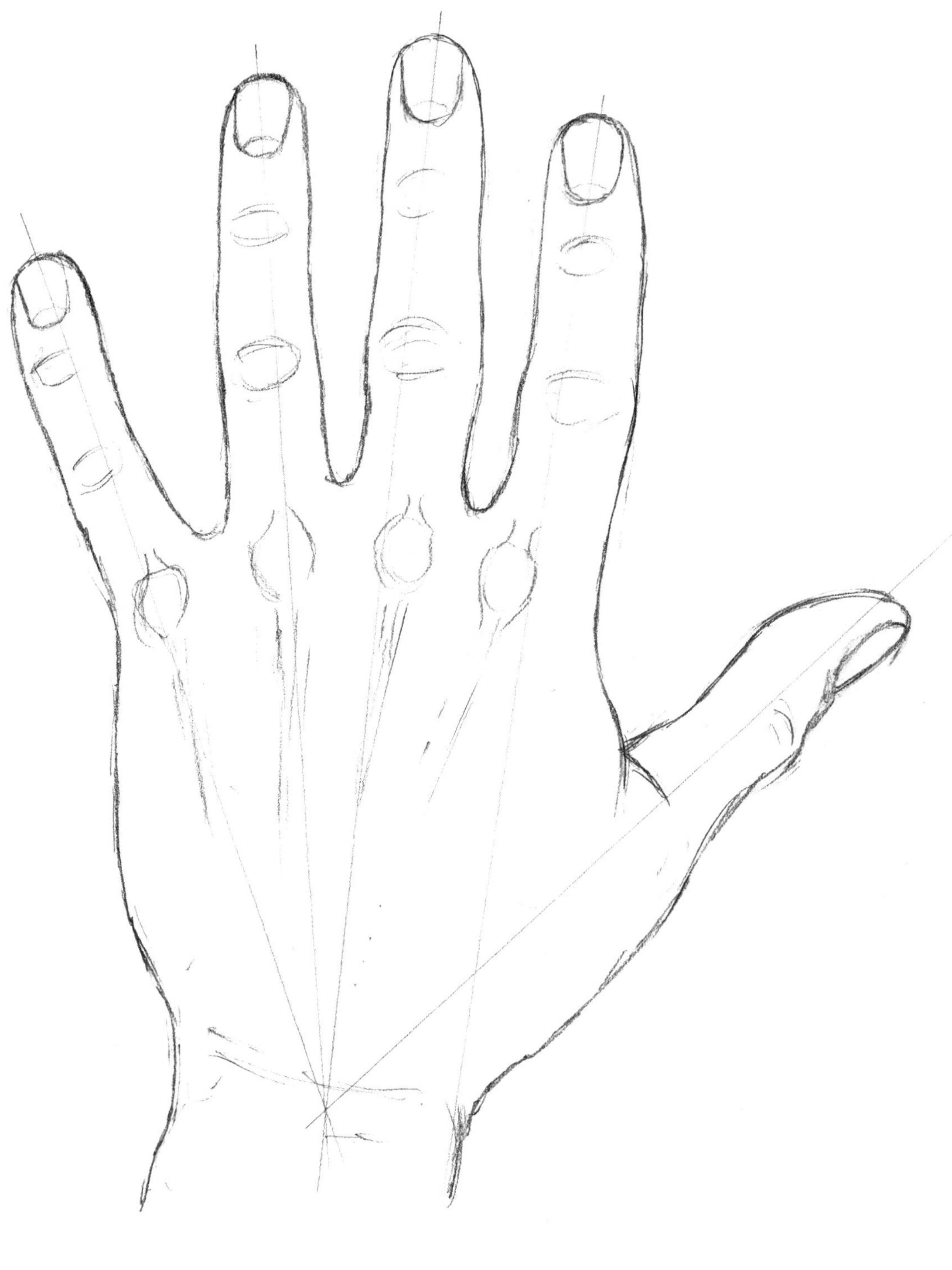

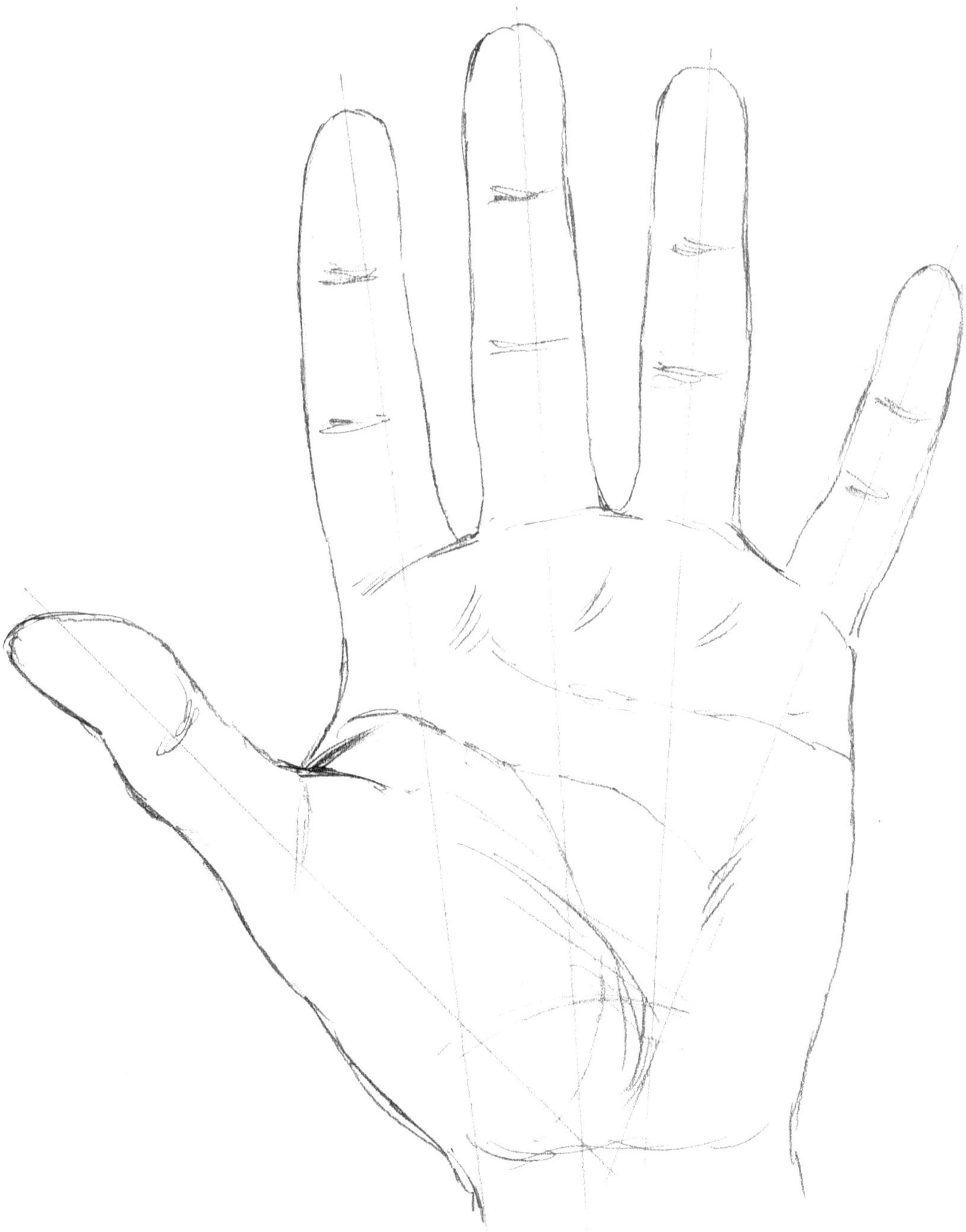

Diese zwei Skizzen der linken Hand von vorn und von hinten verdeutlichen das Verhältnis der Handfläche zu den einzelnen Fingern. Die Fingerdicke nimmt zu den vorderen Gliedern hin ab. Die Handfläche ist fleischig, auf der Handrückseite sehen wir Sehnen und Knöchel. Natürlich gibt es längere und schmalere, dickere und breitere Hände.

Diese Hände vermitteln eine kleine Vorstellung von ihrer Bewegungsvielfalt. Achten Sie besonders auf die perspektivischen verschobenen Proportionen. Betrachten Sie Ihre eigene Hand im Spiegel und zeichnen Sie sie von den Fingerspitzen aus, oder zeichnen Sie sie mit oder ohne Spiegel aus der Seitenansicht. Berücksichtigen Sie die unterschiedlichen Längen der einzelnen Finger. Sobald Sie etwas Übung haben, könnten Sie versuchen, zwei Hände mit verschränkten Fingern zu zeichnen.

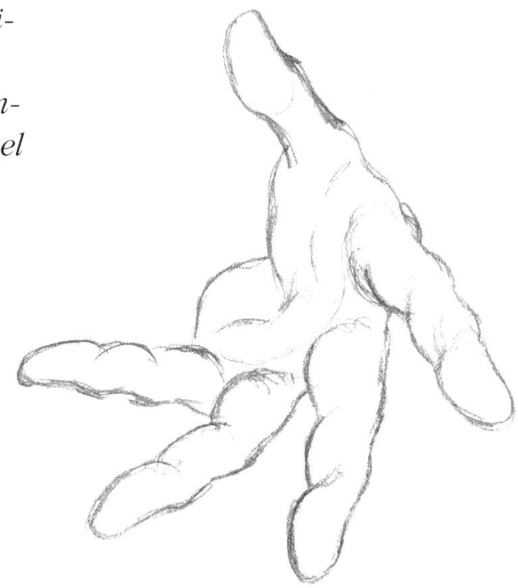

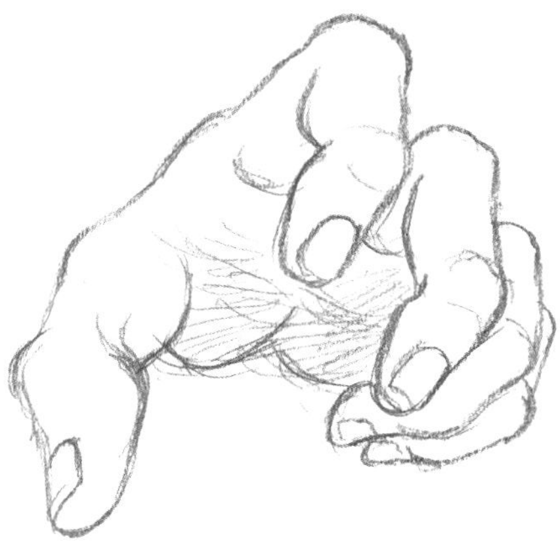

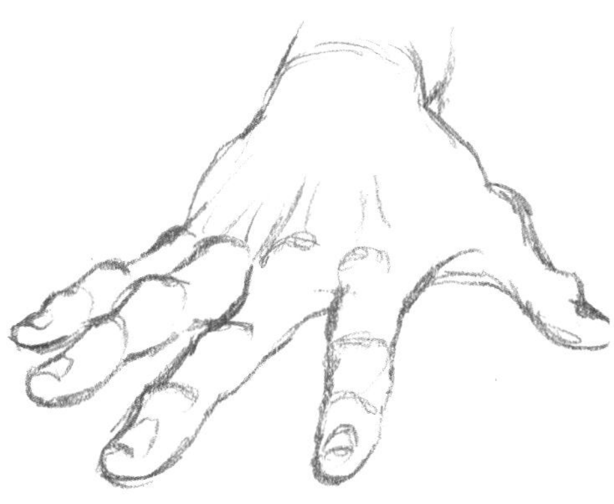

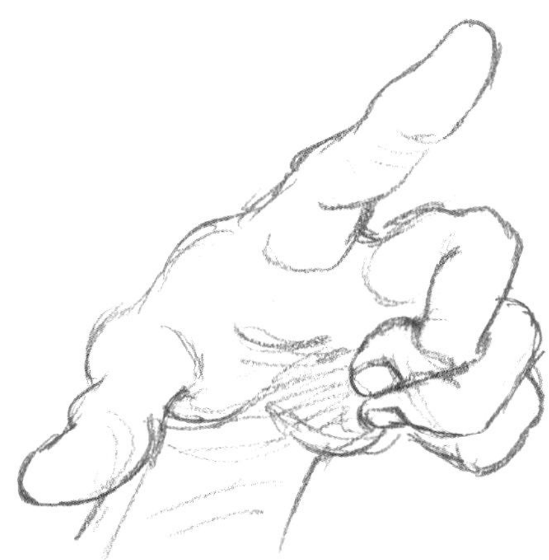

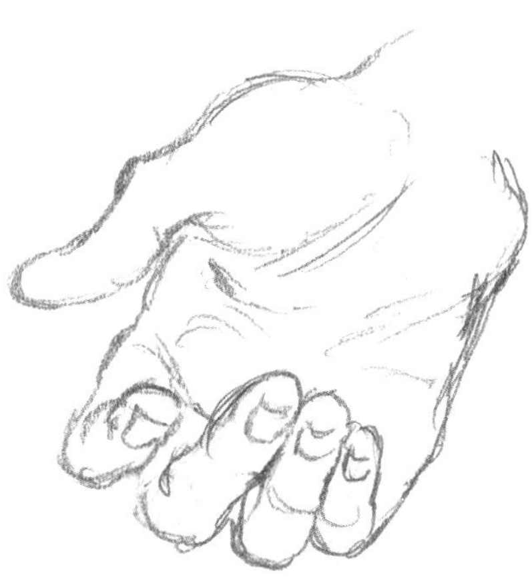

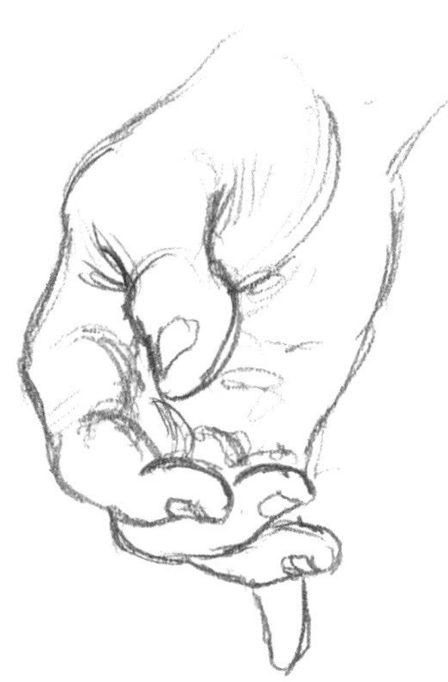

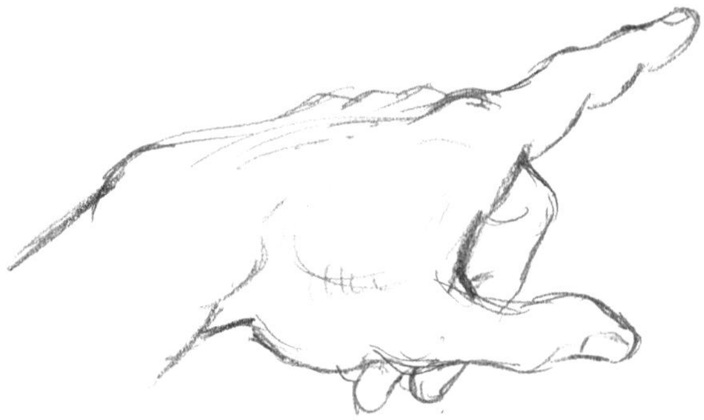

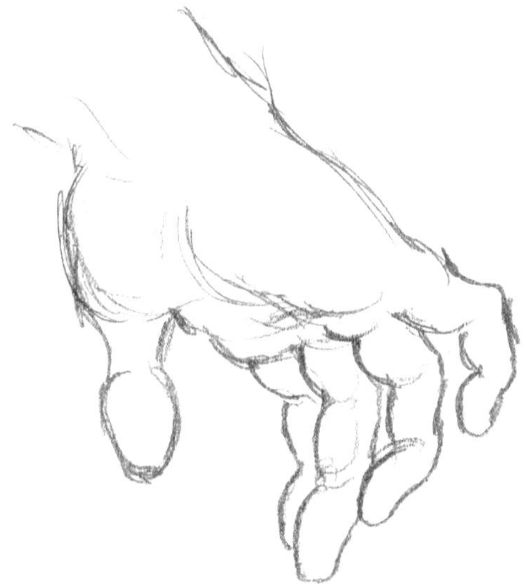

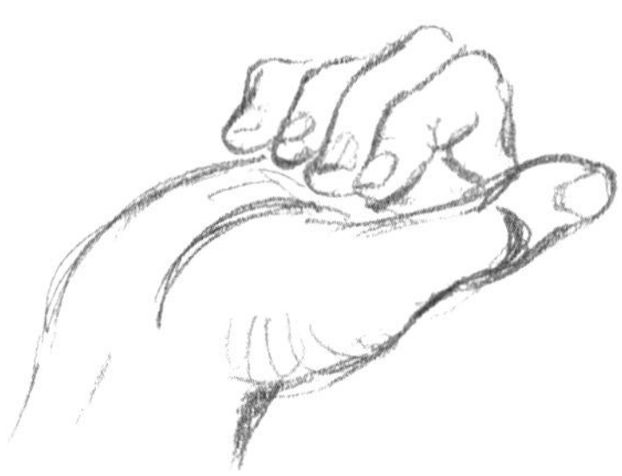

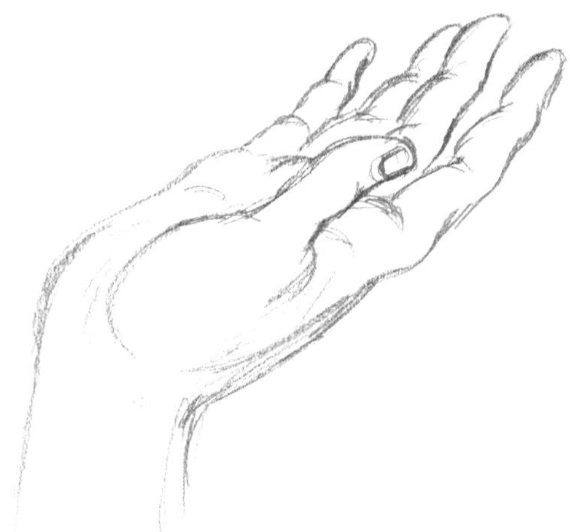

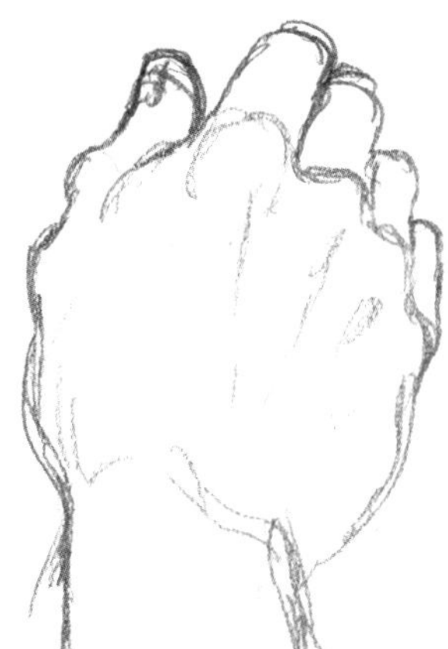

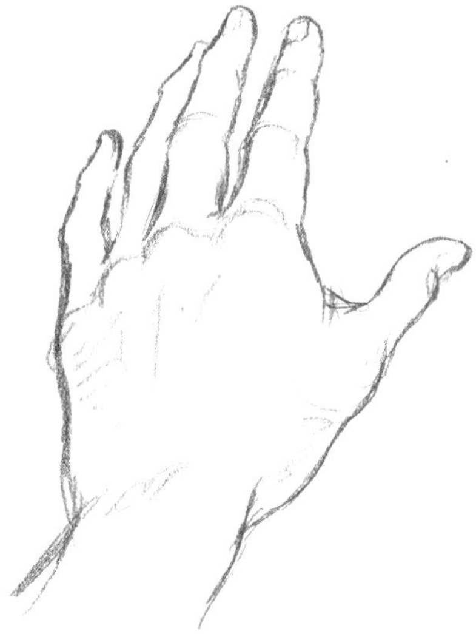

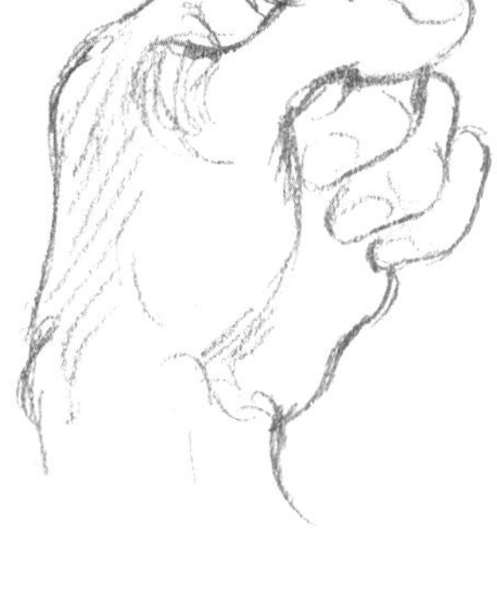

DIE FÜSSE

Füße sind einfacher zu zeichnen als Hände, weil sie nicht so beweglich sind. Schwierig ist es, sie perspektivisch verkürzt von vorn oder von hinten zu zeichnen.

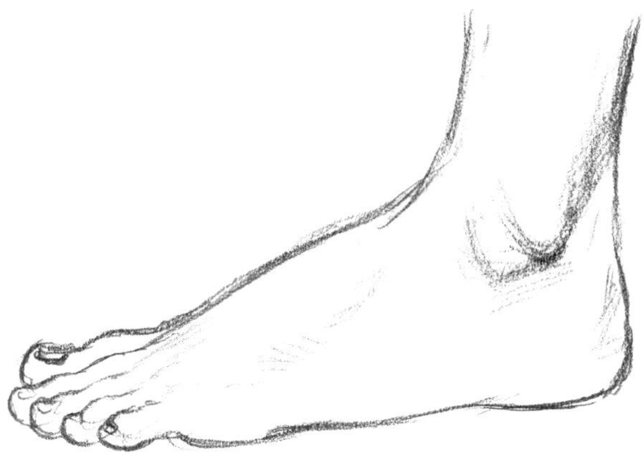
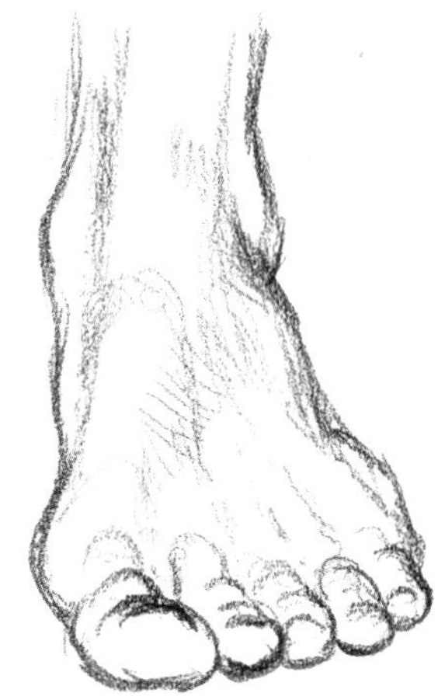
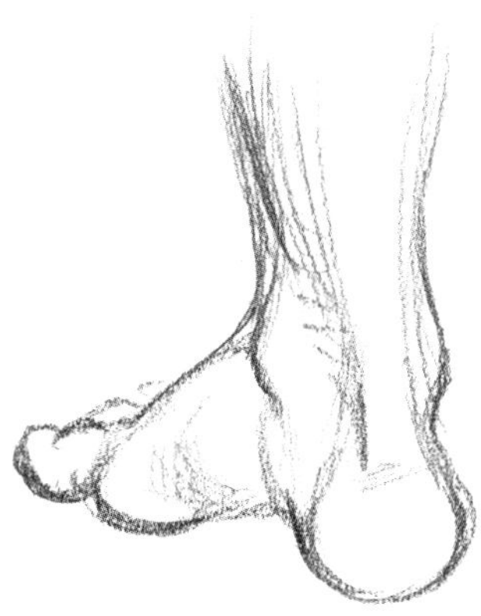
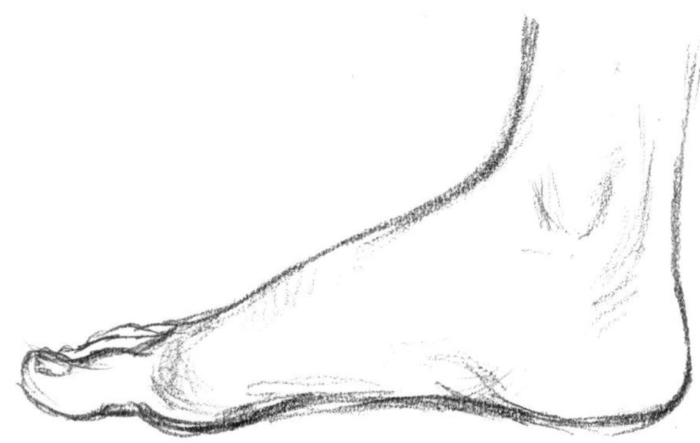
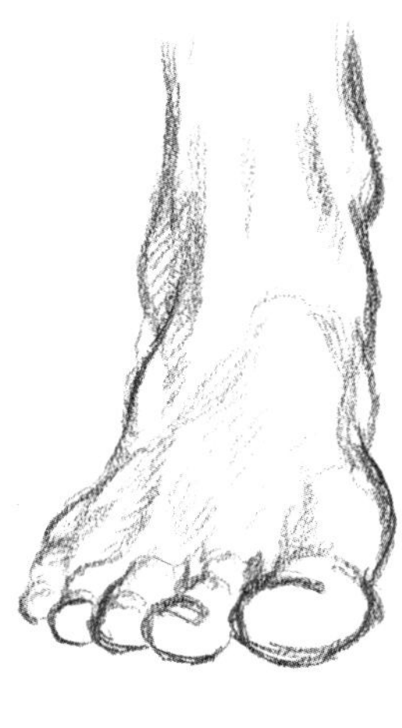
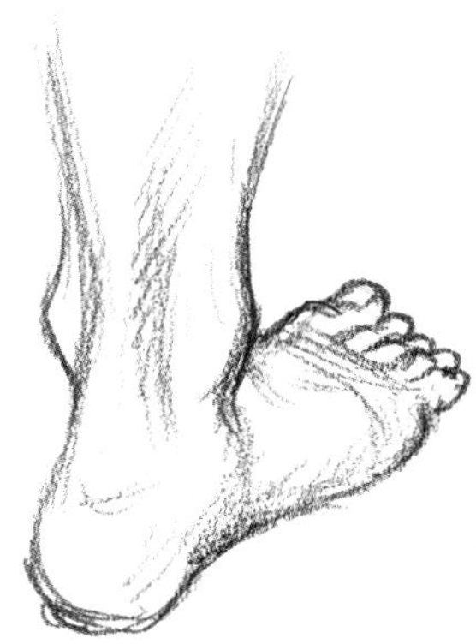

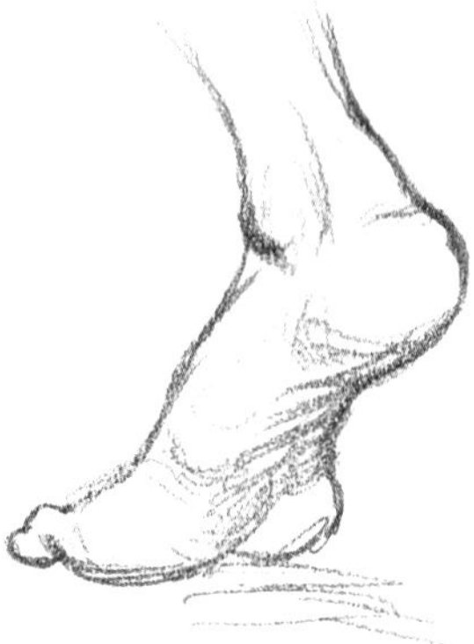

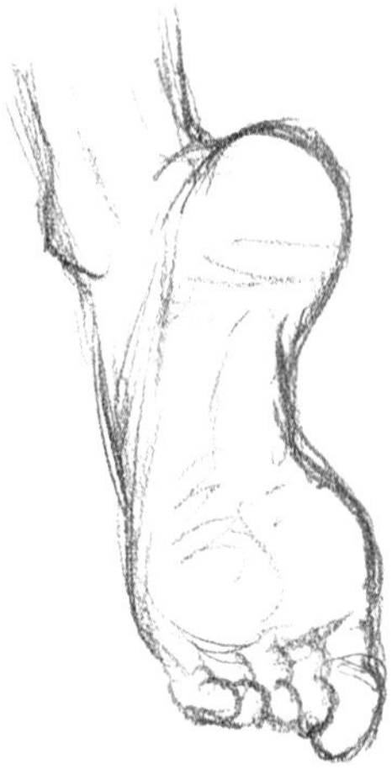

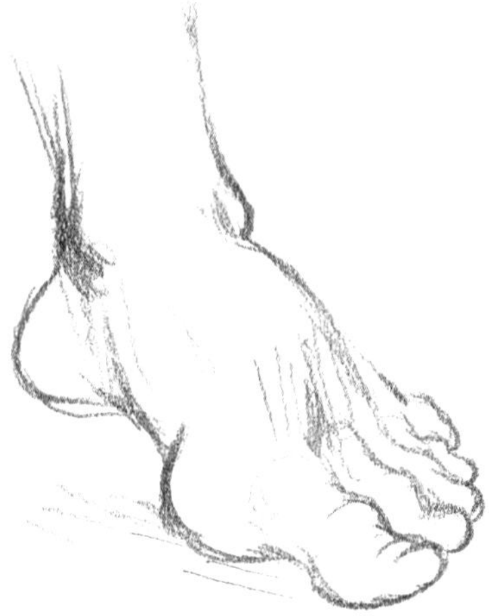

Beachten Sie den Unterschied zwischen Innen- und Außenseite des Fußes. So ist von innen das Fußgewölbe zu sehen, und auch die Knöchel befinden sich nicht auf derselben Höhe. Von vorn betrachtet büßt der Fuß seine Eleganz ein und wird zu einem klobigem Ungetüm. Machen Sie sich klar, wie sich die Zehen aus den unterschiedlichen Blickwinkeln darstellen. Vergessen Sie auch nicht den Blick von unten auf die Fußsohle. Wenn Sie kein Modell zur Verfügung haben, können Sie sich mit ihren eigenen Füßen behelfen, indem Sie sich vor einen Spiegel setzen.

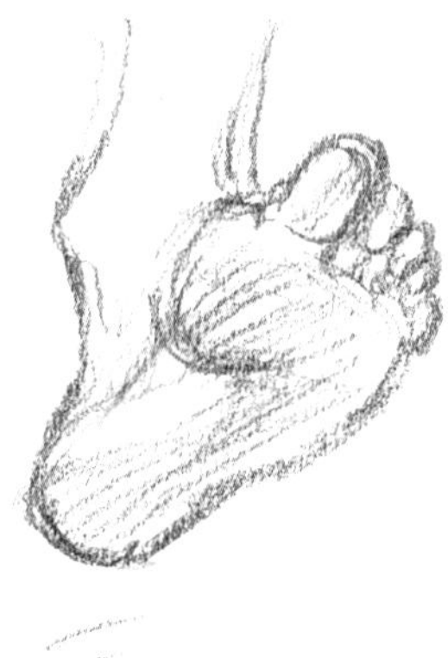

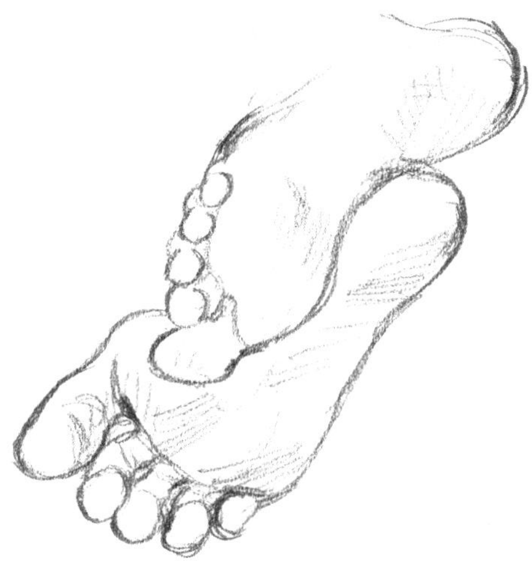

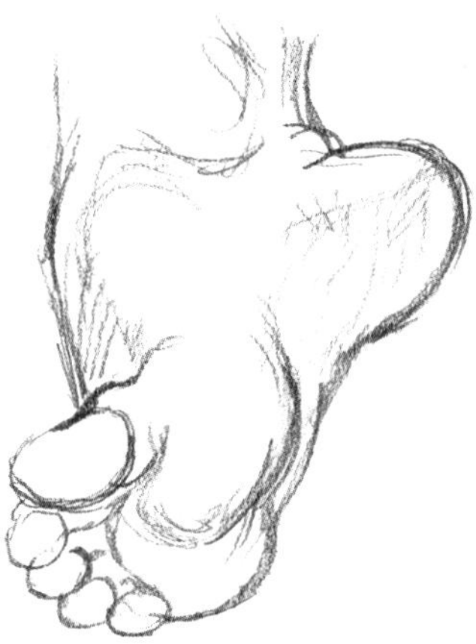

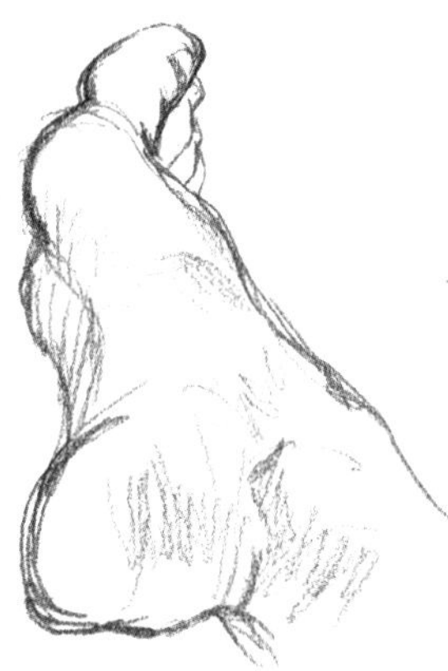

DIE AUGEN

Das Auge ist im Prinzip eine Kugel, die in einer höhlenförmigen Schädelöffnung lagert und vom Augenlid sowie diversen Muskeln rund um die Augenhöhle bedeckt wird. Im Spiegel oder im Gesicht eines Gegenübers sehen wir lediglich einen kleinen Ausschnitt dieser Kugel bestehend aus der weißen Lederhaut, der farbigen Iris, der durchsichtigen Hornhaut und der schwarzen Pupille. Das Wissen um die Kugelgestalt hilft uns, das Gesehene korrekter wiederzugeben.

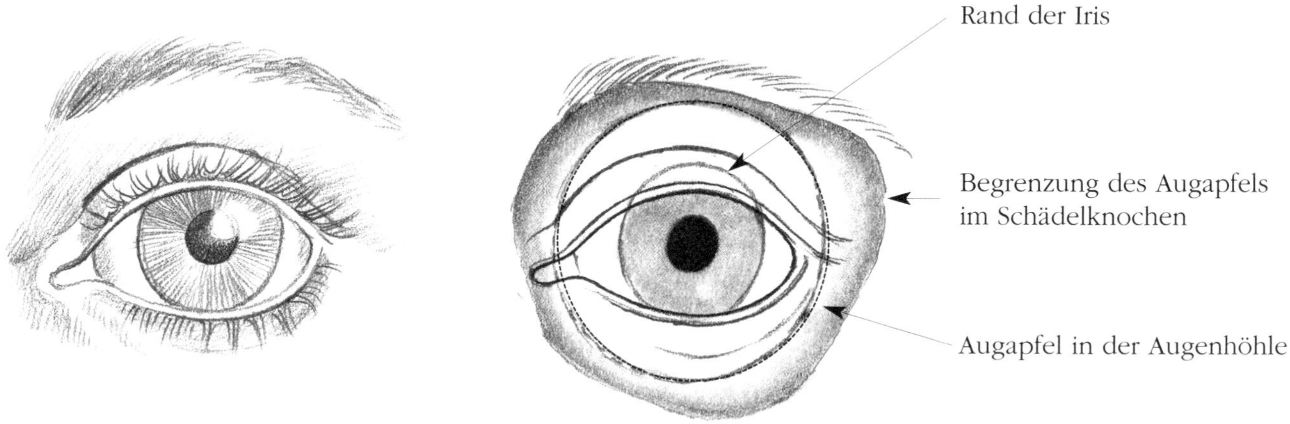

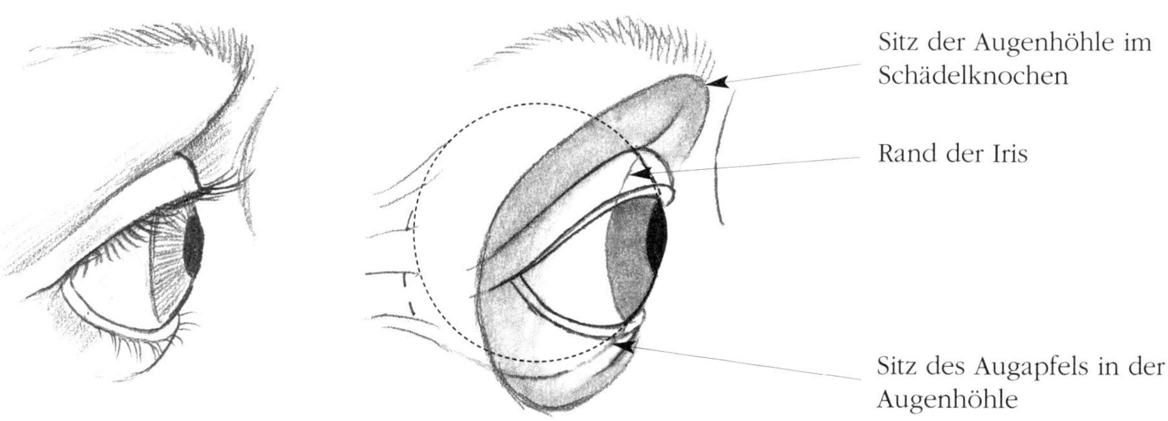

Weil der Augapfel in seiner Knochenhöhle ruht, sehen wir ihn nur in dem kleinen Ausschnitt zwischen den geöffneten Augenlidern. Häufig vergessen wir, dass es sich um ein Kugelsegment handelt. Ein von der Seite gezeichnetes Auge ohne Krümmung sieht jedoch unecht aus. In der Regel bedeckt das obere Lid einen Teil der Iris, während das untere Lid die Iris gerade berührt. Nur wenn wir – beispielsweise vor Schreck – das Auge besonders weit öffnen, kommt die Iris ganz zum Vorschein. Berücksichtigen Sie, dass die Lider eine reale Dicke haben, in der die Wimpern wurzeln. Die Brauen deuten die Lage der oberen Begrenzung der Augenhöhlen an.

Auf der nächsten Seite sehen wir diverse Augenpaare von jungen und alten Männern und Frauen aus unterschiedlichen Richtungen.

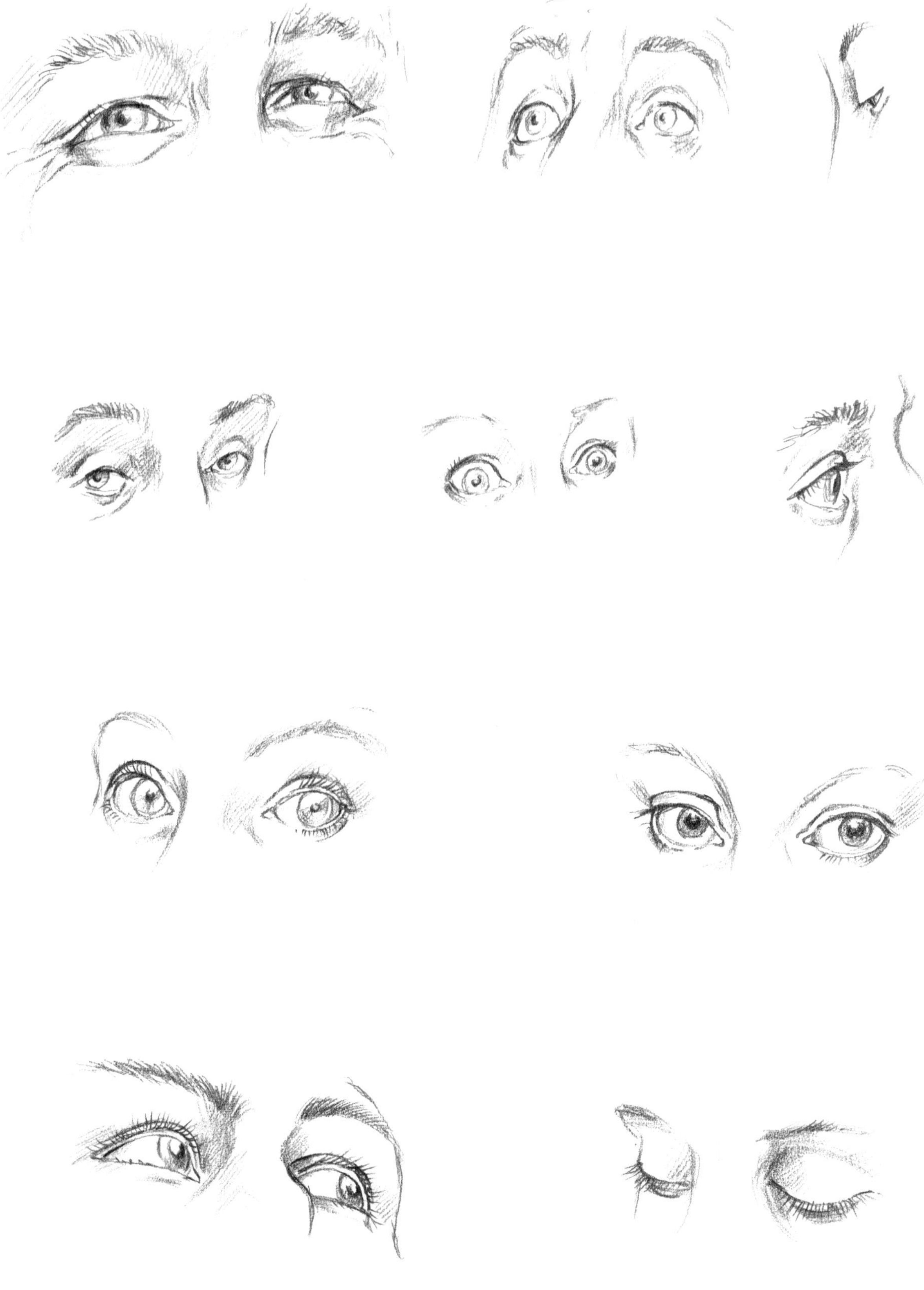

DER MUND

Der Mund bietet wenig Probleme, solange wir daran denken, dass die Berührungskurve der Lippen häufig markanter zu sehen ist als die äußere Umrandung der Lippen.

A

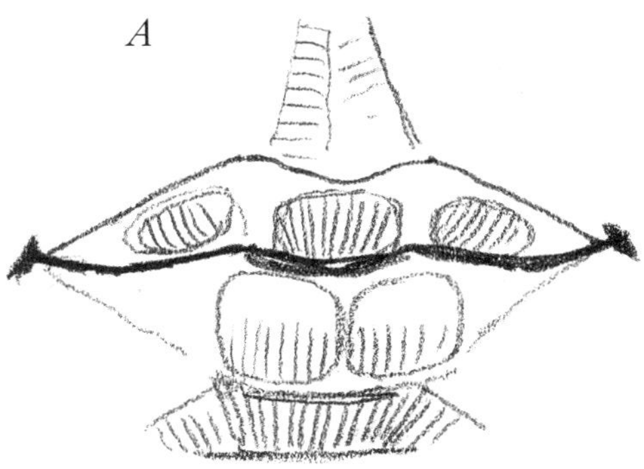

C

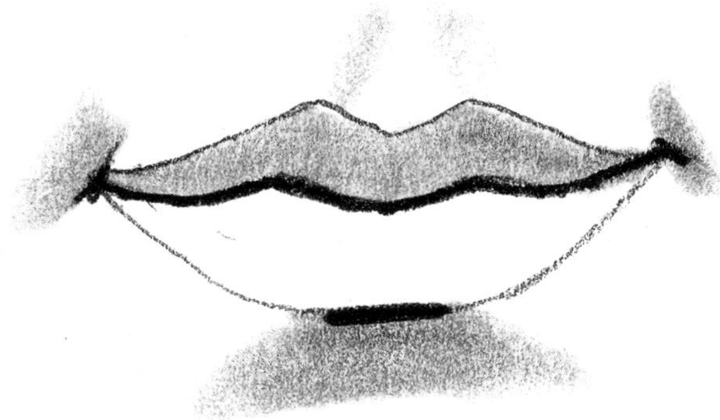

B

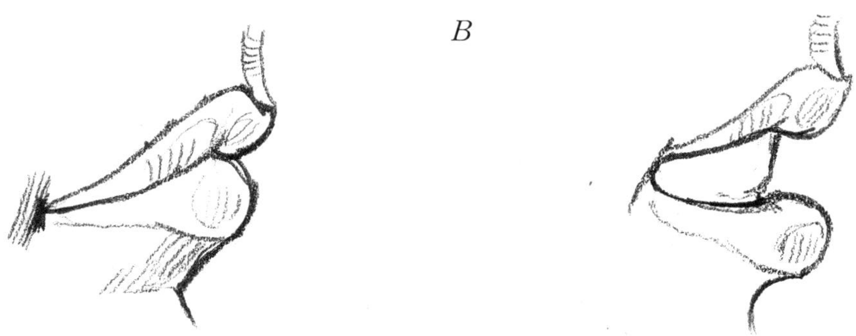

Die Oberlippen haben drei sichtbare Wulste, die Unterlippen hingegen nur zwei (A). Eine Seitenansicht der Lippen (B) zeigt, wie sich ihre Form beim Öffnen und Schließen verändert. Unter gewöhnlichen Lichtverhältnissen ist die Oberlippe schattiger als die Unterlippe. Auch unter der Unterlippe, in den Mundwinkeln und zwischen Nase und Oberlippe bilden sich häufig dunkle Grübchen (C). Jeder Mund ist anders und erfordert eine aufmerksame Beobachtung, bevor Sie ihn zeichnen.

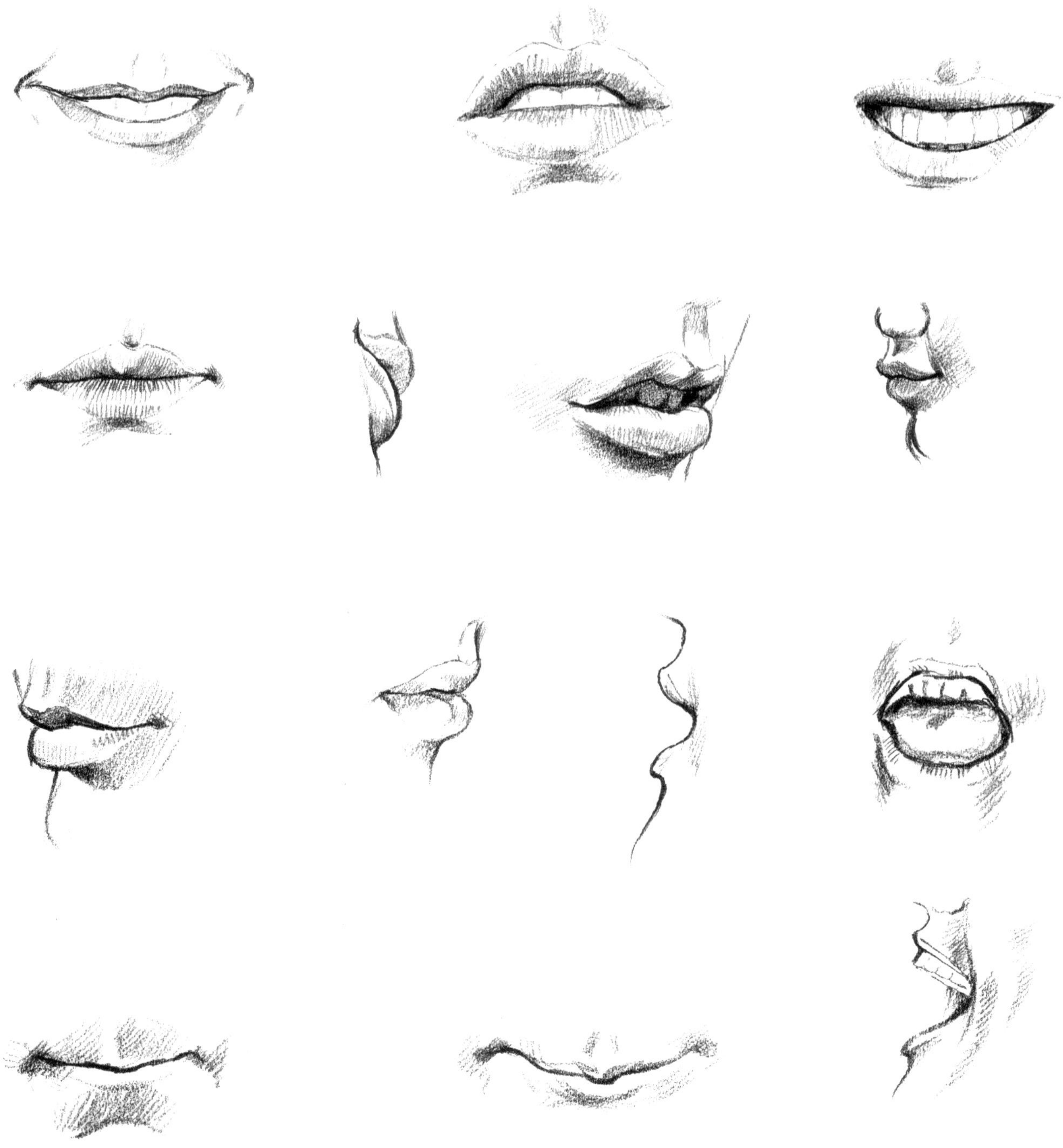

Diese Skizzen zeigen offene, geschlossene, lächelnde oder rufende Münder aus unterschiedlichen Richtungen. In der seitlichen Ansicht erscheint die hintere Hälfte des Mundes kleiner und gekrümmter als die vordere. Beim Lächeln werden die Lippen gedehnt und verlieren an Volumen. Ein geschlossener Mund kann voll und weich oder gepresst und schmallippig erscheinen. Alter und Veranlagung spielen ebenfalls eine Rolle. Kleinkinder haben häufig besonders runde, weiche und volle Lippen.

NASE, OHREN UND HAARE

Die Nase ist der markanteste Teil des Gesichts. Abgesehen davon, dass ihre Erscheinungsform stark von der Blickrichtung abhängt, bietet sie ansonsten keine besonderen Schwierigkeiten beim Zeichnen. Das Ohr ist schon etwas komplizierter; außerdem sind wir es nicht gewohnt, Ohren im Detail zu studieren. Haare nehmen so unterschiedliche Formen an, dass wir hier lediglich ein paar Grundmuster vorstellen können.

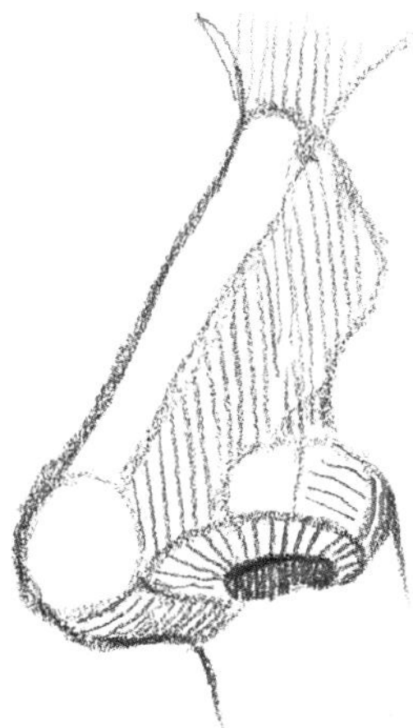

Nasen lassen sich im Profil leichter zeichnen als von vorn. Je weiter ihre Spitze in unsere Richtung schaut, desto wichtiger ist es, ihr durch geeignete Schraffierungen Volumen zu geben. Diese Beispiele zeigen, wie die lange schmale Front in die Nasenspitze und die Seitenwände und schließlich in die Nasenflügel übergeht. Wenn die Nasenspitze in unsere Richtung zeigt, fallen die Nasenlöcher besonders auf. Die Vielfalt der Nasen reicht von der langen gekrümmten Adlernase bis zur kurzen weichen Stupsnase. Auch die Form der Nasenflügel beeinflusst unseren Gesichtsausdruck.

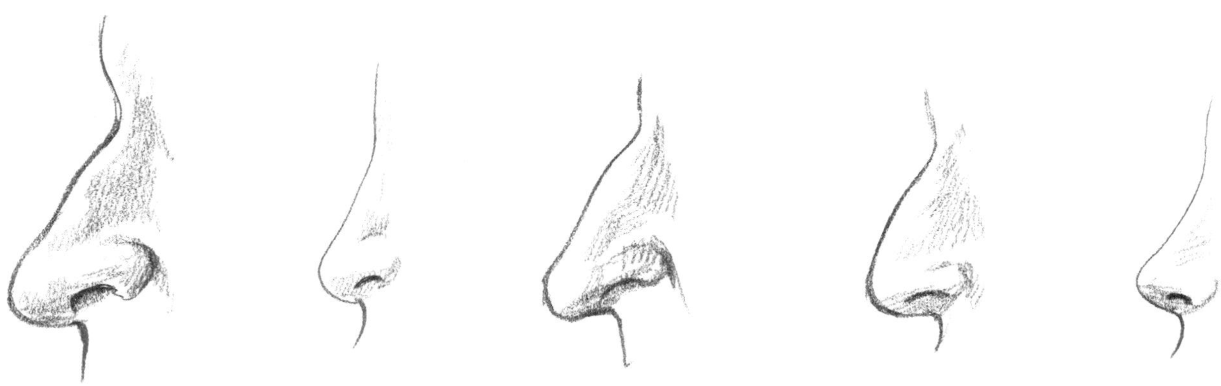

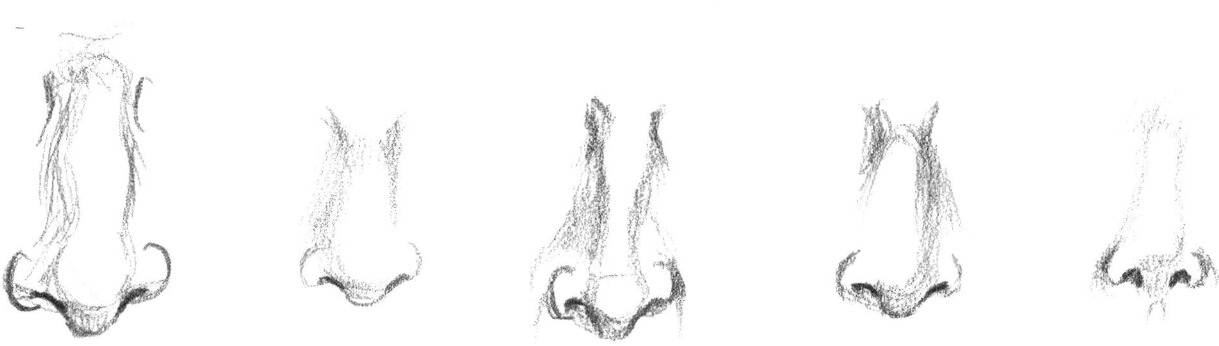

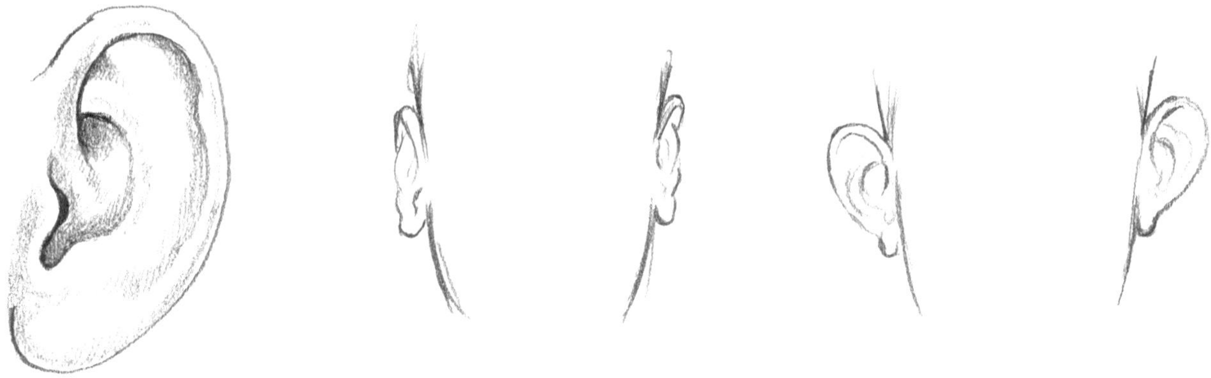

Ohren sind nur schwierig, weil wir sie selten wirklich betrachten. Hier sehen wir ein Ohr von durchschnittlicher Form. Der generelle Aufbau ist bei allen Ohren gleich. Manche Ohren liegen dicht an und treten von vorn gesehen kaum in Erscheinung, während andere wie Henkel abstehen. Abgesehen von ihrer Größe und Richtung gehören sie nicht zu den wichtigsten Erkennungsmerkmalen eines Gesichts.

Beim Haar fällt zunächst auf, wie lang und wie lockig es ist. Bei Männern ist die Variationsbreite generell geringer, auch wenn die mit dem Alter einhergehende Ausdünnung bisweilen den Gesamteindruck des Gesichts verändert. Hier sehen wir vier Beispiele von glattem und lockigem, langem und kurzem Haar.

KÖRPERSPRACHE

Menschliche Figuren bereichern die Bildkomposition häufig um eine emotionale Komponente, die sich besonders in den Bewegungen der Figuren offenbart. Mehrere Figuren können emotional interagieren. Wenn beispielsweise eine stehende Figur vor einer kauernden die Faust schüttelt, können wir auf einen Streit schließen. Meist jedoch geht es um Stimmungen und Gefühle, und der Künstler benötigt ein feines Gespür für die Konventionen der Körpersprache. Auf diesen Seiten finden Sie einige Beispiele für Stellungen und Bewegungen, die bestimmte Stimmungen implizieren.

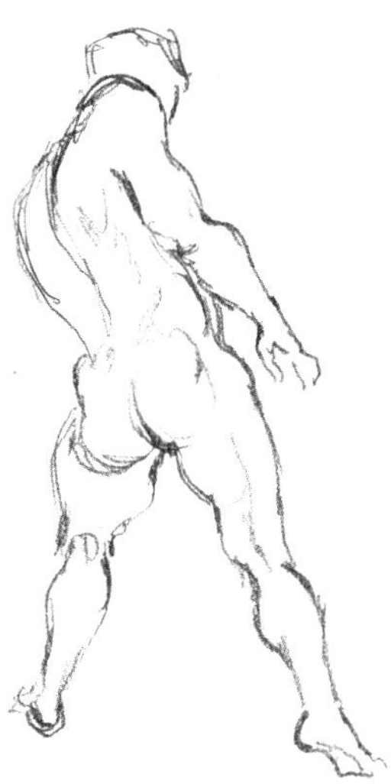

A

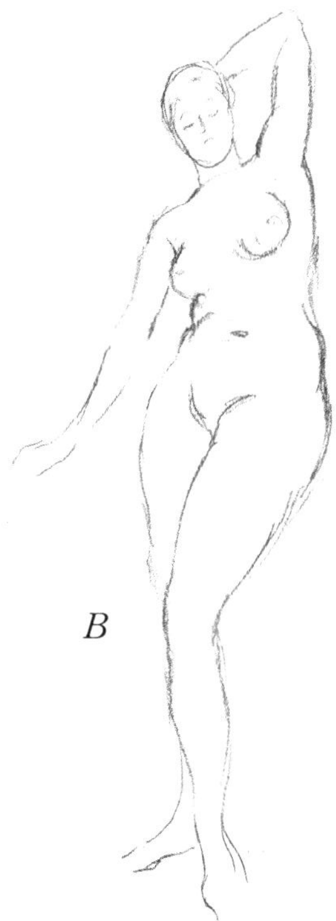

B

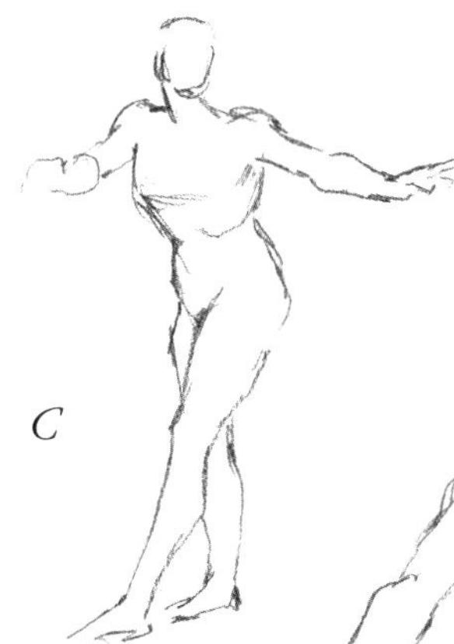

C

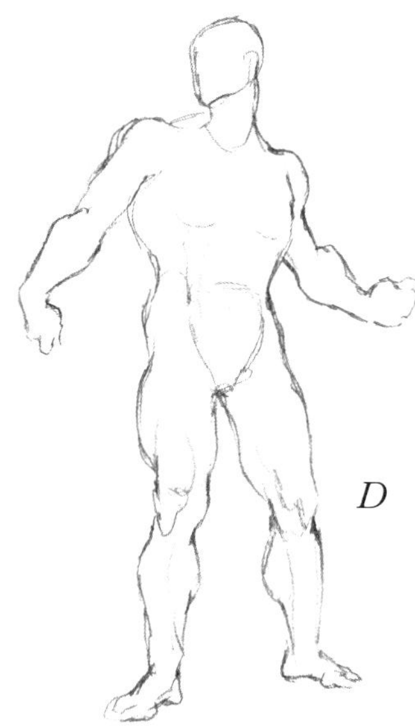

D

A Die Haltung dieses muskulösen Mannes deutet auf eine kraftvolle Tätigkeit wie Ziehen oder Schieben hin.

B Diese Frau räkelt sich im Schlaf oder Halbschlaf; Arme und Beine beschreiben sanfte Bögen.

C Eine weitere Frauenfigur, die sich jedoch mit einer teils ängstlichen, teils theatralischen Geste umblickt.

D Dieser muskulöse Mann wirkt aggressiv; er hält seine Arme und Fäuste, als wolle er jeden Augenblick zuschlagen.

E Eine Frau mit erhobenen Armen, die zu jubilieren oder triumphieren scheint.

F Diese Frau wendet sich nach etwas um und bekundet ihre Verwunderung mit theatralischer Geste.

G Mit eingezogenem Kopf und gekrümmtem Oberkörper scheint dieser Mann vor etwas Bedrohlichem zu fliehen.

H Dieser kniende Mann drückt mit seiner kauernden Haltung Ratlosigkeit und Verzweiflung aus.

I Diese Frau schützt sich mit der Haltung des ungeborenen Kindes im Mutterleib.

J Dieser Mann lehnt sich entspannt zurück; vielleicht sitzt er am Strand und genießt den Sonnenschein.

E

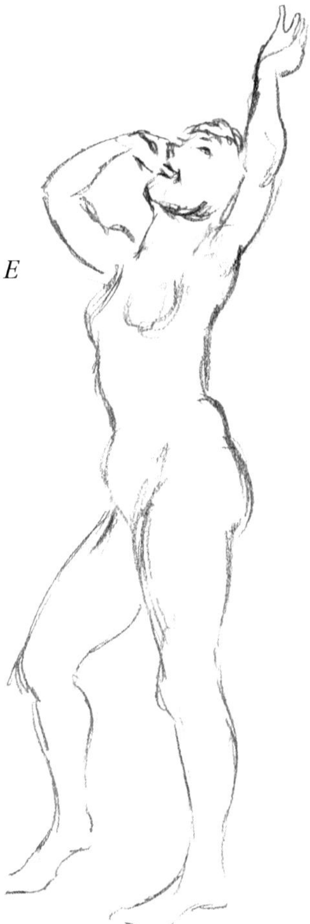

F

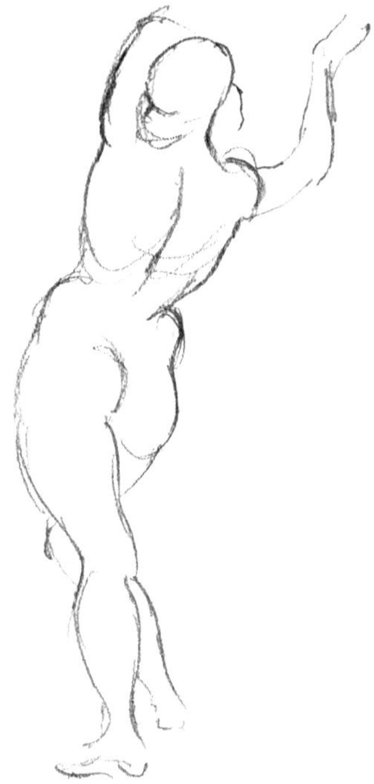

G

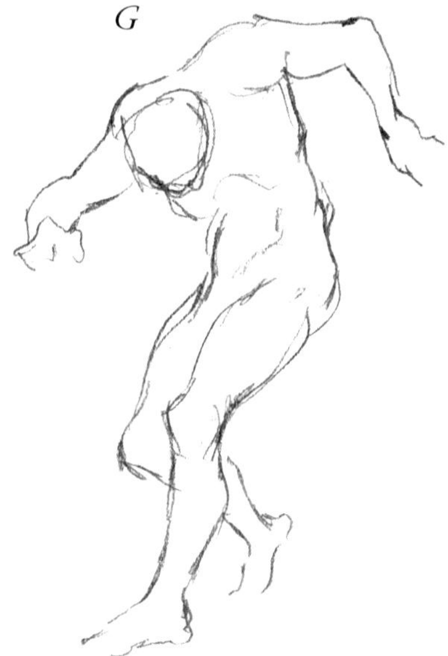

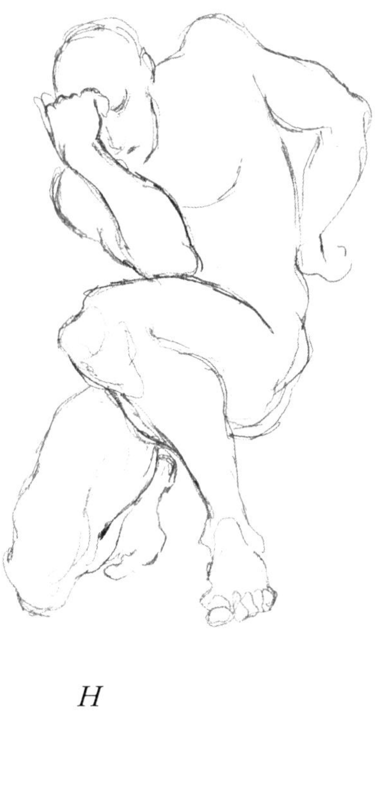

H

I

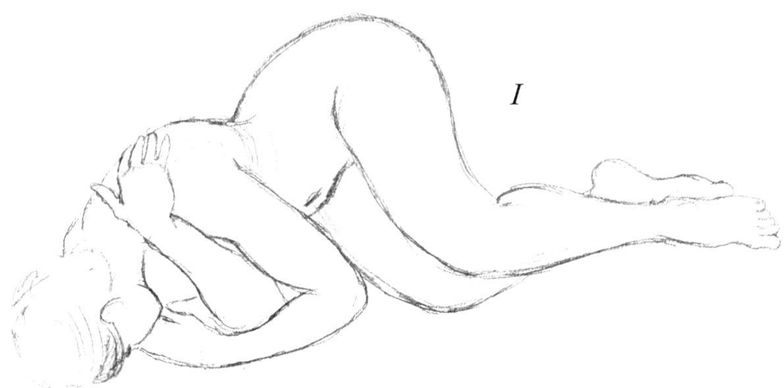

J

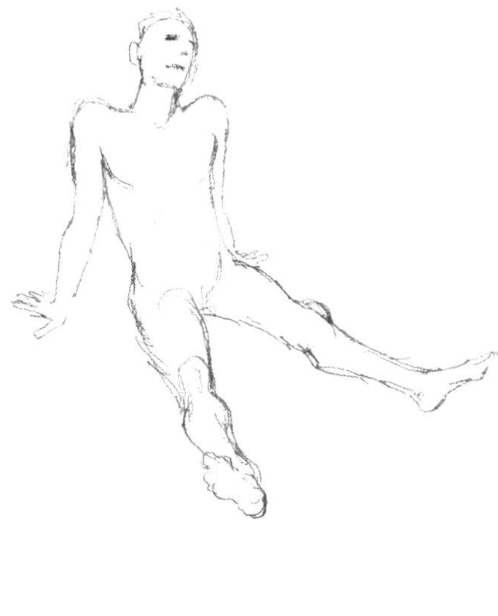

EMOTIONALE BILDKOMPOSITIONEN

Figuren können die Stimmung einer Bildkomposition allein durch ihre Größe und Position auf der Bildfläche beeinflussen. Manchmal wird diese Stimmung durch den Gesichtausdruck oder die Körpersprache der Figuren noch verstärkt, aber die Platzierung der Figuren allein spricht bereits eine Sprache, die der Betrachter unmittelbar versteht. Beide Techniken zusammen erzeugen einen umso stärkeren Ausdruck.

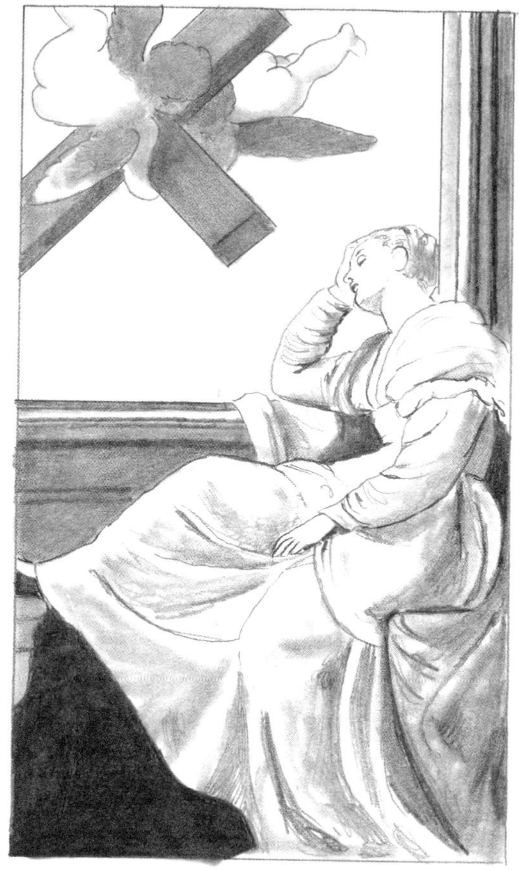

Paolo Veroneses Gemälde »Sogno di Sant' Elena« betont den Traumcharakter, indem es die Träumende in die rechte Ecke unterhalb des Fensters setzt, in welchem der Inhalt ihres Traumes sichtbar wird.

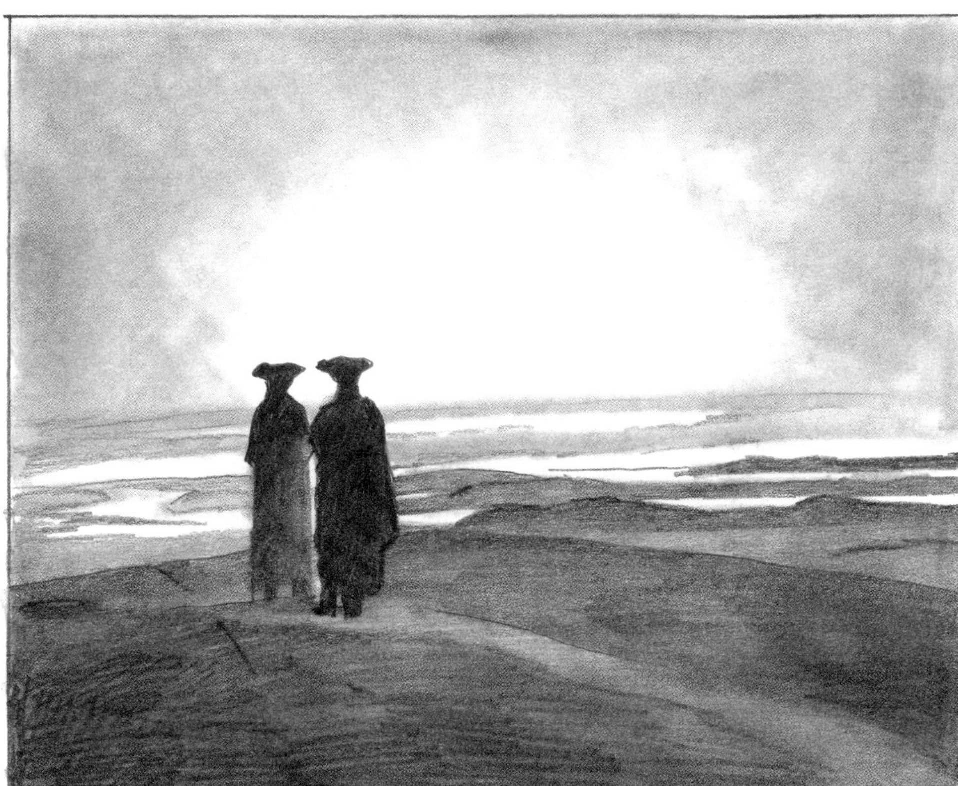

Diese Darstellung zweier Männer, die den Sonnenuntergang betrachten, stammt von Caspar David Friedrich. Die Szene, wie die beiden Figuren durch den ungebrochenen horizontalen Raum in die Ferne schauen, hat zugleich etwas Friedliches und Einsames.

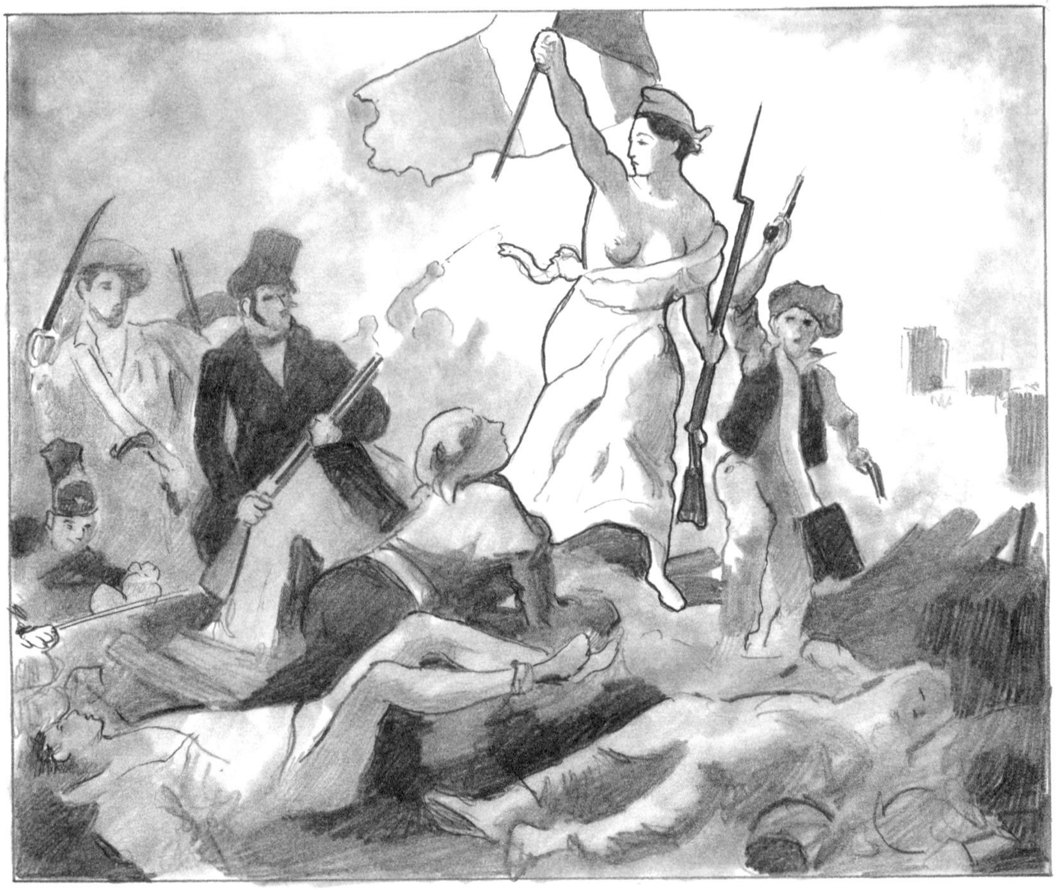

In Eugène Delacroix' Gemälde »Die Freiheit führt das Volk« drängt die Hauptfigur mit revolutionärem Eifer vorwärts. Ihre Fahne reicht über den oberen Bildrand hinaus, während sie selbst von den dunklen Massen der linken Bildhälfte zur helleren, aber wüsten Leere der rechten Seite eilt. Ihr Gefolge strebt auf den Betrachter zu.

Tizians Darstellung der Verführung Danaes durch Jupiter, der sich in einen Goldregen verwandelt hat, suggeriert mit der entspannten Ruhelage der Heldin in der unteren Bildhälfte ihre Willfährigkeit; wie ein Gefäß fängt sie die fallenden Goldtaler auf. Der mühelos ausgestreckte Körper wird so zum Sinnbild der erotischen Antizipation.

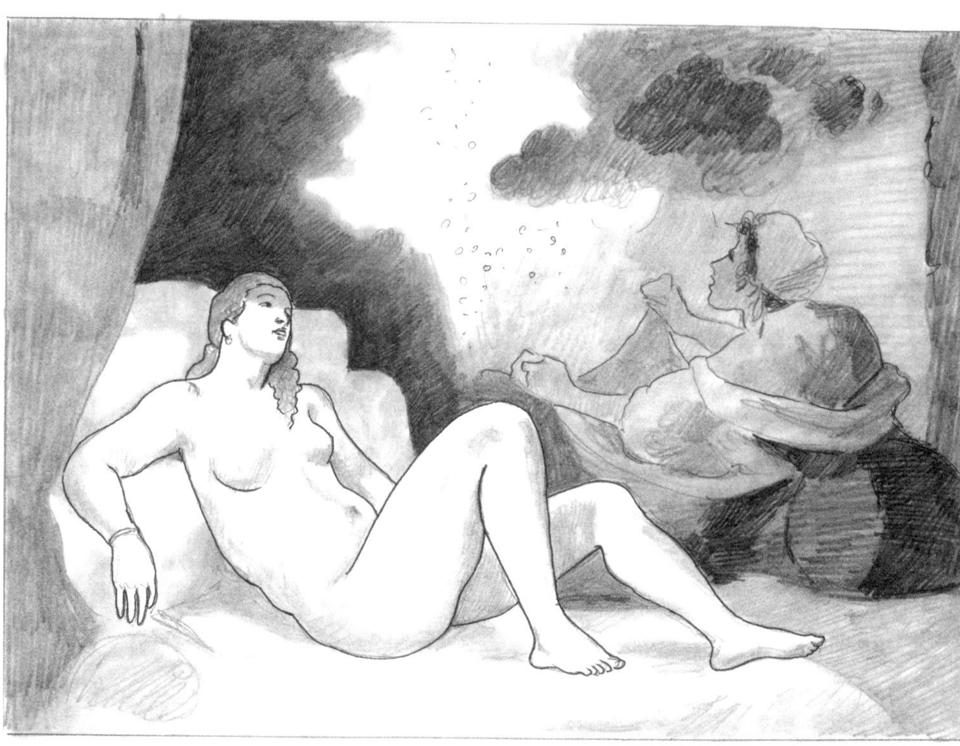

Zeichenstile

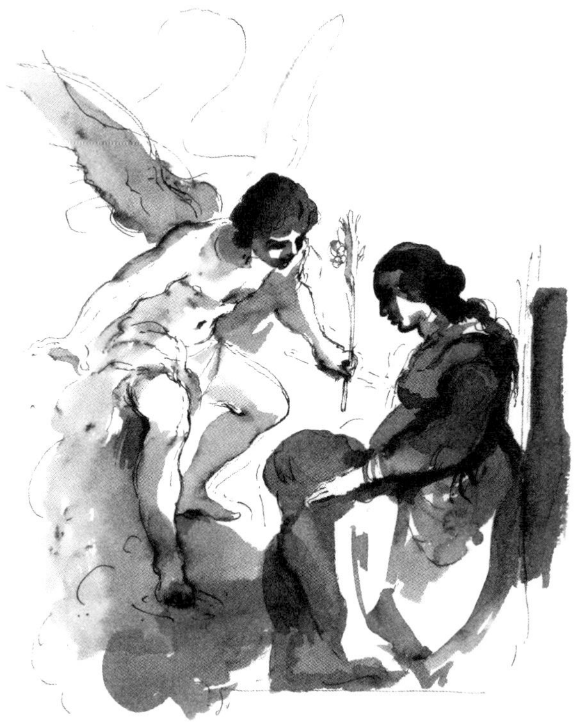

In diesem Abschnitt wollen wir uns mit Beispielen von Künstlern befassen, die ihren eigenen Stil der figürlichen Darstellung entwickelt haben. Der Vielfalt in der Verwendung von Material und Technik sind keine Grenzen gesetzt, und wenn wir die Werke betrachten, stellen wir fest, dass ein und dieselben Materialien die unterschiedlichsten Zeichenstile zulassen.

Scheuen Sie sich nicht, mutig zu experimentieren. Wechseln Sie die Methode, wenn Sie auf dem einmal eingeschlagenen Weg nicht weiterkommen. Machen Sie sich keine Gedanken über die Entwicklung eines eigenen Stils; dafür sorgen schon Ihre »Handschrift« und Ihre Wahrnehmung der Welt. Bereits während des Lernprozesses werden Sie feststellen, dass Sie mit bestimmten Materialien und Techniken besser zurecht kommen als mit anderen. Sobald Sie etwas Übung haben, werden Sie eigene neue Verwendungsweisen entwickeln.

Probieren Sie so viele Materialien und Techniken aus wie möglich, und klammern Sie sich nicht an eine bestimmte Technik. Experimentieren Sie auch mit gemischten Techniken. Hellen Sie eine Federzeichnung mit einigen Kreidestrichen auf, oder verwenden Sie alle Techniken durcheinander, um die verschiedenen Möglichkeiten auszureizen. Und denken Sie daran: Jeder Fehler bietet die Chance, wertvolle Erfahrungen zu sammeln.

Jedes Zeichenmedium hat seine Grenzen. Dennoch lohnt es sich, sich mit den Werken anderer Künstler zu beschäftigen, um neue Ideen hinsichtlich der Verwendung eines bestimmten Werkzeugs oder Materials zu gewinnen. Dabei spielt die Berühmtheit der Künstler keine Rolle – viele hervorragende Zeichner sind so gut wie unbekannt, und dennoch können wir von ihnen viel über Zeichenstile und -methoden lernen.

Vermutlich fehlt Ihnen noch die nötige Übung, um die in diesem Abschnitt vorgeführten Beispiele treu zu reproduzieren. Dennoch stellt das Kopieren fremder Werke eine wertvolle Übung dar, die Ihnen hilft, mit der Zeit Ihren eigenen Zeichen- und Malstil zu entwickeln.

Bei jedem der folgenden Werke weise ich auf die Materialien und ihre Verwendungsweise hin. Die Liste ist jedoch nicht erschöpfend. Experimentieren Sie ohne Vorbehalte, bis Sie eine Methode gefunden haben, die Ihrem Temperament und Ihrem Ausdrucksstil bestmöglich entspricht.

BLEISTIFT UND FEDER

Auf den folgenden Seiten führen wir diverse Materialien vor, damit Sie sich mit ihrer Verwendungsweise vertraut machen können. David Hockney gehört zu den wichtigsten modernen Zeichnern. Die hier präsentierten Beispiele zeugen von einer direkten und ungekünstelten Art, den Menschen zeichnerisch darzustellen.

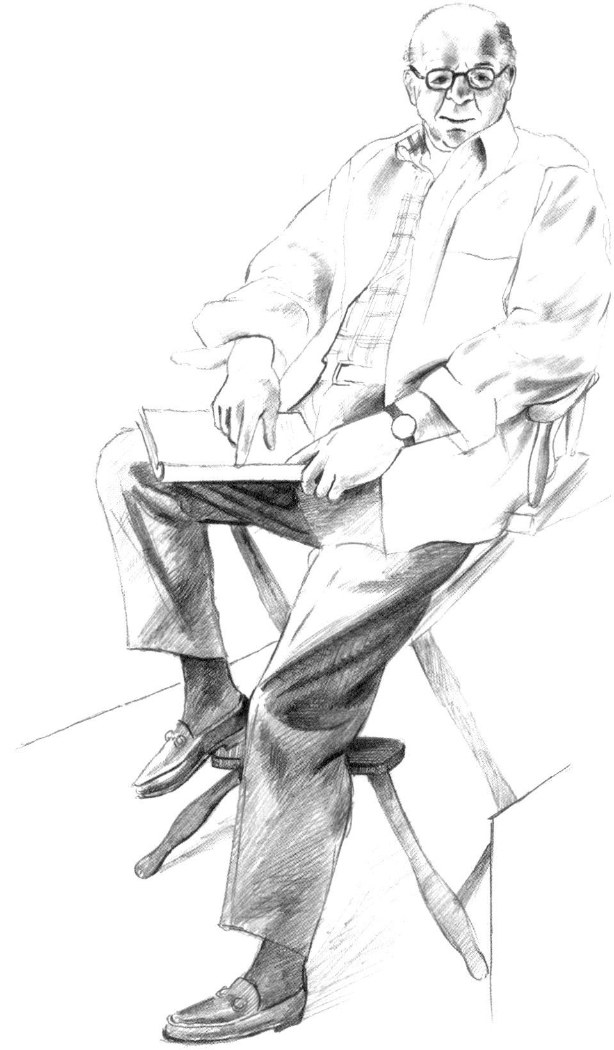

Dieses Porträt des Regisseurs Billy Wilder fertigte Hockney im Jahr 1976 an. Wilder sitzt in einem Regiestuhl; das Drehbuch in seinen Händen unterstreicht seinen Beruf. Der Körper ist leicht zur Seite gedreht, ein Bein ist aufgestützt. Es handelt sich im Wesentlichen um eine Strichzeichnung mit einigen ausgewählten Schraffierungen – eine Art Potpourri klassischer Bleistifttechniken.

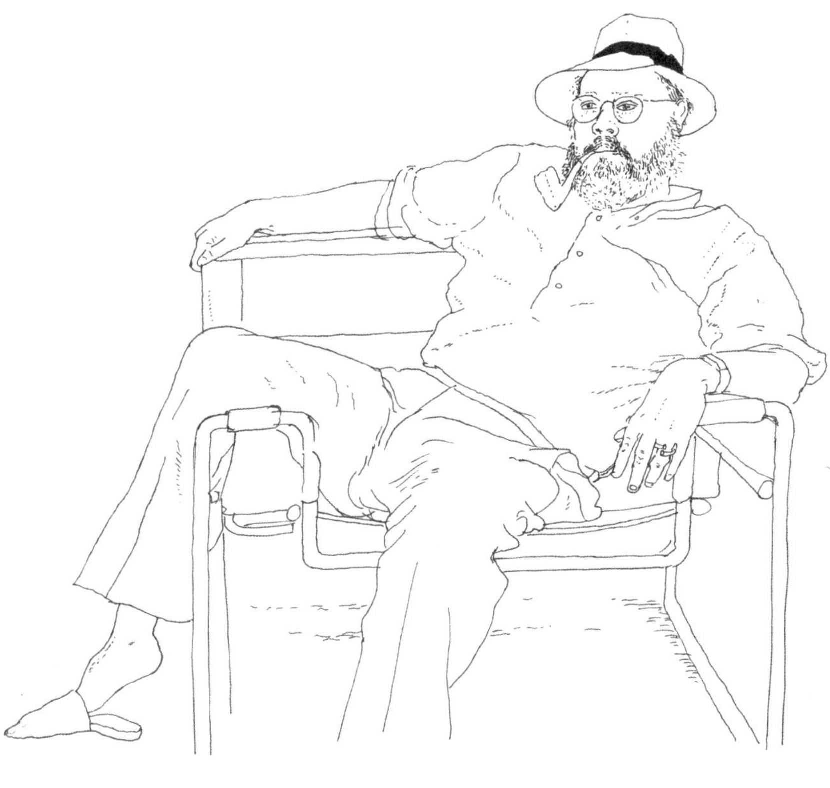

Hockneys Porträt von Henry Geldzahler aus dem Jahr 1973 zeigt den Freund mit Hut und Pfeife entspannt in einem breiten Stahlrohrstuhl im Garten. Geldzahler hatte Spaß daran, sich in interessanten Posen porträtieren zu lassen. Der dünne gerade Federstrich wirkt einerseits präzise, während er anderseits die Beschaffenheit der Kleidung und des Haares einfühlsam wiedergibt. Der vorsichtige, geschlängelte Strich verleiht der Zeichnung eine Atmosphäre der Sorgfalt und Aufmerksamkeit.

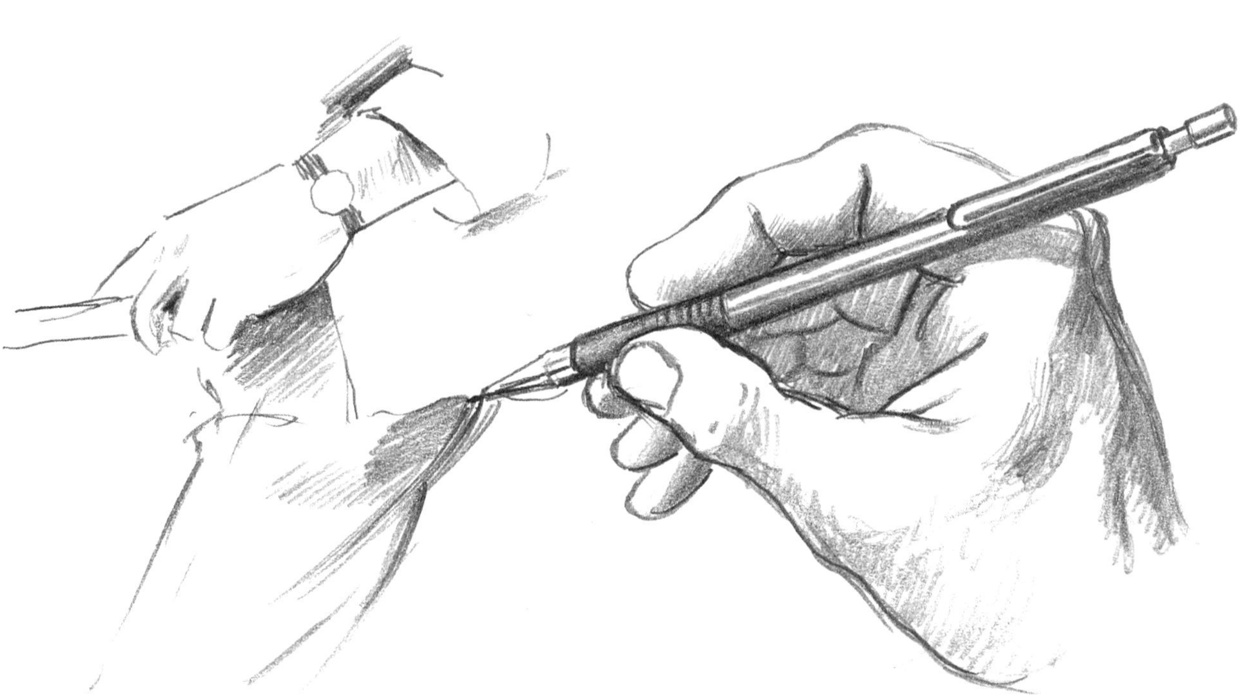

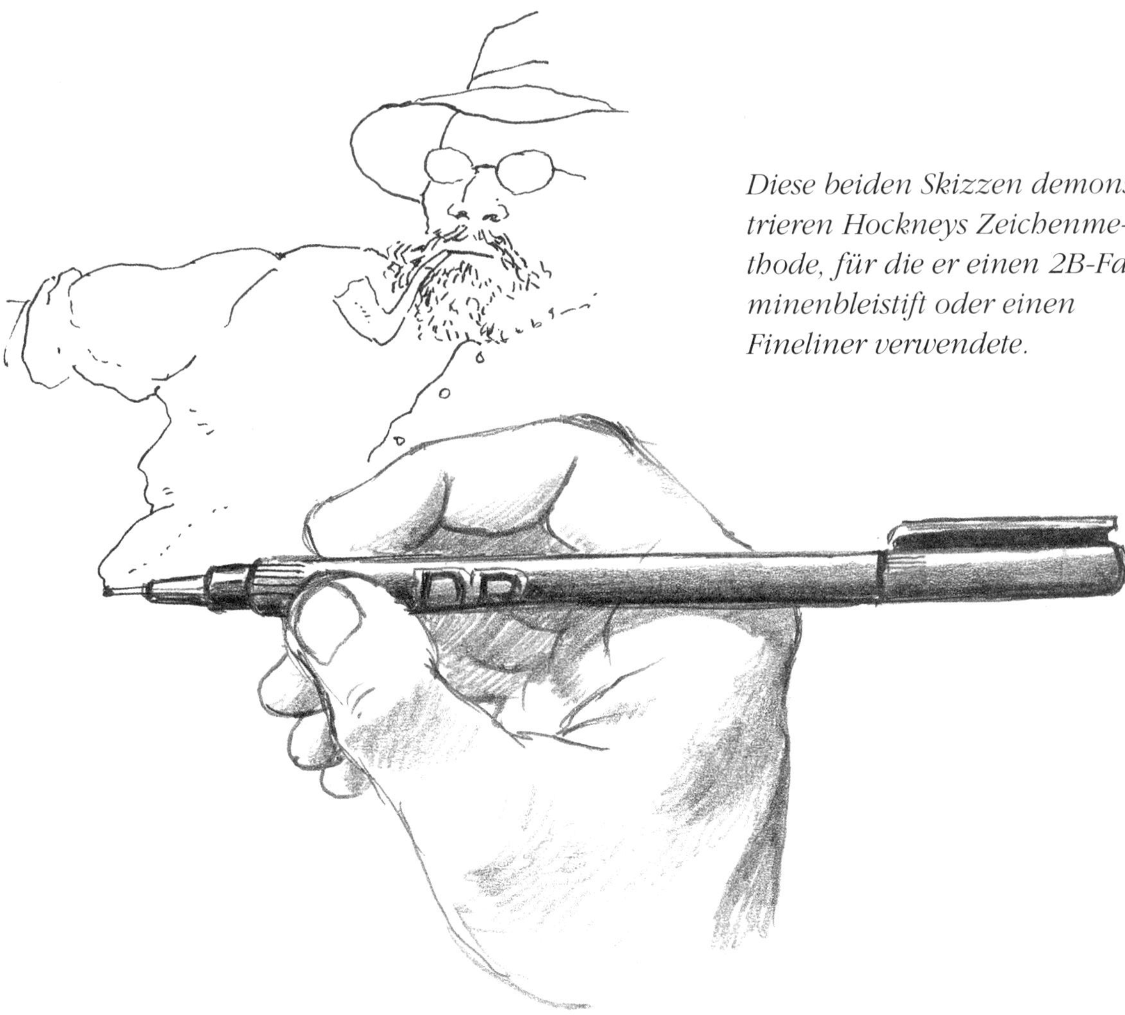

Diese beiden Skizzen demonstrieren Hockneys Zeichenmethode, für die er einen 2B-Fallminenbleistift oder einen Fineliner verwendete.

AQUARELL UND KREIDE

Welches Medium wir verwenden, hängt stets von unseren künstlerischen Vorlieben ab. Es schadet jedoch nichts, sich mit der ganzen Palette möglicher Techniken vertraut zu machen, um bei Bedarf die für die persönlichen Bedürfnisse optimale Entscheidung treffen zu können.

In Edgar Degas' Kreidezeichnung einer Spitze tanzenden Ballerina erzeugt sein kunstvoller Kreidestrich eine weiche und runde Anmutung, wobei jedoch nichts dem Zufall überlassen bleibt. Kreide eignet sich besonders gut für die figürliche Darstellung, weil sie ein rasches Arbeiten mit fließenden tonalen Übergängen erlaubt.

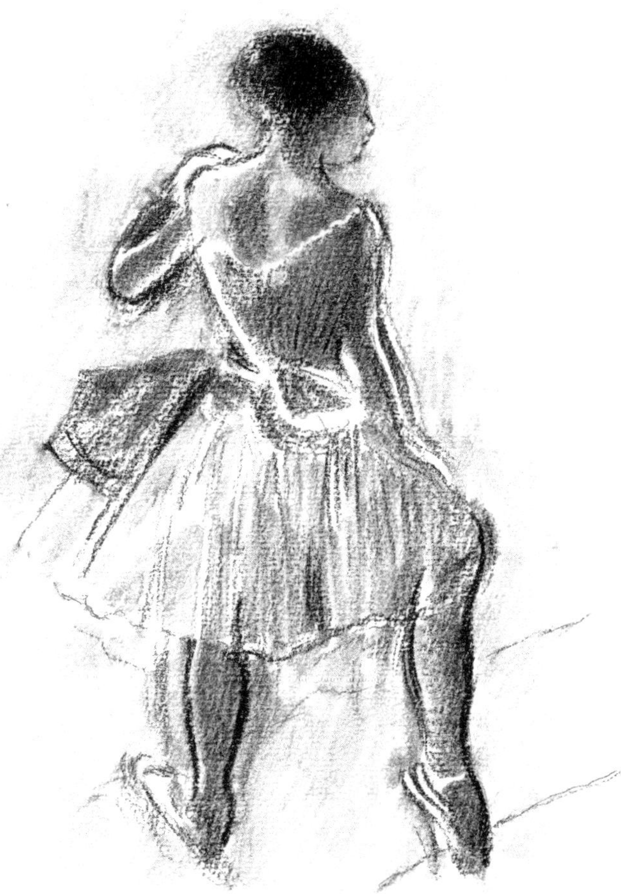

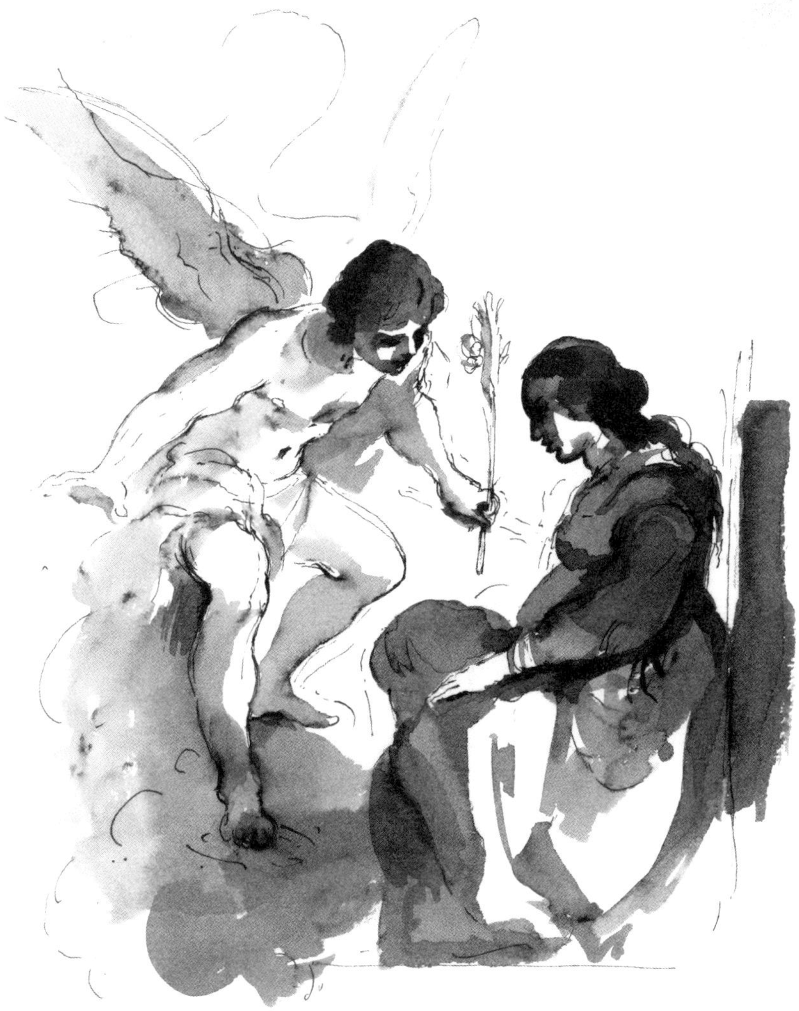

Diese Zeichnung aus der Feder des italienischen Meisters Guercino entstand 1616 als Skizze für ein kleines Andachtsbild von der Verkündigung. Der vom Himmel herabsteigende Erzengel Gabriel hält zum Zeichen der Reinheit Mariens eine Lilie in der Hand. Der von Guercino verwendete Federstrich ist zugleich zart und kräftig. Teile der Zeichnung wurden mit verdünnter Tusche aquarelliert, wobei der feuchte Pinsel auch den einen oder anderen Federstrich verwischte. Besonders wirkungsvoll ist der Kontrast zwischen dunklen und hellen Bereichen gelungen – eine Spezialität des Künstlers.

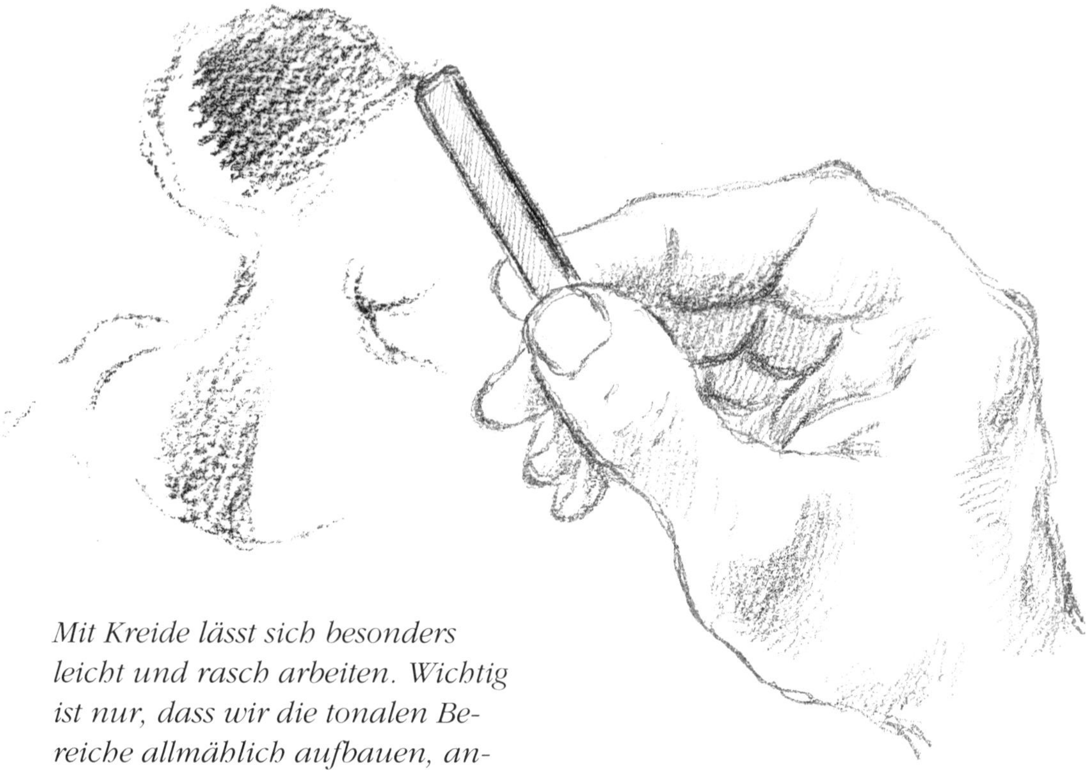

Mit Kreide lässt sich besonders leicht und rasch arbeiten. Wichtig ist nur, dass wir die tonalen Bereiche allmählich aufbauen, anstatt sofort mit der Endversion zu beginnen.

Diese Skizze demonstriert die kombinierte Verwendung von Feder und Pinsel, bei der der feine exakte Strich der Feder durch die fließenden weichen Schattierungen des Aquarells ergänzt wird.

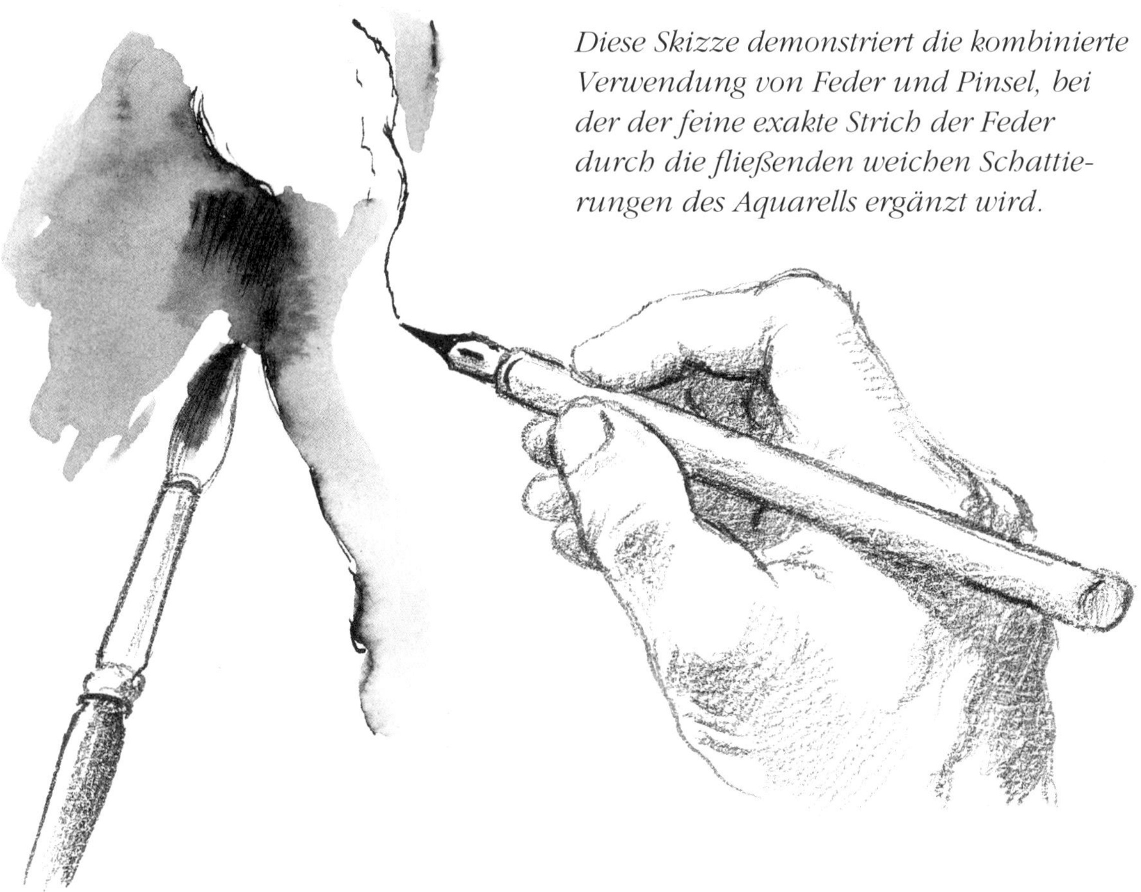

DIE MEISTER UND IHRE STILE
Diese in unterschiedlichen Techniken ausgeführten Zeichnungen berühmter Zeichner zeugen von ihrer Meisterschaft im jeweils gewählten Medium.

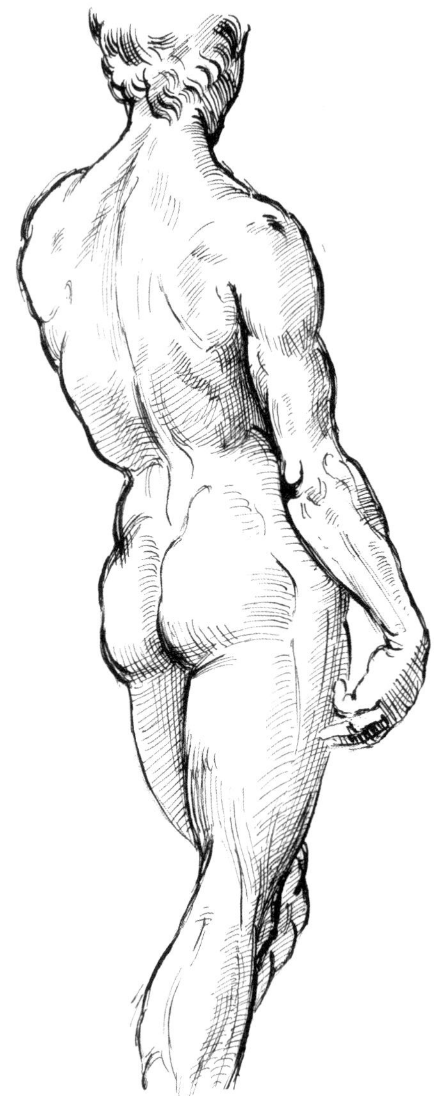

In dieser Zeichnung verwendete der große Renaissancekünstler Raffael eine spezielle Technik seiner Zeit, bei der er sich möglicherweise von Michelangelos Zeichnungen beeinflussen ließ. Die klaren Tuschelinien von unterschiedlicher Stärke verleihen der Figur eine genau definierte Kontur und Plastizität. Auch wenn die Technik nicht einfach ist, so ist sie doch gerade für den Zeichenanfänger eine gute Übung.

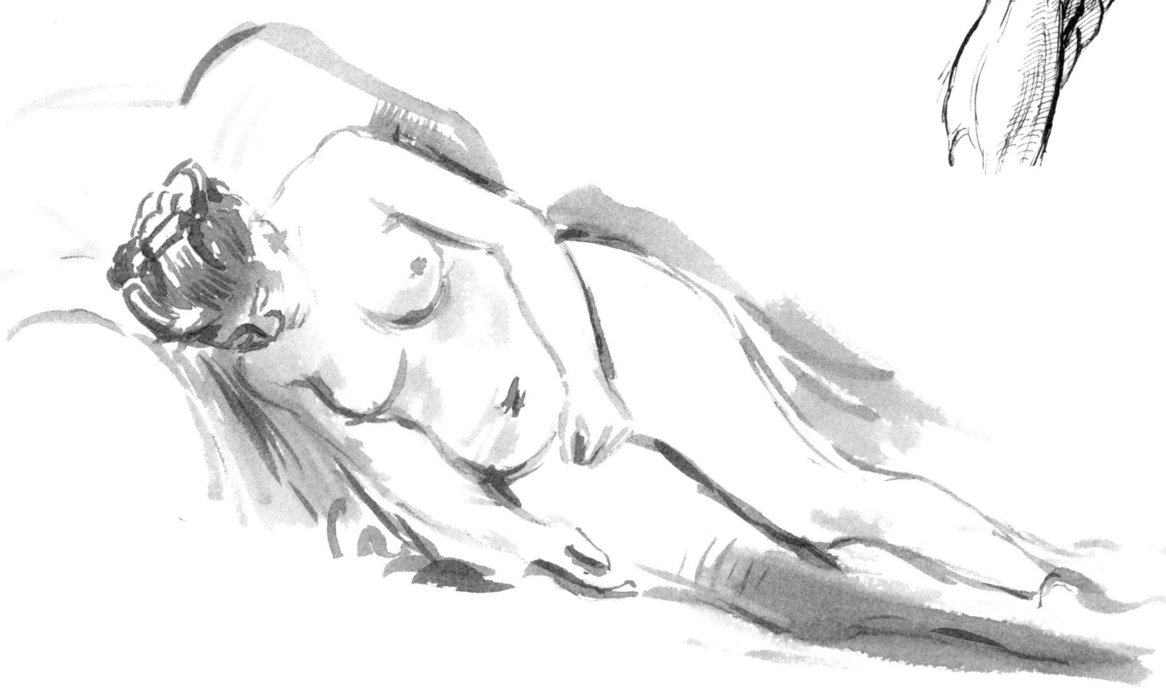

Wie perfekt Rembrandt mit dem Pinsel umzugehen verstand, zeigt dieser liegende weibliche Akt aus dem Jahr 1658. Die Sparsamkeit der Striche und die zarten Schattierungen ergeben ein äußerst wirkungsvolles Stimmungsbild.

Dieses hockende Mädchen zeichnete der französische Bildhauer Aristide Maillol Anfang des 20. Jahrhunderts. Die weichen, leicht verschwommenen Kreidestriche lassen die Gliedmaßen besonders rund und wohlgeformt erscheinen. Die Schwierigkeit bei Strichzeichnungen dieser Art liegt darin, die Formen gleich auf Anhieb richtig zu treffen. Gerade in der dafür erforderlichen Disziplin liegt aber auch der Wert der Übung für den lernenden Künstler.

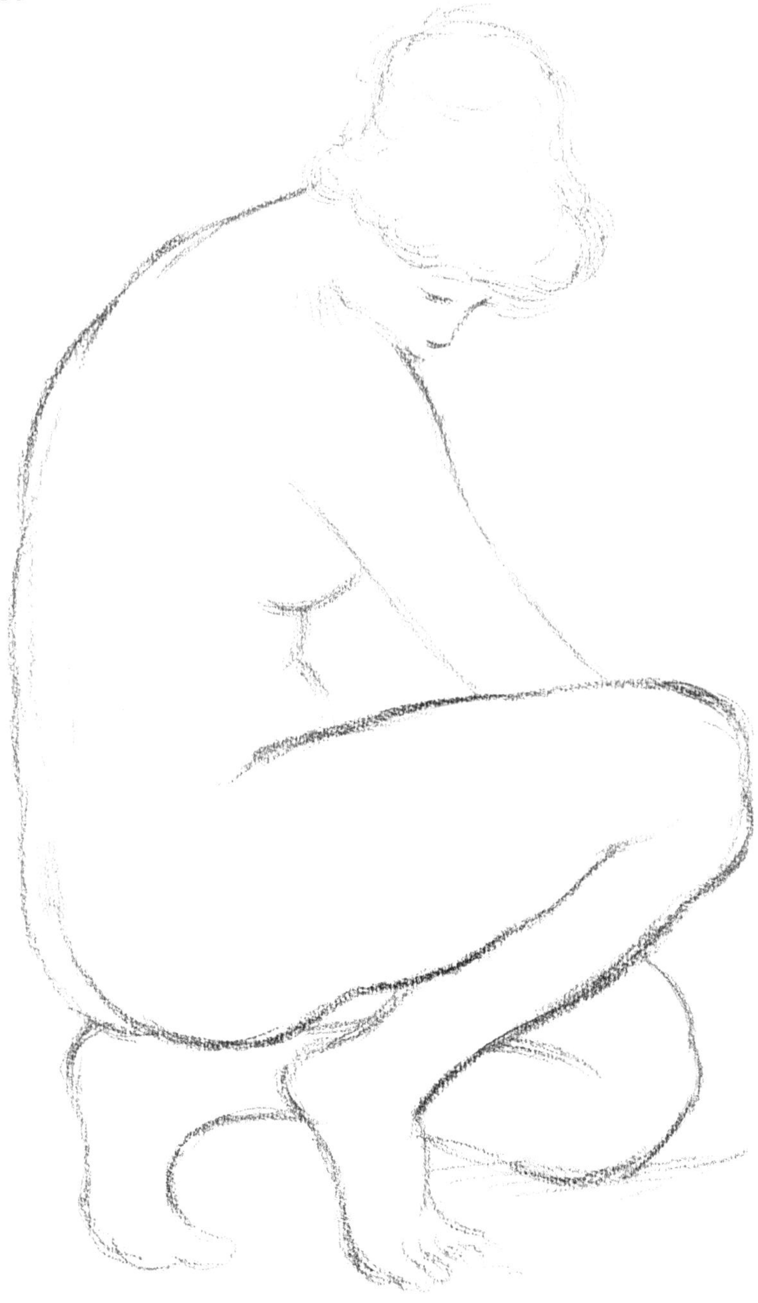

KOMPOSITIONSSTILE

Hier sehen wir einige überzeugende Beispiele figürlicher Bildkompositionen, aus denen Sie möglicherweise Ideen für Ihre eigenen fertigen Entwürfe schöpfen können. Die Bildkomposition ist wesentlicher Bestandteil unseres Zeichenstils, und viele Künstler verwenden bestimmte Kompositionsmuster in allen ihren Werken. In unserem gegenwärtigen Stadium sollten wir jedoch viele unterschiedliche Ansätze ausprobieren, bis wir wissen, welcher Stil unserem Ausdrucksbedürfnis am besten gerecht wird.

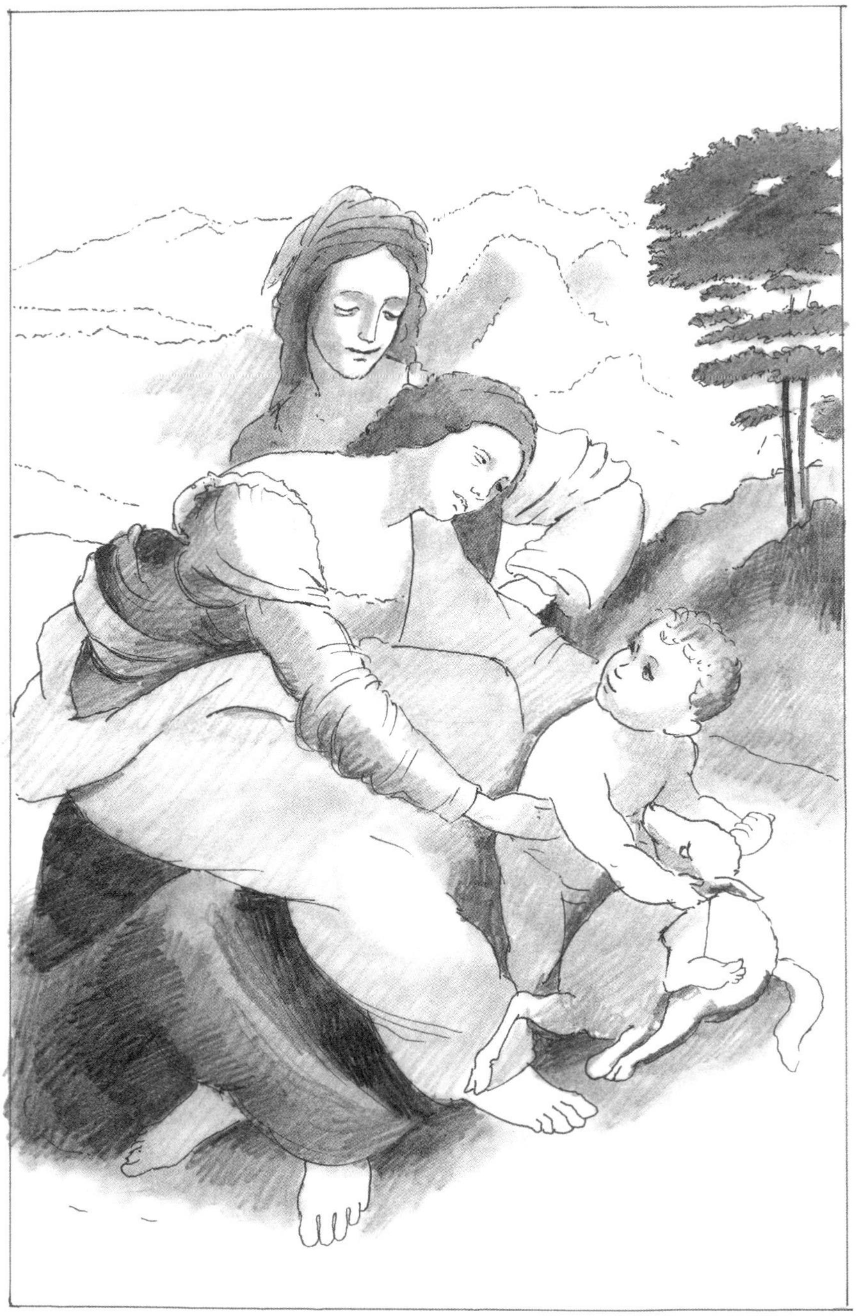

Einige Kompositionsprinzipien, die Leonardo da Vinci zum ersten Mal ausprobierte, inspirierten seither Generationen von Künstlern. Diese Gruppe mit Maria, die bei ihrer Mutter auf dem Schoß sitzt und sich zum Jesuskind vorbeugt, das mit einem Lämmlein spielt, bildet ein Dreieck ähnlich den Berggipfeln im Hintergrund. So strahlt das Bild trotz der diagonalen Bewegungsrichtung entlang der Figuren Ruhe und Zuversicht aus.

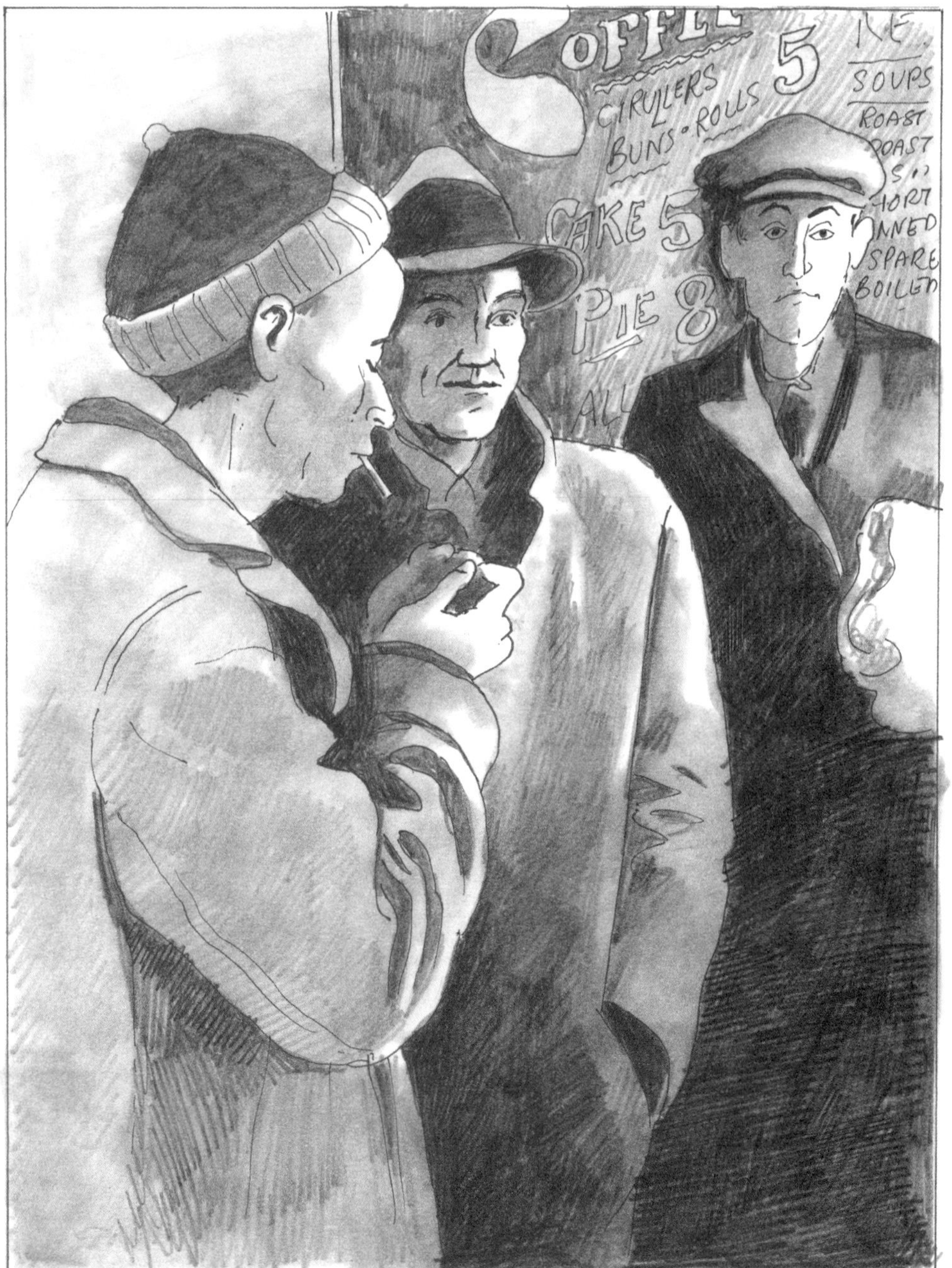

Die Komposition »Reading from Left to Right« des vom Social Realism beeinflussten amerikanischen Malers Raphael Soyer erinnert an Fotografien, auf denen viele Menschen im Rauminneren oder im Freien dichte Gruppen bilden. Diese drei Alltagsgestalten scheinen außer dem Anzünden einer Zigarette keine Beschäftigung zu haben. Der Maler zeigt hier das Los der Arbeitslosen in der großen Depression der Dreißigerjahre.

KONTRASTREICHE KOMPOSITIONEN

Durch die Kombination unterschiedlicher Körperstellungen lassen sich ebenfalls interessante Kompositionen erstellen. In Picassos Werk bilden die liegende und die sitzende Figur einen starken Kontrast, während Seurat seine ebenfalls liegenden und sitzenden Figuren um die zwei zur Hälfte im Wasser stehenden Badenden ergänzte.

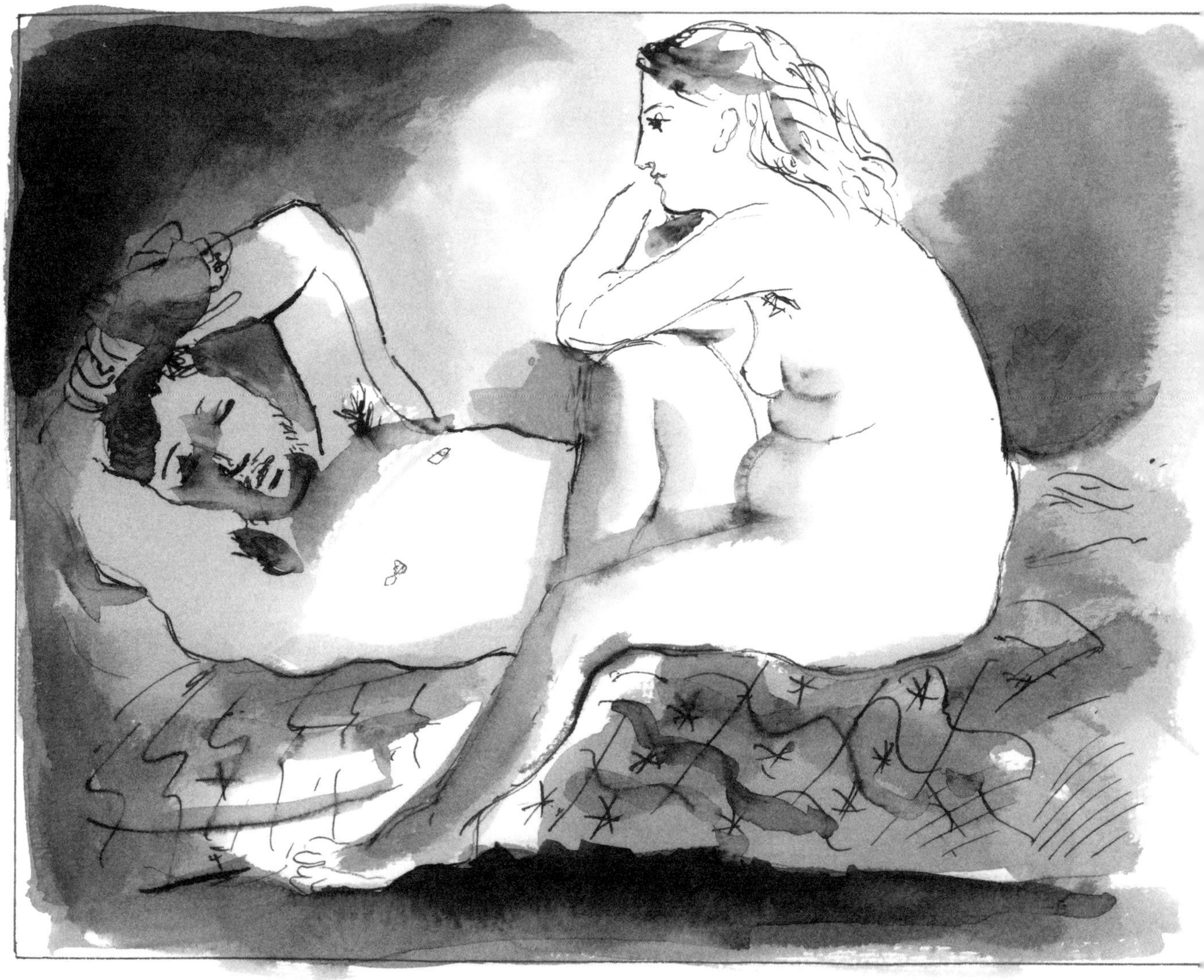

Pablo Picassos Darstellung einer Frau, die sitzend am Bett eines schlafenden Mannes wacht, gehört zu einer Serie ähnlicher Bilder, deren Protagonisten wir uns als Künstler und Modell, Satyr und Nymphe oder einfach als zwei Liebende vorstellen dürfen. Wie diese mit dem Pinsel bearbeitete Federzeichnung beweist, verstand es Picasso, seine Figuren in ihrer ganzen Vieldeutigkeit darzustellen. Wer sind die beiden? Handelt es sich um Psyche und Eros oder einfach nur um eine Frau, die wartet, bis ihr Geliebter aufwacht? Auffällig ist der Gegensatz zwischen dem horizontalen Oberkörper des Mannes und der Sitzhaltung der gedankenverlorenen Frau. Der blasse, gerundete Körper wirkt im Umfeld des dunklen Raumes triumphierend natürlich. Ihr Blick und sein schlafender Ausdruck deuten auf eine Beziehung oder Spannung zwischen beiden hin.

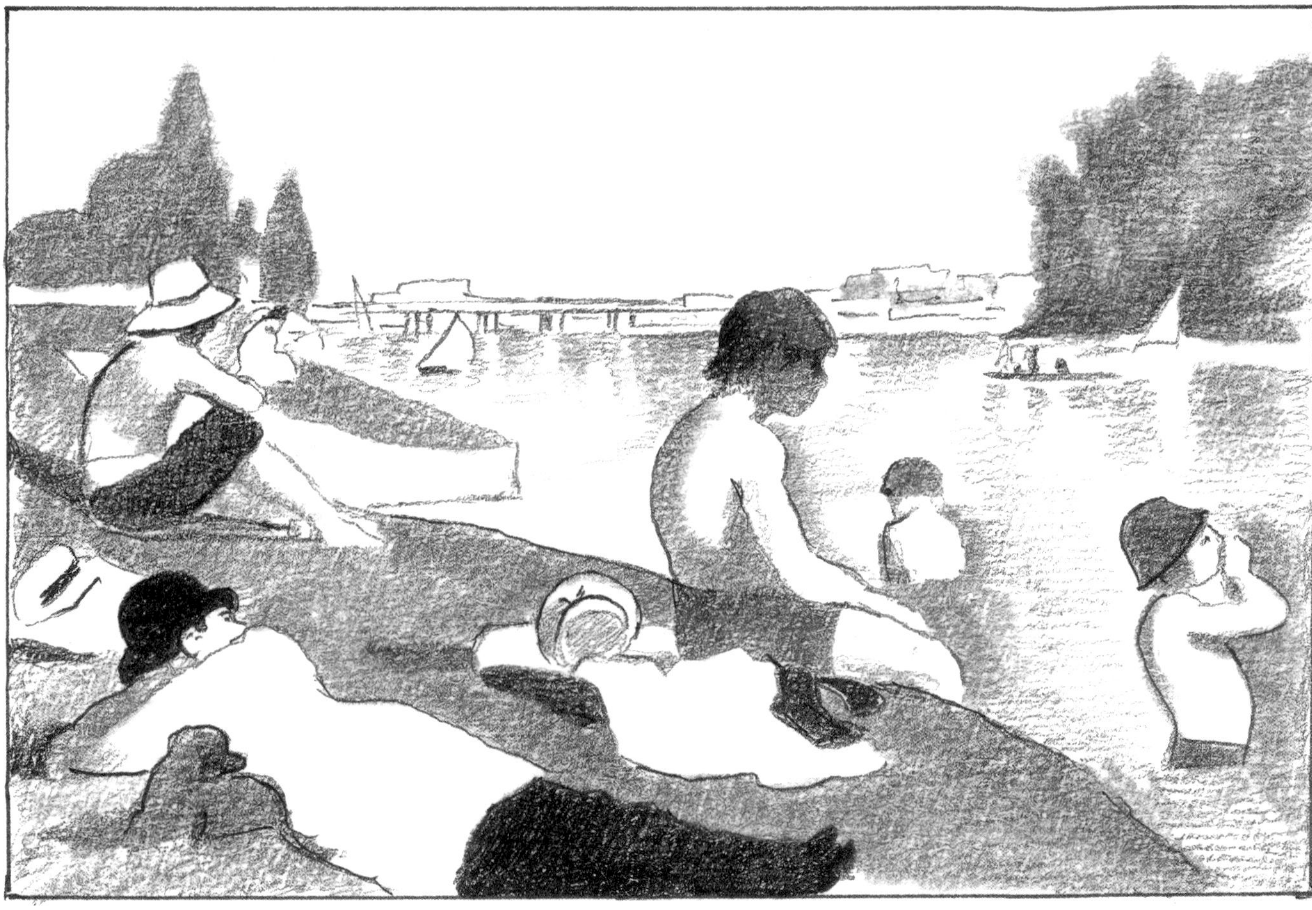

Dieses letzte Beispiel gehört vermutlich zu den am sorgfältigsten durchkomponierten Figurenarrangements in der Malerei seit den Impressionisten. Georges Seurat malte seine Badenden in der für ihn typischen Weise nach zahlreichen Vorstudien aller Figuren und Hintergrundelemente. Er pflegte die einzelnen Bildteile in seinem Studio sorgfältig zu ordnen und anschließend so zu einem fertigen Bild zusammenzusetzen, dass ein Maximum an Gleichgewicht und Raum entstand. Mit der Diagonale des Flussufers, dem auf das obere Drittel gelegten Horizont und der von Bäumen gerahmten Wasserfläche als zentralem Element zeigt sich Seurat als Meister der Bildkomposition.

Schritt für Schritt zur fertigen Komposition

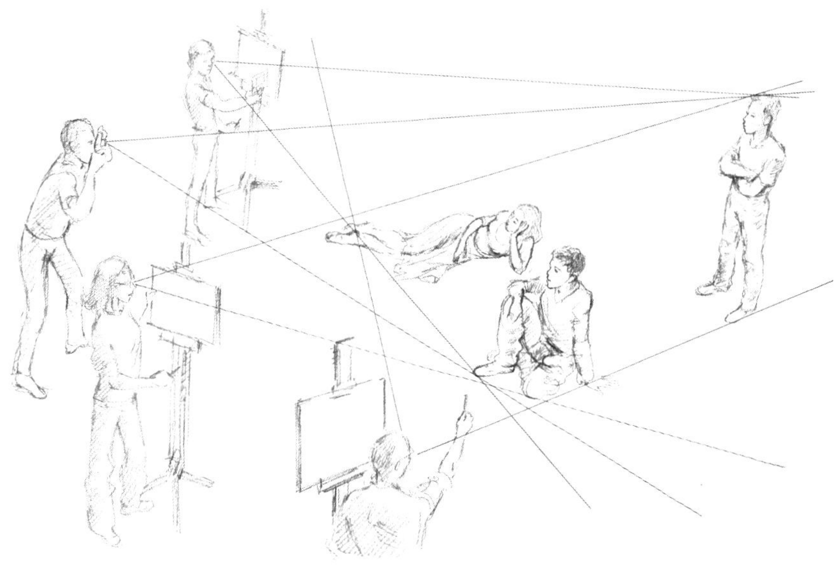

Auf den folgenden Seiten wollen wir an einem konkreten Beispiel die Entwicklung und Ausarbeitung einer figürlichen Komposition üben. Niemand zwingt Sie, den hier vorgeschlagenen Weg zu gehen. Vielleicht hilft er Ihnen jedoch, die bislang erworbenen Fähigkeiten optimal einzusetzen. Anhand dieser Übung werden wir Schwierigkeiten erörtern, auf die Sie sich gefasst machen müssen, und deren Lösung die Voraussetzung dafür bietet, dass Ihre Bemühungen zu einem guten Ergebnis führen werden. Wir werden eine Schritt-für-Schritt-Anleitung zur Erstellung figürlicher Darstellungen geben und versuchen, alle Fragen zu beantworten, auf die Sie im Rahmen Ihrer eigenen Bemühungen stoßen könnten. Wenn Sie noch niemals eine Figurengruppe gezeichnet haben, finden Sie hier eine klare Anweisung, wie Sie dabei vorgehen können. Wenn Sie darin bereits geübt sind und eine eigene Vorgehensweise entwickelt haben, die von der hier vorgestellten abweicht, so hoffe ich, dass Sie aus unseren Vorschlägen dennoch die eine oder andere nützliche Idee gewinnen können.

Vielleicht möchten Sie auch bestimmte Teile dieser Übung vorerst aussparen, um sie später nachzuholen. Unser System ist sehr flexibel; scheuen Sie sich nicht, es an Ihre Bedürfnisse anzupassen. Selbst die Reihenfolge ist nicht bindend. Ich habe mich von bestimmten logischen Erwägungen leiten lassen; je nach dem Stand Ihrer Fähigkeiten kann es sinnvoll sein, einzelne Schritte zu vertauschen. Mit zunehmender Erfahrung werden Sie vermutlich den einen oder anderen Schritt überspringen. Mir ging es nur darum, Ihnen eine Vorgehensweise zu präsentieren, die gewährleistet, dass Sie am Ende gute Ergebnisse erzielen und dabei auch noch viel Spaß haben.

Bildkomposition hat immer mit einer Mischung aus intellektueller Überlegung und emotionaler Intuition zu tun. Häufig erweisen sich unerwartete, spontane Entscheidungen im Nachhinein als »richtig«, sobald wir das Resultat betrachten. Lassen Sie Ihr natürliches Zeichentalent also nicht zu kurz kommen, auch wenn der logische Verstand gelegentlich nicht damit einverstanden ist. Ein solches Vorgehen birgt Risiken, eröffnet aber auch viele Chancen für eine kreative und ausdrucksstarke Bildgestaltung.

DIE GESTALTUNG

Wir sind mittlerweile an der letzten Hürde angelangt – der Anwendung des Gelernten zur Erstellung einer fertigen Komposition. Indem Sie unserer Anleitung von Anfang bis Ende folgen, sollten Sie in der Lage sein, eine überzeugende Szene mit menschlichen Figuren, wenn nicht sogar ein großartiges Kunstwerk zu schaffen. Selbst wenn dieser erste Versuch noch kein überwältigendes Resultat bringt, werden Sie daraus genug Anregungen ziehen, um Ihre Fähigkeiten weiter auszubauen.

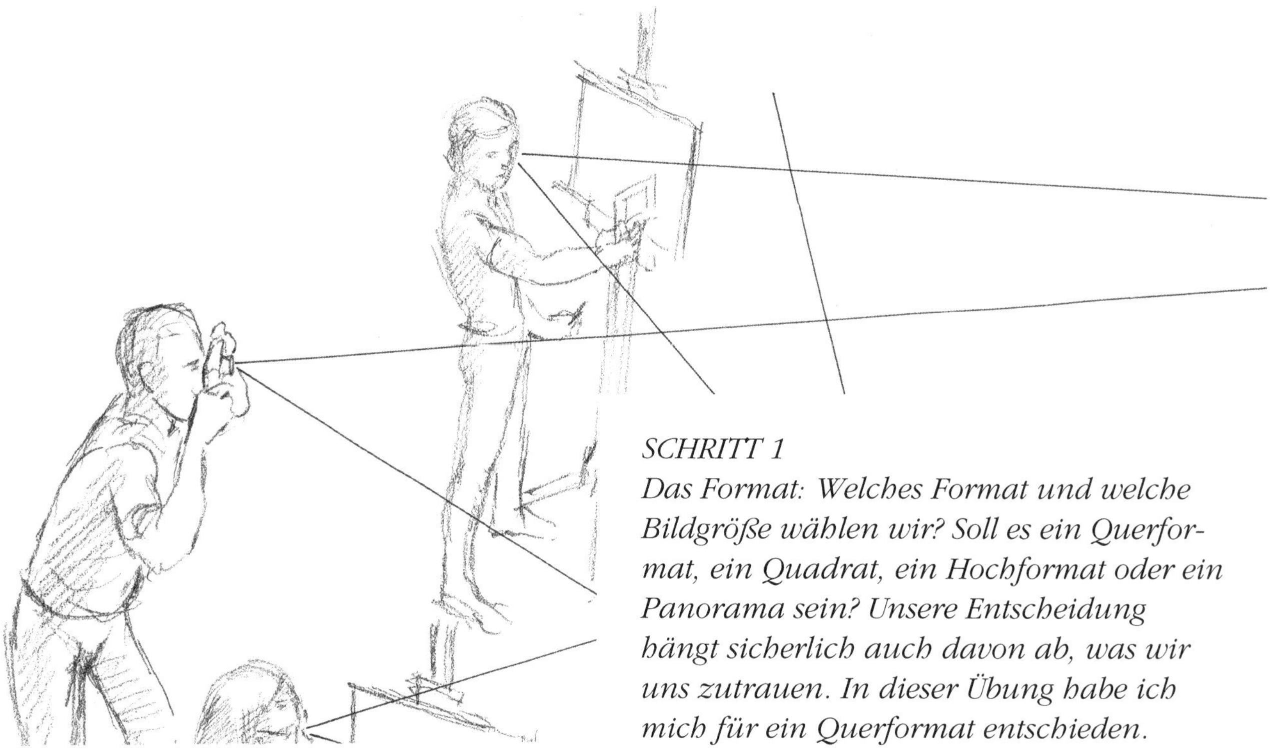

SCHRITT 1

Das Format: Welches Format und welche Bildgröße wählen wir? Soll es ein Querformat, ein Quadrat, ein Hochformat oder ein Panorama sein? Unsere Entscheidung hängt sicherlich auch davon ab, was wir uns zutrauen. In dieser Übung habe ich mich für ein Querformat entschieden.

SCHRITT 2

Anzahl der Figuren: Für eine figürliche Komposition sollten es mindestens zwei Figuren sein, aber auch drei, vier, fünf oder mehr sind möglich. Um es nicht zu kompliziert zu machen, habe ich mich für drei Figuren entschieden. Was die Frage des Geschlechts betrifft, so ging ich anfangs von einer Frau und zwei Männern aus, wobei ich mir Änderungen in dieser Frage vorbehielt.

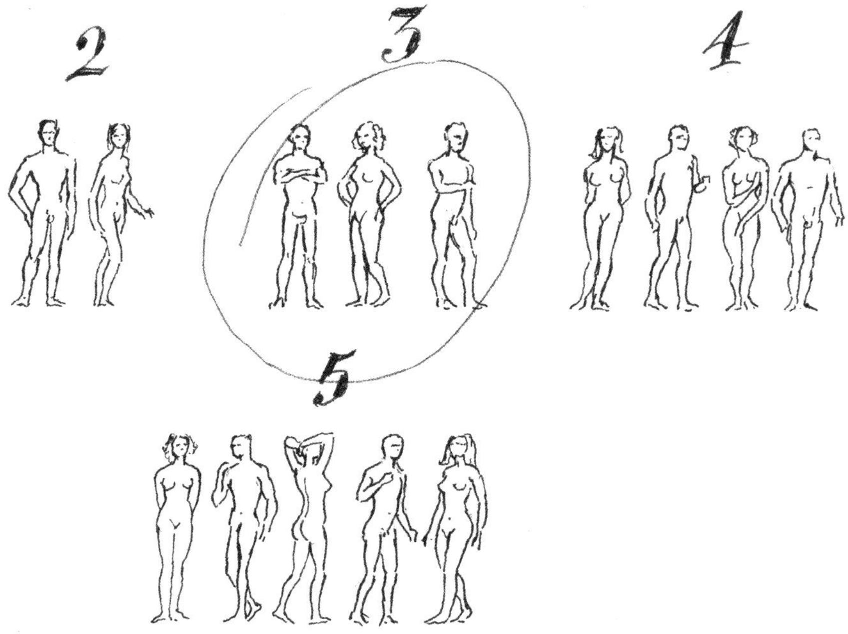

A

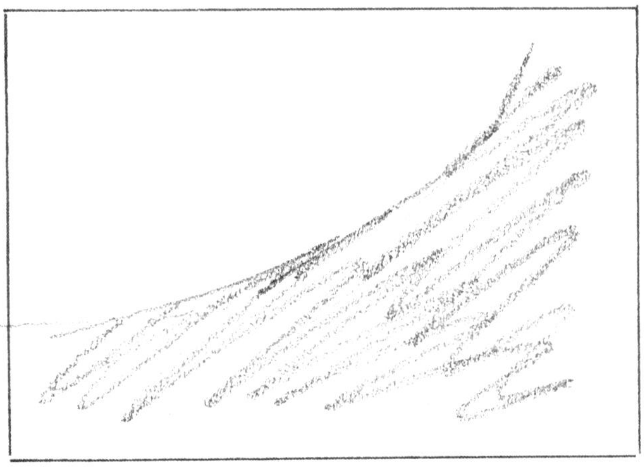

B

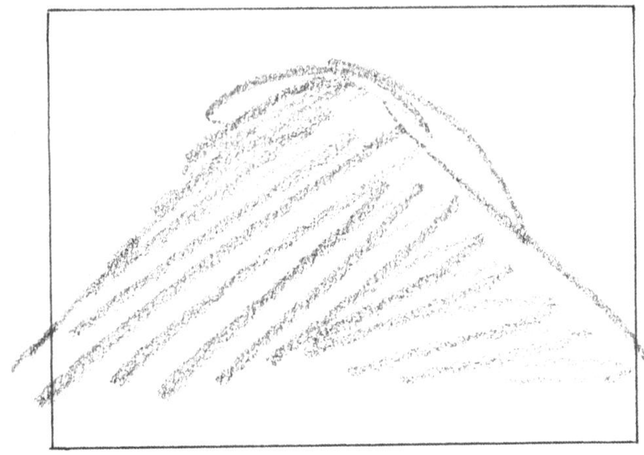

C

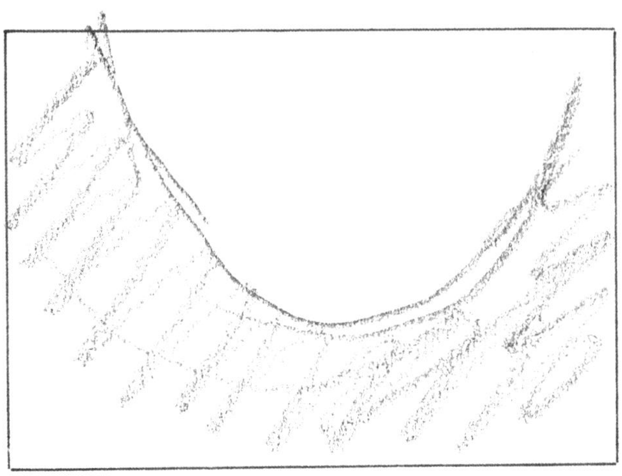

D

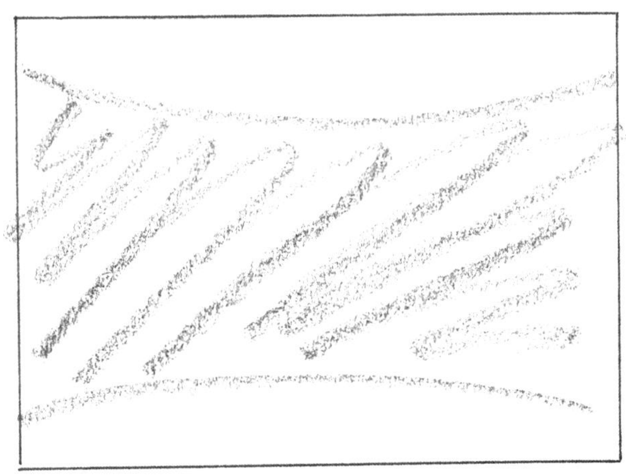

SCHRITT 3
Welchen Raum sollen die Figuren einnehmen? Hier eine Auswahl der Möglichkeiten: Unterhalb einer größeren freien Fläche oben links ziehen sich die Figuren von unten links bis hinauf in die obere rechte Ecke (A). Oder die Figurengruppe bildet eine Art Bergspitze mit Freiraum zu beiden Seiten (B). Das Gegenteil davon wäre die Talform, bei der in der oberen Mitte ein geschlossener Freiraum bleibt (C). Oder die Figuren ziehen sich horizontal über die gesamte Breite hin (D). Angesichts der geringen Figurenzahl entschied ich mich für das Modell A.

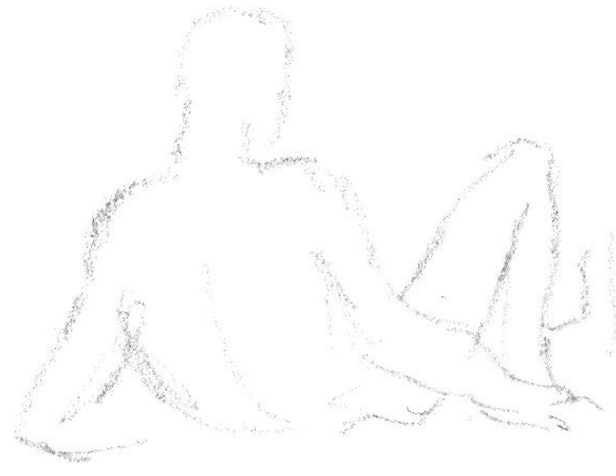

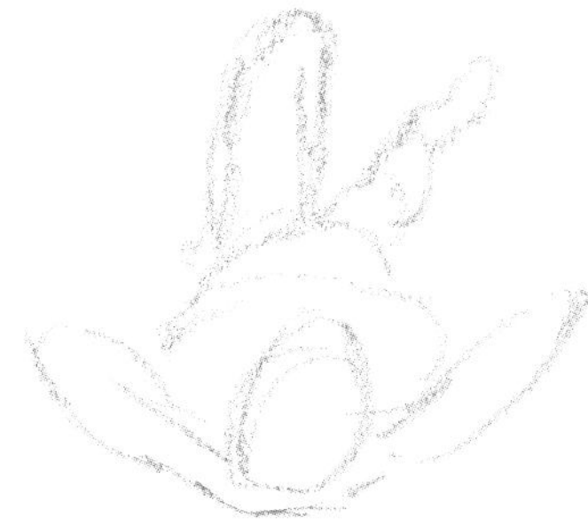

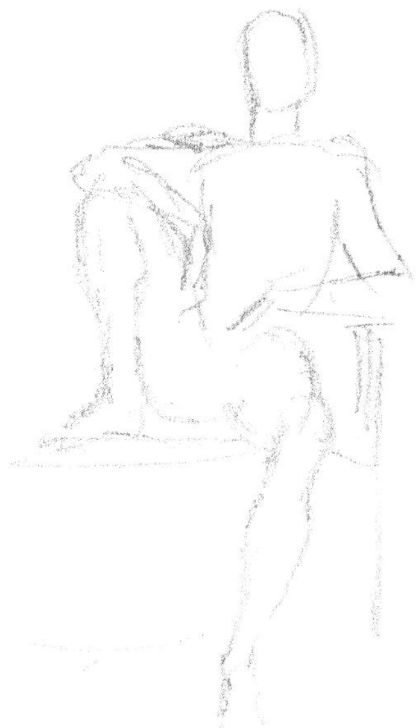

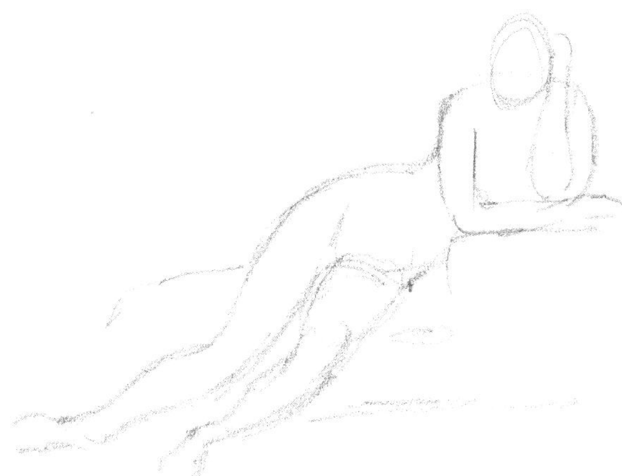

SCHRITT 4

Körperstellungen: Bei der Entscheidung für bestimmte Körperstellungen orientieren wir uns am besten an einem Thema, das wir unserer Komposition geben. Weil ich meine Figuren in verschiedenen Posen zeigen und im Freien platzieren wollte, wählte ich das Thema des sommerlichen Parks, in dem die Menschen sitzen, liegen oder herumspazieren. Der nächste Schritt bestand folglich darin, diverse sitzende, liegende, stehende und gehende Menschen zu zeichnen, als befänden sie sich an einem Sommertag im Park. Es sollte Ihnen nicht schwer fallen, Freunde und Familienangehörige zu überreden, für Sie Modell zu stehen.

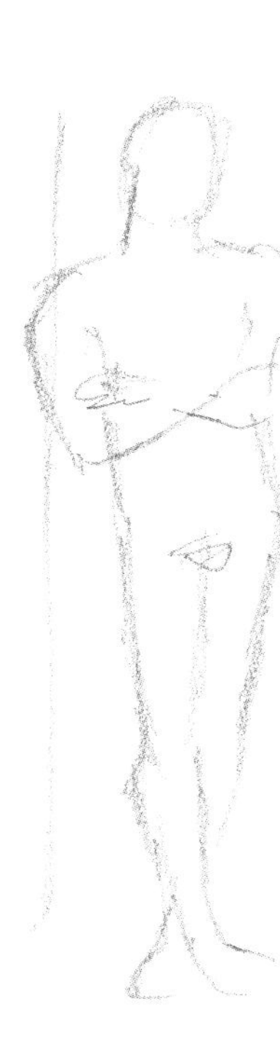

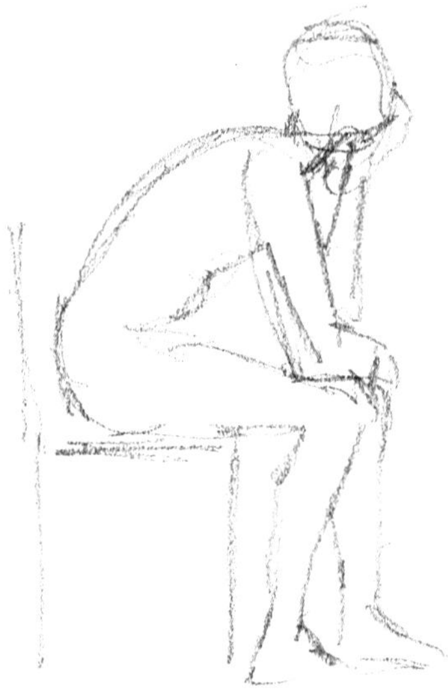

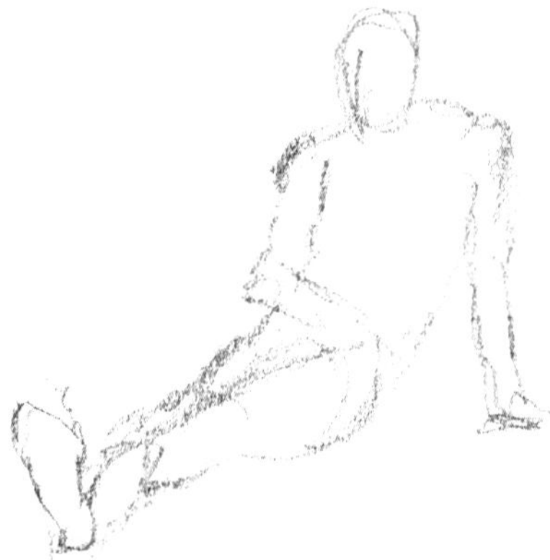

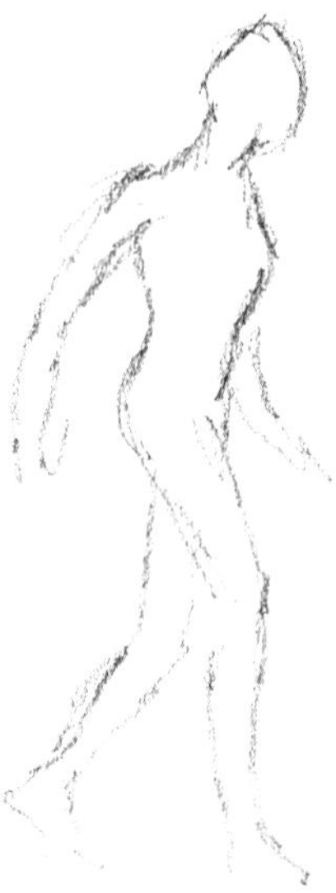

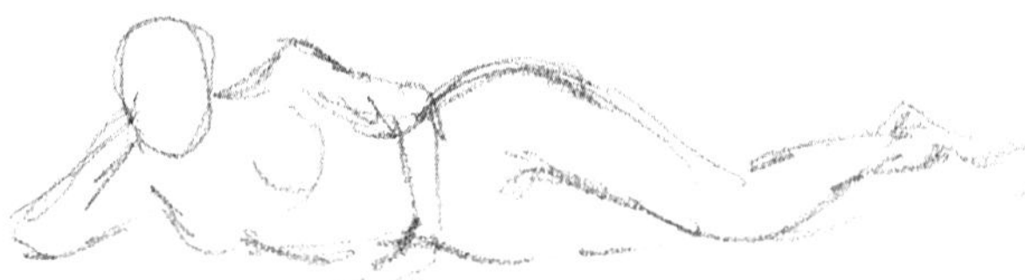

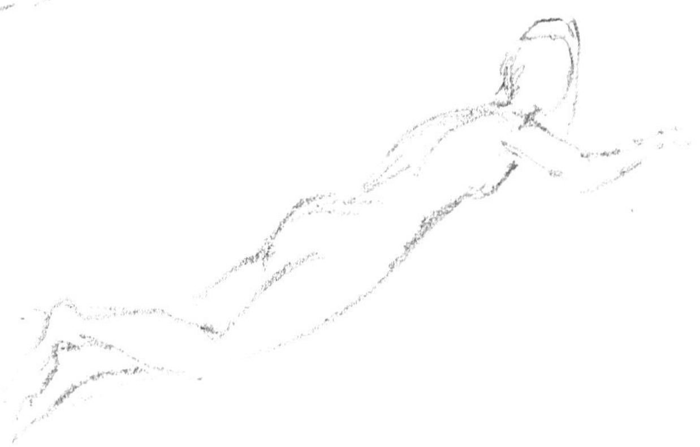

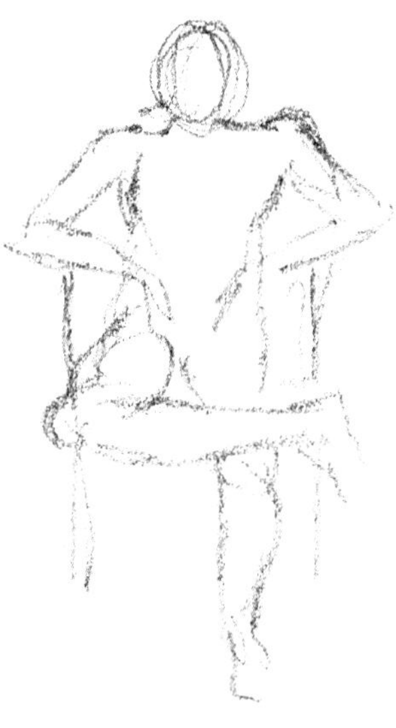

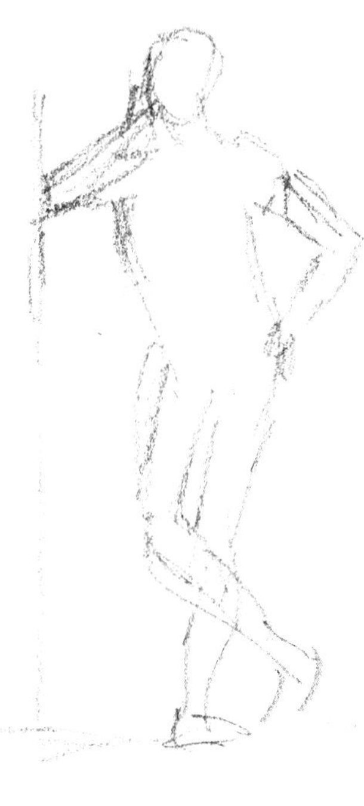

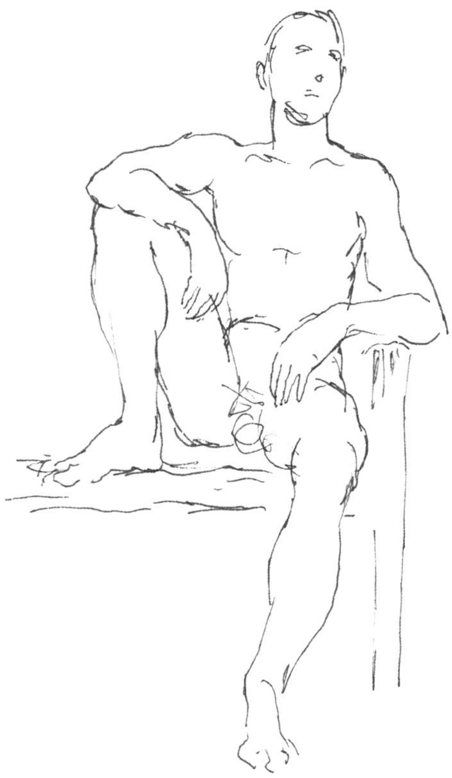

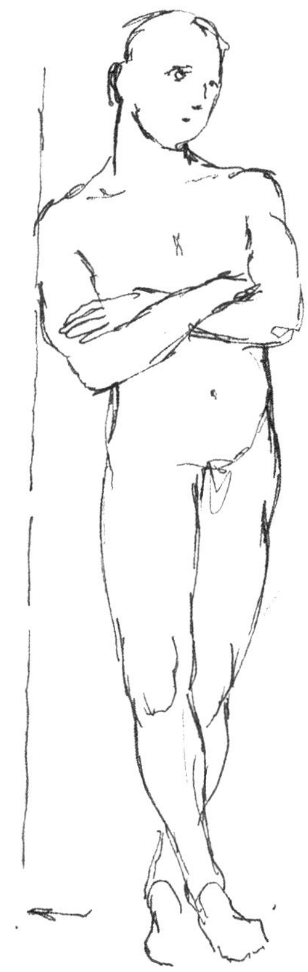

SCHRITT 5
Wahl der Körperstellungen: Nachdem wir unterschiedliche Körperstellungen untersucht haben, sollten wir eine erste Vorentscheidung treffen und versuchen, unsere Figuren in allen möglichen Varianten in den zuvor gewählten Rahmen einzupassen. Aus diesen Skizzen sollte sich so allmählich eine Vorstellung von der fertigen Gesamtkomposition herausbilden.

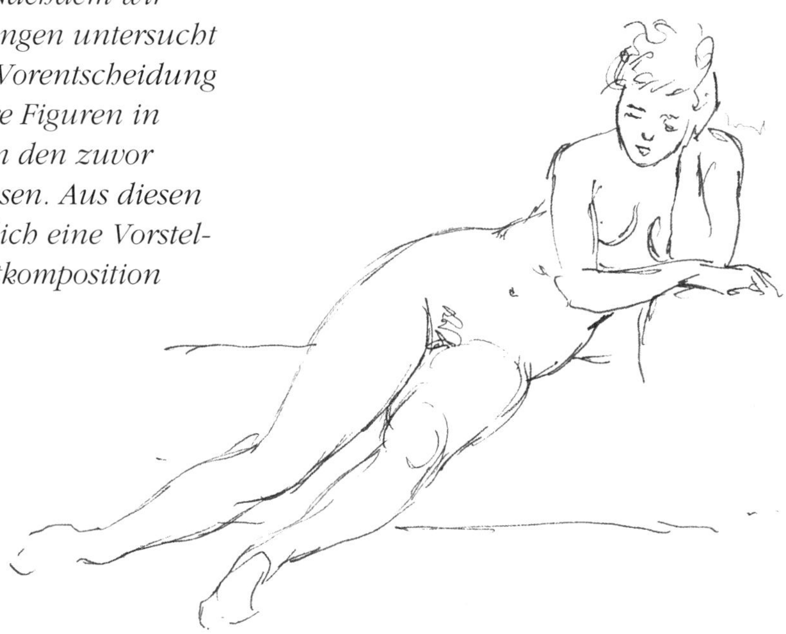

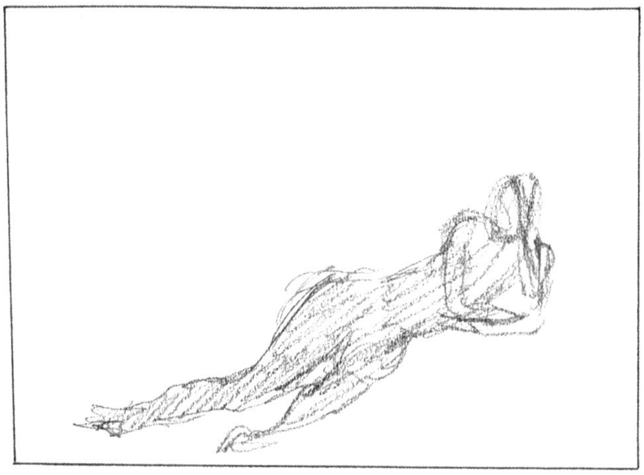
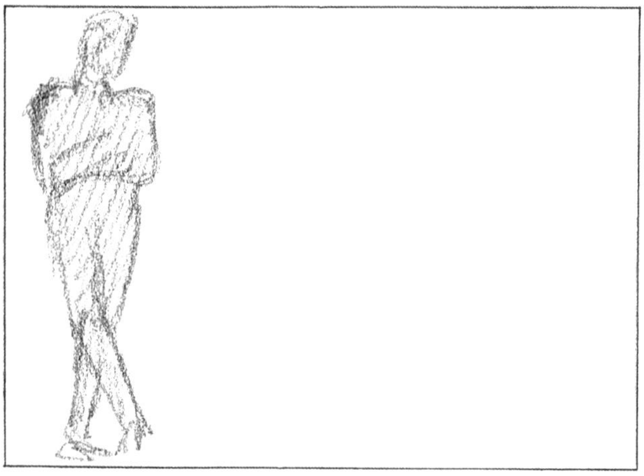
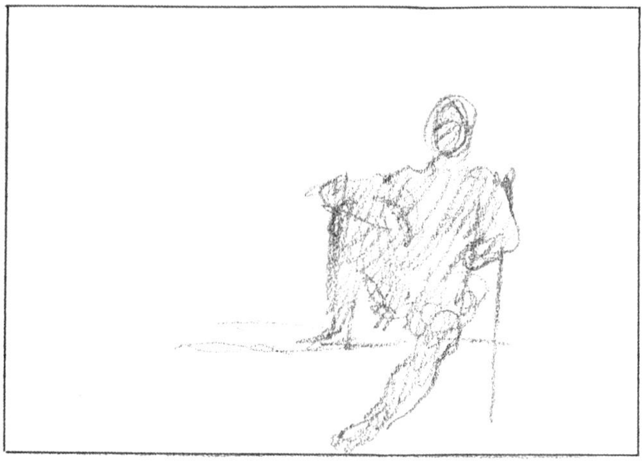
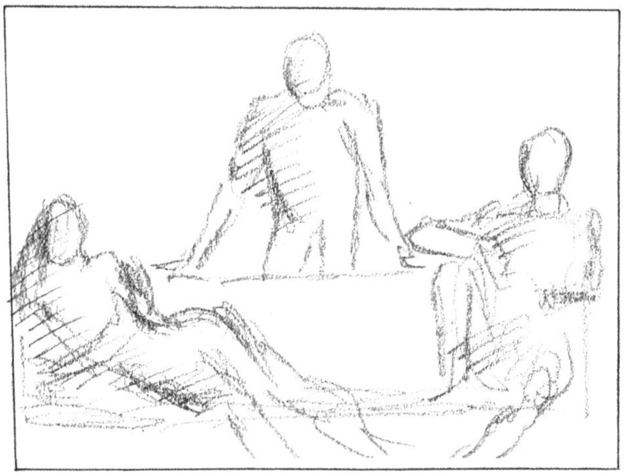
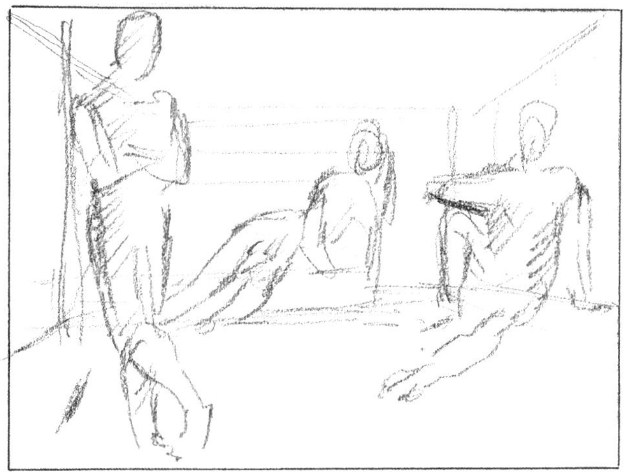
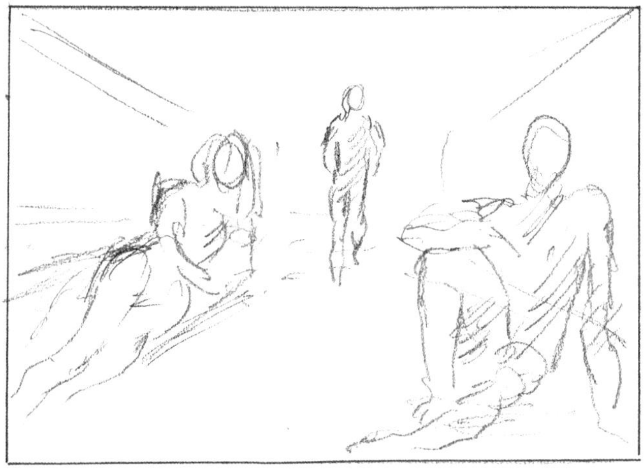

ARRANGEMENT

Hier ist ein Vorschlag, wie wir unsere Figuren anordnen können. Wie das Arrangement aus den Blickrichtungen A, B/C und D aussieht, zeigt die folgende Seite.

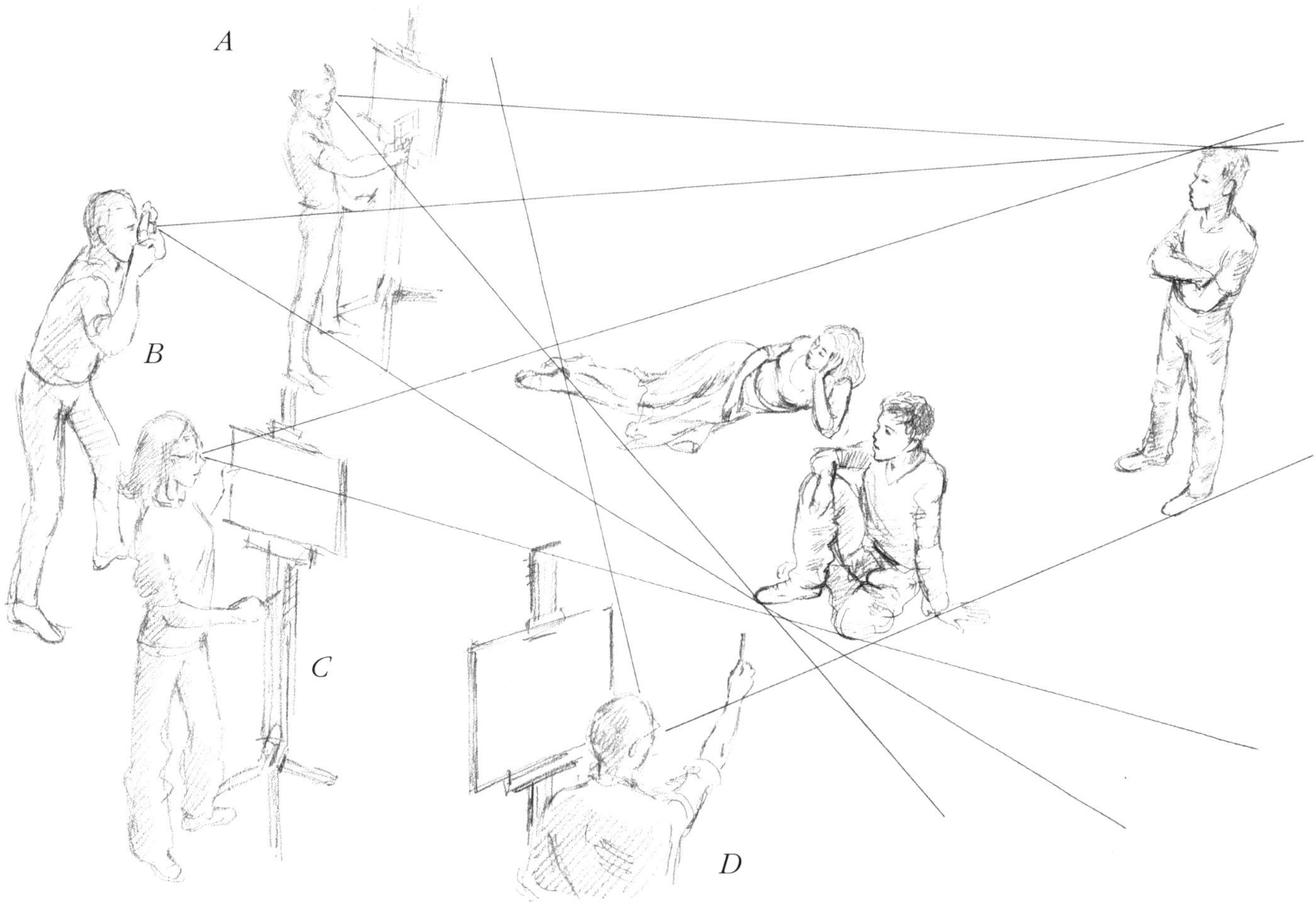

SCHRITT 6

Unterschiedliche Blickwinkel: Jetzt ist es an der Zeit, dass wir unsere Figuren im vorhandenen Raum platzieren. Das Umfeld interessiert uns noch nicht, aber die Figuren selbst sollten jetzt eine reale Form annehmen, indem wir geeignete Modelle bitten, für uns zu posieren. Unter Umständen genügt es auch, die Anordnung zuerst in einem Foto festzuhalten (B). Wir sollten jedoch in jedem Fall eine aussagekräftige Skizze von der kompletten Figurengruppe erstellen. Wir können dazu eine Rahmenschablone verwenden (A), nach dem freien Auge zeichnen (C) oder einen Bleistift zu Hilfe nehmen (D).

A

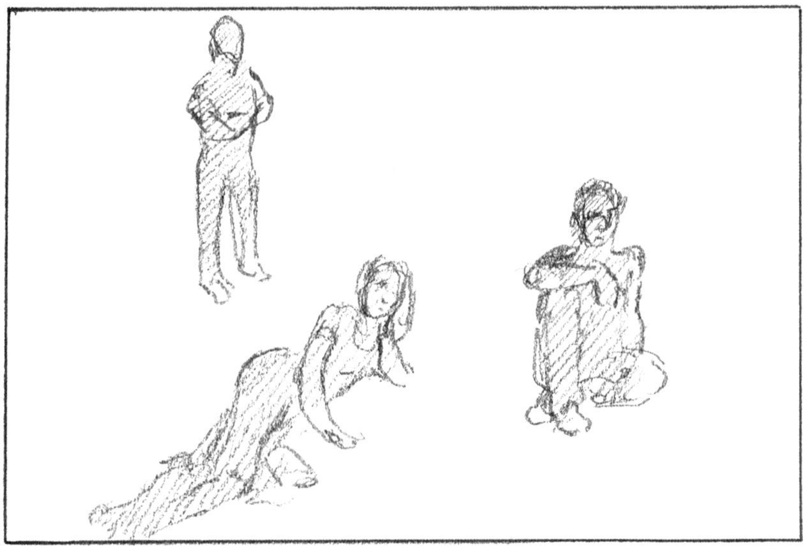

B/C

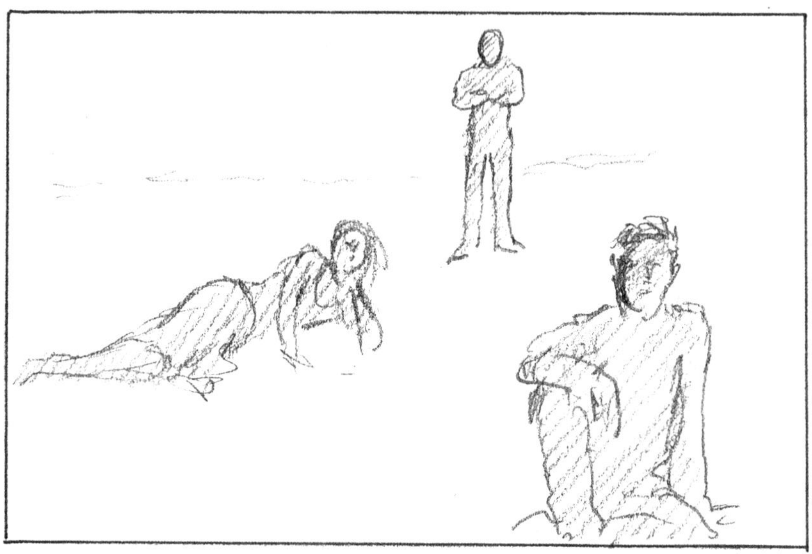

D

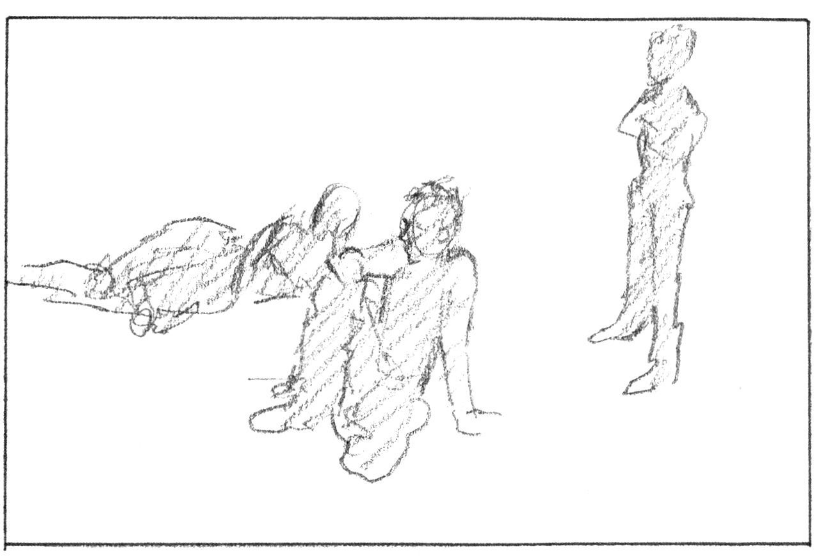

SCHRITT 7
Die Kulisse: Da unser Thema uns in einen Park führt, sollten wir jetzt ins Freie gehen und einige Skizzen machen. Anschließend können wir versuchen, unsere drei Figuren in diese Kulisse einzupassen. All diese Schritte dienen letztlich dazu, aus den Möglichkeiten eine auszuwählen, die uns ästhetisch anspricht.

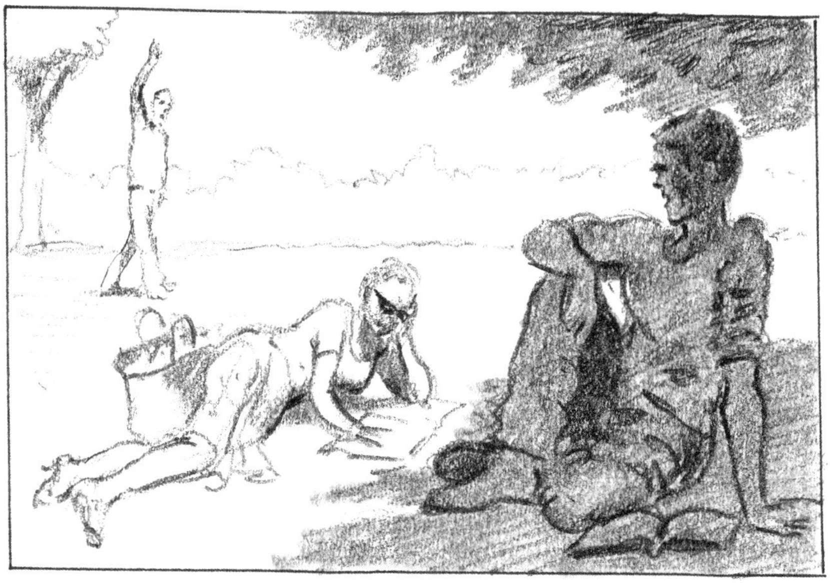

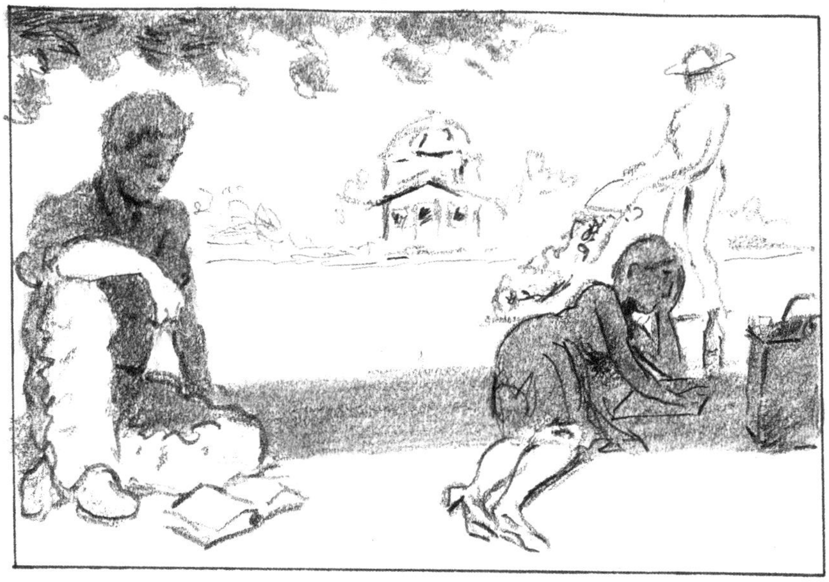

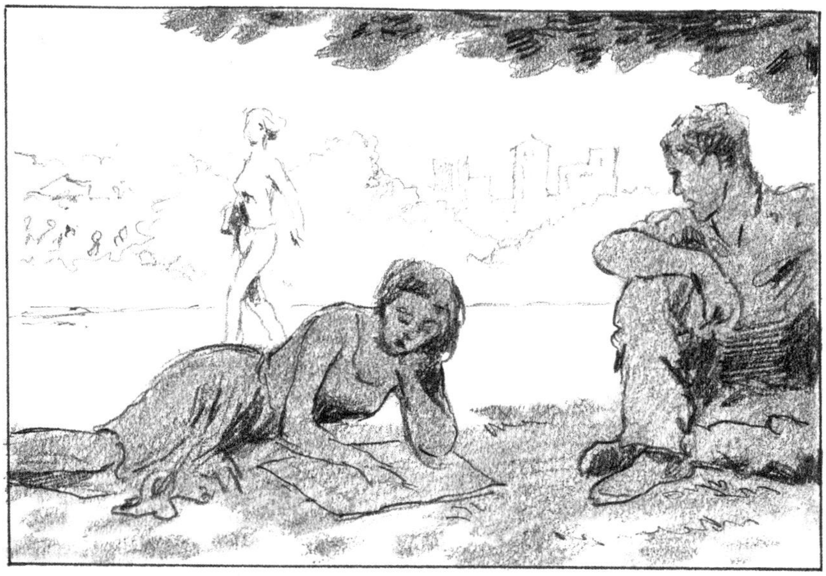

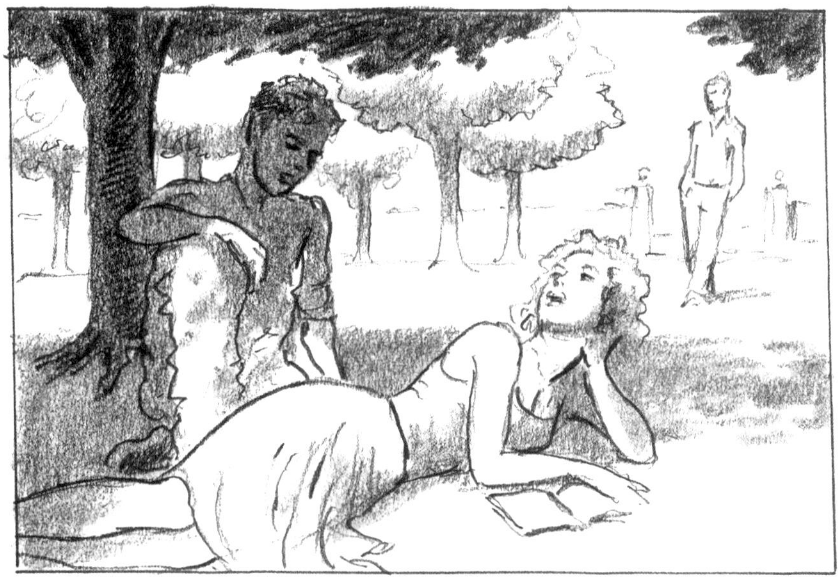

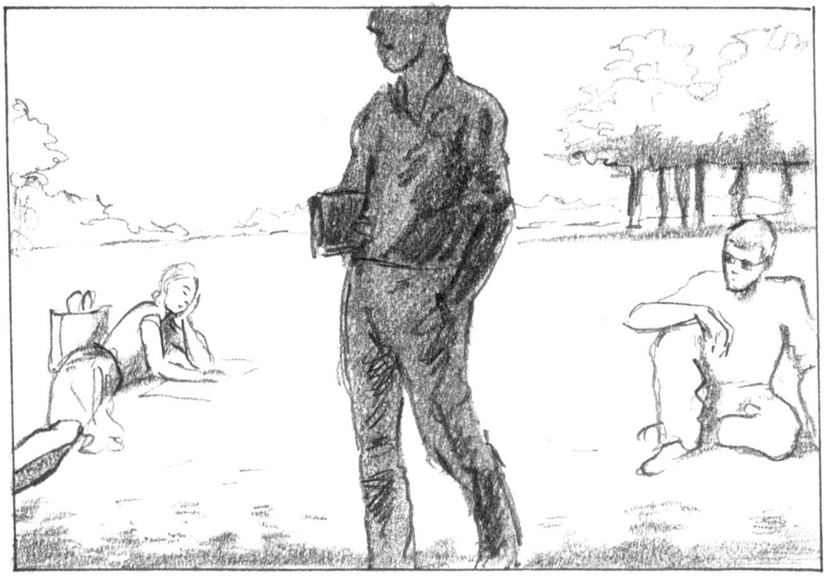

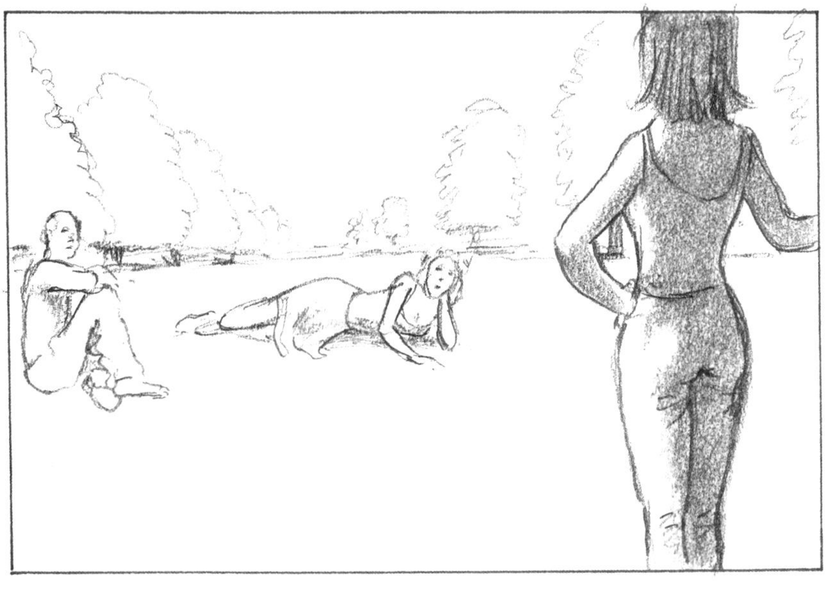

Obwohl die Zutaten mehr oder weniger identisch sind, haben all diese Szenen ihre eigene Ausstrahlung. Keine scheidet von vornherein aus. Mir persönlich gefiel jedoch die Variante mit dem hell erleuchteten Mädchen im Vordergrund und dem Mann dahinter im Schatten am besten.

SCHRITT 8

Die Figuren im Detail: Nachdem die Bildkomposition feststeht, müssen wir jetzt unsere Figuren im Detail zeichnen. Wir nehmen sie uns am besten einzeln vor und versehen sie mit allen Merkmalen, die wir für die fertige Zeichnung benötigen. Das bedeutet, dass wir unsere Zeichengenauigkeit deutlich steigern müssen. Selbst wenn wir lange damit beschäftigt sind, wird sich der Aufwand am Ende lohnen, wenn wir die fertige Zeichnung erstellen.

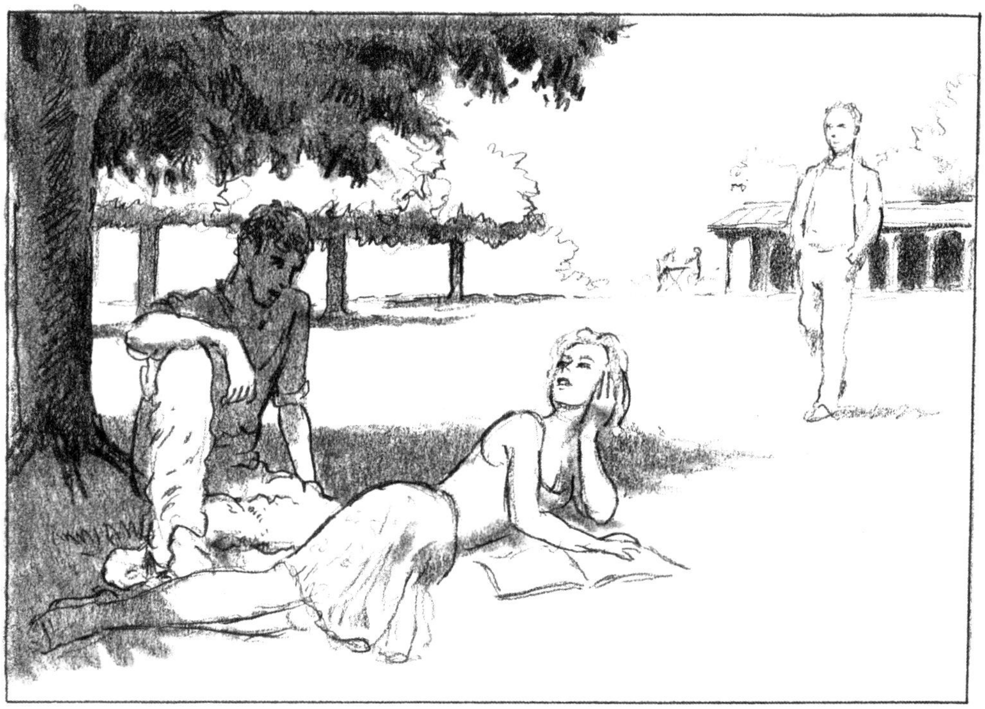

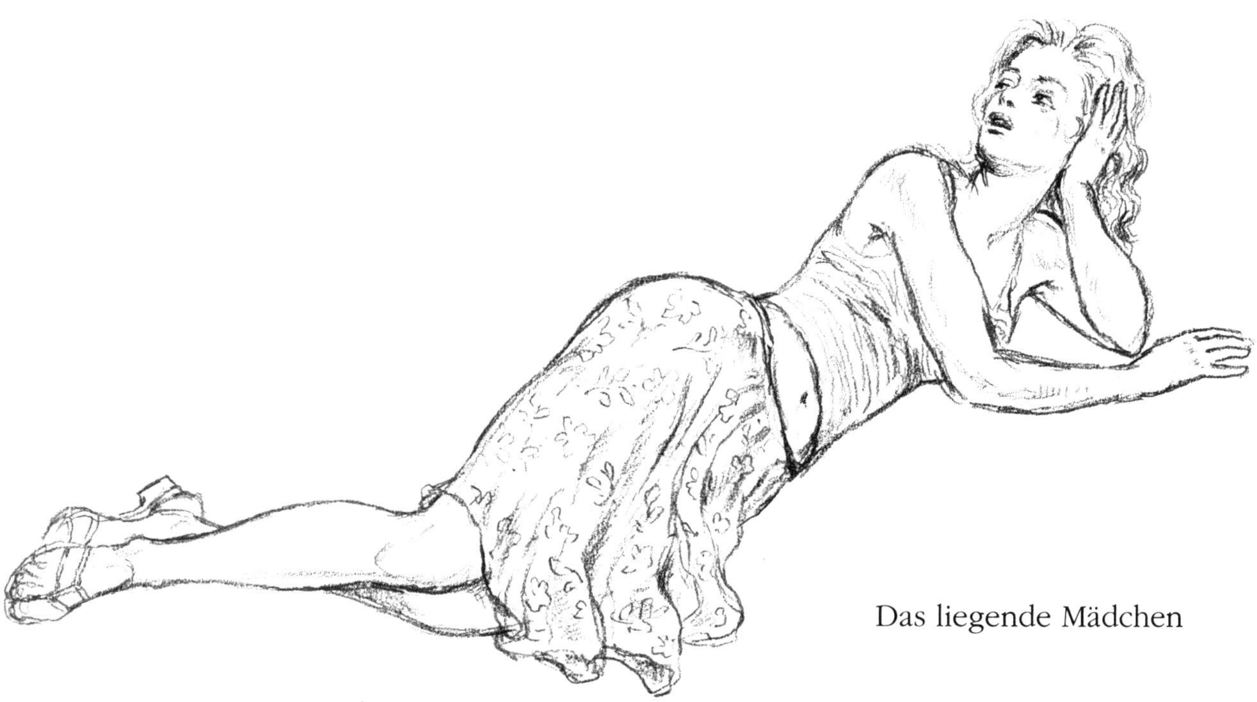

Das liegende Mädchen

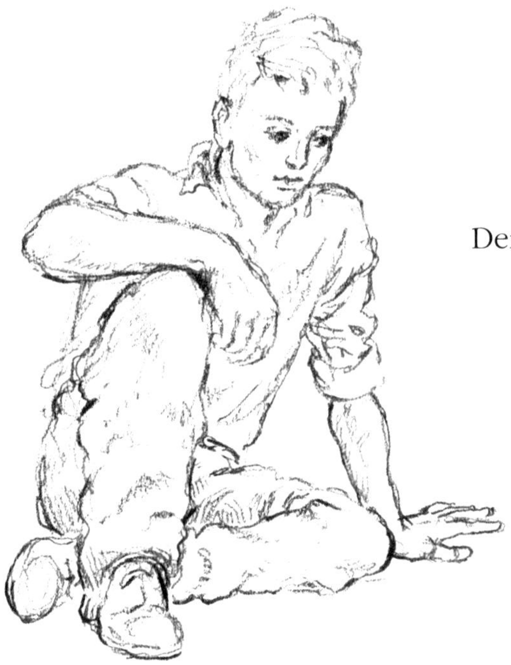

Der sitzende Mann

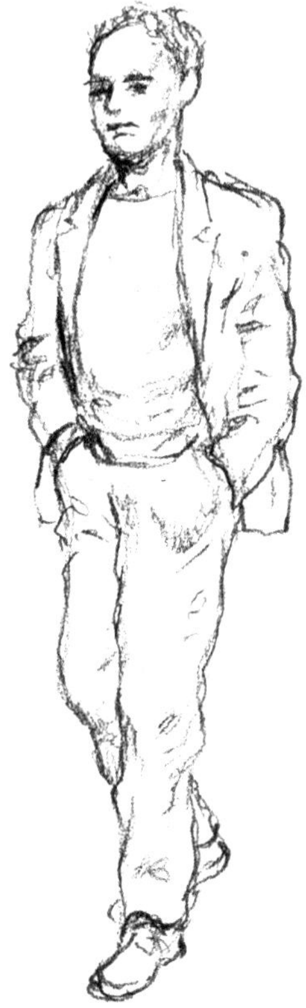

Der schlendernde Mann

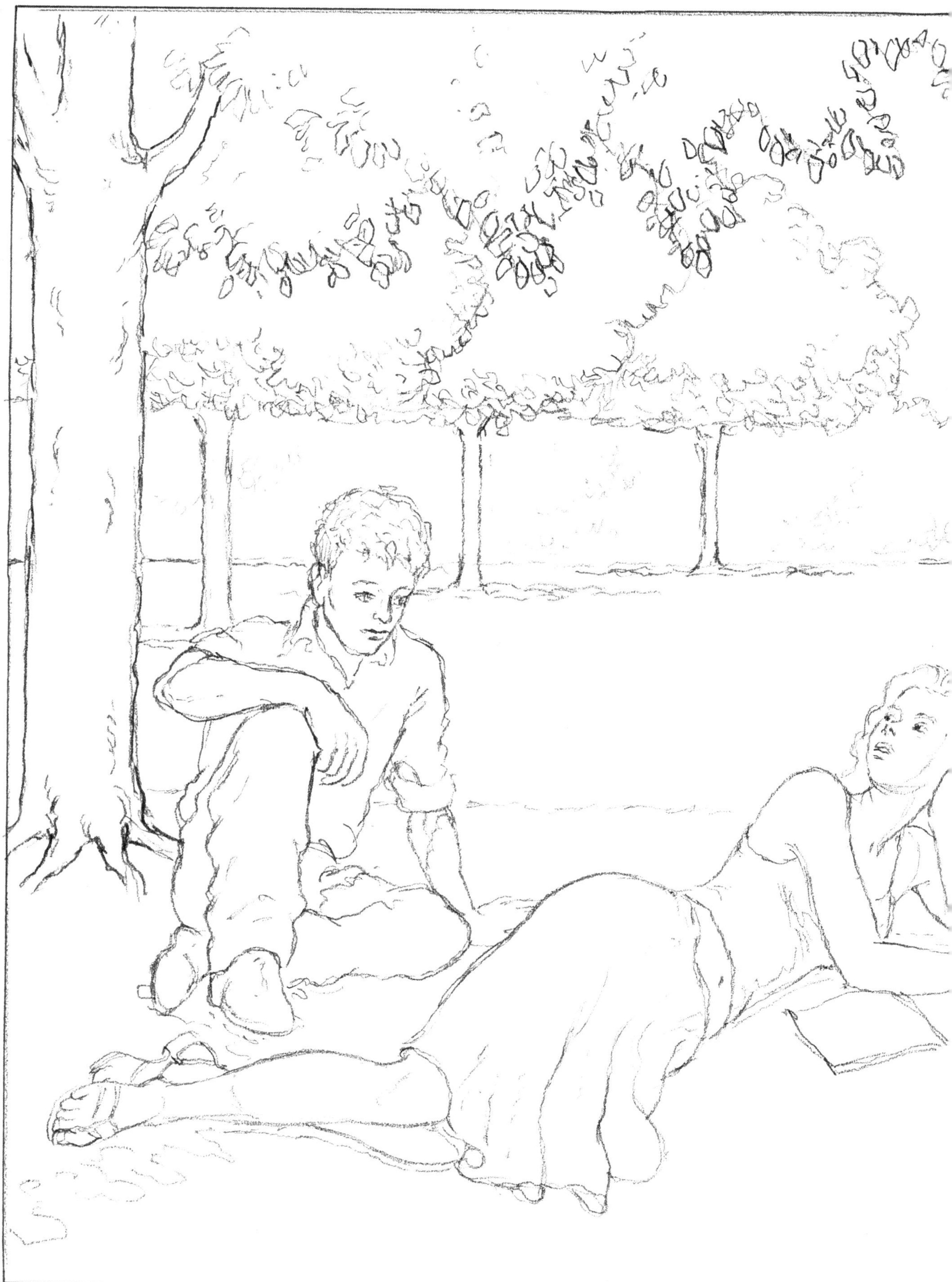

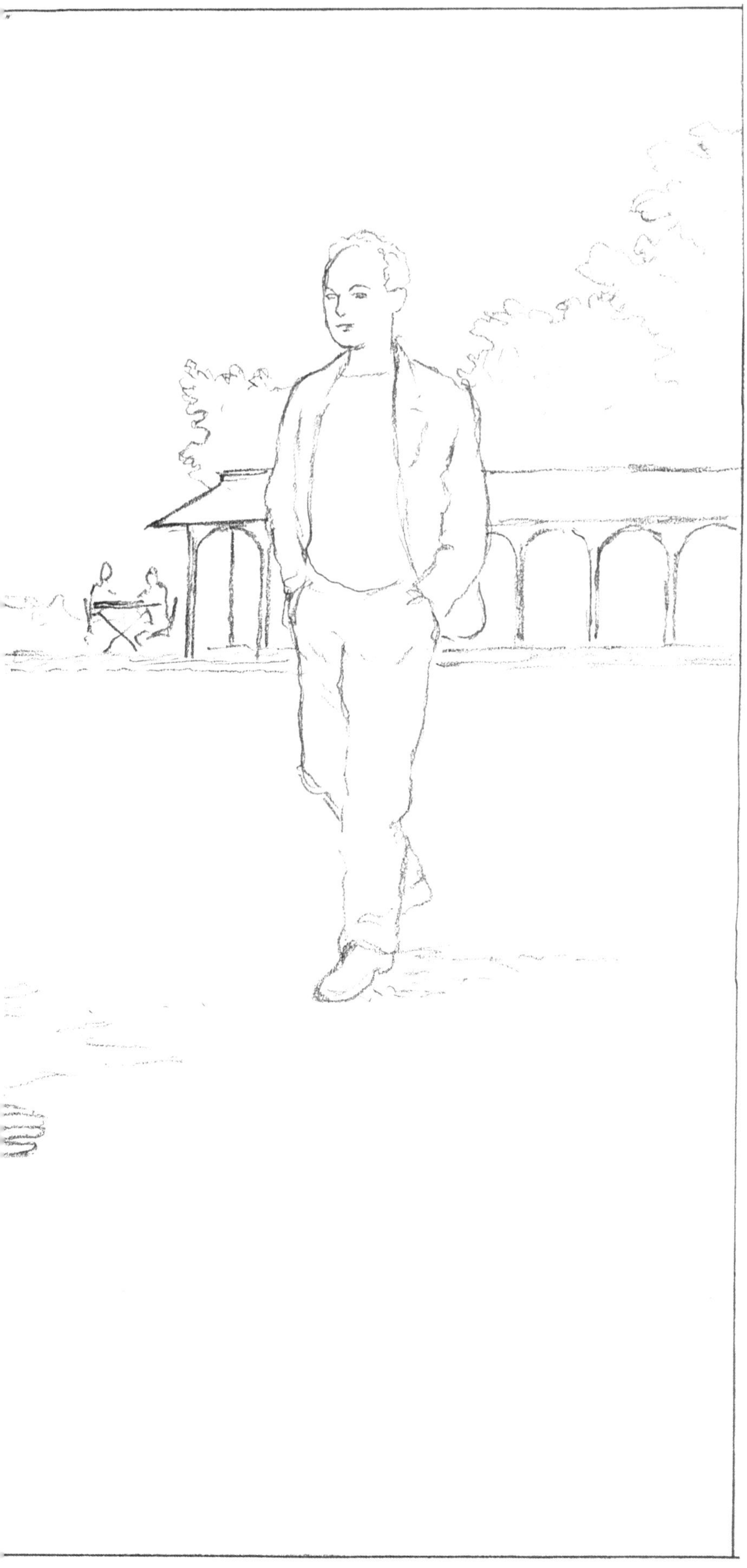

SCHRITT 9
Das Puzzle zusammensetzen: Nachdem wir die Charaktere in detaillierten Skizzen festgehalten haben, können wir sie in unsere Kulisse einbauen. Möglicherweise ist es erforderlich, einzelne Figuren größer oder kleiner zu machen, um sie ins richtige Verhältnis zu setzen. Wir tragen sie mit klaren Strichen sorgfältig in die skizzierte Kulisse ein. Dieser »Cartoon«, der bis auf Schattierungen und Oberflächen alle Details der Endfassung enthält, sollte auch in Format und Größe mit der geplanten Endfassung übereinstimmen.

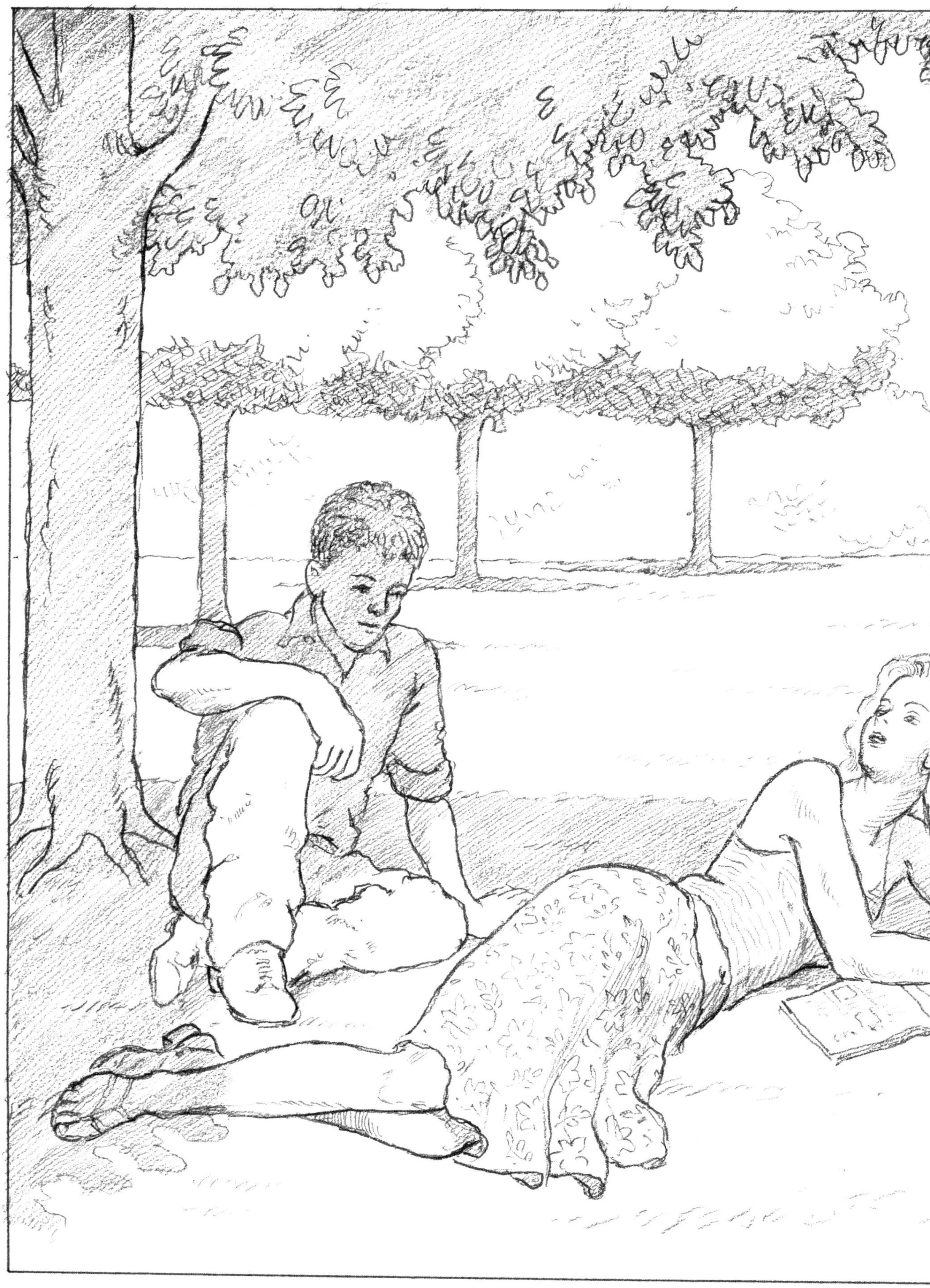

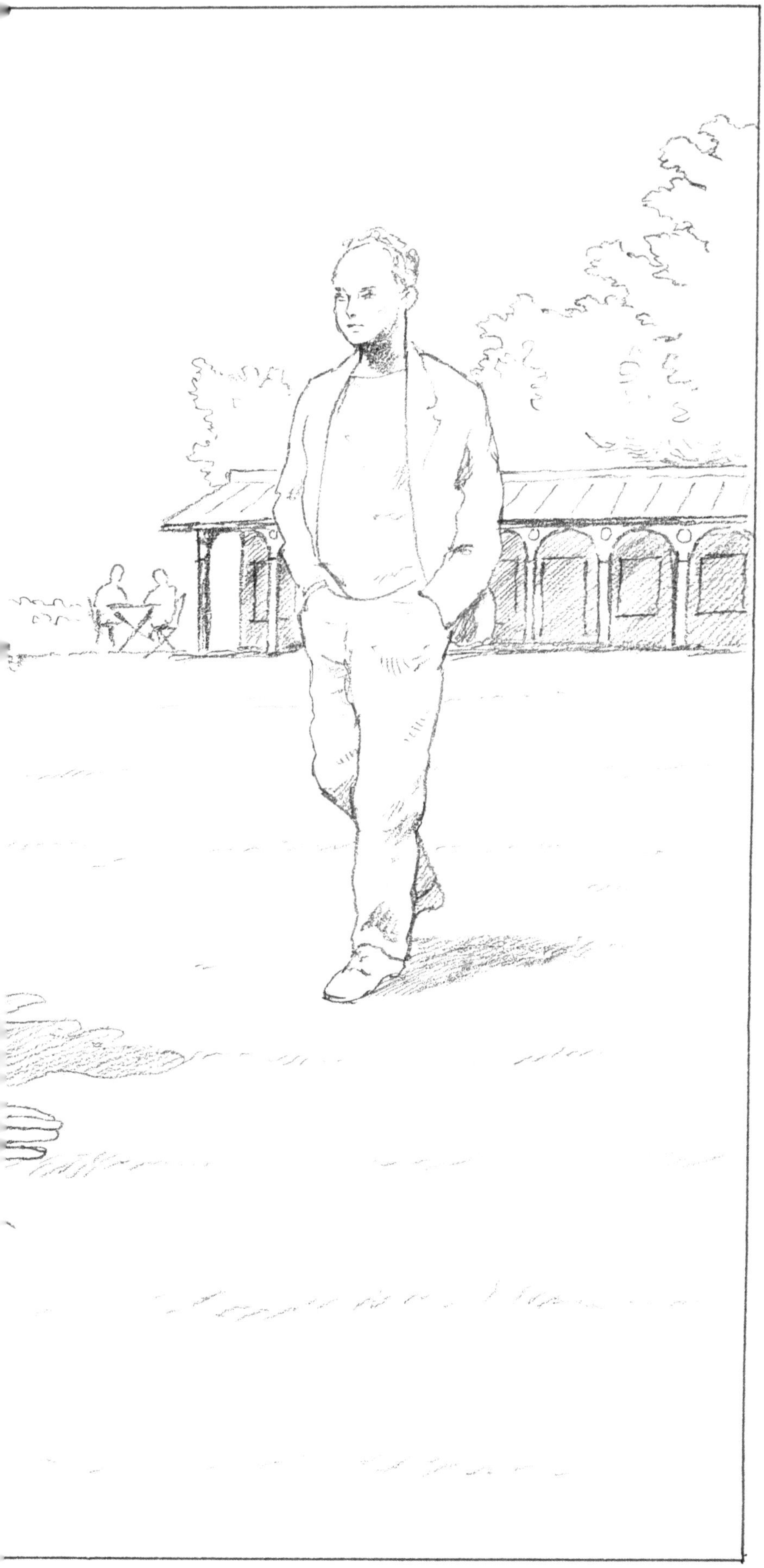

SCHRITT 10
Schattierungsmuster: Im nächsten Schritt markieren wir alle Bereiche, die eine Schattierung bekommen sollen, mit einer einheitlichen Schraffur – der leich-testen, die wir später verwenden wollen. In diesem Stadium können wir auch bereits zur geplanten Technik (beispielsweise Feder und Pinsel) übergehen. Die kräftigeren Schattierungen können später nachgetragen werden, ebenso wie die Oberflächenstrukturen.

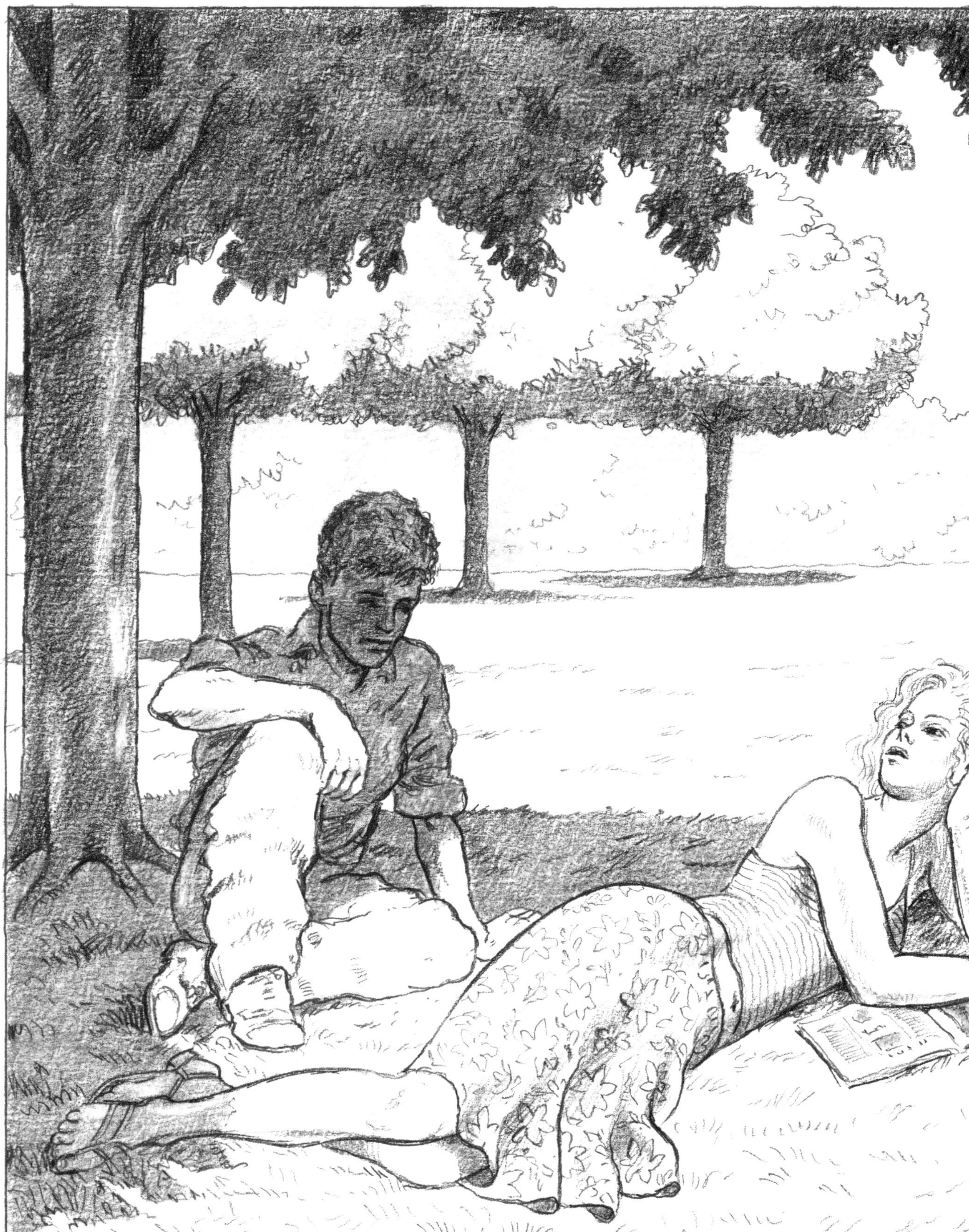

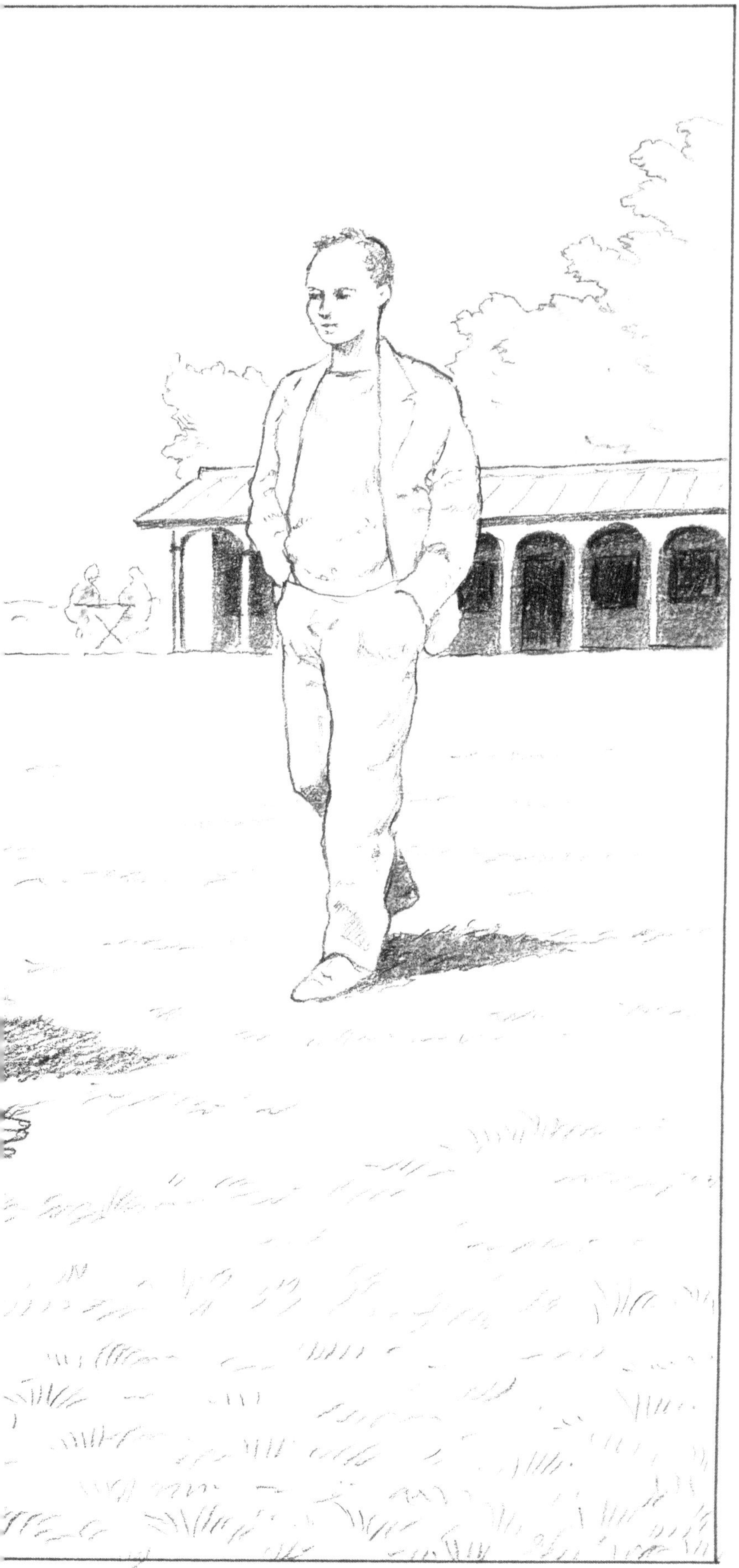

DAS FERTIGE BILD
Schattierungen und Oberflächen
Nachdem wir alle erforderlichen Entscheidungen getroffen und eine überzeugende Bildkomposition entworfen haben, können wir uns jetzt ganz auf Licht und Schatten, die Oberflächen und andere Feinheiten konzentrieren. Wir vertiefen und differenzieren die Schattenbereiche. Gegenstände und Menschen erscheinen umso heller und blasser, je weiter sie entfernt sind. Gras, Blätter und andere Gegenstände erhalten ihre Oberflächenstruktur, wobei auch hier die Intensität und Differenzierung mit der Entfernung abnimmt. Dasselbe gilt für die Figuren und ihre Kleidung. Sogar die Umrisse der Gegenstände und Figuren fallen im Vordergrund kräftiger und differenzierter aus als in der Ferne.

Ihre Bildkomposition zum Thema sommerlicher Park mit drei Figuren ist jetzt fertig. Gratulation! Jetzt können Sie vermutlich bestätigen, wie hilfreich eine systematische Vorgehensweise sein kann, um sich allmählich bis zum Endresultat vorzuarbeiten. Die hier vorgestellte Methode jedenfalls ist altbewährt, ich darf also hoffen, dass auch Sie damit große Erfolge erzielen werden.

STICHWORTVERZEICHNIS